Uta Heil

Avitus von Vienne und die homöische Kirche der Burgunder

Patristische Texte und Studien

Im Auftrag der
Patristischen Kommission
der Akademien der Wissenschaften
in der Bundesrepublik Deutschland

Herausgegeben von
H. C. Brennecke und E. Mühlenberg

Band 66

De Gruyter

Avitus von Vienne
und die homöische Kirche der Burgunder

von
Uta Heil

De Gruyter

ISBN 978-3-11-025154-8
e-ISBN 978-3-11-025155-5
ISSN 0553-4003

Library of Congress Cataloging-in-Publication Data

Heil, Uta.
    Avitus von Vienne und die homöische Kirche der Burgunder /
Uta Heil.
      p. cm. — (Patristische Texte und Studien, ISSN 0553-4003 ;
Bd. 66)
    Includes bibliographical references and index.
    ISBN 978-3-11-025154-8 (hardcover : alk. paper)
    1. Avitus, Saint, Bishop of Vienne.   2. Burgundy (Kingdom)
— Church history.   3. Homoousian controversy — Burgundy
(Kingdom)   I. Avitus, Saint, Bishop of Vienne. Selections. Ger-
man & Latin.   II. Title.
    BR847.B85H44   2011
    273'.4 — dc22
    [B]
                            2011005337

Bibliografische Information der Deutschen Nationalbibliothek

Die Deutsche Nationalbibliothek verzeichnet diese Publikation in der Deutschen
Nationalbibliografie; detaillierte bibliografische Daten sind im Internet
über http://dnb.d-nb.de abrufbar.

Vorwort

Avitus war Bischof von Vienne in einer turbulenten Zeit, als das Reich der Burgunder unter König Gundobad seinem Höhepunkt zustrebte und neben den aufstrebenden Franken, den Westgoten und auch den Ostgoten die Geschicke Galliens lenkte. Auf der Suche nach dem Autor, der den berühmten Brief an den Frankenkönig Chlodwig anläßlich dessen katholischer Taufe geschrieben hat, konnte ich entdecken, daß von Avitus viele weitere, interessante Briefe und andere Schriften überliefert sind, die einen Band in der Reihe „Monumenta Germaniae Historica" füllen. Erstaunlicherweise führt Avitus in der Erforschung der Geschichte des Christentums ein Schattendasein, obwohl die Quellen aus dieser Zeit rar und daher wertvoll sind. Daher entschloß ich mich, diesen Bischof zum Thema meiner Habilitationsschrift zu machen, und begab mich auf eine Entdeckungsreise durch die Zeit der Völkerwanderung und durch die oft nicht einfach zu verstehende Korrespondenz des Avitus. Die Fülle der von ihm behandelten Themen führte schließlich zu einer Beschränkung auf die Frage nach der näheren inhaltlichen Beschreibung und dem Weiterleben des „Arianismus" und den damit zusammenhängend kirchlichen Strukturen im Reich der Burgunder.

Die vorliegende Studie entstand parallel zu meiner Arbeit im Rahmen des DFG-Projekts über die kritische Edition, Übersetzung und Kommentierung der Dokumente zur Geschichte des arianischen Streits und ist die überarbeitete Fassung meiner Habilitationsschrift, die im Sommer 2009 vom Fachbereich Theologie der Friedrich-Alexander-Universität Erlangen-Nürnberg angenommen wurde. Ich danke den Mitgliedern des Fachmentorats, allen voran Prof. Dr. Hanns Christof Brennecke, Erlangen, der nicht nur das gewählte Thema ermutigend unterstützte, sondern dem Entstehen der Arbeit vom ersten Entwurf bis zum Korrekturlesen der Druckfahnen mit Rat und Tat zur Seite stand. Ihm möchte ich hier an erster Stelle einen herzlichen Dank aussprechen.

Auch den anderen Mitgliedern des Fachmentorats, Prof. Dr. Carola Jäggi, Erlangen, und Prof. Dr. Karla Pollmann, St. Andrews, danke ich für ihre Bereitschaft, das Verfahren zu begleiten und die eingereichte Arbeit zu begutachten. Das zusätzliche auswärtige Gutachten hat freundlicherweise Prof. Dr. Volker Henning Drecoll, Tübingen, verfaßt. Ich danke ihm für die genaue Manuskriptdurchsicht und die vielen Anmerkungen besonders zu den Übersetzungen.

An nächster Stelle habe ich Christian Müller, meinem Kollegen am Erlanger Lehrstuhl für Ältere Kirchengeschichte, zu danken für die intensiven Gespräche über Themen der Habilitationsschrift und für Hilfe und Ratschläge zur Übersetzung der Briefe und Fragmente des Avitus. Auch der studentischen Hilfskraft Michaela Durst danke ich für ihr gründliches Korrekturlesen des Manuskripts. Meiner langjährigen Kollegin Dr. Annette von Stockhausen sage ich Dank für die technische Hilfe zur Erstellung der beiden Landkarten am Computer.

Schließlich danke ich Prof. Dr. Brennecke und Prof. Dr. Ekkehard Mühlenberg, Göttingen, den Herausgebern der „Patristischen Texte und Studien" im Auftrag der Patristischen Kommission der Akademien der Wissenschaften, für die Aufnahme der Habilitationsschrift in diese Reihe. Das erforderliche weitere Gutachten verfaßte Prof. Dr. Siegmar Döpp, Göttingen, dem ich an dieser Stelle herzlich für sein positives Votum und die hilfreichen Anmerkungen danken möchte. Außerdem schulde ich der Mitarbeiterin des Verlags De Gruyter, Sabina Dabrowski, Dank für ihre intensive Begleitung bei der Formatierung der Druckvorlage.

In den Jahren während der Beschäftigung mit Avitus von Vienne habe ich teilweise als wissenschaftliche Assistentin am Lehrstuhl für Ältere Kirchengeschichte bei Prof. Brennecke, teilweise als wissenschaftliche Mitarbeiterin am DFG-Projekt gearbeitet und war zwei Schuljahre lang als Religionslehrerin an verschiedenen Grazer Gymnasien tätig. Während dieser Zeit sind auch unsere Kinder groß geworden und inzwischen dabei, die Schule abzuschließen. Ihnen danke ich für ihre Zuneigung und Geduld und für den wichtigen Rückhalt, den sie mir immer wieder geben.

Der größte Dank aber gebührt meinem Mann, der mich in so vielerlei Hinsicht großartig unterstützt hat und dessen Zuversicht, daß ich die Habilitationsschrift fertigstellen würde, gelegentlich größer war als meine eigene. Vielen Dank für die akademische und emotionale Begleitung in den letzten Jahren!

Graz, Mai 2011   *Uta Heil*

Inhaltsverzeichnis

Einführung

Die vorliegende Monographie beschäftigt sich mit den Briefen und Fragmenten des Avitus von Vienne († vor 519), der ein bedeutender Bischof in Gallien während der Blütezeit des sogenannten zweiten Reichs der Burgunder an der Rhône gewesen ist. Es ist ein Versuch, eine Lücke in der kirchengeschichtlichen Forschung zu schließen, in der Avitus kaum eine Rolle spielt und sogar oft unbekannt ist. Meistens wird nur sein berühmter Brief an den Merowingerkönig Chlodwig anläßlich von dessen Taufe zur Kenntnis genommen. Avitus nimmt jedoch zu vielen wichtigen theologischen und kirchenpolitischen Fragen seiner Zeit Stellung und bietet somit einen unmittelbaren Einblick in die Verhältnisse der Zeit um 500 n.Chr.

Die kirchenpolitischen und theologischen Entwicklungen während der sogenannten „Völkerwanderung" fanden in den letzten Jahrzehnten kaum Interesse im Fach Kirchengeschichte. Das hat verschiedene Gründe. Einerseits ist das Quellenmaterial schwer zu erschließen und liegt oft nur lückenhaft vor, so daß eine Darstellung der Zusammenhänge und Entwicklungen problematisch bleibt. Andererseits scheint es in dieser Zeit (nach Augustinus) kaum herausragende Theologen gegeben zu haben bzw. hat man oft zu wenige Kenntnisse von ihnen, als daß deren Lebenslauf und Werke vorstellbar werden. Zudem überragt die Schaffenskraft des nordafrikanischen Bischofs Augustinus mehrere Generationen, die oft nur, wenn überhaupt, als seine Epigonen wahrgenommen werden. Bis heute übertrifft allein quantitativ die Menge der Forschungsleistungen zu Augustinus alle anderen Bereiche bis zum Ausklang der Antike. Drittens haftet der Völkerwanderung als einer Phase des Umbruchs etwas Vorübergehendes an und erscheint daher weniger bedeutsam. Viele kirchengeschichtliche Darstellungen springen beinahe von Augustinus in die Zeit der Merowinger und Karolinger, und die Zeitspanne dazwischen wird eher stiefmütterlich behandelt. Überdies hat man in der Zeit nach dem Zweiten Weltkrieg um diese Jahrhunderte nach einer Phase der Verherrlichung alles „Germanischen" im 19. Jahrhundert bis zur Zeit des Nationalsozialismus eher einen großen Bogen gemacht. Hanns Christof Brennecke schreibt dazu: „Nach den hochgradig ideologischen und eigentlich über weite Strecken kaum wissenschaftlich zu nennenden Debatten des späten neunzehnten und der ersten Hälfte des zwanzigsten Jahrhunderts in Deutschland über den sich über mehrere Jahrhunderte erstreckenden und

im einzelnen noch viele Fragen aufwerfenden Prozess der ‚Christianisierung der Germanen' ist dieses Thema bei uns nach dem Zweiten
Weltkrieg nahezu mit einem Tabu belegt worden, das im Grunde in vieler
Hinsicht bis heute andauert"[1]. Er konstatiert: „Mit dem Zweiten Weltkrieg
bricht deshalb hier die deutschsprachige Forschung zunächst weitgehend
ab"[2].

Die kirchengeschichtlichen Darstellungen zu diesem Thema besonders der 1930er Jahre bieten geradezu ein Paradebeispiel für den Einfluß
der jeweiligen aktuellen politischen und gesellschaftlichen Lage auf die
Forschungen und für die Ideologieanfälligkeit und apologetischen Absichten auch vieler Kirchengeschichtler. Es ging nämlich in Wahrheit „um die
‚Artgemäßheit' des Christentums für die Deutschen im 20. Jahrhundert im
nationalen, dann nationalsozialistischen Staat, die nicht zuerst, aber dann
quasi offiziell Alfred Rosenberg mit seinem zuerst 1930 erschienenen
Werk ‚Der Mythos des zwanzigsten Jahrhunderts' überaus polemisch infrage gestellt hatte. Und diese Debatte wurde weithin nur scheinbar mit
historischen Argumenten über den geschichtlichen Prozeß der Christianisierung der Germanen und die daraus angeblich folgende ‚Germanisierung
des Christentums' geführt."[3] Ein Schwerpunkt dieser „Forschungen" war
gerade die Phase der Annahme des Christentums durch die Germanen
und der sogenannte „germanische Arianismus". Man versuchte gegenüber
den christentumsfeindlichen Tendenzen einer „Germanisierung" des
deutschen Volkes zu erweisen, daß besonders der „Arianismus" der Germanen eine Form des Christentums gewesen sei, die dem angeblichen
germanischen Wesen und der germanischen Lebensart mit ihrem „Vater-
Sohn-Verhältnis" und ihrer „Gefolgschaftstreue" besonders entsprochen
habe. Eine außerordentlich wirkmächtige Studie ist die Dissertation des
Historikers und SS-Manns Heinz-Eberhard Giesecke „Die Ostgermanen
und der Arianismus" gewesen, die 1939 erschienen ist. Sie erweckt den
Eindruck eines gründlichen historisch-kritischen Arbeitens an den Quellen, so daß sie noch immer gelegentlich herangezogen wird, basiert jedoch
auf einer absurden Konstruktion eines germanischen Arianismus (die
Hoheit des Göttlichen, das Fehlen einer Eschatologie und die Vorstellung
einer „Erlösung" durch Nachfolge Jesu: „Der Heilsplan erfüllt sich …,
wenn durch Christi Wirken und die menschliche Mitarbeit und Kampfge-

---

1   Brennecke, Christianisierung der Germanen, 154.
2   Ebd.
3   Brennecke, Christianisierung der Germanen, 155. Brennecke hat mehrere
    hundert eher Broschüren oder Pamphlete als wissenschaftliche Arbeiten zu
    nennende Studien der 1930er Jahre dazu recherchiert.

nossenschaft das Obsiegen der guten Sache gewährleistet ist"[4]). Für Giesecke entbehrt der germanische Arianismus der Passion Christi, der Vorstellung eines sündigen Menschen und einer Gnaden- und Erlösungslehre
– „damit verliert dieser Arianismus seinen christlichen Charakter."[5] Wie
sehr Giesecke auf einer absoluten Fehldeutung besonders des Bekenntnisses von Wulfila basiert, haben sowohl die Arbeiten von Schäferdiek als
auch Brennecke[6] gezeigt.

Giesecke analysiert auch die kirchlichen Verhältnisse in Burgund und
kommt zu dem widersprüchlichen Schluß, daß gerade die schleichende
Romanisierung bei den Burgundern ihren Untergang bereitet habe: „Der
Untergang des arianischen Glaubens wurde demnach auch im Burgunderreich nicht durch die innere Schwäche dieses Bekenntnisses herbeigeführt,
sondern durch die Romanisierung des Königshauses." Deutlich wird hier
nicht nur das Interesse an einer „Stärke" einer Religion mit Hilfe einer
Kampfesrhetorik, sondern auch die angebliche Verbindung des Arianismus mit einem Nationalismus: Nach Giesecke hätte gerade der germanische Arianismus die Kraft gehabt, aus den germanischen Völkern Nationen werden zu lassen, die den Burgundern durch die Romanisierung eben
wieder verloren ging. Warum dann aber gerade die nach Rom und dem
katholischen Glauben orientierten Franken die „Stärksten" geworden
waren, behandelt Giesecke nicht mehr.

Auch der im Kirchenkampf engagierte Kieler Kirchenhistoriker Kurt
Dietrich Schmidt befaßt sich mit dem Vorwurf der Überfremdung des
Germanischen mit dem Christentum und schreibt unter diesem Vorzeichen sein großes Werk „Die Bekehrung der Germanen zum Christentum"
(1939); damit begibt er sich jedoch auf dieselbe Argumentationsebene der
völkischen Debatte. Nur der erste Band zu den „Ostgermanen" ist daher
erschienen; nach 1945 hat Schmidt das Werk nicht mehr fortgeführt.

Aber nicht nur zu den Germanen der Völkerwanderungszeit, sondern
auch zu Avitus von Vienne ist für lange Zeit die einzige Monographie in
den 1930er Jahren erschienen. Es handelt sich um „Die Briefsammlung
des Bischofs Avitus von Vienne († 518)" von Max Burckhardt aus dem
Jahr 1938, die in Basel unter Anregung von Wolfram von den Steinen
entstand. Die gut 100 Seiten präsentieren – glücklicherweise erstaunlich

---

4   Giesecke, 59.
5   Giesecke, 61.
6   Schäferdiek, Wulfila; ders., Das gotische Christentum; ders., Der vermeintliche Arianismus; ders., Der gotische Arianismus. Brennecke, Christianisierung
    und Identität; ders., Der sog. germanische Arianismus; ders., Christianisierung der Germanen. Vgl. auch die Aufsätze in dem Sammelband „Schwellenzeit".

unberührt von der Debatte um den „germanischen Arianismus" – sehr gründlich und noch immer lesenswert verschiedene Aspekte seines Briefcorpus und bieten eine kleine Auswahl seiner Briefe in Übersetzung.

Aber nach 1945 herrscht besonders in der kirchengeschichtlichen Forschung zu dieser Epoche Stillstand. Nur wenige Ausnahmen sind zu nennen. So war es ein Althistoriker, Hans-Joachim Diesner aus Halle, der mit seinen Forschungen zum Vandalenreich und zu dessen Religionspolitik sowie zu Fulgentius von Ruspe die Forschung zum vandalenzeitlichen Nordafrika in den 1960er Jahren vorantrieb.[7] Und unter den Kirchenhistorikern ist es der im Sommer 2010 verstorbene Theologe aus Bonn, Knut Schäferdiek, der besonders seit seiner Habilitationsschrift „Die Kirche in den Reichen der Westgoten und Suewen bis zur Begründung der westgotischen katholischen Staatskirche" von 1967 sehr viele Beiträge zur Völkerwanderungszeit verfaßt hat. Ihm ist eine kritische Revision der verzerrten Interpretation der Germanenmission gelungen; die heutige Forschung muß zweifellos mit den Arbeiten von Schäferdiek einsetzen. Dennoch hat er es trotz seiner exzellenten Beiträge wie z.B. dem großen Artikel „Germanenmission" im RAC kaum vermocht, bei anderen Kirchenhistorikern[8] verstärkte Aufmerksamkeit für diese Epoche zu wecken.

Unter den Historikern ist inzwischen jedoch schon seit einiger Zeit das Interesse an der Völkerwanderungszeit enorm gewachsen. Das spiegelt sich nicht nur in der zweiten Auflage des 2008 abgeschlossenen Reallexikons der Germanischen Altertumskunde in 37 Bänden wider, sondern zum Beispiel auch in den beiden großen Ausstellungen in Bonn, die ebenfalls 2008 stattfanden: „Rom und die Barbaren. Europa zur Zeit der Völkerwanderung" in der Kunst- und Ausstellungshalle und „Die Langobarden. Das Ende der Völkerwanderung" im Rheinischen Landesmuseum. 2009 folgte darauf im Badischen Landesmuseum Karlsruhe die Ausstellung „Das Königreich der Vandalen". Auch in die eher populäre Reihe der Urban-Taschenbücher wurden beispielsweise inzwischen mehrere Bände zu diesem Thema aufgenommen wie „Die Burgunder" des Züricher Historikers Reinhold Kaiser (2004), „Die Goten" des Münchener Wolfgang Giese (2004), „Die Merowinger" von Eugen Ewig, Bonn, in einer Neuauflage im Jahre seines Todes (2006), oder „Die Vandalen" von Helmut Castricius, Braunschweig (2007).

Zusätzlich wären hier viele wissenschaftliche Monographien oder Einzelstudien zu nennen, was hier aber nur exemplarisch geschehen kann. Für die Geschichte Burgunds ist die große Monographie des jetzt als

---

7   S. Literaturverzeichnis.
8   Auf die Arbeiten seines Schülers Hanns Christof Brennecke wurde oben verwiesen.

Journalist arbeitenden Schweizer Historikers (Lausanne) Justin Favrod von 1997 herausragend gründlich. Schon 1979 erschien die Monographie „Die Geschichte der Goten"[9] von Herwig Wolfram, dem Wiener Historiker für Mittelalterforschung, und auf seine Impulse hin gibt es gegenwärtig mehrere Projekte sowohl an der Österreichischen Akademie der Wissenschaften als auch an der Universität Wien über die Ethnogenese und ethnischen Identitäten und Ethnographie der Völkerwanderungszeit. Viele Anregungen gingen auch von dem großen durch die europäische Wissenschaftsstiftung geförderten Projekt „Transformation of the Roman World" aus, an dem von 1993 bis 1997 etwa hundert Historiker, Philologen und Archäologen aus fast allen europäischen Ländern beteiligt waren und das u.a. zu der Publikation von gegenwärtig 14 Bänden in der gleichnamigen Reihe führte. Die meisten Beiträge zu „Barbarian Migrations" und „Early Medieval Kingdoms" kommen heute aus dem angloamerikanischen Raum. Als Beispiele seien genannt „From Roman to Merowingian Gaul. A Reader" von Alexander Gallander Murray (2000), das Cambridge Medieval Textbook „Barbarian Migrations and the Roman West 376–568" von Guy Halsall (2007) oder auch der Sammelband „From Roman Provinces to Medieval Kingdoms. Rewriting History", von Thomas F.X. Noble 2006 herausgegeben. Mit Burgund im Speziellen beschäftigt sich der Sammelband „Die Burgunder. Ethnogenese und Assimilation eines Volkes" (2008) mit Beiträgen eines Symposiums der Nibelungengesellschaft in Worms.

Ein Zentrum liegt auch an der Universität von Leeds durch das Wirken des Historikers Ian Wood, der einer der Leiter des Transformations-Projekts gewesen ist. Ian Wood ist an dieser Stelle vor allem deswegen zu erwähnen, da er zusammen mit der amerikanischen Philologin Danuta Shanzer von der Cornell University in der Reihe „Translated Texts for Historians" im Jahr 2002 den Band „Avitus of Vienne. Letters and Selected Prose" herausgegeben hat; es handelt sich dabei um die erste neusprachige Übersetzung der Briefe des Avitus, die auch eine längere Einleitung und Kurzkommentierung bietet. Auch bei anderen Philologen findet Avitus in jüngerer Zeit größere Aufmerksamkeit, besonders seine epische Übertragung und Auslegung der biblischen Urgeschichte in Hexametern. Stellvertretend sei hier hingewiesen auf die neue Einführung zum Epiker Avitus und zur Auslegung seiner Sündenfallgeschichte des Göttinger Philologen Siegmar Döpp (2010).

Die heutigen Fragen zur Völkerwanderungszeit sind, natürlich ebenfalls zeitbedingt, die nach Migrationsprozessen und ihren Auswirkungen, nach den Wurzeln und Entstehungsbedingungen von Europa und beson-

---

9   Die 2. überarbeitete Auflage erschien 1990 unter dem Titel „Die Goten".

ders, aufgrund einer inzwischen kritischen Sicht auf die Entstehung und
Sammlung der jeweiligen „Völker", nach ethnischer Identität. Ferner
drückt der Begriff „Transformation" einen Perspektivenwechsel auf die
Zeit der Völkerwanderung aus, nach dem diese Zeit nicht mehr nur vor
dem Hintergrund des Untergangs des Römischen Reichs zu verstehen ist.
Diese neue Forschungslage wirkt sich wiederum aus auf die Einschätzung
der Gründe für den Untergang Roms. Auf diesem Gebiet hat vor allem
der britische Historiker Peter Heather gewirkt, der wieder neu die Bedeutung der Invasion der Barbaren unterstreicht („The Fall of Rome. A New
History", 2005).

Diese Fülle an neuen Forschungen bleibt jedoch ohne merklich erkennbaren Widerhall in dem Fach Kirchengeschichte und umgekehrt fehlt
verständlicherweise oft die Behandlung theologischer Fragen in historischen Monographien. So beschreibt der Historiker Ralph Mathisen von
der Illinois University in mehreren bewundernswert gründlichen Beiträgen
prosopographischer Art die kulturellen Strukturen und gesellschaftlichen
Beziehungen („Social History") auch zwischen Bischöfen, aber ohne auf
die theologischen Fragen näher einzugehen (vgl. „People, Personal Ex-
pression, and Social Relations in Late Antiquity", zwei Bände, 2003[10]). Im
Zusammenhang mit der Frage nach der Identität wiederum wird zwar in
der Regel auch die Religion mit behandelt, genauer gesagt die Rolle des
„Arianismus" für die Identität der West- und Ostgoten, Burgunder und
Vandalen in Abgrenzung zu den „katholischen" römischen Einwohnern.
Es wäre jedoch wünschenswert, wenn sich an dieser Debatte auch Kirchenhistoriker beteiligen würden, um genauer zu erfassen, was eigentlich
jener „Arianismus" der Burgunder etc. gewesen ist. Besonders wichtig
wäre es, die jüngeren theologie- und dogmengeschichtlichen Forschungen
vor allem zum sogenannten „arianischen Streit"[11] und natürlich den
Homöern hier einzubringen und für die Zeit der Völkerwanderung fort-
zuschreiben. Zu den Homöern liegen zwei gründliche Studien von Hanns
Christof Brennecke und Winrich Löhr[12] vor, und in der Editionsreihe
„Athanasius Werke" entsteht in Erlangen am Lehrstuhl von Brennecke
eine Dokumentensammlung zum arianischen Streit, die inzwischen das

---

10 Verwiesen sei auch auf seinen Band "Ruricius of Limogenes and Friends. A
    Collection of Letters from Visigothic Gaul", der ebenfalls in der Reihe
    "Translated Texts for Historians" 1999 als Band 30 erschienen ist.

11 Die zahlreichen Beiträge können hier kaum aufgelistet werden. Empfohlen
    sei ein Blick in die 2010 erschienene Neuauflage von "From Nicaea to Chal-
    cedon. A Guide to the Literature and Its Background" von Francis M.
    Young.

12 S. Literaturverzeichnis.

Material von den Anfängen bis zum Jahr 362 in einer zweisprachigen Ausgabe bietet. Die Sammlung soll bis in die Zeit der Westgoten (Konversion Rekkareds 589) und Langobarden fortgeführt werden.

Genau hier setzt die vorliegende Studie ein. Es ist eine Spurensuche nach dem „Homöertum"[13] in einem der gentilen Reiche, dem der Burgunder an der Rhône. Mit den Schriften des Avitus von Vienne steht eine relativ gute Quelle zur Verfügung, die trotz ihres „katholischen" Blickwinkels und fragmentarischen Charakters Auskunft über ihre Zeit zu geben vermag, besonders da Avitus eine intensive Auseinandersetzung mit der „Häresie" der Homöer geführt hat. Die Konflikte gingen um umstrittene Aspekte der Trinitätslehre, inwiefern der Sohn Gottes und der heilige Geist selber wie Gott, der Vater, Gott sind, ferner ob dem Vater in irgendeiner Form eine Priorität einzuräumen ist, so daß der Sohn und der heilige Geist ihm untergeordnet seien (Subordination), und wie die Einheit Gottes bewahrt werden kann. Hinzu kommen damit verbundene Fragen der Auslegung von Schriftstellen. All diese Themen findet man bei Avitus diskutiert. Daher wird einerseits das theologische Profil des Avitus untersucht und andererseits zugleich ein Abschnitt der Kirchen- und Theologiegeschichte des Westens erschlossen. Die Schriften des Avitus bieten nämlich auch einige verstreute Hinweise auf Strukturen und Synoden nicht nur der katholischen, sondern auch der homöischen Kirche der Burgunder und auf stattgefundene „Konfessionsgespräche", besonders zwischen Avitus und dem burgundischen König Gundobad selbst.

Zu Beginn wird die politische Geschichte des Burgunderreichs an der Rhône vorgestellt, soweit es sich anhand der oft nur knappen Notizen in den überlieferten Werken erschließen läßt.

Es folgt ein Abschnitt zu Avitus von Vienne. Nachdem sein Leben und seine Schriften in einem Überblick vorgestellt wurden, kommt Avitus selbst zu Wort, wie er die Umstände und Umbrüche seiner Zeit sieht und einschätzt. In einigen Passagen tritt eine erstaunlich nüchterne Sicht seiner Zeit zu Tage; Katastrophen- und Untergangsszenarien finden sich kaum. Er scheint eher die Chance und die Aufgabe zur Mission gesehen zu haben und hält sich auch meist mit theologischen Deutungen der Geschichte zurück.

Ein drittes Kapitel versucht die schon angesprochenen Strukturen der homöischen Kirche der Burgunder herauszufiltern. Die dargestellten konfessionellen Verhältnisse der burgundischen Herrscherfamilien – oft waren die Frauen katholisch – und die Konversion des Sohnes von

---

13 "Arianismus" ist eine polemisch überzogene antihäretische Fremdbezeichnung für die Homöer, um sie mit dem im Jahr 325 auf der Synode von Nizäa verurteilten Arius zu verbinden.

Gundobad, Sigismund, sind Hinweise auf eine relative Offenheit und ein mögliches Gesprächsklima im Reich der Burgunder. So scheinen die Burgunder erst relativ spät, wohl aus politischen Gründen, die homöische Konfession favorisiert zu haben. Gleichzeitig bekommt man den Eindruck, daß die Hinwendung zum „Katholischen" nicht nur mit einer Annäherung an die *Romanitas* zu erklären ist, sondern auch mit einer offenbar großen Attraktivität der katholischen Kirche mit ihrem z.B. im Vergleich übergroßen Reliquienschatz und aufblühenden Mönchtum zu tun hatte. Trotz dieser gemischt-konfessionellen Verhältnisse scheint es eine durchaus organisierte Struktur der homöischen Kirche gegeben zu haben. Überaus interessant und bedeutend sind die Briefe des Avitus, in denen er darauf eingeht, wie im Falle eines Konfessionswechsels zu entscheiden und wie mit ehemaligen homöischen Kirchengebäuden und kultischen Geräten zu verfahren ist, falls der Besitzer „katholisch" wurde. Avitus spricht hier eindeutige Urteile, kann sich aber nicht in allen Belangen auf der Synode von Epao 517, zu der er kurz vor seinem Tod noch eingeladen hatte, durchsetzen.

Im vierten Kapitel werden die trinitätstheologisch relevanten Fragmente und Briefe des Avitus vorgestellt, also die Texte, welche die Auseinandersetzung zwischen Homöern und Katholiken im Burgunderreich wiedergeben. Da diese Studie einige bislang weithin unberücksichtigte Schriften des Avitus analysiert, werden sie in zwei Spalten zusammen mit einer Übersetzung präsentiert. Für einige schwer zu deutende Passagen kann hier nur ein Anstoß zur Diskussion gegeben werden. Im Vordergrund, so hat sich gezeigt, steht die Pneumatologie: Ist der heilige Geist gottgleich oder ein Geschöpf des Sohnes? Ist der heilige Geist gleichermaßen zu verehren wie Gott, der Vater, und der Sohn? Ein Unterschied in der Liturgie fachte offenbar die Diskussion neu an. Interessanterweise gibt es von Avitus und auch von Faustus von Riez Aussagen in diesem Zusammenhang, in denen die Entstehung des heiligen Geistes aus dem Vater und dem Sohn (*filioque*) verteidigt wird. Hier ist also ein wichtiges Zwischenglied in der Dogmengeschichte zu entdecken, die später zur umstrittenen Einfügung des *filioque* in den Bekenntnistext von Konstantinopel 381 im Westen geführt hat und ein Anlaß für das Schisma von 1054 war.

Es folgen noch weitere Aussagen, unter den Überschriften *Una substantia in trinitate*, *In creatura patre minor* und *De divinitate filii dei* zusammengestellt. An vielen Stellen wird offensichtlich, daß sich Avitus in traditionellen Bahnen bewegt, wie sie besonders Ambrosius und Augustinus vorgezeichnet haben. Für Avitus scheint ferner der Begriff *aequalitas* trinitätstheologisch wichtig gewesen zu sein, dem in einem Abschnitt nachgegangen wird.

In einem letzten Abschnitt wird versucht, das Profil der Diskussionen in Burgund genauer zu beschreiben, indem es mit etwa zeitgleichen Quellen aus dem Vandalenreich verglichen wird – eine Region, aus der überhaupt die meisten theologisch relevanten Quellen jener Zeit überliefert sind. In dieser Gegenüberstellung zeigt sich erstaunlicherweise eine unterschiedliche Entwicklung der homöischen Theologie zwischen den Burgundern und den Vandalen.

Es ist zu berücksichtigen, daß damit selbstverständlich nicht alle Briefe und Fragestellungen behandelt wurden, die bei Avitus zutage treten. Hier wurde zunächst die „Binnenperspektive" der innerburgundischen kirchlichen und theologischen Aspekte ausgewählt. In einem weiteren Schritt könnte z.B. die „Außenpolitik" der Burgunder mit Konstantinopel zusammen mit dem Eindringen der sogenannten „christologischen Frage" aus dem Osten in den Westen und den Auswirkungen des akakianischen Schismas analysiert werden, denn auch zu diesem Problemkreis gibt es ein paar Fragmente und zwei längere Briefe des Avitus. Das wäre in den Kontext anderer Werke des Westens zur Christologie des Nestorius und Eutyches sowie zu der Rezeption der dogmatischen Beschlüsse von Chalcedon im lateinischen Raum zu stellen und gewiss auch ein Beitrag zu der zunehmenden Entfremdung zwischen Ost und West. Avitus selbst scheint nämlich große Probleme gehabt zu haben, über die Diskussion im Osten informiert zu sein, und konnte darüber König Gundobad nur bedingt Auskunft geben.

Der Übergang von der Spätantike zum frühen Mittelalter ist eine wichtige und zugleich spannende Phase auch für die Geschichte der Kirche. Nicht nur Avitus von Vienne verdient es, ins Bewußtsein der kirchengeschichtlichen Forschung gerückt zu werden. Die Vorstellung von der Völkerwanderungszeit als einer Phase des Chaos, in der es der Kirche eigentlich nur darum ging, das Erreichte zu bewahren, und starrer Traditionalismus das Denken prägte, entpuppt sich bei genauem Hinsehen als überzogenes Klischee. Und etwas „Germanisches" läßt sich bei dem Homöertum nicht entdecken. Eine genaue Lektüre der wenigen überlieferten Quellen kann das Bild von jener Zeit schärfen oder sogar ein Bild überhaupt erst entstehen lassen.

I. Burgund – eine kleine politische Geschichte

Die Geschichte des Burgunderreichs an der Rhône (~ 443–534 n.Chr.) bildet den historischen Rahmen, der die kirchlichen und theologiegeschichtlichen Entwicklungen beeinflußte. Leider bleiben aufgrund der zumeist mangelhaften Quellenlage[1] viele Details im Dunkeln, so daß sich oft nur grobe Linien ziehen lassen.

Aus der Retrospektive erscheinen die rund 90 Jahre des Burgunderreichs wenig bedeutsam, da das Reich keine eigene Zukunft hatte und insbesondere durch die expandierenden Franken seine Selbständigkeit bald verlor. Dennoch zeigen sich gerade bei den Burgundern die Probleme, Konflikte und auch Chancen für eine Neuordnung des westlichen Römischen Reichs. Die Verhältnisse änderten sich in diesen Jahren sehr schnell, so daß immer wieder neue Strategien erforderlich wurden. Zunächst sich als Teil des Römischen Reichs verstehend, verfolgten die Burgunder später eigenständige politische Interessen. Aus den Verbündeten Roms wurden strategische Partner der Ostgoten und später der Franken. Die Burgunder versuchten sowohl in Nachbarschaft mit der gallorömischen Bevölkerung zu leben (vgl. die Gesetzgebung), organisierten aber z.B. auch eine eigene burgundische homöische Kirche und riskierten Konflikte mit den katholischen Bewohnern. Kirchenpolitisch war offenbar Chilperich zunächst bestrebt, ein Nebeneinander zu institutionalisieren; Gundobad suchte später das Gespräch und die Versöhnung zwischen den Homöern und „Katholiken". Sigismund schließlich wechselte die Konfession und wurde katholisch, parallel zu einer engeren Anbindung an die ebenfalls katholischen Franken und an Ostrom. Durch Eheschließungen wurden Verbindungen zu den umliegenden Reichen geknüpft und vertieft, und eine detaillierte Gesetzgebung sollte die innenpolitischen Verhältnisse stabilisieren. Die zentrale geographische Lage begünstigte die intensiven Kontakte zu den anderen „Machtzentren", führte aber auch dazu, daß die Burgunder schließlich in einem Mehrfrontenkrieg zerrieben wurden. 90 Jahre lang konnten sich die Burgunder also behaupten und durch geschickte Bündnisse ein eigenes Reich unter einem Königshaus aufbauen, bis sie schließlich zwischen die Fronten der expandierenden

---

1   Vgl. Kaiser, Zur Problematik einer Quellensammlung.

Westgoten im Westen, der Ostgoten in Italien und besonders der Franken im Norden gerieten und im Jahr 534 Teil des fränkischen Reichs wurden.

I.1 Beginn des „zweiten Reichs" der Burgunder in der Sapaudia

Die Geschichte des sogenannten „zweiten Reichs" der Burgunder an der Rhône begann mit der Entscheidung des obersten Heermeisters des West-reichs und Patricius (*patricius et magister utriusque militiae*) Aetius[2] in den vier-ziger Jahren des fünften Jahrhunderts, die „restlichen" Burgunder, d.h. die Überlebenden der Katastrophe des „ersten Reichs" der Burgunder am Rhein, in der Sapaudia anzusiedeln[3]:

> Den Überresten der Burgunder wird die Sapaudia zur Teilung mit den Ein-heimischen übertragen. / *Sapaudia Burgundionum reliquiis datur cum indigenis dividenda.*

Erst in den folgenden Jahrzehnten gelang es den Burgundern, ihr Einfluß-gebiet weiter nach Westen und Südwesten in das Rhône- und Saône-Becken auszudehnen und Lyon zur Hauptstadt zu machen.

Eine genaue Bestimmung des anfänglichen Siedlungsgebietes namens *Sapaudia* erweist sich jedoch als problematisch[4]. Es handelt sich nicht um eine der bekannten Verwaltungseinheiten Galliens nach der Neuordnung Diokletians und wird auch nicht in den *Notitia Galliarum*, dem um 400 n.Chr. entstandenen Verzeichnis der 17 gallischen Provinzen mit 115 genannten *civitates*[5], erwähnt. Dennoch muß es sich um ein eindeutiges und fest umrissenes Gebiet handeln, wie es auch bei anderen Ansiedlun-gen von Föderaten üblich war[6]; anderes lag kaum im Interesse Roms. Ein erster Anhaltspunkt könnte die Beobachtung sein, daß schon sehr früh Genf eine bedeutende Rolle im Burgunderreich spielte und schon lange

---

2   Aetius: PLRE 2,21-29 (Aetius 7); Heinzelmann, Prosopographie, 546 (Fl. Aetius 1); zu Aetius vgl. ferner Demandt, Spätantike, 151-156; Dahlheim, Aetius; Leppin, Aetius; Wirth, Aetius.

3   *Chronica Gallica* a. 452, s.a. 443 (Chronica Minora I, 660 Mommsen und Bur-gess, 80). Diese Chronik gibt als Datum das Jahr 443 an, welches aber auf-grund auch sonstiger Irrtümer nur bei Bestätigung durch andere Quellen ver-trauenswürdig ist. Deshalb steht diese genaue Datumsangabe nur unter Vorbehalt; vgl. Murray, From Roman to Merovingian Gaul, 76.

4   Vgl. die Landkarte S. 26. Vgl. auch Kaiser, Burgunder, 40-46.

5   Vgl. zu diesem Verzeichnis Ermatinger, Notitia; Harries, Church and State.

6   Zu den Alanen s.u. Anm. 18.

vor der Eroberung von Lyon Sitz des burgundischen Königs gewesen ist. Aber auch die Stadt Genf könnte natürlich schon eine frühe Eroberung gewesen sein, ohne ursprünglich zu *Sapaudia* gehört zu haben.

Sapaudia könnte evtl. in einer von Henri Valois konjizierten Stelle bei Ammianus Marcellinus, *Res gestae* XV 11,17 begegnen, in der der Verlauf der Rhône beschrieben wird: Valois schlägt *per Sapaudiam fertur et per Sequanos* für *perpensa paudium fertur et per Sequanos* des Codex Fuldensis vor, woraus sich ergebe, daß die Gegend um Genf, wo die Rhône den Genfer See verläßt, zu Sapaudia gehöre[7]. Da diese Schlußfolgerung jedoch auf einer Konjektur beruht, bleibt sie doch sehr unsicher.

Einen weiteren Hinweis geben die *Notitia dignitatum*, eine Art Dienststellenverzeichnis des Römischen Reichs (um 425/430 entstanden)[8], im Zusammenhang einer Auflistung von Truppenbeständen für die Provinz Gallia Riparensis[9]:

> *Praefectus classis fluminis Rhodani, <V>iennae sive Arelati, Praefectus classis barcariorum, Ebruduni Sapaudiae, Praefectus militum musculariorum, Massiliae Graecorum. Tribunus cohortis primae Flaviae Sapaudiae, Calaronae.*

Problemlos sind die erwähnten Stützpunkte in Vienne, Arles und Marseille. Weniger eindeutig sind die beiden anderen Stützpunkte, bei denen *Sapaudia* erwähnt wird, zu verstehen. Mit der ersten Nennung dürfte das Castrum von Yverdon (= *Eburodonum*) am Neuenburger See gemeint sein, so daß es sich um Truppen für den Transport von Waren vom Rhein zur Rhône handelt. Diese geographische Bestimmung ist sinnvoll, da die Burgunder somit eine topographisch und militärisch bedeutsame Passage von Norden in den Süden nach Gallien oder Oberitalien zugewiesen bekommen hätten. Jenes Yverdon lag in der Provinz Maxima Sequanorum mit Besançon als Metropole. Aus der zweiten Erwähnung von *Sapaudia* wird oft geschlossen, daß auch Grenoble (= Gratianopolis = Calarona) dazugehörte, was etwa 100 km südlich in der Provinz Viennensis lag. Wahrscheinlicher ist jedoch, abgesehen von der problematischen Identifizierung der Namen, daß *Sapaudia* hier zur Truppenbezeichnung gehört und nicht zur Ortsbezeichnung Calaronae, so daß die Nennung für eine Bestimmung von *Sapaudia* wenig austrägt[10].

---

7   Vgl. Favrod, Histoire politique, 105f.
8   Vgl. Springer, Notitia; Johne, Notitia über die Probleme dieser wohl erst sukzessiv entstandenen Liste.
9   *Notitia dignitatum* 42,13-17 (215f. Seeck).
10   Vgl. Favrod, Histoire politique, 106-108.

Schwierig zu deuten bleibt auch der Hinweis bei Ennodius von Pavia
(† 513)[11] in seiner *Vita Epiphanii* über eine Reise des Epiphanius, seines
Vorgängers in Pavia († 496), nach Burgund über Lyon und Genf zur Befreiung von Gefangenen[12]:

> *... quadringentos homines die una de sola Lugdunensi civitate redituros ad Italiam fuisse
> dimissos. identidem per singulas urbes Sapaudiae vel aliarum proviniciarum factum
> indubitanter agnovimus ...*

Daraus wird weder deutlich, ob *Sapaudia* mehrere Städte umfaßte noch ob
Genf dazuzurechnen ist, da anschließend der Aufenthalt des Epiphanius
in Genf eigens erwähnt wird. Aus einem Brief des Bischofs Avitus von
Vienne läßt sich jedoch schließen, daß Genf zur *Sapaudia* gehörte, da
Avitus hier König Sigismund, der seinen Hof in Genf hatte, vorwirft, ihn
auf seiner Reise von *Sapaudia* in die Provence nicht in Vienne besucht zu
haben[13]:

> *Ceretum non absque scrupolo potest accipi, quod de Sapaudia itineribus exquisitis videmur
> ad provinciam praeteriri.*

Favrod verweist auf einen weiteren Text[14], der zur Bestimmung von
Sapaudia hilfreich sein könnte, und zwar auf die *Passio Victoris et Ursi*, in
der eine Translation von Reliquien der Märtyrer nach Genf auf Veranlas-
sung des burgundischen Königs Godegisel und des dortigen Bischofs
Domitian berichtet wird. Die dort vorausgesetzte große Diözese von
Genf reiche hinauf bis nach Solothurn / Soleure an der Aare und entspre-
che wie auch andernorts eventuell einer politischen Verwaltungseinheit,
der gesuchten *Sapaudia*. So sei mit der dominierenden Rolle von Genf
auch eine Ursache für die erst späte Gründung der Bistümer von Nyon
und Avenches / Vindonissa gefunden. Die *Sapaudia* scheine eine erst Ende des 4. Jh.s gegründete Verwaltungseinheit gewesen zu sein, die nach
der Übertragung auf die Burgunder wieder an Bedeutung verloren habe,
so Favrod. Da aber *Sapaudia* in der *Passio Victoris et Ursi* nicht direkt erwähnt wird und der Text aus dem 8./9. Jh. stammt, wirken diese Überlegungen doch etwas gewagt, um *Sapaudia* so weit nach Nordosten bis nach
Windisch ausgedehnt sein zu lassen.

---

11 Ennodius: PLRE 2, 393f. (Ennodius 3); Heinzelmann, Prosopographie, 596
    (Magnus Felix Ennodius 3); zu Ennodius vgl. ferner Möller, Ennodius;
    Schröder, Bildung und Briefe.
12 Ennodius, *Vita Epiphanii* 171f. (72 Cesa).
13 Avitus, ep. 79 (MGH AA 6,2, 93,25f. Peiper).
14 Favrod, Histoire politique, 111-117 mit Karte S. 113.

Vielleicht ist auch die Überlegung von Kaiser[15] erwägenswert, der einen älteren Militärbezirk aus der Zeit Diokletians vermutet, woran Aetius wieder angeknüpft habe, als er das gallische Verteidigungssystem durch die Ansiedlung von Föderaten neu strukturierte.

Wie auch immer *Sapaudia* historisch abzuleiten ist – auch archäologische Quellen sind in dieser Frage nicht eindeutig[16]: Relativ sicher bleibt nur, daß wohl Genf und Yverdon dazugehörten. Die Burgunder siedelten also in der Gegend nordwestlich des Genfer Sees zwischen Genf und Yverdon am Neuenburger See, also in dem Gebiet, welches das Rhônetal mit dem Aaretal verbindet. Auf jeden Fall stimmt das Gebiet der Burgunder, *Sapaudia*, nicht mit einer der sonst bekannten Provinzen überein.

---

15 Kaiser, Burgunder, 40-46.

16 Für archäologisches Quellenmaterial zu den Burgundern vgl. den Abschnitt III. Archäologisches von M. Martin im Art. Burgunden (RGA 4, 1981, 248-271); ferner Marti, Burgunder; Gaillard de Semainville, Burgondes; ders., Zur Ansiedlung (sehr ausführlich); Steiner, Grabfunde. Kaiser resümiert: „... ohne die Schriftquellen wüssten wir aus dem archäologischen Befund allein so gut wie nichts von den Burgundern. Anders ausgedrückt: Die archäologische Hinterlassenschaft der Menschen, die als Burgunder bezeichnet werden, weist nie und nirgends ein Ensemble von Gegenständen auf, das als spezifisch burgundisch erkennbar ist." (Burgunder, 87) Die schnelle Anpassung der Burgunder an gallorömische Gepflogenheiten, ihre multiethnische Struktur und ihre wohl geringe Bevölkerungszahl führten zu nur geringen archäologischen Zeugnissen. Die modernere Forschung ist überdies vorsichtiger geworden, archäologische Funde ethnisch zu interpretieren. Gegenwärtig werden vor allem Elemente östlichen, reiternomadischen Ursprungs als burgundisch gedeutet wie eine besondere Fibelart, Ösenspiegel und besonders die von den Hunnen übernommene Sitte der künstlichen Schädeldeformationen – Elemente, die oft nur der frühen Zeit der Burgunder zuzuordnen sind wegen der späteren Anpassung an lokale Gepflogenheiten und eventuell sogar eher anderen Ethnien zuzuweisen sind, die mit den Burgundern in die Sapaudia gezogen waren. So urteilt Marti: „Dennoch ist nicht davon auszugehen, dass die Burgunder selbst diesem eigentümlichen Schönheitsideal frönten. Auch in größeren Gräberfeldern finden sich jeweils nur einzelne Belege." (S. 63) Insgesamt bestätigen oder unterstützen diese Funde jedoch die Deutung von Sapaudia als Region um den Genfer See (vgl. die Karten bei Martin, bes. S. 250; 252; 257f.; bei Kaiser, S. 93; Steiner, S. 320; Gaillard de Sémainville, 241).

I.2 Modus der Ansiedlung in der Sapaudia

Die Burgunder wurden wie schon zuvor die Westgoten in Aquitanien (418/419 n.Chr.)[17] und die Alanen in Gallia ulterior nördlich der Loire (Valence, 440 n.Chr.)[18] als Föderaten im Römischen Reich angesiedelt. Sie bekamen damit ein zwar kleines, aber militärisch wichtiges Gebiet zugewiesen, den Schnittpunkt zwischen dem Rhône- und Rheingebiet einerseits und dem gallischen und italischen Raum andererseits; sie sollten die Grenze des Römischen Reichs wohl besonders gegen die Alamannen sichern. Leider kann weder die Größe der Gruppe der Burgunder[19] noch die Art und Weise der Ansiedlung genauer bestimmt werden. Seit dem Vertrag mit den Westgoten aus dem Jahr 382 (erweitert 395), die damit erstmals als Föderaten im Römischen Reich (südlich der Donau in Dacien und Moesien) angesiedelt wurden[20], gab es immer wieder neue Verträge mit Germanen. Da aber weder die gesellschaftliche Struktur der Burgunder noch konkrete Instruktionen über deren Ansiedlung bekannt sind[21], bleiben weitere Einzelheiten im Dunkeln. Der Begriff *reliquiis* aus der

---

17 Vgl. Wolfram, Goten, 178-180; Kulikowski, Visigothic Settlement; Schwarcz, Visigothic Settlement.

18 *Chronica Gallica* a. 452, s.a. 442 (Chronica Minora I 660 Mommsen und Burgess, 80): *Alani, quibus terrae Galliae ulterioris cum incolis dividendae a patricio Aetio traditae fuerant, resistentes armis subigunt et expulsis dominis terrae possessionem vi adipiscuntur.* Der Chronist beschreibt also die Ansiedlung der Alanen mit ähnlichen Worten wie die der Burgunder, weiß aber von darüber hinausgehenden gewaltsamen Inbesitznahmen des Landes.

19 Die „Burgunder" sind nur mit Vorbehalt als „Volk" zu beschreiben. Korrekter ist es, wie Wood (Origio gentis; Ethnicity) gezeigt hat, von der nicht-römischen Anhängerschaft der Herrscherfamilie von Gundioch-Gundobad-Sigismund zu sprechen, deren Gruppenidentität sich erst mit der Zeit in Gallien herausbildete. Die „Burgunder" sind keine aus Skandinavien oder Bornholm an den Rhein und dann an die Rhône umgezogene identifizierbare Gruppe. Diese Wanderlegenden entstanden erst im 8./9. Jh. in Anlehnung an die Erzählungen über die Herkunft der Langobarden. Vgl. auch allg. Hedeager, Migration Period (mit ausführlichen Literaturangaben) und die Beiträge von Patrick Geary, Herwig Wolfram, Walter Goffart, Ian Wood, Walter Pohl und Bonnie Effros in Part I Barbarian ethnicity and identity, in: Noble, From Roman Provinces, S. 29-232.

20 Vgl. Demandt, Spätantike, 126f.; Wolfram, Goten, 139-141, 146f.

21 Zu den Problemen, die Einzelheiten dieser nicht überlieferten Verträge zu bestimmen, vgl. Chrysos, Legal Concepts.

Chronica Gallica weist allerdings auf eine eher kleinere Gruppe hin[22], die mehr aufgrund ihrer militärischen Stärke und der Übernahme von machtvollen Positionen als aufgrund großer Volksmassen ihren Einflußbereich erweitern konnte.

Die *Chronica Gallica* erwähnen ferner allgemein ein „Überlassen der Sapaudia zur Teilung mit den Einheimischen", ohne daß daraus deutlich wird, was und wie geteilt wird. In der Regel wird die Ansiedlung der Burgunder mit dem Einquartierungsmodus von Soldaten verglichen, da auch hier der Besitz geteilt und ein Drittel des Anwesens den angesiedelten Soldaten zugestanden worden war[23]. Überzeugender scheint jedoch die Interpretation, nach der auf die Burgunder Anteile der Steuereinnahmen der Städte übertragen wurden[24]. Den Städten war seit Valentinian (375) gestattet worden, ein Drittel ihrer Einkünfte behalten zu können; zwei Drittel mußten abgegeben werden[25]. An diesen zwei Dritteln scheinen die Burgunder beteiligt worden zu sein, ohne daß die Modalitäten genauer bekannt sind. Zu einem späteren Zeitpunkt (Anfang des sechsten Jh.s) erließ König Gundobad ein Gesetz, welches ein früheres bestätigte, wonach Burgunder diese Steuergelder (*mancipiorum tertiam et duas terrarum partes*) nicht erhalten dürfen, wenn sie zu Grundbesitz gekommen sind[26].

---

22 Boehm schätzt sie auf höchstens 25.000 Menschen (Geschichte Burgunds, 55).

23 Vgl. das Gesetz unter Honorius (CTh VII 8,5.13), in dem diese Einquartierung beschönigend als Gastfreundschaft (*hospitalitas*) bezeichnet wird; vgl. Demandt, Spätantike, 264f.; Wood, Merovingian Kingdoms, 10f.; Kaiser, Burgunder, 82-87.

24 So Goffart, Techniques of Accomodation; How they were accommodated; Durliat, Le salaire, 21-72; Favrod, Histoire politique, 189-206; Krieger, Ansiedlung. Vgl. auch die Analyse der Thesen bei Liebeschütz, Cities, Taxes.

25 CTh IV 13,7; V 14,35; vgl. Demandt, Spätantike, 407f.

26 *Licet eodem tempore, quo populus noster mancipiorum tertiam et duas terrarum partes accepit, eiusmodi a nobis fuerit emissa praeceptio, ut quicumque agrum cum mancipiis seu parentum nostrorum sive nostra largitate perceperat, nec mancipiorum tertiam nec duas terrarum partes ex eo loco, in quo ei hospitalitas fuerat delegata requireret ....* „Wohl hatten wir damals, als unser Volk ein Drittel an Knechten und zwei Drittel an Land erhielt, eine Vorschrift dahin erlassen, daß einer aus dem angewiesenen Quartiergut weder das Sklavendrittel noch die beiden Landdrittel zu fordern habe, sofern er durch unsere oder unserer Vorfahren Gunst schon Bauland mitsamt Knechten erhalten hatte." (*Liber Constitutionum*, Art. 54,1 [MGH Leg II/1, 1892, 88,13–89,1 Rudolf von Salis]; Übersetzung Beyerle, 85). Nach dieser „steuerlichen" Lösung sind also *mancipia* und *terrae* als Steuereinheiten zu verstehen.

Außerdem sollte die Hälfte der Waldflächen im Besitz der Römer bleiben: *medietatem silvarum ad Romanos generaliter praecipimus pertinere*[27]. Dieses Verständnis der Ansiedlung der Burgunder würde die spätere Erweiterung der Einflußsphäre nach Lyon erklären, die erstens mit ähnlichen Worten geschildert wird und zweitens im Einvernehmen mit dem gallischen Senatorenstand geschehen ist[28]. Die Burgunder wären wohl kaum willkommen gewesen, wenn sie ein oder zwei Drittel des Besitzes in Beschlag genommen hätten. Stattdessen haben sie Teile von den Steuern bezogen, die ansonsten an den römischen Fiskus geflossen wären. Sie wurden somit ein Teil der gallischen Selbstbehauptungspolitik gegenüber dem Römischen Reich.

I.3 Gebietserweiterungen unter Gundowech und Chilperich I.

Als Gegenleistung für diese Ansiedlung genossen die Grundbesitzer den militärischen Schutz durch die Burgunder. Schon 451 kämpften die Burgunder wie auch die Westgoten und Franken für Aetius gegen die in Galli-

---

Aus dem Reich der Burgunder sind zwei Gesetzessammlungen überliefert, einerseits die *Lex Gundobada* bzw. der *Liber Constitutionum*, eine unter Gundobad begonnene und unter Sigismund und Godomar weitergeführte Sammlung von Gesetzen für die in Burgund lebenden Burgunder selbst, andererseits die sog. *Lex Romana Burgundionum* mit Gesetzen für die im Reichsgebiet lebenden „Römer". Vgl. dazu Kampers, Lex Burgundionum; Liebs, Lex Romana Burgundionum.

27 *Liber Constitutionum*, Art. 54,2 (89,10f. Rudolf von Salis). Zu einem späteren Zeitpunkt legte auch Godomar fest, daß Neuankömmlinge nicht mehr als die Hälfte in Anspruch nehmen dürfen (*medietas terrae*): *Liber Constitutionum, constitutio extravagans* 21,12 (121,24-27 Rudolf von Salis): *De Romanis vero hoc ordinavimus, ut non amplius a Burgundionibus, qui infra venerunt, requiratur, quam ad praesens necessitas fuerit: medietas terrae. Alia vero medietas cum integritate mancipiorum a Romanis teneatur, nec exinde ullam violentiam patiantur.* „Wegen der Römer aber sei bestimmt: Nicht mehr sollen die hier Eingerückten, die Burgunder, ihnen abverlangen, als gegenwärtig nötig ist: das halbe Land. Die andere Hälfte, dazu alle Sklaven, soll der Römer behalten und daran keine Eigenmacht erdulden." (Übersetzung Beyerle, 139) Dazu s.u. Anm. 146.

28 S.u. Anm. 44. Vgl. auch die entsprechende Darstellung bei Fredegar, *Chronica* II 46 (MGH.SRM II, 1889, 68,17-20 Krusch): *Et cum ibidem duobus annis resedissent, per legatis invitati a Romanis vel Gallis, qui Lugdunensium provinciam et Gallea comata, Gallea domata et Gallea Cesalpinae manebant, ut tributa rei publice potuissent rennuere, ibi cum uxoris et liberes visi sunt consedisse.*

en eingefallenen Hunnen unter Attila[29] in der großen Schlacht auf den Katalaunischen Feldern[30], womit der Vormarsch der Hunnen gestoppt wurde. Hier erlitten die Burgunder offenbar so große Verluste, daß danach keine Rechtssachen, die auf ein Datum vor der Schlacht zurückgingen, gültig entschieden werden konnten[31].

Erste eigene politische Aktivitäten der Burgunder werden sichtbar nach dem Machtkonflikt zwischen dem erfolgreichen Heermeister Aetius und dem Kaiser Valentinian III.[32], als dieser seinen Heermeister ermordete (454) und danach selbst vom Anhang des Aetius erschlagen wurde (455)[33]. Mit dem Tod dieses letzten westlichen Herrschers aus der theodosianischen Dynastie begann eine unruhige Zeit, in der die Kaiser schnell wechselten, was die prinzipiell loyalen Burgunder vor neue politische und diplomatische Herausforderungen stellte. Nach dem Tod Valentinians und der kurzen Regierungszeit von Petronius Maximus wurde Flavius Eparchius Avitus aus dem gallorömischen Senatsadel, der schon Reichspräfekt Galliens war und auch gute Verbindungen zu den Westgoten (Theoderich II., 453–466) pflegte, am 9. Juli 455 auf dem Provinzkonzil in

---

29 Attila: PLRE 2, 182f.; Heinzelmann, Prosopographie, 563; zu Attila vgl. ferner Wenskus/Beck, Attila; Wirth, Attila.

30 Jordanes, *Getica* 36 (191): *A parte vero Romanorum, tanta patricii Aetii providentia fuit, cui tunc innitebatur res publica Hesperiae plagae, ut undique bellatoribus congregatis, adversus ferocem et infinitam multitudinem non impar occurreret. hi enim adfuerunt auxiliares: Franci, Sarmatae, Armoriciani, Liticiani, Burgundiones, Saxones, Ripari, Olibriones, quondam milites Romani, tunc vero iam in numero auxiliarium exquisiti, aliaeque nonnulli Celticae vel Germanie nationes* (81,3-10 Giunta/Grillone). Vgl. *Chronica Gallica* a. 452, s.a. 451 (Chronica Minora I 662 Mommsen und Burgess, 81); Hydatius, *Chronica* 142/150 (100 Burgess): *In campis Catalaunicis, haud longe de civitate quam effregerant Mettis, Aetio duci et regi Theodori, quibus erat in pace societas, aperto marte confligens divino caesa superatur auxilio.* Aufgrund seiner spanischen, „anti-barbarischen" Perspektive ist Hydatius nicht daran interessiert, weitere „barbarische" Hilfstruppen des Aetius zu nennen. Vgl. zu dieser bedeutenden Schlacht Castritius, Katalaunische Felder; Demandt, Spätantike, 154f.

31 *Liber constitutionum* 17,1 (55,6f. Rudolf von Salis): *Omnes omnino causae, quae inter Burgundiones habitae sunt et non sunt finitae usque ad pugnam Mauriacensem, habeantur abolitae.*

32 PLRE 2, 1138f. (Placidus Valentinianus 4); vgl. ferner Vössing, Valentinian III.

33 Hydatius, *Chronica* 152/160; 154/162 (Burgess, 102); Demandt, Spätantike, 155f.

Arles zum Kaiser ausgerufen[34]. Wahrscheinlich in den zwei kaiserlosen Monaten zuvor gab es eine Auseinandersetzung zwischen den Burgundern und Gepiden, wie eine kleine Notiz[35] ergibt, ohne daß daraus genauere Informationen entnommen werden können; eine Ansiedlung von Gepiden in Gallien ist nämlich völlig unbekannt. Eventuell könnte es sich um überlebende Soldaten aus der Armee des Hunnen Attila handeln[36].

Kaiser Avitus hat 456 Flavius Rikimer[37] nach dessen Siegen gegen die Vandalen in Sizilien[38] als obersten Heermeister des Westens, *magister militum praesentalis*, berufen, wurde aber, als er selbst weder in Italien noch im Osten als Kaiser anerkannt worden war, von seinem eigenen Heermeister noch im selben Jahr gestürzt[39]. Jener Rikimer, der väterlicherseits aus dem suebischen und mütterlicherseits aus dem westgotischen Königshaus stammte[40], hat als Heermeister bis 472 die Geschicke des Westreichs bestimmt und ließ 457 Maioranus als Kaiser ausrufen.

Die Burgunder waren 456 noch für Kaiser Avitus zusammen mit den Westgoten gegen die Sueben unter Recharius nach Galicien (Spanien)

---

34 *Consularia Italica, Continuatio Havaniensis Prosperi* 574, s.a. 455,6 (Chronica Minora I 304 Mommsen): *Post Maximi caedem Avitus in Galliis apud Arelas imperium sumpsit.* Hydatius, *Chronica* 156/163 (Chronica Minora II 27 Mommsen und Burgess, 104): *Ipso anno in Galliis Avitus Gallus civis ab exercitu Gallicano et ab honoratis primum Tolosa, dehinc apud Arelatum Augustus apellatus Romam pergit et suscipitur.* Vgl. die carm. V und VII des Sidonius Apollinaris auf Avitus und Maioranus sowie Demandt, Spätantike, 170f. Zum Kaiser Avitus vgl. PLRE 2, 196-198 (Avitus 5); Heinzelmann, Prosopographie, 567 (Eparchius Avitus 1); vgl. ferner Johne, Avitus.

35 *Consularia Italica, Continuatio Havaniensis Prosperi* 574, s.a. 455,5 (Chronica Minora I 304 Mommsen): *At Gippidos* [zu verbessern in *A Gipidis*] *Burgundiones intra Galliam diffusi repelluntur.*

36 Standen diese dann unter dem Befehl des Präfekten Avitus? Hat dieser somit gepidische Soldaten gegen die Burgunder eingesetzt, als diese sich eventuell nach Valentinians Tod von dem Föderaten-Vertrag losgesagt und die Sapaudia verlassen hatten (so von Favrod, Histoire politique, 225-227, nahegelegt)? Oder hat der Schreiber dieser Notiz Subjekt und Objekt verwechselt, so daß hier eigentlich die Burgunder in Gallien einfallende Gepiden vertrieben und somit ihren Föderatenaufgaben genau entsprochen haben (so Mathisen, Resistance, 605)? Das (vgl. Favrod, Histoire politique, 226f.) bleiben aber Spekulationen, die nicht verifiziert werden können.

37 PLRE 2, 942-945; Heinzelmann, Prosopographie, 681 (Flavius Ricimer [Richomeres] 3); zu Rikimer vgl. ferner Lütkenhaus, Ricimer; Vössing, Rikimer.

38 Hydatius, *Chronica* 160/176 (Burgess, 108).

39 Hydatius, *Chronica* 205/210 (Burgess, 114). Mathisen, Italy and the East.

40 Sidon. Apoll., carm. II 361f.: *nam patre Suebus, a genetrice Getes.*

gezogen[41]. In diesem Zusammenhang begegnen die ersten burgundischen Könige: Gundowech († um 470)[42] und sein Bruder Chilperich (I.; † um 480)[43]. Die Burgunder hatten auf die Nachricht der Beseitigung des Kaisers hin bei ihrer Rückkehr (457) im Einvernehmen offenbar sowohl mit dem gallischen Adel als auch mit den Westgoten Lyon besetzt: *Eo anno Burgundiones partem Gallicae occupaverunt terrasque cum Galliis senatoribus diviserunt* [44]. Dieses Unternehmen ist wohl im Zusammenhang mit der Opposition eines Teils des gallischen Adels zu sehen, der – über Rikimers Vorgehen gegen „ihren" Kaiser Avitus empört – Marcellianus unterstützte[45]. Welche Gebiete außer der Stadt Lyon selbst von den Burgundern eingenommen wurden, bleibt unklar. Sicher gehörte zu der Zeit noch nicht die ganze Provinz Lugdunensis I dazu, da burgundische Präsenz in weiteren Städten dieser Provinz erst später bezeugt ist[46]. Dieser erste Versuch einer burgundischen Machtausweitung war zwar noch nicht sehr erfolgreich, weil der neue Kaiser Maioranus seinen gallischen Heer-

---

41 Jordanes, *Getica* 44 (231): *His auditis aegre tulit Theodoridus, compacatusque cum ceteris gentibus arma movit in Suavos, Burgundionum quoque Gnudiuchum et Hilpericum reges auxiliarios habens sibique devotos* (94,15-17 Giunta/Grillone); Hydatius, *Chronica* 166/173-168/175 (Chronica Minora II 28f. Mommsen und Burgess, 106).

42 Gundowech: PLRE 2, 523f.; Heinzelmann, Prosopographie, 619 (Gundiocus [Gunduicus, Gundovechus]).

43 Chilperich: PLRE 2, 286f. (Chilpericus 1); Heinzelmann, Prosopographie, 580 (Chilpericus 1 – hier wichtige Korrekturen). Siehe vorige Anm. und Gregor von Tours, II 28 (MGH SRM 1,1, 73,6f. Krusch/Levison): *Fuit igitur et Gundevechus rex Burgundionum ex genere Athanarici regis persecutoris*; d.h. das Königsgeschlecht in Burgund stamme eigentlich aus dem Westgotenreich – eine wohl polemisch-diskriminierende Beschreibung der „arianischen" Herrscherfamilien. Zu den burgundischen Herrschern vgl. auch die Übersicht S. 28.

44 Marius von Avenches, *Chronica* s.a. 456 (Chronica Minora II 232 Mommsen und Favrod, 64); ferner *Consularia Italica Havaniensis Prosperi* 583 (Chronica Minora I 305 Mommsen): *Post cuius caedem Gundiocus rex Burgundionum cum gente et omni praesidio annuente sibi Theudorico ac Gothis intra Galliam ad habitandum ingressus societate et amicitia Gothorum functus*; so auch Fredegar, *Chronica* II 46 (s. Anm. 31), wenn auch ins Jahr 372 datiert.

45 Sidon. Apoll., ep. I 11,6 (36 Loyen) über die *coniuratio Marcelliana*. S. Favrod, Histoire politique, 229f.

46 Autun 469 (Jordanes, *Getica* 45 [238]; s. Anm. 71 u. Favrod, Histoire politique, 236); Dijon 486 (Gregor von Tours, II 23); Chalôn um 500 (Avitus, ep. 76; 83). Die Einnahme von Autun durch die Franken (532–534) ist der Anfang vom Ende des Reiches der Burgunder (vgl. Gregor von Tours, III 11).

führer Aegidius[47] mobilisierte, um die Westgoten aus Arles und die Burgunder aus Lyon wieder zu vertreiben (458)[48]. In Anschluß an heftige Kämpfe um Lyon scheint es aber zu einem Vertrag gekommen zu sein, nach dem die Burgunder die Stadt Lyon zwar räumen mußten, aber andere Gebiete überlassen bekamen. Für dieses Zugeständnis stellten die Burgunder dem Kaiser Maioranus Soldaten für einen Kriegszug gegen die Vandalen in Afrika zur Verfügung[49]. Aber nach dessen Tod (461) konnten die Burgunder ihre Herrschaft wieder über Lyon hinaus ausdehnen und hatten seitdem sowohl in Genf als auch in Lyon eine Residenz[50]. Ferner ist auch von einer Ausweitung nach Süden Richtung Valence auszugehen, weil schon für das Jahr 463 bezeugt ist, daß die Stadt zum Herrschaftsbereich Gundowechs gehört[51].

Inzwischen pflegten die Burgunder wieder sehr gute Kontakte zum römischen Militäradel. Im Zusammenhang mit einem Bericht über eine zwischen Vienne und Arles umstrittene Bischofswahl in Die (463) wird Gundowech selbst sogar als *magister militum Galliarum* bezeugt[52]. 470 folgte ihm darin sein Bruder Chilperich I.[53], und noch Gundobads Sohn Sigismund wird diesen Titel führen[54]. Die genauen Umstände dieser Ernennung können nur vermutet werden, aber im Hintergrund standen wahrscheinlich die besonders in Gallien heftigen Auseinandersetzungen mit den Anhängern des Kaisers Maioranus, den Rikimer nach dessen als Schmach empfundenen Friedensvertrag mit den Vandalen ermorden ließ[55]. Zu den Anhängern von Maioranus gehörte auch Aegidius, von Maioranus noch als *magister militum per Gallias* ernannt (s.o.), der Rikimers Vorgehen nicht unterstützen wollte und schon gar nicht seine Absetzung zu Gunsten Agrippins akzeptierte. Nachdem Aegidius den Agrippin und

---

47 Aegidius: PLRE 2, 11-13; Heinzelmann, Prosopographie, 544; zu Aegidius vgl. ferner Düwel, Aegidius.

48 Sidon. Apoll., carm. V 554-586; vgl. Wolfram, Goten, 185; Favrod, Histoire politique, 237-243.

49 Sidon. Apoll., carm. V 474-478.

50 Vgl. Sidon. Apoll., ep. IV 20; V 5.

51 S. unten.

52 So im Brief des Papstes Hilarius an Caesarius von Arles, ep. Arelatenses genuinae 19: Hilarius habe dank eines Berichts von Gundowech davon erfahren. Darin heißt es: *quantum enim filii nostri, viri inlustris magistri militum Gunduici, sermone est indicatum* … (MGH Ep. 3, 28,21f. Grundlach). Vgl. Demandt, magister militum.

53 So in Sidonius' Briefen (ep. V 6,2; VI 12,3). Sidonius nennt ihn auch „Tetrarch" (ep. V 7,1), was wohl als kleiner römischer König zu verstehen ist.

54 Aus Avitus, ep. 9; 78; 93; 94 erschließbar.

55 Hydatius, *Chronica* 205/210 (114 Burgess).

dessen westgotische Verbündete bei Narbonne[56] besiegt hatte[57] und gegen Rikimer sogar Verbindung zu Geiserich aufnahm[58], ernannte Rikimer bzw. Kaiser Severus offenbar nun Gundowech als *magister militum per Gallias*[59]. Dieses führende Militäramt in Gallien bedeutete natürlich eine erhebliche Stärkung der Macht und des Prestiges der Burgunder und bestätigte ihre enge Beziehung zum Römischen Reich bzw. ihr Selbstverständnis als Teil dieses Römischen Reichs. In diesem Sinn schickte Gundowech seinen Sohn Gundobad[60] zu Rikimer nach Italien, zu dem schon verwandtschaftliche Beziehungen bestanden[61], und Gundobad schloß dort eine erfolgreiche Beamtenlaufbahn ab.

Ein Ereignis weist auf den wachsenden Einfluß der Burgunder hin: Ein Präfekt namens Arvandus[62] wurde aufgrund seines Vorschlags, Gallien zwischen den Westgoten und den Burgundern zu teilen, des Verrats beschuldigt (468)[63]. Obwohl dieser Plan nicht umgesetzt worden ist, kann man daraus eine zunehmende Bedeutung der Burgunder in Gallien entnehmen, offenbar im Einverständnis mit dem gallorömischen Adel[64].

Kaiser des Westens war inzwischen (467) Anthemius[65], der auf Empfehlung des oströmischen Kaisers Leo I. hin eingesetzt worden war. Dies führte zu neuen Allianzen insbesondere gegen die massiven Expansions-

---

56 Hydatius, *Chronica* 212/217 (114 Burgess): *Agrippinus Gallus et comes et cuius Egidio comiti viro insigni inimicus, ut Gothorum mereretur auxilia, Narbonam tradidit Theudorico.*

57 Hydatius, *Chronica* 214/218 (116 Burgess).

58 Hydatius, *Chronica* 220/224 (116 Burgess).

59 Jones, Roman Empire, 241f.; Barnwell, Roman West, 82; Wolfram, Goten, 185f. Leider sind keine weiteren Ereignisse, in denen Gundowech eine Rolle spielt, überliefert, so daß kein Hinweis auf direkte Konsequenzen dieser Amtsübertragung vorliegt.

60 Gundobad: PLRE 2, 524f.; Heinzelmann, Prosopographie, 619f. (wichtige Korrekturen und Ergänzungen!); zu Gundobad vgl. ferner Anton, Gundobad.

61 Vgl. die Übersicht S. 28. Heiratete Gundowech Rikimers Schwester oder Tochter? Undeutlicher Hinweis bei Johannes von Antiochien, Frgm. 301 (508,14f.21 Roberto); Johannes Malalas 374f. Vgl. Gordon, Attila, 122f.; 205 Anm. 15 und Favrod, Histoire politique, 211 Anm. 85.

62 PLRE 2, 157f.; Heinzelmann, Prosopographie, 561.

63 Sidon. Apoll., ep. I 7.

64 Wie damals schon für Lyon 457 überliefert, s.o. Anm. 44.

65 Anthemius: PLRE 2, 96-98 (Anthemius 3); zu Anthemius vgl. ferner Johne, Anthemius.

bestrebungen der Westgoten[66], die seit 466 von Eurich[67] angeführt wurden. Leider ist nichts Genaueres darüber überliefert, inwieweit zu dieser Zeit die Burgunder selbst militärisch gegen die Westgoten vorgegangen sind. Nur indirekt läßt sich aus Bemerkungen bei Sidonius erschließen, daß Burgund einigen Städten Hilfstruppen gegen die Westgoten zur Verfügung gestellt hatte[68]. Darüberhinaus haben die Burgunder durch Hilfslieferungen die vom Krieg verwüsteten und von Hungersnot geplagten Regionen der Provence unterstützt[69]. So floh etwa Riothiamus, der Bretonenherrscher[70], nachdem er von den Westgoten bei Bourge im Norden der Provinz Aquitania I besiegt worden war, zu den Burgundern als den Verbündeten Roms (bzw. des Kaisers Anthemius)[71]. Diese wenigen Hinweise über die Burgunder unter Chilperich lassen erahnen, daß sie ihren Einflußbereich auch nach Nordwesten Richtung Autun in die Provinz Lugdunensis I erweitert und gefestigt haben. Dabei verstanden sich die Burgunder als Teil des Römischen Reichs.

Als Differenzen zwischen dem Kaiser Anthemius und seinem Heermeister Rikimer aufbrachen, kämpfte Gundobad zusammen mit Rikimer gegen Kaiser Anthemius und ermordete ihn (472)[72]. Als Rikimer selbst ermordet wurde, trat Gundobad seine Nachfolge an als oberster Heermeister des Westens und Patrizier[73]. 473 beförderte er Glycerius zum römischen Kaiser, der jedoch vom Osten nicht anerkannt wurde. Der

---

66 Vgl. *Chronica Gallica* a. 511, s.a. 470/471: *Antimolus a patre Anthimio imperatore cum Thorisario, Euerdingo, et Ermiano comite stabuli Arelate directus est; quibus rex Eorichus trans Rodanum occurrit occisisque ducibus omnia uastauit* (99 Burgess).

67 Eurich: PLRE 2, 427f.; Heinzelmann, Prosopographie, 601; zu Eurich vgl. ferner Claude, Eurich.

68 Sidon. Apoll., ep. III 3 (auch unten Anm. 77) und Favrod, Histoire politique, 258-260.

69 Vgl. Sidon. Apoll., ep. VI 12,5.8.

70 Riothiamus: PLRE 2, 945; Heinzelmann, Prosopographie, 681.

71 Jordanes, *Getica* 45 (238): *Qui amplam partem exercitus amissam cum quibus potuit fugiens ad Burgundzonum gentem vicinam Romanisque in eo tempore foederatam advenit* (97,17-19 Giunta/Grillone); Gregor von Tours, II 18.

72 *Chronica Gallica* a. 511, s.a. 471/472 (Chronica Minora I 306 Mommsen und Burgess, 99): *Anthimius imperator acto intra urbem civili bello a Ricimere genero suo vel Gundebado extinctus est.*

73 Johannes von Antiochien, Frgm. 301 (508,21-23 Roberto): τὴν δὲ τοῦ Ῥεκίμερος τάξιν ὑπεισελθὼν Γουνδουβάλης, ἀνεψιὸς ὢν αὐτοῦ, Γλυκέριον, τὴν τοῦ κόμητος τῶν δομεστίκων ἀξίαν ἔχοντα, ἐπὶ τὴν βασιλείαν ἄγει; *Consularia Italica. Fasti Vindobonenses Priores* s.a. 472 (Chronica Minora I 306 Mommsen): *eo anno Gundobadus patricius factus est ab Olybrio imp.*

oströmische Kaiser Leo I. entsandte daraufhin Julius Nepos[74], der Glycerius verjagte, so daß Gundobad seinerseits zurück nach Gallien floh[75]. Abermals entstanden den Burgundern also durch einen Herrscherwechsel Probleme, wie schon nach dem Tod des Kaisers Avitus, diesmal aber in besonderem Maße, weil Gundobad selbst als „Kaisermacher" aufgetreten war. Julius Nepos ernannte nun erst Ecdicius, dann Orestes[76] zum Heermeister, ohne die Burgunder weiter zu berücksichtigen. In welchem Maß dadurch die Position der Burgunder geschwächt wurde, läßt sich nur indirekt erschließen. Als militärische Hilfe insbesondere gegen die Westgoten waren die Burgunder immer willkommen wie in Clermont[77]. Die Ereignisse in Vaison z.B. um Verratsbeschuldigungen im Zusammenhang mit einer gallorömischen Opposition gegen die Burgunder[78] zeigen zwar die unsicher gewordene Lage, aber Chilperich konnte seine Herrschaft über diese Stadt festigen, so daß das Gebiet der Burgunder offenbar inzwischen weit in den Süden der Provinz Viennensis bis zur Durance reichte.

I.4 Das Reich der Burgunder unter Gundobad

Nach dem Tod von Chilperich I. (um 480, sowohl das genaue Datum als auch die Form des Herrschaftwechsels sind unbekannt) regierte in Burgund sein Neffe Gundobad (Lyon), der noch drei Brüder hatte: Godegisel

---

74 PLRE 2, 777f. (Iulius Nepos 3); zu Julius Nepos vgl. ferner Leppin, Nepos 3.

75 Johannes Antiochien, Frgm. 301 (508,23-27 Roberto): γνοὺς δὲ Λέων ὁ τῶν ἑῴων βασιλεὺς τὴν τοῦ Γλυκερίου ἀναγόρευσιν ἐπιστρατεύει κατ' αὐτοῦ, Νέπωτα στρατηγὸν ἀποδείξας· ὃς ἐπειδὴ τὴν Ῥώμην κατέλαβεν, ἀμαχεὶ τὸν Γλυκέριον, ἐχειρώσατο καὶ τῶν βασιλείων ἐξώσας ἐπίσκοπον τοῦτον Σάλωνος προχειρίζεται, η΄ μῆνας ἐντρυφήσαντα τῇ ἀρχῇ. εὐθὺς γοῦν ὁ Νέπως βασιλεὺς ἀναδειχθεὶς ἦρχε τῆς Ῥώμης. Vgl. Favrod, Histoire politique, 262 Anm. 289; Cassiodor, *Chronica* § 1295 (Chronica Minora II 158 Mommsen): *His conss. Gundibado hortante Glycerius Ravennae sumpsit imperium.*

76 Orestes: PLRE 2, 811f. (Orestes 2); Heinzelmann, Prosopographie, 659.

77 Sidon. Apoll., ep. III 4,1; III 8,2. 475 wurde Clermont dann vertraglich doch den expandierenden Westgoten unter Eurich zugesprochen.

78 Eine gallorömische Adelsgruppe wurde beschuldigt, das unter burgundischer Herrschaft stehende Vaison an den neuen Kaiser Julius Nepos ausliefern zu wollen; Sidonius konnte diesen Verdacht, von dem auch sein Onkel Apollinaris betroffen war, ausräumen. Vgl. die Verdächtigungen bei Sidon. Apoll., ep. V 6; V 7. In diesen Briefen wird Chilperich als Herrscher über Vaison und Vienne erwähnt.

(Genf)[79], Chilperich II.[80] und Godomar (Vienne)[81]. Chilperich und Godomar scheinen jedoch bald verstorben zu sein[82]. Erst in dieser Zeit wird eigentlich mit Gundobad ein eigenes burgundisches Königtum sichtbar; Gundobad hatte dabei offensichtlich immer eine seinen Brüdern vorgeordnete Stellung. Als im Jahr 494/495 Epiphanius von Pavia Godegisel in Genf besuchte, nannte er ihn „Bruder des Königs"[83].

In dieser Zeit endete die Phase der Unterstützung der Burgunder durch das Römische Reich, und die Burgunder setzten sich zunehmend mit den aufstrebenden Reichen der Westgoten, Franken und Ostgoten auseinander. Im Römischen Reich wurde Kaiser Julius Nepos von seinem Heermeister Orestes entmachtet (475), der seinen Sohn Romulus Augustus[84] als Kaiser einsetzte. Doch schon ein Jahr später, im August 476, wurde Orestes getötet, und zwar von Odoaker, dem König der Heruler, Skiren und Thüringer[85]. Odoaker setzte im selben Jahr Romulus Augustus ab und eroberte Ravenna. Ab 476 herrschte in Italien also zunächst der Skire Odoaker, der 493 jedoch vom Ostgoten Theoderich[86] im Auftrag von Konstantinopel besiegt wurde.

Noch 475 hatten die Westgoten unter Eurich erfolgreich ihre Herrschaft über die Auvergne durch einen Vertrag im Einvernehmen mit

---

79 Godegisel: PLRE 2, 516 (Godegisel 2); Heinzelmann, Prosopographie, 618.

80 Chilperich: PLRE 2, 186f. (Chilpericus 2); Heinzelmann, Prosopographie, 580 (Chilpericus 2; hier wichtige Ergänzungen und Korrekturen).

81 Godomar: PLRE 2, 516 (Godomarus 1); Heinzelmann, Prosopographie, 618 (Godomarus 1 [Gudomarus]).

82 Gregor von Tours berichtet, daß Gundobad seinen Bruder Chilperich (II.) ermorden ließ (II 28 [MGH SRM 1,1, 73,8f. Krusch/Levison]): *Igitur Gundobadus Chilpericum fratrem suum interfecit gladio uxoremque eius, ligatu ad collum lapidem, aquis inmersit.* „Gundobad aber tötete seinen Bruder Chilperich mit dem Schwert und ließ seine Gemahlin mit einem Stein um den Hals in das Wasser werfen." Zu den Todesfällen in der burgundischen Familie vgl. auch Avitus, ep. 5.

83 Ennodius, *Vita Epiphanii* 174: *fuit Genavae, ubi Godigisclus germanus regis larem statuerat, qui formam fraternae deliberationis secutus bonis operibus eius se socium dedit* (73 Cesa).

84 PLRE 2, 949f. (Romulus Augustus 4); zu Romulus Augustus vgl. ferner Leppin, Romulus Augustus.

85 Odoaker: PLRE 2, 791-793; Heinzelmann, Prosopographie, 659; zu Odoaker vgl. ferner Lütkenhaus, Odoacer.

86 Theoderich: PLRE 2, 1077-1084 (Theodericus 7); Heinzelmann, Prosopographie, 703 (Fl. Theodericus); zu Theoderich vgl. ferner Lütkenhaus, Theoderich; Wolfram, Theoderich.

Julius Nepos besiegelt[87]; aber nach dessen Sturz ergriffen sie die Gelegenheit und besetzten 476 trotz dieses Vertrags auch die Provence (Arles, Marseille) und konnten so den Burgundern den Zugang zum Mittelmeer verwehren. Zehn Jahre später (486) setzten sich die Franken unter Chlodwig[88] gegen den letzten römischen Statthalter in Gallien (Syagrius[89]) durch und dehnten damit ihr Gebiet nach Süden aus: Gallien bis zur Loire war nun fränkisch.

Wie groß war inzwischen das Reich der Burgunder? Wie weit reichte sein Einfluß? Gregor von Tours nennt die Rhône- und Saône-Täler, zusätzlich die Region Marseille[90]. Es ist jedoch zweifelhaft, ob sich ihr Einfluß ins Gebiet südlich der Durance bis zum Mittelmeer erstreckte, insbesondere da auch Arles nur einmal kurz Burgund unterstand. Die übrige Beschreibung Gregors wird aber durch die Teilnehmerliste der Synode von Epao (517) bestätigt[91]. Demnach bildete wohl die Rhône von Avignon bis Lyon die westliche Grenze. Weiter nördlich scheint ein Gebiet von Nevers über Langres bis zum Neuenburger See, also sowohl westlich als auch östlich der Saône, burgundisch gewesen zu sein. Nördlich der Durance waren ferner Sisteron, Embrun und Moutiers en Tarentaise die östlichsten Orte des Burgunderreichs in den Alpen. Diese Ausdehnung scheinen die Burgunder annähernd schon in den siebziger Jahren des fünften Jahrhunderts erreicht zu haben, wie die Beschreibung Burgunds bei dem Kosmographen von Ravenna[92] nach der Interpretation Favrods[93] zeigen kann. Verändert hat sich das Reich der Burgunder

---

87 Sidon. Apoll., ep. VII 7; Ennodius, *Vita Epiphanii* 85-94. Eine Beteiligung der Burgunder an dem Vertrag kann nicht festgestellt werden. Sie waren es ja, die bislang vornehmlich die Westgoten am Vordringen östlich über die Rhône hinaus gehindert hatten; vgl. Favrod, Histoire politique, 268f.

88 Chlodwig: PLRE 2, 288-290; Heinzelmann, Prosopographie, 581f.; zu Chlodwig vgl. ferner Anton, Chlodwig. Zu seiner „Bekehrung" vgl. unten S. 57f.

89 Syagrius: PLRE 2, 1041f. (Syagrius 2); Heinzelmann, Prosopographie, 699 (Syagrius 4); zu Syagrius vgl. ferner Vössing, Syagrius.

90 Gregor von Tours, II 32 (MGH SRM 1,1, 78,5f. Krusch/Levison): *Tunc Gundobadus et Godegisilus fratres regnum circa Rhodanum aut Ararem cum Massiliensem provintiam retinebant.*

91 S.u. S. 33.

92 Vgl. zu diesem Text Staab, Geograph. Kap. IV 26f. behandelt Burgund.

93 Favrod, Histoire politique, 274-280. Nach Favrod könne Burgund nur in den siebziger Jahren des fünften Jahrhunderts während der Auseinandersetzungen mit den Machtbestrebungen des Westgotenkönigs Eurich so weit westlich ausgedehnt sein bis nach Javols und Le Puy, was später eindeutig westgotisch gewesen sei.

seitdem nur durch den Verlust der kurzzeitig von ihnen besetzten Gebiete westlich der Rhône (Viviers, Javols und Le Puy) sowie durch eine weitere Ausdehnung nach Norden (Langres, Nevers)[94], wie es die Teilnehmerliste der Synode von Epao bezeugt.

Die Burgunder reagierten auf die veränderten Verhältnisse in Italien und Gallien mit einer Neuorientierung; sie begannen nämlich zunächst damit, engere Bündnisse mit den Ostgoten zu schließen. Noch Anfang der neunziger Jahre scheint Gundobad die Auseinandersetzungen zwischen Odoaker und Theoderich ausgenutzt zu haben, indem er in Ligurien (Mailand, Pavia) einfiel und über 6000 Gefangene machte[95]. Vielleicht stand dahinter ein verletzter Vertrag, nach dem Odoaker einen Teil Italiens an Burgund abzutreten hatte – so jedenfalls nach der Darstellung Gundobads in der *Vita Epiphanii* des Ennodius[96]. Für Theoderich bedeutete die Stellung Gundobads als *magister militum* und *patricius* sicherlich eine Bedrohung auch für Italien, insbesondere nach dem Tod Odoakers. So sandte er im Frühjahr 495 den Bischof Epiphanius von Pavia als Friedensbotschafter nach Burgund, um u.a. die Gefangenen loszukaufen. Mit Diplomatie und Rhetorik erreichte dieser durch das Angebot einer Verlobung von Theoderichs Tochter Ostrogotha[97] mit Gundobads Sohn Sigismund, verbunden mit der Aussicht auf ostgotische Thronfolge für den Enkel[98], die Freigabe der Gefangenen[99]. Ähnliche familiäre Verbindungen stellte Theoderich auch mit den Franken, den

---

94 Die beim Kosmographen bezeugte Zugehörigkeit von Avignon bleibt unklar (s. Anm. 106).

95 Paulus Diakonos, *Historia Romana* XV 17 (125,13-17 Droysen): *talium rerum varietates Burgundionum rex Gundubatus aspiciens Liguriam cum ingenti exercitu ingressus, cuncta, quae reperire poterat, pro voluntate diripens infinitam secum ad Gallias captivorum multitudinem abduxit.* Ennodius, *Vita Epiphanii* 172. Vgl. Shanzer, Two Clocks, 226f.

96 Kap. 166.

97 Ostrogotha: PLRE 2, 138f.; Heinzelmann, Prosopographie, 559.

98 Ennodius, *Vita Epiphanii* 136ff.; bes. 163: *sic in successione regni istius legitimus tibi heres adcrescat, et per spem adultae progenies ad Burgundionum gubernacula reviviscas*; vgl. *Anonymus Valesianus* 63 (Chronica Minora I 322 Mommsen und König, 82 mit Anm. S. 154f.); Jordanes, *Getica* 58 (297); Gregor von Tours, III 5 über Sigismunds Heirat mit der ostgotischen Tochter und den daraus hervorgegangenen Sohn Sigerich.

99 Ennodius, *Vita Epiphanii* 172; Paulus Diakonos, *Historia Romana* XV 18: *hic a Theodorico Gallias ad Gundubadum pro captivis redimendis directus excepta innumera multitudine, pro quibus pretium tribuit, sex milia captivorum ob solam sanctitatis suae reverentiam concessa secum reduxit* (126,1-4 Droysen); Cassiodor, var. XII 28. Vgl. dazu Shanzer, Two Clocks, 225-232; auch Herrmann-Otto, Ennodius.

Vandalen und Westgoten her: Theoderich selbst heiratete Audofleda, die Schwester Chlodwigs[100], gab seine Tochter Theodegotha[101] dem Westgotenkönig Alarich II.[102] und seine Schwester Amalafrida dem Vandalenkönig Thrasamund zur Frau[103]. Dies stabilisierte die Verhältnisse der Burgunder zum Ostgotenreich für etwa zehn Jahre.

Gefährlich für das Burgunderreich wurde zunächst der Zwist zwischen den beiden Brüdern Gundobad und Godegisel. Godegisel verbündete sich 500 mit den Franken gegen seinen Bruder und bot den Franken Tributzahlungen an im Falle eines Sieges gegen Gundobad[104]. Offensichtlich war er nicht mehr bereit, neben Gundobad nur ein Teilkönig zu sein[105]; eventuell verfolgte Godegisel, da er mit Gundobads Annäherung an die Ostgoten nicht einverstanden war, auch die Strategie, enge Verbindungen mit den Franken zu knüpfen. Ausführlich berichtet Gregor von Tours in seiner Frankengeschichte über das Kriegstreiben des Godegisel, wie er beide Seiten zu einem Kriegszug gegeneinander überredete, aber selbst die Fronten bei dem Zusammentreffen der Burgunder und Franken nahe Dijon wechselte. Gundobad verlor den Kampf, konnte sich jedoch nach Avignon retten, sicherlich um dort mit westgotischer Unterstützung eine Gegenoffensive vorzubereiten. Godegisel selbst zog in Vienne ein (warum nicht in Lyon, bleibt unbekannt), begleitet von einem kleineren fränkischen Truppenkontingent. Schon bald zog nun Gundobad gegen Vienne, eroberte die Stadt nach kurzer Belagerung und ließ dort seinen Bruder Godegisel, dessen Familienangehörige und Anhänger töten (501). Die fränkischen Hilfstruppen Godegisels kamen als Gefangene zu

---

100 Audofleda: PLRE 2, 185; Heinzelmann, Prosopographie, 564.
101 Theodegotha: PLRE 2, 1068; Heinzelmann, Prosopographie, 702.
102 Alarich: PLRE 2, 49; Heinzelmann, Prosopographie, 549.
103 PLRE 2, 1116f. (Thrasamundus 1). Zur weiteren Bedeutung der Heiratspolitik jener Zeit vgl. Claude, Zur Begründung familiärer Beziehungen; Demandt, The Osmosis; Krautschick, Die Familie der Könige.
104 Gregor von Tours, II 32f.; Marius von Avenches, *Chronica* s.a. 500 (Chronica Minora II 234 Mommsen und Favrod, 68): *His consulibus pugna facta est Divione inter Francos et Burgundiones, Godegeselo hoc dolose contra fratrem suum Gundobagaudum machinante* [*Gundobaudum macenante* bei Favrod]*. in eo proelio Godegeselus cum suis adversus fratrem suum cum Francis dimicavit et fugatum fratrem suum Gundobagaudum regnum ipsius paulisper obtinuit et Gundobagaudus Avinione latebram dedit.* Dieser Bruderkrieg führte also für Gundobad zu einem kurzen Verlust der Regentschaft an seinen Bruder Godegisel. Zu chronologischen Problemen bei Gregor vgl. Favrod, Histoire politique, 323-336.
105 Vgl. *Passio Sigismundi* 2.

den Westgoten nach Toulouse[106]. Nach diesen Ereignissen bekam wahrscheinlich Gundobads Sohn Sigismund Godegisels Aufgaben übertragen und wurde zweiter König mit Residenz in Genf[107].

Bemerkenswert ist es, daß Gundobad trotz dieses Bruderkrieges die Grundidee seines Bruders Godegisel übernahm und Frieden mit den Franken unter Chlodwig schloß, ohne daß Genaueres darüber überliefert ist. Unterstützt wurde diese neue Allianz selbstverständlich durch eine entsprechende Heiratspolitik: Die Tochter von Chilperich II., Chrodechilde[108], wurde dem Franken Chlodwig zur Frau gegeben[109]. Das neue burgundisch-fränkische Bündnis führte zu gemeinsamen Feldzügen gegen die Alamannen[110]; alamannische Flüchtlinge fanden daraufhin beim Ostgoten Theoderich Aufnahme[111].

Parallel wurden zwar auch die Beziehungen zu den Ostgoten weiter gepflegt, aber hier zeigten sich wachsende Spannungen. Cassiodor überliefert zwei Briefe von Theoderich, aus denen hervorgeht, daß die Burgunder einmal eine Gesandtschaft nach Rom schickten und dabei den Ostgotenherrscher Theoderich um zwei Uhren baten: eine Wasseruhr und eine Sonnenuhr[112]. Diese Gesandtschaft stand wahrscheinlich im Zusam-

---

106 Marius von Avenches, *Chronica* s.a. 500 (Chronica Minora II 234 Mommsen und Favrod, 68): *Eo anno Gundobagaudus resumptis viribus Viennam cum exercitu circumdedit, captaque civitate fratrem suum interfecit pluresque seniores hac Burgundiones, qui cum ipso senserant, multis exquisitisque [quaesitis Favrod] tormentis morte damnavit, regnumque, quem perdiderat, cum id quod Godegeselus habuerat, receptum usque in diem mortis suae feliciter gubernavit*; Gregor von Tours, II 33; *Passio Sigismundi* 3. An der westgotischen Synode von Agde 506 ist auch ein Bischof aus Avignon bezeugt (CChr.SL 148, 214,41f. Munier), das daher evtl. zeitweilig westgotisch war. Im Jahr 517 nimmt der Bischof von Avignon an der burgundischen Synode in Epao teil (s.u. S. 33).

107 Fredegar, *Chronica* III 33 (104,3f. Krusch): *Gundebadi filius Sigymundus apud Genavensim urbem villa Quatruvio iusso patris sublimatur in regnum* ... Bei Avitus, ep. 8 wird Sigismund *rex* genannt.

108 Chrodechilde: PLRE 2, 293f.; Heinzelmann, Prosopographie, 584 (Chrotchildis 1; wichtige Ergänzungen und Korrekturen).

109 Gregor von Tours, II 28 beschreibt ausführlich das Werben Chlodwigs um die schöne Chrodechilde. Vgl. Shanzer, Dating, 55. Zur Taufe und Konfessionsfrage Chlodwigs s.u. S. 61f.

110 Gregor von Tours, II 30. Vgl. Shanzer, Dating, 50-57.

111 Cassiodor, var. II 41 (Brief an Chlodwig); Ennodius, *Panegyricus* 72.

112 Cassiodor, var. I 45 (Brief von Theoderich an Boethius mit der Bitte, eine Wasseruhr und eine Sonnenuhr zu bauen); I 46 (Begleitbrief von Theoderich an Gundobad mit den Geschenken).

menhang mit einem der Besuche Sigismunds in Rom[113]. Obwohl das natürlich eine Bitte um „Zivilisationsgüter" ist, spricht nicht nur aus Theoderichs Brief an Boethius, sondern sogar auch aus seinem Brief an Gundobad eine undiplomatische Herablassung gegenüber den kulturlosen Barbaren[114], was die Beziehungen nicht gerade gefördert haben dürfte. Gerade auf Gundobad, der in Italien aufgewachsen war und erzogen wurde, der selbständig intensiv Briefe wechselte z.B. mit Avitus, den sogar auch Ennodius in der *Vita Epiphanii* als gebildet und eloquent bezeichnet[115], dürfte der Vorwurf der Kulturlosigkeit am wenigsten zutreffen[116].

Die genaue Rolle der Burgunder im großen Gotenkrieg 507/8[117] bleibt unklar. Noch vor Kriegsausbruch schreibt Theoderich mehrere Briefe, u.a. auch einen an Gundobad, mit dem Ziel, die Kriegsgefahr in Gallien zu bannen[118]. Als jedoch dieser Krieg 507 zwischen den Franken und Westgoten begann[119], den letztere schließlich eindeutig verloren, so daß sie daraufhin ihr Zentrum von Toulouse nach Toledo in Spanien verlegten, dürften sich die Burgunder auf der Seite der Franken am Kriegsgeschehen

---

113 Sigismund reiste zuerst nach Rom vor Amtsantritt des Symmachus (vor 498), dann nach seiner Bekehrung zum katholischen Glauben und ein drittes Mal mit Avitus' Brief 29. Bei dieser Gelegenheit wird Sigismund auch in Ravenna bei seinem Schwiegervater Halt gemacht haben; wann genau er dessen Tochter geheiratet hat, ist nicht bekannt.

114 Cassiodor, var. I 46,2: *habetote in vestra patria, quod aliquando vidistis in civitate Romana* (Z. 11f.) ... *Discat sub vobis Burgundia res subtilissimas inspicere et antiquorum inventa laudare: per vos propositum gentile deponit et dum prudentiam regis sui respicit, iure facta sapientium concupiscit.* (Z. 14-17) ... *Beluarum quippe ritus est ex ventris esurie horas sentire et non habere certum, quod constat humanis visibus contributum* (Z. 19-21 Fridh/Halporn).

115 Ennodius, *Vita Epiphanii* 164: *Tunc rex probatissimus, ut erat fando locuples et ex eloquentiae dives opibus et facundus adsertor, verbis taliter verba reposuit ....*

116 Avitus, ep. 29; vgl. Shanzer, Two Clocks, 232-251: Sie beschreibt neben den historischen Bezügen (der Austausch diente der Pflege der Beziehungen, um vielleicht die Spannungen kurz vor dem Gotenkrieg zu vermindern) auch die kulturelle Bildung von Gundobad. Vgl. auch Wood, Latin Culture.

117 Vgl. zu dieser bedeutenden Schlacht auf dem Weg zum großfränkischen Reich Nonn, Vouillé; Ewig, Chlodwig. Dieser Kampf wird bei Gregor von Tours (II 37) als Glaubenskrieg der Franken gegen die häretischen (arianischen) Westgoten geschildert.

118 Cassiodor, var. III 1-4 (III 2 Brief an Gundobad).

119 Vgl. ferner Cassiodor, var. III 1,4; ep. 87.

beteiligt haben[120]. Sie verfolgten damit sicherlich das Ziel, auch den letzten Streifen in Südgallien zwischen der Durance und der Küste zu erobern. Überliefert ist, daß Gundobad tatsächlich Streifzüge ins Land der Westgoten unternahm. Er zog gegen Narbonne, wo die Westgoten gerade ihren neuen König Gesalech, den Nachfolger von Alarich II., ausgerufen hatten[121]; auch Arles dürfte von den Burgundern besetzt gewesen sein, wie sich aus den Verratsanschuldigungen gegen Cäsarius von Arles ergibt[122]. Aus der nun folgenden Gegenoffensive des Theoderich[123] lassen sich im Umkehrschluß weitere burgundische Eroberungen erschließen: Die Ostgoten entrissen den Burgundern Marseille[124], Arles[125], Avignon[126] und Narbonne[127], so daß sich Gundobad wieder zurückziehen und Gebietsverluste hinnehmen mußte. Die Provence wurde bis zur Durance eine gallische Präfektur des Ostgotenreichs. Darüberhinaus begann Theoderich sogar noch einen weiteren Streifzug, der ostgotische Truppen weit ins burgundische Gebiet bis nach Embrun führte, aber keine dauerhafte Besetzung zur Folge hatte[128]. Die burgundischen Hoffnungen auf Gebietserweiterung durch eine Allianz mit den Franken haben sich also nicht erfüllt; einzig Viviers im Osten scheint seitdem burgundisch geworden zu sein[129]. In den folgenden Jahren, insbesondere nach dem Tod Chlodwigs, hat sich die Lage in Gallien offenbar etwas entspannt. Auf weitere poli-

---

120 Isidor, *Historia Gothorum, Vandalorum, Sueborum* 36 (Chronica Minora II 281f. Mommsen) schreibt: *Alaricus ... adversus quem Fluduicus Francorum princeps Galliae regnum affectans Burgundionibus sibi auxiliantibus.* Gregor übergeht aufgrund seiner antiburgundischen Haltung eine Beteiligung der Burgunder.

121 Isidor, *Historia Gothorum, Vandalorum, Sueborum* 37 (Chronica Minora II 282 Mommsen): *denique dum eadem civitas (Narbona) a Gundebado Burgundionum rege direpta fuisset, iste cum multo sui dedecore et cum magna suorum clade apud Barcinonam (Barcelona) se contulit; Chronica gallica* a. 511, s.a. 508 (Chronica Minora I 665 Mommsen und Burgess, 99): *Tholosa a Francis et Burgundionibus incensa et Barcinona a Gundefade rege Burgundionum capta ...* (hier wurde offensichtlich Barcelona, der Fluchtort von Gesalech, mit Narbonne verwechselt).

122 *Vita Caesarii* I 28-31 (MGH SRM 3, 467f. Krusch).

123 Cassiodor, *Chronica* 1349.

124 Cassiodor, var. III 41.

125 Cassiodor, var. VIII 10.

126 Cassiodor, var. III 38.

127 Cassiodor, var. IV 17.

128 Marius von Avenches, *Chronica* s.a. 509 (Chronica Minora II 234; Favrod 70): *Hoc consule Mammo dux Gothorum partem Galliae depraedavit.*

129 Vgl. die Unterschrift des dortigen Bischofs unter die Beschlüsse der Synode von Epao 517 (dazu s.u. S. 33).

tische oder kriegerische Aktivitäten aus der Lebenszeit des Burgunderkönigs Gundobad gibt es keine Hinweise.

I.5 Die letzten Jahre unter Sigismund und Godomar

Nach dem Tod Gundobads (516) regierte sein Sohn Sigismund das
Reich[130], der ähnlich wie sein Vater Rückhalt im Römischen Reich
(Byzanz) suchte und dort zum Patricius[131] und Heermeister ernannt
wurde. Da es aber nicht im Interesse Theoderichs lag, daß Burgund enge
Kontakte zum oströmischen Kaiser Anastasius pflegte und ausbaute, fing
er eine burgundische Gesandtschaft nach Osten in Italien ab, wie sich aus
einem zweiten Korrespondenzversuch Sigismunds rückblickend er-
schließen läßt[132]. So blieben die Beziehungen zum Ostgotenreich
gespannt, obwohl Sigismund der Schwiegersohn von Theoderich war.
Parallel dazu wurden Verbindungen zum Frankenreich gepflegt: Sigismunds Tochter war die Ehefrau von Chlodwigs ältestem Sohn
Theuderich[133]. Schon bald nach seinem Wechsel auf den burgundischen
Thron ließ Sigismund burgundisches Recht inklusive seiner eigenen
Gesetze sammeln (*Liber Constitutionum*[134]). Vorwiegend durch diese
Gesetzessammlung wird seine Herrschaft dokumentiert; inwieweit er an
den Synoden der burgundischen Kirche von Epao und Lyon, die Kanones
zur Disziplinierung des Klerus und zur Klärung des Verhältnisses der
burgundischen zur katholischen Kirche verabschiedeten, beteiligt war, ist
unklar[135]. Sigismund selbst war zwar katholisch[136], geriet aber trotzdem in
eine heftige Auseinandersetzung mit der katholischen Kirche aufgrund
einer Personalangelegenheit: Er war nicht bereit, einen Beamten (?)

---

130 Sigismund: PLRE 2, 1009f.; Heinzelmann, Prosopographie, 694 (wichtige
    Ergänzungen und Korrekturen); Marius Avenches, *Chronica* s.a. 516 (Chroni-
    ca Minora II 234 Mommsen und Favrod, 70): *Hoc consule rex Gundobagaudus
    obiit et levatus est filius eius Sigimundus rex*; Leges Burgundionem, Constr. extr. 20
    (Gesetz von Sigismund aus dem Jahr 516 als *rex Burgundionum*); Gregor von
    Tours, III 5.
131 Avitus, ep. 9 (aus dem Jahr 515).
132 Avitus, ep. 93; 94 (von Avitus für Sigismund verfaßt).
133 Suagegotha: PLRE 2, 1037; Heinzelmann, Prosopographie, 697. Theuderich:
    PLRE 2, 1076f. (Theodericus 6); Heinzelmann, Prosopographie, 703 (Theo-
    dericus 3); Gregor von Tours, III 5.
134 Vgl. Kampers, Lex Burgundionum und oben Anm. 26.
135 Zu den Synoden eingeladen haben die Bischöfe von Vienne und Lyon (s. S.
    32f.); die Anwesenheit des Königs ist anzunehmen, aber nicht bezeugt.
136 Dazu s.u. S. 57-65.

namens Stephanus[137] fallen zu lassen, als die Kirche diesem Inzest vorwarf, weil er die Schwester seiner verstorbenen Frau geheiratet hatte[138].
Auch wenn der Ausgang dieses Streits nicht überliefert ist, dürfte er Sigismunds Verhältnis zur katholischen Kirche nachhaltig gestört haben.

Der Untergang des Burgunderreichs begann durch einen Bruch in den
Beziehungen zum Ostgotenreich. Auf Verschwörungsgerüchte hin ließ
Sigismund seinen Sohn Sigerich, Theoderichs Enkel, töten (522)[139]. Dies
forderte einerseits einen ostgotischen Angriff heraus, aber andererseits, die
Gelegenheit ergreifend, zogen zunächst die Franken gegen Burgund (523),
besiegten die Burgunder klar und eroberten Gebiete im nördlichen Burgund. Sigismund konnte zwar ins Kloster Agaune fliehen, das er zuvor
selbst ausgebaut hatte[140], wurde aber von den Mönchen ausgeliefert und
vom fränkischen Teilkönig Chlodmer samt Frau und Kindern getötet
(523/4)[141]. Als die Burgunder aufgrund der Auseinandersetzungen mit den
Franken geschwächt waren, konnte noch im Jahr 523 ein ostgotisches
Heer weitere Gebiete des südlichen Burgund zwischen Durance und Isère
erobern und die Burgunder weiter nach Norden abdrängen[142]. So war die

---

137 Stephanus: Heinzelmann, Prosopographie, 697: „Vorsteher des burgundischen Fiskus".
138 Vgl. *Vita Apollinaris* 2-6 (MGH SRM 3, 198f. Krusch) mit hagiographischer
Ausschmückung des Widerstands der Bischöfe und can. 1 von Lyon (MGH
AA 6,2, 175,13-18 Peiper).
139 Gregor von Tours, III 5; Marius von Avenches, *Chronica* s.a. 522 (Chronica
Minora II 234 Mommsen und Favrod 70): *His consulibus Segericus filius Segimundi regis iusso patris sui iniuste occisus est.* Dies habe Sigismunds zweite Ehefrau
aufgrund von Differenzen zu ihrem Stiefsohn provoziert, so Gregor in seiner
Darstellung. Sie warf Sigerich demnach vor, gegen Sigismund mit der Aussicht auf den burgundischen und ostgotischen Thron konspiriert zu haben.
140 Vgl. zu diesem Klosterausbau unten S. 64.
141 Chlodmer: PLRE 2, 288; Heinzelmann, Prosopographie, 580f. Chlodmer war
der Sohn der Burgunderin Chrodechilde, Tochter von Chilperich II. Vgl.
Gregor von Tours, III 6; Marius von Avenches, *Chronica* s.a. 523 [Chronica
Minora II 234 Mommsen und Favrod, 70]: *Hoc consule Sigimundus rex Burgundionum a Burgundionibus Francis traditus est et in Francia in habito monaechale per-
ductus ibique cum uxore et filiis in puteo est proiectus.* Nach Gregors Ausschmü-
ckungen habe sich die Burgunderin Chrodechilde, Chlodwigs Frau, mit dieser
Aktion an Gundobads Mord an ihrem Vater rächen wollen; die fränkischen
Eroberungen seien also durch Familienstreitigkeiten der Burgunder selbst
veranlaßt worden. Zum weiteren Schicksal Sigismunds vgl. auch *Passio
Sigismundi* (insbes. 8f.).
142 Cassiodor, var. VIII 10; V 10; 32f.; Prokop, *De bello gothico* 1 (V) 12,23-32
über den gemeinsamen Kampf der Goten und Franken gegen Burgund.

Herrschaftszeit Sigismunds schnell vorüber. Seine Annäherung an die katholische Kirche und an die ebenfalls katholischen Franken hatten das Streben der Franken nach weiteren Eroberungsfeldzügen nicht verhindern können.

Nach Sigismunds Tod regierte sein Bruder Godomar[143], der zunächst noch (524) die fränkischen Besatzer zurückdrängen konnte[144]: Er hatte Chlodmer in einem Kampf bei Vézérone nahe Vienne besiegt und getötet[145]. Über die nun folgenden letzten zehn Jahre des Burgunderreichs unter Godomar ist nicht viel bekannt. Er versuchte offenbar, das Burgunderreich zu konsolidieren, wie es aus den Zusätzen zum Gesetz der Burgunder ersichtlich wird[146], und erstrebte eine erneute Annäherung an die Ostgoten. Nach dem Tod des ostgotischen Königs Theoderich 526 konnte er anscheinend mit dessen Tochter Amalaswintha eine Vereinbarung schließen und die ostgotischen Eroberungen wieder zurückerhalten[147]. Dennoch vermochte er die Eroberung durch die Franken nicht mehr aufzuhalten. Zwei Jahre dauerte der Kampf um Burgund (532–534), dem die Ostgoten nur zusahen, ohne den Burgundern beizustehen. So wurde schließlich 534 Godomar besiegt – sein weiteres Schicksal ist unbekannt – und Burgund ganz dem fränkischen Reich eingegliedert und aufgeteilt[148].

---

143 Godomar: PLRE 2, 517 (Godomar 2); Heinzelmann, Prosopographie, 618; zu Godomar vgl. ferner Anton, Godomar II. Marius von Avenches, *Chronica* s.a. 524 (Chronica Minora II 235 Mommsen und Favrod, 70): *His conss. Godemarus frater Segimundi rex Burgundionum ordinatus est.*

144 Gregor von Tours, III 6.

145 Marius von Avenches, *Chronica* s.a. 524 (Chronica Minora II 235 Mommsen und Favrod, 70): *Eo anno contra Chlodomerem regem Francorum Viseronica proeliavit ibique interfecto Chlodomere.*

146 Es gibt zu der Burgundischen Rechtssammlung (*Liber constitutionum*) in einigen Handschriften vier Zusätze (*Constitutiones extravagantes*): zwei von Gundobad, einen von Sigismund und einen offenbar von Godomar. Diese Zusätze betreffen hauptsächlich die Rechtsstellung von eingewanderten Flüchtlingen aus den von den Franken oder Ostgoten eroberten Gebieten (z.B.: *Quicumque ingenuus de gotia captivus a Francis in regione nostra venerit et ibidem habitare voluerit, ei licentia non negatur* [*Constitutio extravagans* 21,4]); Godomar betrieb damit also Einwanderungspolitik, um das geschwächte Burgunderreich zu stärken.

147 Cassiodor, var. XI 1,13; XII 28,2 (Bündnisvertrag).

148 Gregor von Tours, III 11 (532 datiert); Marius von Avenches, *Chronica* s.a. 534 (also 534 datiert [Chronica Minora II 235 Mommsen und Favrod, 72]): *His conss. reges Francorum Childebertus, Chlotarius et Theudebertus Burgundiam obtinuerunt et fugato Godomaro rege regnum ipsius diviserunt.* Vgl. auch Prokop, *De bello gothico* 1 (V) 13,3.

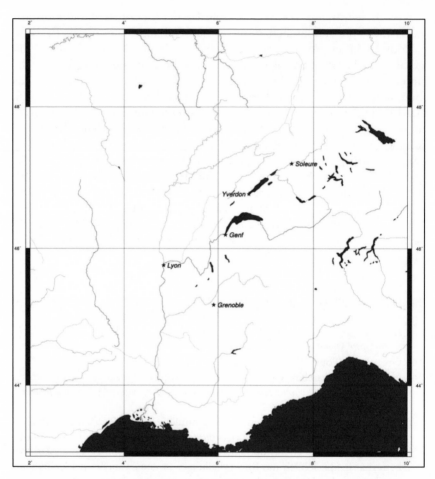

Karte 1:
Mögliche Regionen des ursprünglichen Siedlungsgebietes namens „Sapaudia".

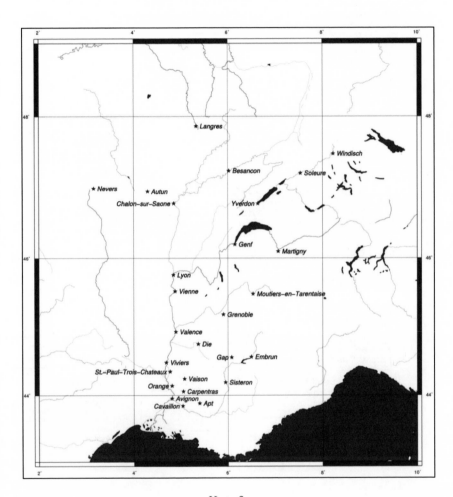

Karte 2:
Sitze der Bischöfe, die an der Synode von Epao 517 teilnahmen
und die Canones unterzeichneten.

Das burgundische Königshaus – eine Übersicht[149]

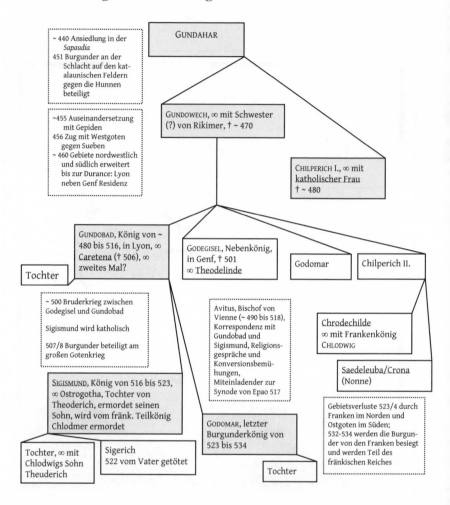

- **GUNDAHAR**

~ 440 Ansiedlung in der *Sapaudia*
451 Burgunder an der Schlacht auf den katalaunischen Feldern gegen die Hunnen beteiligt

GUNDOWECH, ∞ mit Schwester (?) von Rikimer, † ~ 470

~455 Auseinandersetzung mit Gepiden
456 Zug mit Westgoten gegen Sueben
~ 460 Gebiete nordwestlich und südlich erweitert bis zur Durance: Lyon neben Genf Residenz

CHILPERICH I., ∞ mit katholischer Frau † ~ 480

GUNDOBAD, König von ~ 480 bis 516, in Lyon, ∞ <u>Caretena</u> († 506), ∞ zweites Mal?

Tochter

GODEGISEL, Nebenkönig, in Genf, † 501 ∞ <u>Theodelinde</u>

Godomar

Chilperich II.

~ 500 Bruderkrieg zwischen Godegisel und Gundobad
Sigismund wird katholisch
507/8 Burgunder beteiligt am großen Gotenkrieg

Avitus, Bischof von Vienne (~ 490 bis 518), Korrespondenz mit Gundobad und Sigismund, Religionsgespräche und Konversionsbemühungen, Miteinladender zur Synode von Epao 517

<u>Chrodechilde</u> ∞ mit Frankenkönig **CHLODWIG**

<u>Saedeleuba/Crona</u> (Nonne)

SIGISMUND, König von 516 bis 523, ∞ Ostrogotha, Tochter von Theoderich, ermordet seinen Sohn, wird vom fränk. Teilkönig Chlodmer ermordet

GODOMAR, letzter Burgunderkönig von 523 bis 534

Tochter, ∞ mit Chlodwigs Sohn Theuderich

Sigerich 522 vom Vater getötet

Tochter

Gebietsverluste 523/4 durch Franken im Norden und Ostgoten im Süden; 532-534 werden die Burgunder von den Franken besiegt und werden Teil des fränkischen Reiches

---

149 Die regierenden Könige sind durch KAPITÄLCHEN gekennzeichnet; unterstrichene Namen weisen auf die katholische Konfession hin; wichtige Ereignisse werden summarisch in gesonderten Informationsblöcken mit gepunktetem Rahmen erwähnt.

II. Avitus von Vienne

Die relevanten Quellen für die Geschichte der Burgunder an der Rhône wurden in dem historischen Überblick (Kapitel I) ausnahmslos genannt. Dabei wurde deutlich, daß viele Entwicklungen nur annähernd beschrieben werden können, da die Informationen sehr dürftig sind und in vielen Chroniken die Burgunder fast nur in Nebensätzen auftauchen, ohne große Aufmerksamkeit zu genießen.

Etwas anders sieht dies im Bereich der Theologiegeschichte aus[1]. Hier bieten besonders die überlieferten Schriften des Bischofs Avitus von Vienne einen etwas besseren Einblick in die kirchlichen und theologischen Probleme der Zeit. Genau genommen sind seine Schriften sogar die einzige Quelle von kirchlicher Seite aus dem Gebiet der Burgunder, da von anderen Bischöfen zwar oft der Name bekannt ist, aber keine Texte aus ihrer Feder überliefert sind. Dennoch sind bislang die Briefe, Predigten und Dichtungen des Avitus für die kirchen- und theologiegeschichtliche Forschung kaum berücksichtigt worden. Einzig sein berühmter Brief an den Frankenkönig Chlodwig anläßlich dessen Taufe (ep. 46) findet größere Beachtung[2], da er eine hervorragende primäre Quelle für die Umstände der Hinwendung Chlodwigs zur katholischen Kirche bietet. Die übrigen Werke des Avitus sind aber ebenfalls informativ und aufschlußreich und verdienen es, stärker in den Mittelpunkt des Interesses der Forschung gerückt zu werden.

Die folgenden Abschnitte stellen zunächst die Person des Avitus etwas näher vor. Anschließend wird ein Blick auf ausgewählte Passagen seines Werkes geworfen, an denen sich ansatzweise erkennen läßt, wie Avitus selbst die veränderten Zeitumstände durch die Machtausdehnung der Burgunder einschätzt, bevor in dem nächsten Kapitel detaillierter auf die kirchenpolitischen und theologischen Fragen im Reich der Burgunder eingegangen wird.

---

1   Gerade in diesem Bereich fallen die historischen Darstellungen sehr dürftig aus, wie z.B. der sonst sehr ausführliche Artikel „Burgunden" von Anton im RGA (240, 247).

2   S.u. Anm. 36.

II.1 Zur Biographie

Alcimus Ecdicius Avitus[3] stammt aus einer Familie der gallorömischen
Aristokratie; sein Vater Hesychius/Isicius war schon vor ihm Bischof der
Stadt Vienne[4]. Seine Mutter hieß Audentia[5]; sie gebar neben Avitus noch
einen Sohn namens Apollinaris, der Bischof von Valence wurde[6], und
zwei Töchter. Eine dieser Töchter verstarb schon früh (ep. 13f.), die andere, Fuscina, ging mit zehn Jahren ins Kloster[7]. Von Avitus sind mehrere
Briefe an seinen Bruder überliefert[8]. Der Taufpate und geistige Mentor
von Avitus war Mamertus[9], der Vorgänger des Hesychius als Bischof von
Vienne. Mamertus war der Bruder jenes Claudianus Mamertus, dessen

---

3   Zu Avitus vgl. Burckhardt, Avitus, 27-35; Shanzer/Wood, 4-10; Heinzelmann,
     Bischofsherrschaft, 220-222. Vgl. ferner PLRE 2, 195f. (Avitus 4); Heinzelmann,
     Prosopographie, 568; Kühneweg, Avitus, 124-127. Die Schriften des Avitus sind
     sämtlich von R. Peiper in MGH AA 6,2 ediert: S. 1-103 (Briefe); S. 103-157
     Homilia; S. 200-294 *Poemata*; zusätzlich enthält dieser Band S. 161-164 die ge-
     fälschte *Collatio* (Dialog zwischen Avitus und Gundobad über die Trinität); S.
     165-177 die Akten der Synoden von Epao und Lyon; S. 177-181 die *Vita Aviti*
     und S. 183-196 diverse Epitaphe. Zur Briefsammlung vgl. unten S. 66-72.
4   *Vita Aviti* 1 (MGH AA 6,2 177,10 Peiper). Vgl. PLRE 2, 554 (Hesychius 10);
     Heinzelmann, Prosopographie, 624 (Hesychius 1). Eventuell ist Hesychius
     /Isicius jener *tribunus legatus*, der in der Chronik des Hydatius (170/177) erwähnt
     wird: *Esycius tribunus legatus ad Theodoricum cum sacris muneribus missus ad Galleciam
     venit nuntians ei id quod supra in Corsica caesam multitudinem Wandalorum et Avitum de
     Italia ad Gallias Arelate successisse* (MGH AA 11, 29 Mommsen und Burgess, 108;
     vgl. zu den Ereignissen oben S. 10f.). Vgl. die Chronik von Ado (zitiert in MGH
     AA 6,2 177 Anm.): *Avitus quoque Viennensis episcopus eloquentia et sanctitate praecipuus
     et eius frater Apollinaris Valentiae episcopus miraculis insignis, Isicii senatorii primum viri,
     postea Viennensis episcopi duo lumina, clarissimi filii.*
5   Sie wird in seinem Gedicht *De virginitate/De consolatoria castitatis laude* (MGH AA
     6,2 276,19 Peiper) erwähnt. Vgl. PLRE 2, 185 (Audentia 1); Heinzelmann,
     Prosopographie, 564.
6   PLRE 2, 115 (Apollinaris 5); Heinzelmann, Prosopographie, 556f. (Apollinaris 6).
7   Vgl. das Gedicht *De virginitate/De consolatoria castitatis laude* (MGH AA 6,2 275-294:
     277,55 Peiper), das Avitus für sie schrieb.
8   Avitus, ep. 13; 14; 27; 61; 71; 72; 87; 88 (ep. 13 und 71 sind Briefe des Apollinaris
     an Avitus) und die zwei an Apollinaris gerichteten Widmungsschreiben von
     Avitus in seinen Werken *De spiritalis historiae gestis* und *De consolatoria castitatis laude*.
9   So von Avitus in hom. 6 beschrieben (MGH AA 6,2 110,20f. Peiper). Mamertus:
     Heinzelmann, Prosopographie, 644; vgl. ferner Mathisen, Ecclesiastical
     Factionalism, 188-192; 211-217; Heinzelmann, Bischofsherrschaft, 225f.
     Mamertus führte den neuen Brauch der *rogationes* (dreitägige Bittgänge) ein: hom.
     6 (110,22-27).

Werk *De statu animae* einige Bedeutung erlangt hat[10]. Avitus ist kinderlos gewesen[11], da wohl schon früh seine kirchliche Laufbahn feststand. Andere Nachfahren seiner Familie sind in Epitaphen als weitere kirchliche Würdenträger belegt[12]. Avitus ist mit der Familie des Sidonius Apollinaris verwandt gewesen, auch wenn die genauen Beziehungen nicht mehr deutlich werden. Er stand auf jeden Fall in Kontakt zu dessen Sohn Apollinaris und dessen Enkel Arcadius[13].

Die genauen Lebensdaten des Avitus können nicht mehr festgestellt werden. Er dürfte eine gründliche rhetorische Bildung genossen haben, wie es seine Werke widerspiegeln, auch wenn darüber keine konkreten Informationen vorliegen[14]. Gewiß ist, daß Avitus vor 494 Bischof von Vienne wurde, da er in diesem Jahr nach Ennodius, *Vita Epiphanii*, an einer Unternehmung zur Befreiung von ostgotischen Gefangenen aus burgundischer Hand beteiligt war[15]. Gestorben ist er wahrscheinlich kurz vor der Synode von Lyon 519, da dort schon sein Nachfolger Julianus als Bischof von Vienne unterzeichnet[16]. Weitere biographische Details sind schwierig zu ermitteln. Vorsichtige Datierungsversuche seiner Briefe und Fragmente ergeben, daß Texte aus der Zeit vor dem Bruderkrieg zwischen Gundobad und Godegisel[17] 500/501 nicht überliefert sind. Es muß daher

---

10 Ed. Engelbrecht, CSEL 11, Wien 1885. Es behandelt die Frage nach der Körperlichkeit der Seele und ist gegen die Seelenlehre des Faustus von Riez gerichtet (vgl. Mathisen, Ecclesiastical Factionalism, 235-244; zu Faustus s.u. S. 171). Daneben gibt es einige Briefe von Claudianus Mamertus; vgl. Heinzelmann, Prosopographie, 585 und die Zusammenstellung von Skeb, LACL, und CPL 983f. Auch Avitus musste sich seinerzeit mit Ansichten des Faustus von Riez auseinandersetzen, als er vom burgundischen König Gundobad nach einer Stellungnahme zu Ansichten des Faustus von Riez zur Buße gefragt wurde. In seiner etwas gewundenen Antwort (ep. 4) schreibt Avitus dessen Ansicht dem Manichäer Faustus zu. Vgl. Nodes, *De subitanea paenitentia*. In der Frage nach der Göttlichkeit des heiligen Geistes scheint Avitus dagegen Faustus positiv zu rezipieren (s.u. S. 187-192).

11 Vgl. Avitus, ep. 52 [81,11-13 Peiper]: Nur Apollinaris, der Sohn des Sidonius, sei ein leiblicher Vater geworden – offenbar war Avitus also selbst nicht Vater. Es sind auch keine Kinder von ihm bekannt.

12 Vgl. die Zusammenstellung in MGH AA 6,2 183-196 und Heinzelmann, Bischofsherrschaft, 220-232.

13 Avitus, ep. 24; 36; 51; 52. Vgl. Harries, Sidonius; Hanson, Fifth-Century Gaul.

14 In ep. 57 streitet er rhetorisch eine entsprechende Kompetenz ab (85,22 Peiper); vgl. dazu Burckhardt, Avitus, 35-40.

15 Ennodius von Pavia, *Vita Epiphanii* (S.o. S. 4; 18). Zur Vermittlung beim Gefangenenaustausch s.u. S. 37.

16 MGH AA 6,2, 176,23 Peiper.

17 Dazu s.o. S. 19f.

vermutet werden, daß auch die kirchlichen Archive von gewissen Zerstörungen betroffen waren[18].

Aus der Zeit kurz nach diesem Krieg stammt der Briefwechsel mit Heraclius[19]. Daraus kann geschlossen werden, daß Avitus während der ganzen kritischen Zeit 500/501, wohl auch während der Belagerung der Stadt durch Gundobad, in Vienne geblieben war[20]. Die überlieferten Schriften ergeben das Bild eines Bischofs, der zwar eine relativ umfangreiche Korrespondenz führte, aber in jener Zeit kaum noch Reisen unternahm. Es gibt unter den Briefen mehrere Absagen auf Einladungen; nur einige Predigten anläßlich von Kirchweihen bezeugen seine Anwesenheit außerhalb von Vienne[21]. Einmal (wohl 516) wurde Avitus sogar von Sigismund gebeten, für ihn als Vermittler nach Konstantinopel zu reisen, was er aber, offenbar auch aus Altersgründen, ablehnte (ep. 49).

Seine letzte Reise dürfte die nach Epao[22] im Jahr 517 gewesen sein anlässlich der von ihm selbst und von Viventiolus von Lyon einberufenen Synode. Diese Synode ist auch der letzte Höhepunkt seines Wirkens. In seinem Einladungsschreiben (ep. 90) beruft Avitus seine bischöflichen Kollegen zum 6. September nach Epao ein, um diese wichtige Institution einer Synode nicht länger aufzuschieben, die doch eigentlich – wie er schreibt - zweimal pro Jahr abzuhalten sei, aber offenbar nicht einmal alle zwei Jahre stattfand[23]. Für die Synode von Epao ist auch ein Einladungsschreiben des Viventiolus von Lyon überliefert. Demnach waren zusätz-

---

18 Vgl. die Widmung an Apollinaris, in der solch eine Zerstörung erwähnt wird: *omnia paene in illa notissimae perturbationis necessitate dispersa sunt* (MGH AA 6,2, 201,9f. Peiper).

19 *Vir illustrissimus*; vgl. PLRE 2, 542f. (Heraclius 5); Heinzelmann, Prosopographie, 623 (Heraclius 5).

20 Ep. 95f.: Heraclius wirft ihm vor, sich versteckt zu haben; Avitus wirft Heraclius vor, geflohen zu sein. In Vienne gab es neben Avitus offenbar auch einen homöisch-„arianischen" Bischof; s.u. S. 108f.

21 Hom. 17 in Lyon; hom. 19 in Genf; hom. 24 in Genf; hom. 25 in Agaune.

22 Leider weiß man nicht mehr, wo Epao lag; es dürfte aber nicht allzu weit entfernt von Vienne gelegen haben aus Rücksicht auf den nicht mehr so reisetüchtigen Avitus. Vgl. aber Gaudemet, Epaone, 524, der Epao zu identifizieren meint: „Aussi semble-t-il préférable d'identifier Épaone avec Albon (entre Valence et Vienne …)."

23 Der Grund dürfte darin liegen, daß erst 516 mit Sigismund ein katholischer König die Herrschaft übernahm; während der Herrschaftszeit von Gundobad konnte offenbar nur selten eine Synode stattfinden. Eine (sonst unbekannte) Synode läßt sich aber auch unter Gundobad nachweisen (Avitus, ep. 30; s.u. S. 74).

lich bedeutende Laien eingeladen[24]. Die Unterzeichnerliste gibt Hinweis auf die Größe des Reichs der Burgunder, auch wenn man von den meisten kaum mehr als den Namen weiß[25]. Vierzig Kanones wurden verabschiedet, die einen direkten Einblick in die praktischen Organisationsprobleme der (katholischen) Kirche jener Zeit bieten[26]. Auch zum Umgang mit Häretikern wurden Kanones formuliert wie das Verbot des gemeinsamen Essens oder Feierns mit Häretikern und Juden (can. 15)[27]. Klerikern wird es allerdings immerhin erlaubt, Bekehrungswilligen auf dem Sterbebett die Chrisamsalbung verabreichen zu dürfen (can. 16)[28].

Briefe gingen von Avitus natürlich an seine Kollegen im Bischofsamt, besonders innerhalb des Reichs der Burgunder[29], aber auch an andere

---

24 *Honoratis ac possessoribus territorii nostri* (165,1f. Peiper); *ubi clericos, prout expedit, convenire compellimus, laicos permittimus interesse* (165,10 Peiper) – wohl um strittige Disziplinfragen und Vorwürfe von Laien an Kleriker zu klären.

25 Unterzeichnet haben die Kanones: *Viventiolus* Lugdnunensis/Lyon, *Silvester* Cabalon/ Chalon-sur-Saône, *Gemellus* Vasensis/Vaison, *Apollinaris* Valentinae/ Valence (Bruder des Avitus), *Valerius* Segistericae/Sisteron, *Victorius* Gratianopolis/Grenoble, *Claudius* Visontionensis/Besançon, *Gregorius* Lingonicae/ Langres, *Praumatius* Agustae/Autun, *Constantius* Octodorensis/Martigny, *Catolinus* Ebredunensis/Embrun, *Sanctus* Darantasiensis/Tarentaise, *Maximus* Genüensis/Genève, *Bubulcus* Vindonensis/Windisch, *Saecularius* Deensis/Die, *Julianus* Carpentoratensis/Carpentras, *Constantius* Vappincensis/Gap, *Florentius* Arausicae/Orange, *Florentius* Tricastinensis/St.-Paul-Trois-Châteaux, *Fylagrius* Cavellicae/Cavaiollon, *Venantius* Vivarensis/Viviers, *Praetextatus* Aptensis/Apt, *Tauricianus* Nivernensium/Nevers und *Peladius* für Salutaris Avennicae/Avignon.

26 Kanones in MGH AA 6,2, 167-175 Peiper. Weiheverbote werden erlassen (z.B. für zweimal Verheiratete; can. 2); Verhaltensmaßnahmen für Kleriker werden vorgeschrieben (z.B. wird das Halten von Falken und Hunden für die Jagd verboten; can. 4); Regeln zur Verwaltung des Kirchengutes werden aufgestellt; auch Vorschriften zum Klosterwesen gibt es (z.B. darf ein Abt nur *ein* Kloster leiten; can. 9); Verfahren bei Verfehlungen werden entschieden; auch liturgische Probleme sowie Fragen des Eherechts werden angesprochen.

27 S.u. S. 104, bes. zu can. 29 und 33.

28 Zum beschlossenen Umgang mit Bekehrungswilligen allgemein und mit dem Kirchengut ehemaliger häretischer Gemeinden s.u. S. 105.

29 Viventiolus von Lyon (vor 517-?; ep. 19; 57; 59; 67-69; 73; Teilnehmer in Epao): Heinzelmann, Bischofsherrschaft, 113-129; ders., Prosopographie, 716. Schon sein Bruder Rusticus war vor ihm Bischof der Stadt Lyon. Stephanus von Lyon (501- vor 517; ep. 26; 28; 58). Maximus von Genf (ep. 66, 74; Teilnehmer in Epao). Victorius von Grenoble (ep. 7; 16-18; 62; 75; Teilnehmer in Epao). Constantius (ep. 70; Teilnehmer in Epao [in der Liste wird zweimal ein Constantius aufgeführt]). Gemellus von Vaison (ep. 60; Teilnehmer in Epao). Claudius von Besançon (ep. 63; Teilnehmer in Epao). Gregorius von Langres (ep. 64; Teilnehmer in Epao). Vgl. auch die Briefe an seinen Bruder Apollinaris oben Anm. 8. Vgl. dazu Shanzer, Bishops, Letters, Fast, Food.

angesehene Persönlichkeiten[30]. Darüber hinaus gibt es diverse Briefe, die sich mit den Verhältnissen in der Ostkirche beschäftigen wie dem christologischen Streit und dem Akakianischen Schisma[31]. Bedeutsam ist vor allem auch seine Korrespondenz mit den burgundischen Herrschern Gundobad und Sigismund[32]. Erstaunlicherweise gibt es nur einen Brief an seinen berühmten Kollegen in Arles, Cäsarius (ep. 11)[33]. An Ruricius von Limoges und Ennodius von Pavia sind keine Briefe überliefert[34], was zwar einerseits mit der schlechten Überlieferungslage erklärt werden kann, andererseits aber auch die realen Machtverhältnisse durch die getrennten Reiche der Burgunder, West- und Ostgoten sowie Franken widerspiegelt[35]. Berühmt wurde, wie schon oben angesprochen, sein Brief an den Frankenkönig Chlodwig anläßlich von dessen Taufe und Annahme des katholischen Glaubens (ep. 46)[36].

Außer den schon erwähnten Briefen und Homilien sind auch poetische Werke von Avitus überliefert, die neben seinem Engagement für den „katholischen" gegen den homöisch-„arianischen" Glauben vor allem

---

30   *Viri illustrissimi*: Heraclius (s.o. Anm. 20; ep. 53f.; 95f.); Aurelianus (PLRE 2, 200 Aurelianus 5; Heinzelmann, Prosopographie, 564; ep. 37); Agrius (ep. 50); Messianus (PLRE 2, 762 [Messianus 2]; Heinzelmann, Prosopographie, 653 [Messianus 2]; ep. 65); Ansemundus (PLRE 2, 92; Heinzelmann, Prosopographie, 554; ep. 80f.; Ansemundus vermittelt bei der Überführung des Leichnams von Sigismund in das Kloster Agaune); Valerianus (PLRE 2, 1142 [Valerianus 4]; Heinzelmann, Prosopographie, 710 [Valerianus 5]; ep. 82); Ceretius (PLRE 2, 281; Heinzelmann, Prosopographie, 578 [Ceretius 1]; ep. 83); Helladius (PLRE 2, 535; Heinzelmann, Prosopographie, 622 [Helladius 1 und 2]; ep. 84); Ruclus (PLRE 2, 951; Heinzelmann, Prosopographie, 682; ep. 85). Die prosopographischen Einträge beziehen sich allerdings fast nur auf die Belege bei Avitus selbst.

31   Übersichtlich zusammengestellt und eingeleitet von Shanzer/Wood, Avitus, 89-156.

32   Dazu s.u. S. 66-68. Diese Briefe stehen neben den theologischen Fragmenten im Mittelpunkt dieser Studie.

33   Es ist ein Empfehlungsschreiben für einen Maximianus. Der geringe Umfang der Korrespondenz mag auch an der nach wie vor bestehenden Konkurrenz zwischen den beiden Bischofsstädten um den Vorrang in Gallien liegen. Zu Cäsarius von Arles vgl. allg. auch Klingshirn, Caesarius of Arles.

34   Vgl. zu diesen Autoren allg. Mathisen, Ruricius von Limoges and Friends; Schröder, Bildung und Briefe (zu Ennodius); Bartlett, Aristocracy and Asceticism (zu Ennodius).

35   Vgl. die oft erhobenen Verratsvorwürfe (z.B. Avitus, ep. 51)!

36   Vgl. Shanzer/Wood, Avitus, 362-373; zur Taufe Chlodwigs vgl. unten S. 61 Anm. 52.

seinen Ruhm und sein Ansehen begründen: *De initio mundi; De originali peccato; De sententia Dei; De diluvio mundi; De transitu maris rubri; De virginitate*[37]. Avitus ist in St. Peter, Vienne, begraben worden[38]. Noch im 6. Jh. bald nach seinem Tod dürfte einer seiner Nachfolger ein Reliquiar für ihn angefertigt haben lassen[39], das heute in Zagreb, Kroatien, in der Sammlung Topic-Mimara im Museum Mimara steht[40].

II.2 Avitus von Vienne und die Umbrüche in Gallien

Avitus von Vienne ist ein unmittelbarer Zeitgenosse der Umbrüche und wechselnden Herrschaften in Gallien. Er dürfte miterlebt haben, wie sich die Macht der Burgunder der Rhône entlang weiter nach Westen und Süden über Vienne hinweg ausgedehnt hat, und war auch Zeuge des innerburgundischen Bruderkrieges 500/501 und des großen Krieges 507/8. Vor diesem Hintergrund stellt sich die Frage, wie er selbst seine Zeit gesehen und gedeutet hat. War es ihm ersichtlich, ein Zeitzeuge wichtiger Veränderungen im ehemaligen weströmischen Reich zu sein? Und gab er darüber hinaus seiner Zeit eine besondere theologische Deutung? Es gibt im Werk des Avitus von Vienne nur wenige Bemerkungen über die veränderten Herrschaftsverhältnisse und unruhigen politischen Zeiten in Gallien durch die Ansiedlung der Burgunder, Ost- und Westgoten und auch Franken. Avitus hat kein größeres geschichtstheologisches Werk verfasst

---

37 Die poetischen Werke haben in den letzten Jahren einige Aufmerksamkeit auf sich gezogen: vgl. die Beiträge von Nodes; die Ausgabe von Hecquet-Noti in SChr; Morisi; Shea; ferner Arweiler, Imitation (Kommentar zu Buch 4-5); Gärtner, Bibeldichtung; Costanza; Hoffmann, Buch 3 (eine Übersetzung und Kommentar zu Buch 3) und Döpp, Eva und die Schlange. Döpp bietet eine Auslegung von Gen 3,1-6 in jüdischem und christlichem Kontext, um dann die entsprechende Präsentation dieser Verse im Bibelepos des Avitus zu analysieren.

38 In der Vita Aviti 6 heißt es: *Sepultus est autem in ecclesia apostolorum ad sinistram partem domus in capite longioris maceriae* (MGH AA 6,2, 181,6f. Peiper).

39 Vgl. Topic-Mersmann, Alcimus Ecditius Avitus. Es handelt sich um eine Sandsteinfigur auf einem Reliquiar, insgesamt 63 cm hoch, mit der Inschrift *Sextus Alcimus Ecditius Avitus*. Die Figur stand ursprünglich wohl an einer Wand, da sie hinten abgeflacht ist. Sie ist wahrscheinlich als Grabstele zu interpretieren, die vielleicht schon von seinem Nachfolger Hesychius in Auftrag gegeben wurde. Vermutlich gehört sie nach St. Peter in Vienne, die frühere Ecclesia Apostolorum, wie eine schwach erkennbare Inschrift hinter einem Fresko aus dem 11. Jh. vermuten läßt. Heute beherbergt das Gebäude in Vienne ein Museum für römische Altertümer.

40 Die Museumssammlung in Zagreb geht auf eine 1972 erfolgte Stiftung von dem aus Zagreb stammenden Restaurator, Kunstsammler und Mäzen Ante Topic Mimara zurück; die genaue Herkuft der kleinen Avitus-Statue bleibt unklar.

wie zum Beispiel *De civitate Dei* von Augustinus oder auch *De gubernatione Dei* von Salvianus von Marseille; er scheint aber insgesamt mit relativ nüchternem Blick die Verhältnisse seiner Zeit betrachtet zu haben[41].

In einem der wenigen überlieferten Briefe des Königs Gundobad an Avitus (ep. 21) fragt der Burgunderherrscher an, ob die Weissagung einer zu erwartenden Friedenszeit aus dem prophetischen Buch Micha 4,2f. auf schon vergangene Zeiten oder noch zu erwartende zu beziehen sei. Avitus, der sich in seiner Antwort (ep. 22[42]) auf Jes 2,3f. bezieht, bietet folgende Alternativen: Entweder sei mit der geweissagten friedvollen Zeit die Phase des irdischen Lebens Jesu gemeint (*licet possit de corporea aetate domini, in qua per orbem quietum inconcussa pax floruit* 54,33f. Peiper) oder besser noch im übertragenen Sinn das Leben der gottesfürchtigen Christen (*Christianis fidelibus* 54,35 Peiper). In diesem Zusammenhang beschreibt er in einer Nebenbemerkung seine Gegenwart eher als friedlos und meint, daß die Weissagung *exurgent gens contra gentem et regnum contra regnum* aus der Endzeitrede Christi (Mk 13,8) einzutreffen scheint und das Ende der Welt bevorstehe. Daher, und darauf will Avitus hinaus, könne sich Jes 2,3f. auch nicht auf die Zukunft beziehen, da nach dem Ende der Welt die Umwandlung der Schwerter in Pflüge wenig sinnvoll sei (*nescio, ut quid post saeculi finem obtunsa telorum acies in ligones et vomeres commutetur* 55,3f. Peiper). Die Aussage aus Mk 13,8, daß einst Völker gegen Völker und Reiche gegen Reiche kämpfen werden, bezieht Avitus offenbar auf seine Gegenwart und sieht seine Epoche mehr als andere durch häufige Kriege geprägt. Die hier hervorscheinende Erwartung des nahen Endes der Welt wird aber nicht näher ausgeführt und spiegelt sich in anderen Briefen nicht wider.

Eine etwas längere Schilderung der Gegenwart als von Krieg und Waffenlärm durchzogen, mit verwüsteten Städten und entvölkerten Gegenden, mit entmachteten Herren und herrischen Knechten bietet Avitus

---

41 Diese Fragestellung kann hier nur für Avitus in Ansätzen beantwortet werden. Eine genauere neue Studie zu der Wahrnehmung und Deutung der Veränderungen der „Völkerwanderung" ab dem 5. Jh. bei den (christlichen) Autoren des Westens nach Augustinus wäre eine lohnende Aufgabe; seit der Dissertation von Joseph Fischer (1948) scheint sich niemand dieser Aufgabe im Detail angenommen zu haben. Im Zentrum steht in der Regel Augustinus' Deutung in *De civitate Dei*, aber auch seine Predigten (sermo 24; 81; 105; 296; 397, auch 344 und 345 und *De urbis excidio*) sind relevant; vgl. J.-C. Fredouille (Hg.), Sermons sur la chute de Rome. Introduction, traduction et notes, Nouvelle Bibliothèque Augustinienne 8, Paris 2004; Frend, Augustine's Reactions; Bellen, Babylon und Rom.

42 Der Brief ist nicht vollständig überliefert und scheint einfach abzubrechen, so daß der Argumentationsgang des Avitus nicht zu Ende geführt wird.

in einer Passage seiner Dichtung (*Poematum* III 338-347) und deutet hier die Zeitumstände als Fluch der Erbsünde[43].

Die Umbrüche in Gallien schlagen sich ferner in einem kirchlichen Aufgabenfeld nieder, an dem sich auch Avitus von Vienne beteiligte: dem Loskauf von Kriegsgefangenen[44]. Entsprechende Fürsorgetätigkeit wurde schon seit den Anfängen des Christentums ausgeübt und erstreckte sich einerseits auf Menschen, die wegen ihres christlichen Bekenntnisses verhaftet oder auch zu Zwangsarbeit verurteilt worden waren[45], andererseits aber auch auf andere Menschen in sonstigen Notlagen und Kriegsgefangene[46]. Überliefert ist das Engagement des Avitus an Verhandlungen zum Loskauf von 6000 italienischen Kriegsgefangenen aus der Hand von Gundobad im Jahr 495, wie es Ennodius von Pavia in seiner *Vita Epiphanii* berichtet[47].

Es gibt aber auch von Avitus selbst drei Briefe, in denen er darauf eingeht. Aus einem Brief an Eustorgius von Mailand[48] (ep. 10) wird ersichtlich, daß Avitus später ein weiteres Mal als Vermittler tätig geworden ist, italienische (ostgotische) Kriegsgefangene aus der Hand der Burgunder auszulösen, die offenbar im Zusammenhang mit ostgotisch-burgundischen Auseinandersetzungen nach dem großen Gotenkrieg und

---

43 Vgl. dazu Fischer, Völkerwanderung, 197f.

44 Vgl. Burckhardt, Avitus, 44-46; Shanzer/Wood, Avitus, 350-356. S. auch oben S. 18.

45 Vgl. z.B. Hebr 10,34; 1 Clem. 59,4; Ign., Smyrn. 6; Aristides, apol. 15 und auch die Ereignisse in den Thekla-Akten oder auch der *Passio Perpetua et Felicitas*. Vgl. auch die eine solche christliche Fürsorge karikierende Schrift des Lucian, *De morte Peregrino* 12f. und das Gesetz des Kaisers Licinius (überliefert bei Euseb, h.e. X 8), welches derartiges untersagt.

46 Cyprian berichtet in einem Brief (ep. 62), daß die Gemeinde von Karthago eine große Summe bereitgestellt habe, um Gefangene aus der Hand von Numidiern loszukaufen (auch ep. 76-79). Ein beachtlicher Betrag wurde auch von der römischen Gemeinde nach Kappadokien geschickt, um christliche Gefangene aus der Hand der Goten zu befreien, woran sich noch Basilius von Cäsarea in einem Brief an Damasus von Rom (ep. 70) dankbar erinnert. Ähnliches erwähnt Dionys von Korinth in einem Brief an die Römer (Euseb, h.e. IV 23). Vgl. dazu Harnack, Mission, 187-200. Vgl. zu dem Engagement des Zeitgenossen von Avitus, Cäsarius von Arles, das sich bei ihm mit einem Machtanspruch auf Metropolitanrechte in Gallien zu verbinden scheint, Klingshirn, Charity and Power.

47 Ennodius, Vita Epiphanii 173: *dedit etiam praestantissimus inter Gallos Avitus Viennensis episcopus, in quo se peritia velut in divorsorio lucidae domus inclusit* (MGH AA 7, 106,9f. Vogel). Avitus war also an den Verhandlungen beteiligt, ohne daß sein Anteil genauer beschrieben wird; in der Vita steht selbstverständlich das Engagement des Bischofs Epiphanius im Vordergrund.

48 PLRE 2, 719 (Eustorgius 2).

dem Tod von Alarich II. gemacht wurden[49]. Eustorgius hatte Geldmittel gesandt, wofür sich Avitus bedankt, denn: „Durch die Verehrung Eurer Person ist an der barbarischen Starrheit überwunden die Wildheit durch die Demut, die Unbarmherzigkeit durch die Fürsprache, die Gier durch die Spende."[50] Avitus scheint hier aber eher Klischees über die „Barbaren" aufzugreifen, um dem Adressaten rhetorisch die Großartigkeit seiner Spende zu demonstrieren, als daß hier eine wortwörtlich zu nehmende Beschreibung der „Barbaren"[51] vorliegt[52]. Avitus wurde ferner offenbar von dem gallischen Statthalter in der Provence, Liberius, im Auftrag von Theoderich nach diesem Krieg um Vermittlung bemüht, wie es aus seinem Antwortschreiben an jenen Liberius ersichtlich ist (ep. 35)[53]. In einem weiteren Brief (ep. 12) ist die Situation umgekehrt: Avitus empfiehlt in einem Brief an Bischof Maximus von Pavia, dem Nachfolger des Epiphanius, einen Priester, der zwei nach Italien verschleppte Söhne ausfindig machen und auslösen soll, und bittet den italienischen Bischofskollegen um Unterstützung[54]. Soweit es also die Quellenlage erkennen läßt, hat sich Avitus häufig um die Befreiung und den Loskauf von Kriegsgefangenen bemüht oder ist selbst um entsprechende Vermittlung gebeten worden. Er hat diese Aufgabe mit Selbstverständlichkeit wahrgenommen; besondere Kommentare zum Los der Gefangenen in „barbarischer" Hand oder auch zur Lage der Zeit allgemein finden sich aber in diesem Zusammenhang kaum.

Die geänderten Gegebenheiten in Gallien werden ebenfalls sichtbar in einem Brief des Avitus an die römischen Senatoren Faustus und Symmachus im Zusammenhang des römischen Papstschismas des Laurentius

---

49 S.o. S. 21f.

50 Avitus, ep. 44: *victa est per reverentiam vestri in rigore barbarico humilitate immanitas, intercessione crudelitas, inlatione cupiditas* (44,17f. Peiper). Übersetzung Burckhardt, Avitus, 45.

51 In den überlieferten Briefen wird „Barbar" nur hier einmal von Avitus verwendet.

52 In diesem Sinn ist auch die Beschreibung „Drangsal unserer Region" (*nostrarum aerumna regionum* 44,20f. Peiper) zu verstehen.

53 Der Brief ist nicht einfach zu deuten; Avitus scheint das angebotene Geld nicht in Anspruch genommen zu haben. Vgl. Shanzer/Wood, Avitus, 353-355. Zu Liberius vgl. PLRE 2, 1298-1301 (Petrus Marcellinus Felix Liberius 4).

54 Einer der Söhne ist aus seiner Verwandtschaft, der andere ist Avulus, der Sohn eines Adeligen aus der Provinz Vienne, der vier Jahre zuvor *a comite Betanco* (46,7 Peiper) gefangen genommen wurde. Wenn die Umstände des großen Gotenkrieges den Hintergrund bilden, wurde der Brief 512 verfaßt.

499-506 n.Chr (ep. 34)[55]. Avitus bedauert, wegen der Zeitumstände nicht persönlich nach Rom reisen zu können. Auch eine früher übliche Gesamtsynode der gallischen Bischöfe könne nicht mehr einberufen werden, da die Kirche an die Gegebenheiten der Grenzen der neuen Herrschaften gebunden sei[56]. Hier wird deutlich, daß Avitus die veränderten machtpolitischen Verhältnisse aufgrund der Burgunderherrschaft anzeigt. Die kirchlichen Grenzen haben sich diesen Verhältnissen angepaßt, wie es dann auf der Synode von Epao erkennbar wird[57].

Betrachtet man diese Äußerung des Avitus vor dem Hintergrund der bisherigen Entwicklung der kirchlichen Strukturen in Gallien, erscheint sie auch noch in einem anderen Licht. Vienne liegt in der damaligen römischen zivilen Diözese Viennensis, und die Bischöfe dieser Stadt standen seit dem vierten Jahrhundert, als sich eine hierarchische Kirchenstruktur in Gallien zu entwickeln begann, immer wieder in Konkurrenz mit den Bischöfen von Arles um die Metropolitanrechte der kirchlichen Provinz Viennensis[58]. Auf der Synode in Turin (um 400) wurde entschieden, die zivile Verwaltungseinheit in zwei Kirchenprovinzen zu teilen: Vienne solle Metropolitansitz der nördlichen Bistümer Valence, Grenoble und Genf, und Arles der südlichen Bistümer Alba, Saint-Paul-Trois-Châteaux, Vaison, Orange, Carpentras, Cavaillon, Avignon und Marseille sein[59]. Aber nicht nur die Metropolitanrechte für die Provinz Viennensis waren umstritten, sondern auch der Primat einer Kirche Galliens. Schon Patroclus von Arles erreichte im Jahr 417 von Papst Zosimus, daß ihm Ordinationsrechte in der ganzen Viennensis und den benachbarten Provinzen Narbonensis prima und secunda übertragen wurden, und Zosimus ernannte ihn quasi zum päpstlichen Vikar für Gallien. Dies wurde zwar von den folgenden Päpsten Bonifatius (418-422) und Cölestin (422-432) nicht bestätigt; aber der ehrgeizige Hilarius, Bischof von Arles (430-449), nahm vor allem mittels Konzilsversammlungen über Provinzgrenzen hinweg dieses Ziel wieder auf. Er selbst konnte das bei Papst Leo I. nicht durch-

---

55 Das Papstschisma entstand einerseits anscheinend über Differenzen in der Haltung zur Ostkirche / Konstantinopel während des Akakianischen Schismas, andererseits wohl auch über strukturelle und finanzpolitische Fragen der Kirchenorganisation; vgl. Pietri, Le Sénat; Wirbelauer, Zwei Päpste; Sardella, Società; Marazzi, I Patrimonia; auch Moorhead, Theoderic.

56 Avitus, ep. 34: *Sed quoniam huius quoque nos voti non compotes reddit provincia praefixis regnorum determinata limitibus, ...* (64,6f. Peiper).

57 S.o. Anm. 25 und S. 17f.

58 Vgl. dazu als Übersicht Piétri, Entstehen, 958-966; Piétri, Lateinischer Westen, 237-243. Auch Mathisen, Ecclesiastical Factionalism; Bleckmann, Arelate metropolis.

59 Turin, can. 2 (CChr.SL 148, 55f. Munier).

setzen[60], der im Grunde die Ordnung der Synode von Turin wiederher-
stellte, aber der spätere Bischof von Arles, Leontius, erhielt die Unterstützung von Papst Hilarius (461-468), der den Bischof von Arles wieder zum
päpstlichen Vikar in Gallien ernannte. Nun durchkreuzten jedoch die
neuen realpolitischen Verhältnisse die Ambitionen besonders des Bischofs
von Arles, eine Kirche Galliens unter seiner Suprematie zu errichten. Umgekehrt bedeuteten diese neuen Verhältnisse natürlich im Prinzip einen
ungeheuren Machtzuwachs des Bischofs von Vienne, der nun faktisch
nicht nur Metropolit von fast ganz Viennensis wurde, sondern auch der
angrenzenden Provinzen, die teilweise unter burgundischer Herrschaft
standen (Teile der ehemaligen römischen Provinzen Lugdunensis prima,
Maxima sequanorum, Narbonensis secunda, Alpes Maritimae, Alpes
Graiae et Poenninae). Avitus verstand sich selbst ohne Zweifel als Metropolit der Bischöfe im Herrschaftsbereich der Burgunder und aus seinen
Briefen wird deutlich, daß er ohne weiteres im Namen der ganzen
Viennensis das Wort ergriff[61]. Von Cäsarius von Arles (502-540) wurde
dies nicht einfach so hingenommen. Im Rahmen seiner Reise nach Rom
513 zu Papst Symmachus ersuchte er ihn um eine ausdrückliche Bestätigung seiner Metropolitanrechte der südlichen Viennensis. Symmachus
kam diesem Anliegen entgegen[62], bestätigte die frühere Regelung Leos
und wies die Ansprüche des Bischofs von Vienne im Namen der Tradition zurück: Bischöfe sollten nicht mittels weltlicher Umstände oder anderer Ausreden ihre Machtansprüche ausdehnen[63]. Diese Entscheidung existierte jedoch nur auf Papier – die Realität sah anders aus und gab im
Moment Avitus Recht. Versuchte Avitus eine neue gallische Kirchenpro-

---

60 Ep. Arelatenses 13 (MGH Ep. 3,21 [bes. Z. 15-22] Grundlach / Dümmer).

61 Vgl. Avitus, ep. 39: *ex consensu antistitum provinciae Viennensis* (68,6 Peiper) ... *a
    provincialibus meis consulor* (68,9 Peiper); ep. 40: *per Viennensis clericos provincia tota* ...
    (68,33f. Peiper); ep. 41: *totius provinciae Viennensis nomine* ... (69,25f. Peiper) und
    natürlich das Einladungsschreiben zur Synode von Epao (ep. 90).

62 Schon vorher, um 500, versuchte er in Briefen an Aeonius von Arles, die Macht-
    ausdehnung der Bischöfe von Vienne zurückzuweisen, die sein Vorgänger Anas-
    tasius II. offenbar Avitus zugestanden hatte (ep. Arelatenses 23; 24 [MGH Ep. 3,
    34f. Grundlach]). Dieses päpstliche Privileg ergibt sich nur indirekt aus den Brie-
    fen des Symmachus. Das neue Schreiben an Caesarius bestätigt also im Prinzip
    sein vorheriges an Aeonius.

63 Symmachus (ep. Arelatenses 25): *Hac enim observatione et vetustates reverentia custoditur
    et amplius de humilitate gloria sacerdotalis attollitur. Proinde, fratres carissimi, singuli honoris
    sui sint distributione contenti nec per saecularia patrocinia nec per cuiuslibet excusationis opten-
    tum inlicita praesumptione terminos concesse potestatis excedant* (MGH Ep. 3, 36,18-23
    Grundlach/Dümmer). Die Konkurrenzsituation zwischen Arles und Vienne er-
    klärt z.T. auch die fehlende Korrespondenz zwischen Avitus und Cäsarius von
    Arles (s.o. S. 34).

vinz Vienensis parallel zum Reichsgebiet der Burgunder einzurichten? Dann wäre dieses Ansinnen ohne Zweifel als machtbewußtes Auftreten zu verstehen. Es zeigt jedoch auch einen gewissen politischen Realismus, hingegen die Vorstellungen des Bischofs von Arles ein realitätsfernes Wunschdenken. Andererseits war sich auch Avitus dessen bewußt, wie schnell sich die realpolitischen Gegebenheiten wieder ändern konnten (s.u.).

In dem oben erwähnten Brief an die römischen Senatoren Faustus und Symmachus (ep. 34) bedauert Avitus das Anklageverfahren gegen den römischen Bischof Symmachus mit folgenden Worten: Angesichts einer zusammenbrechenden Welt (*mundo labenti* 64,30 Peiper) benötige die Kirche eine stabile und sichere Spitze und das Schiff der Kirche segelt durch einen Sturm der Häretiker, die von allen Seiten blasen[64]. Zwei Elemente werden hier deutlich, einerseits die wachsende Bedeutung Roms für die westliche Kirche[65] und andererseits die Auseinandersetzung mit Häretikern. Für Avitus ist die Zeit eindeutig nicht nur durch Unruhe und Kriege geprägt, sondern gleichzeitig auch durch einen Ansturm der Häretiker[66]. Gemeint ist vor allem der homöische „Arianismus" der Ost- und Westgoten und der Burgunder, wie es aus dem übrigen Werk des Avitus ersichtlich ist und worauf in den folgenden Abschnitten ausführlich eingegangen werden wird. Avitus sieht hier ganz deutlich die Gefahr der Ausbreitung einer Häresie, betrachtet aber diese Gefahr ebenfalls als eine Herausforderung für die Kirche und besonders auch für sich selbst. Ein Schwerpunkt seines Wirkens als Bischof von Vienne ist daher geprägt von quasi missionarischem Eifer für den rechten katholischen Glauben, wie es seine Briefe erkennen lassen. Und in seinem Brief an den Frankenkönig Chlodwig anläßlich von dessen katholischer Taufe ruft er sogar fast triumphalistisch aus: „Euer Glaube ist unser Sieg!" (*vestra fides nostra victoria est* 75,7 Peiper)

Etwas nüchterner fallen seine Einschätzungen in einem anderen Brief (ep. 7) aus, in dem er die Frage behandelt, ob die katholische Kirche ehemalige Gebäude und Kultgegenstände der Häretiker benutzen sollte oder nicht. Avitus schreibt diesen Brief zur Zeit der Herrschaft des katholisch gewordenen Königs Sigismund, aber er stellt die Möglichkeit in Aussicht,

---

64 Avitus, ep. 34: *Nostis bene, inter quas haeresum tempestates, veluti ventis circumflantibus, fidei puppi ducamur* (65,5f. Peiper).

65 S. dazu auch unten die Ausführungen zu Sigismund S. 57-65.

66 Vgl. hierzu auch die fragmentarisch überlieferte Äußerung des Avitus (fr. 10) zu 1Kor 11,19 (es muß Häresien geben): Häresien sind nur für die Häretiker selbst schlecht; aber wie aus dem Verrat des Judas die Erlösung entstand, so erwächst auch hieraus Gutes für die katholische Kirche. In ep. 26 bedauert er, daß sich überall der Arianismus verbreitet habe.

daß sowohl ein nicht-katholischer König Burgunds Sigismund nachfolgen
als auch ein ebenfalls nicht-katholischer Herrscher der benachbarten Reiche das Gebiet der Burgunder erobern könnte, „da man ja im Wechsel der
Zeiten nichts für unveränderlich halten darf". Angesichts dieser möglichen Perspektive sollte die Kirche eventuellen Racheakten vorbeugen und
entsprechende Kirchengebäude und Kultgegenstände dem Verfall überlassen[67]. Ganz eindeutig fließen hier seine Beobachtungen der schnell wechselnden Machtverhältnisse in Gallien in die Ausführungen ein, um damit
seinen Vorbehalten gegenüber der Verwendung jener Kirchen Ausdruck
zu verleihen.

Aus diesem Grund sind auch seine Briefe an den katholisch geworde-
nen Herrscher Sigismund nicht ganz uneigennützig, in denen er ihm
Wohlergehen wünscht (ep. 45; 91; 92): Das Gedeihen der katholischen
Kirche verdankt sich zu einem Großteil Sigismunds Herrschaft. Im ganzen Brief 91 bittet er Sigismund darum, vorsichtig zu sein, damit er unbe-
schadet aus einem Krieg zurückkehren könne[68]. Darüber hinaus verbindet
Avitus in ep. 45, die an den Beginn eines Krieges zu gehören scheint, da
Sigismund gerade erst aufgebrochen ist (*iam duce Christo processeratus* 74,11
Peiper), mit einem Sieg im Krieg auch einen Triumph der Wahrheit: *Quod
superest, egressi felices, ite sospites, redite victores* (74,27f. Peiper). Sigismund solle
seinen Glauben in die Waffen einpflanzen (*fidem vestram telis inserite* 74,28
Peiper), um göttliche Hilfe bitten (*auxilia caeli precibus exigite*) und seine
Waffen mit Gebeten gürten (*iacula vestra votis armate* 74,29 Peiper). Der
Herr möge ihm, Avitus, gewähren, anläßlich eines Sieges eine Rede des
Triumphes zu halten[69]! Hintergrund könnte der große Gotenkrieg 507/8
zu sein, bei dem sich die Burgunder an der Seite der Franken gegen die
Westgoten beteiligt hatten[70]. Ist dies der Fall, dann erhofft sich Avitus
wohl, abgesehen von einer wohlbehaltenen Rückkehr Sigismunds, einen
Sieg der (katholischen) Franken im Verbund mit den Burgundern über die
(häretischen) Westgoten, was dann eventuell auch Gundobad dem rechten

---

67 Zu diesem Brief vgl. ausführlicher S. 92-108 (dort ist auch der ganze Text von ep.
    7 abgedruckt). Das Zitat ist Z. 51-53 zu finden.
68 Es ist schwierig, den kriegerischen Hintergrund einem konkreten Ereignis zuzu-
    weisen.
69 Avitus, ep. 45 *Dabit deus, ut bellorum trophaea, quae vobis ipse praestiterit, cuiuscumque
    sermonis obsequio sub materia eius, quem dudum expecto, triumphi pretiosioris exaggerem*
    (74,30f. Peiper). Auch in ep. 92 betet Avitus darum, daß Christus für und vor Si-
    gismund kämpft, um ihm einen Sieg und Frieden zu gewähren (... *sicque in rerum
    necessitate multiplici ambifariam vobis Christo propugnante contingat et pax, quae cupitur, et
    victoria, quae debetur* 99,21f. Peiper).
70 So auch Burckhardt, Avitus, 84f.; offenhalten möchten dies Shanzer/Wood,
    Avitus, 233f.

Glauben zuführen könnte. Schon früh, seit dem Sieg Konstantins über Magnentius an der Milvischen Brücke 311 n.Chr., wird das Kriegsgeschehen theologisch als einem christlichen Herrscher von Gott gewährter Sieg gedeutet, was Avitus hier auf Sigismund bezieht und wieder bei der Entscheidung Chlodwigs eine Rolle spielt (s.o.).

Von Avitus ist jedoch auch ein interessantes Fragment überliefert, in dem er in einem Gespräch mit dem König Gundobad[71] die Gleichsetzung eines Sieges im Kriegsgeschehen mit einem göttlichen Urteil über eine gerechte Sache infrage stellt. Gundobad hatte angemerkt[72], daß doch in der Regel Streitfragen zwischen Reichen oder auch Einzelpersonen in einem Kampf entschieden werden und der Sieg sich göttlichem Urteil verdanke, der die gerechte Sache dem Erfolg zuführe[73]. Avitus reagiert darauf zunächst mit einem Verweis auf eine Schriftstelle (Ps 67,31): „Zerstreue die Völker, die gerne Krieg führen!", um davor zu warnen, Gottes Urteil im Krieg zu suchen. Gundobad möge sich lieber zu Herzen nehmen, daß geschrieben steht (2Kön 6,22 = Röm 12,19): „Die Rache ist mein; ich will vergelten!" Es liege also an Gott, ein Urteil zu fällen, und nicht am Menschen, dieses herbeizuführen. Überdies würden ja nicht alle Angelegenheiten mit Waffen entschieden. Schließlich weist Avitus sogar darauf hin, daß auch die unterlegene Seite im Recht sein könne, wie man gegenwärtig oft erfahre[74]. Diese Äußerung des Avitus klingt also ganz anders als die obigen zum „Kriegsglück". Auf welche „unterlegene Seite" er hier anspielt, ist nicht eindeutig: Meint er tatsächlich einen gescheiterten Kriegszug Gundobads selbst, wenn Gundobad in seiner Anfrage von einem Sieg als Gottesurteil sprach? Dann würde das Gespräch aus einem verlorenen Krieg erwachsen und der König hätte Avitus eventuell gefragt, ob Gottes Fürsorge ihn nun verlassen habe. Dafür spricht, daß Avitus wohl kaum Gundobad in diesem Gespräch als *iniquae partis* (3,3 Peiper) ansprechen würde. Oder ist dieses Gespräch eher theoretischer Natur ohne realen Hintergrund? Wie auch immer der Kontext und der Hintergrund dieses Fragments zu verstehen ist, deutlich ist eine Kritik des Avitus an der Gleichsetzung von Kriegsglück und Gottesurteil. Das irdische Ge-

---

71 Fragment 3A (2f. Peiper). Zu den Dialogen des Avitus s.u. Kap. III.2.2.

72 Der vorangehende Kontext, aus dem diese Anfrage erwächst, ist wegen des fragmentarischen Charakters nicht bekannt.

73 Gundobad: *Quid est quod inter regna et gentes vel etiam inter personas saepe singulas, dirimendae proelii causae divino iudicio committuntur et ei maxime parti, cui iustitia competit, victoria succedit?* (2,32-34 Peiper).

74 Avitus: *An forte sine telis et gladiis causarum motus aequitas superna non iudicat? cum saepe, ut cernimus, pars aut iuste tenens aut iusta deposcens laboret in proeliis et praevaleat iniquae partis vel superior fortituto vel furtiva subreptio?* (3,1-3 Peiper).

schehen gebe keineswegs unmittelbar und für alle ersichtlich darüber Auskunft, ob eine vor Gott gerechte Angelegenheit verfolgt werde.

Einen skurrilen und beinahe sarkastischen Zug bekommen seine geschichtstheologischen Ausführungen in einem Brief an Gundobad, in dem er den Burgunderkönig angesichts des Todes seiner Tochter trösten will (ep. 5). Ein weiteres Mal wird also, wenn auch in einem anderen Kontext, die Frage nach dem Zusammenhang zwischen irdischem Unglück und Gottes Urteil und Fügung gestellt. Avitus schreibt an Gundobad, daß der Tod nicht auf einen Zufall oder Schicksal zurückzuführen sei, sondern auf Gottes verborgene (!) Vorsehung (*occulta dispensatio* 32,26 Peiper). Das zeige sich auch bei dem früheren Tod seiner Brüder: Es sei ein Glück des Reiches gewesen, daß die Zahl der königlichen Personen sich vermindert habe, so daß nur erhalten blieb, wieviel für die Herrschaft ausreiche. In diesem (gemeint ist Gundobad) hier sei begründet, was der katholischen Wahrheit zum Segen reiche (*repositum est illic, quicquid prosperum fuit catholicae veritati* 32,30f. Peiper). Besonders die Beseitigung des Bruders Godegisel habe schließlich Nutzen gebracht (33,2f.) - Avitus beschreibt also die Ermordung des Bruders als Werk der Vorsehung und für (katholische) Kirche und Reich nützlich! Und das werde sich auch bei seiner Tochter so erweisen, die, obwohl sie anscheinend dem Frankenkönig Chlodwig als Frau versprochen gewesen war[75], nun dennoch als Jungfrau sterben konnte. Avitus war offenbar an der Vermittlung der Braut beteiligt gewesen, denn er spricht Verunglimpfungen an, die er zu erleiden hätte, wäre die Braut erst nach der Hochzeit gestorben (33,5f. Peiper). Avitus will einen Brief des Trostes formulieren und darauf verweisen, daß sich oft aus Trauer später ein Segen entwickelt. Aber dieses Grundanliegen verbindet sich in seinen konkreten Ausführungen mit einer doch etwas abwegigen theologischen Deutung der Geschichte.

Interessant sind seine Schlußbemerkungen in dem Brief an Chlodwig (ep. 46), mit denen er den fränkischen König auffordert, nun selbst den rechten Glauben unter entfernteren Völkern zu verbreiten (*ulterioribus quoque gentibus* 76,9 Peiper), die noch in einem natürlichen Unglauben ohne häretische Verirrungen leben, durch losgeschickte Gesandte zu entlegenen Völkern (*externi quique populi paganorum* 76,14 Peiper). Das ist eine außergewöhnliche und meines Erachtens bislang so kaum geäußerte Ansicht und verdient deshalb, besonders hervorgehoben zu werden[76]. Er scheint damit auch kaum die Burgunder oder Goten gemeint zu haben, die ja nicht mehr in einem „natürlichen Unglauben" stehen, sondern andere

---

75   Chlodwig heiratete dann Chrodechilde, s.o. S. 20.
76   Vgl. Shanzer/Wood, Avitus, 368f. Vgl. jedoch auch Prosper von Aquitanien, *De vovatione omnium gentium* (bes. II 16f.; 33).

Gruppen, die jenseits des Römischen Reichs noch nicht mit dem Christentum in Berührung gekommen sind.

Angesichts dieser Perspektive, die Avitus anläßlich der Taufe von Chlodwig entwickelt, scheint seine Deutung der Zeitumstände doch nicht so pessimistisch auszufallen, wie es die zuerst erwähnten obigen Bemerkungen zunächst vermuten lassen. Mit dem Römischen Reich geht wohl nicht die ganze Welt unter und die göttliche Vorsehung (*divina provisio* 75,6 Peiper) wird der rechtgläubigen Seite schließlich zum Sieg verhelfen, so Avitus[77]. Selbstverständlich ist für Avitus eine heilsgeschichtliche Sicht der Entwicklungen, die auch ein Eingreifen Gottes im Kriegsgeschehen mit einbezieht. Er kann aber andererseits auch den Zusammenhang zwischen Kriegs(un-)glück und Gottes Fügung infrage stellen. Ebenso gehören apokalyptische Katastrophen- und Untergangsszenarien weniger zu seinem Repertoire. Für Avitus steht die Kirche nun vielmehr vor neuen Herausforderungen, die in den folgenden Abschnitten genauer skizziert werden. Aber auch hier verbindet er seinen missionarischen Eifer mit realpolitischem Sinn, da er offenbar überzeugt ist, daß die Verbreitung des rechten Glaubens hauptsächlich vom Wohlwollen des jeweiligen Herrschers abhängt. Gelegentlich mißraten jedoch auch seine theologischen oder heilsgeschichtlichen Deutungen der Ereignisse wie in dem Trostbrief an Gundobad.

---

77 Vgl. exemplarisch die gegensätzliche Einschätzung von Quodvultdeus, analysiert von Van Slyke, End of the Empire.

III. Theologische Konflikte im Reich der Burgunder

Die Machtausdehnung der Burgunder vom Genfer See bis ins Tal der Rhône veränderte nicht nur die politische Landschaft in Gallien, sondern provozierte auch Konflikte zwischen der „homöisch-" „arianischen" Kirche der Burgunder und der alteingesessenen gallorömischen katholischen („nizänischen") Kirche. Die theologischen Richtungen, Themen und Debatten im Reich der Burgunder können zwar nicht vollständig erschlossen werden. Das Problem liegt in der einseitigen Überlieferung, da nur Texte aus der „katholischen" Perspektive wie bei Avitus von Vienne vorliegen. Die Version der Gegenseite fehlt und ist daher nur indirekt zugänglich. Hinzu kommt die zum Teil nur fragmentarische Überlieferung der Schriften des Avitus. Dennoch kann ein Blick auf diverse Diskussionen geworfen werden, die vielfältiger waren, als es Gregor von Tours in seiner Geschichte der Franken mit z.B. folgender Äußerung darstellte[1]:

> Da Gundobad aber inne geworden war, daß die Lehren der Häretiker irrig seien, verlangte er vom heiligen Avitus, dem Bischof zu Vienne, heimlich gesalbt zu werden, indem er bekannte, daß Christus, der Sohn Gottes, und der heilige Geist dem Vater gleich sei.

Richtig an diesem Bericht ist, daß der burgundische König Gundobad den theologischen Austausch mit Avitus pflegte – dieser ging aber über die eigentliche trinitarische Frage hinaus. Ebenfalls richtig ist, daß Avitus eine herausragende Rolle in dieser theologischen Debatte spielte. Ein heimliches „Salbungsbegehren" läßt sich aber so eindeutig nicht feststellen. Zudem ist die Tendenz Gregors, die burgundischen „Arianer" gegenüber den rechtgläubigen Franken zu disqualifizieren, zu berücksichtigen. Denn laut Gregor scheiterte dieser Schritt an der Forderung des Avitus, ihn doch öffentlich zu vollziehen[2]:

---

1 Gregor von Tours, II 34 (MGH SRM 1,1, 81,14-16 Krusch/Levison): *Cum autem cognovisset, assertiones hereticorum nihil esse, a sancto Avito episcopo Viennense, Christum, filium Dei, et Spiritum sanctum aequalis Patri confessus, clam ut crismaretur expetiit.* Übersetzung von W. Giesebrecht aus der Freiherr vom Stein-Gedächtnisausgabe Bd. 1, S. 125. Zu dem Stichwort *aequalis* vgl. die Ausführungen unten S. 214-220.

2 Gregor von Tours, II 34 (MGH SRM 1,1, 82,16f. Krusch/Levison): *Ista ille ratione confusus, usque ad exitum vitae suae in hac insania perduravit, nec publice aequalitatem Trinitatis voluit confiteri.* Übersetzung von Giesebrecht S. 127.

Da wurde Gundobad irre an sich selbst, und beharrte bis an sein Lebensende in seiner Torheit, denn er wollte es nimmer offen bekennen, daß die Dreifaltigkeit gleich sei.

Hintergrund dieser theologischen Konflikte waren die unterschiedlichen christlichen „Konfessionen" im Reich der Burgunder: Die gallorömische christliche Bevölkerung „nizänischen" Glaubens stand den eingewanderten gotischen und burgundischen Bevölkerungsgruppen (eher) „homöischen" Glaubens gegenüber[3].

III.1 Konfessionelle Verhältnisse in der burgundischen Königsfamilie

Ehefrau von Chilperich I.

Dabei darf die Schwarz-Weiß-Malerei bei Gregor nicht darüber hinwegtäuschen, daß auch unter den Burgundern selbst die homöische *und* die katholische Konfession vertreten waren. Innerhalb der Königsfamilie scheinen oftmals die Frauen katholisch ewesen zu sein, so die Ehefrau von Chilperich I., deren Name unbekannt geblieben ist. Sie stand mit Sidonius Apollinaris, dem bedeutenden Literaten und Bischof von Clermont-Ferrand († 480/490), in Kontakt und pflegte gute Beziehungen

---

3   Nach ersten Kontakten (4. Jh.) mit dem Christentum im Römischen Reich übernahmen einzelne gotische Gruppen das Christentum homöischer (nicht: arianischer!) Prägung, da dies mehr als zwanzig Jahre lang die offizielle christliche Richtung im vierten Jh. war. Vgl. Schäferdiek, Anfänge des Christentums bei den Goten; ders., Germanenmission; ders., Das gotische Christentum; ders., Gotischer Arianismus; Brennecke, Christianisierung und Identität; ders., Homöens, 954-957. Zur Rolle der Wulfila-Gruppe bei diesem Prozeß vgl. Schäferdiek, Wulfila; ders., Zeit und Umstände. An der im vierten Jh. übernommenen homöischen Version des Christentums hielten sie auch nach dem Umschwung der offiziellen Reichstheologie zum sog. Neunizänismus fest, da sie als Föderaten nicht den Religionsgesetzen des Theodosius (vgl. CTh XVI 5-6) unterworfen waren (vgl. Schäferdiek, Germanenmission, 506ff.). Später konnten die germanischen Reiche der Westgoten, Ostgoten und Burgunder sogar zum Fluchtbecken für andere verfolgte Homöer werden; vgl. als Beispiel Hydatius, *Chronica* 112/120: *Gaisericus Siciliam depredatus Panormum diu obsedit; qui damnati a catholicis episcopis Maximini apud Siciliam Arrianorum ducis adversus catholicos precipitatur instinctu ut eos quoquo pacto in impietatem cogeret Arrianam* (94 Burgess). Zu den Homöern allg. vgl. Brennecke, Homöer; Löhr, Kirchenparteien und u. Kap. IV (dort genauere theologische Details).

zu Bischof Patiens von Lyon, dessen asketisches Leben sie bewunderte[4].
Abt Lupicinus, der zusammen mit seinem Bruder die Juraklöster
Leuconne und La Beaume gründete, konnte bei ihrem Ehemann
Chilperich I. offenbar durchsetzen, daß einige Personen, die ein unbekannter Patrizier zur Knechtschaft gezwungen hatte, wieder freigelassen
wurden[5]. Auf ihren Einfluß ist es eventuell auch zurückzuführen, daß ihr
Ehemann sogar die Juraklöster beschenkte, wie die *Vita patrum Iurensium*
im Anschluß an die genannte Freilassung berichtet: „Dem Diener Christi
gab er Geschenke für die Bedürfnisse der Brüder und des Hauses und ließ
ihn in Ehren zum Kloster zurückkehren."[6] Auch Gregor von Tours berichtet von freundlichen Kontakten zwischen Chilperich und dem Abt
Lupicinus und über eine gewisse materielle und finanzielle Unterstützung
der Klöster in dieser Zeit[7]. Diese Episoden legen nahe, daß die katholische Kirche bei den Burgundern kaum ausgegrenzt wurde und die Ehefrau dem katholischen Glauben nahe stand.

---

4   So berichtet jedenfalls Sidonius Apollinaris in einem Brief an Patiens (Sidon.
     Apoll., ep. VI 12,3): *… omitto te tali semper agere temperamento, sic semper humanum, sic*
     abstemium iudicari, ut constet indesinenter regem praesentem prandia tua, reginam laudare
     ieiunia … Zu Patiens vgl. Mathisen, Ecclesiastical Factionalism, 290.

5   *Vita patrum Iurensium* 92-95 (SChr 142, 336,8 – 340,11 Martine): Hier wird berich-
     tet, daß der Abt Lupicinus aus Mitleid mit den Versklavten vor Chilperich trat –
     „Chilperich besaß nämlich damals die öffentliche Gewalt von königlicher Gnade"
     (*sub condicione regia ius publicum tempore illo redactum est* 336,9f. Martine) – und nach
     einer Schimpftirade des gallorömischen Adeligen über die Amtsführung des Bur-
     gunderherrschers („Bist du nicht schon lange der Betrüger, der seit nunmehr
     etwa zehn Jahren voller Anmaßung die Macht der römischen Herrschaft abtragen
     und dieses Land und unsere Väter in den Untergang führen will?") besänftigend
     eingriff („Siehst du nicht, … daß die Macht der Purpurträger Richtern in Fellklei-
     dern gewichen ist?") und eine königliche Vollmacht über die Freilassung erreich-
     te. Übersetzung in: Das Leben der Juraväter, hg.v. K.S. Frank, S. 138f.

6   *… et Christi famulum, oblatis ob necessitatem fratrum uel loci muneribus, honorifice fecit ad*
     coenobium repedare (*Vita patrum Iurensium* 95, SChr 142, 340,9-11 Martine); Überset-
     zung aus: Das Leben der Juraväter, hg.v. K.S. Frank, S. 138.

7   *Liber vitae patrum* I 5 (MGH SRM 1,2, 216f. Krusch). Gregor erzählt hier von
     einer Audienz des Abtes bei Chilperich im Stil eines Heiligenlebens: Der Abt
     überschreitet die Türschwelle, was Chilperich als Erdbeben wahrnimmt, so daß er
     den Gast zu sich ruft und ihn dann bereitwillig unterstützt, um die Armut der
     Mönche zu lindern.

Caretena

Die Ehefrau von Gundobad, Caretena[8], war ebenfalls aller Wahrscheinlichkeit nach katholisch. Sie starb zehn Jahre vor ihrem Ehemann am 16. September 506, als sie etwa 50 Jahre alt war; auf dem Grabstein ihr zu Ehren schreibt ein unbekannter Verfasser[9]:

> Der Höhepunkt der Königsherrschaften, die Zierde der Erde und der strahlende Glanz des Erdkreises will, daß durch dieses Grabmal die Glieder der Caretena bedeckt werden.

> *Sceptrorum columen, terrae decus et iubar orbis,*
>   *Hoc artus tumulo vult CARETENE tegi.*

Diese deine Dienerin und an Besitz Mächtige rufst du, Christus, von den Reichen der Welt in deine Reiche, sie, die den kostbaren Schatz[10], den sie Gott durch die Unterstützung der Armen gab, durch ein glückliches Ende wieder zurückerlangte.

> *Quo famulam tu, Christe, tuam rerumque potentem*
>   *De mundi regnis ad tua regna vocas*
> *Thesaurum ditem felici fine secutam,*
>   *Fotis pauperibus quem dedit illa deo.*

Schon längst verbarg sich, den keuschen Leib kasteiend, ihr rauhes Gewand unter einer Purpurrobe. Enthaltsames Fasten versteckte sie hinter einer fröhlichen Miene, und heimlich gab sie die königlichen Glieder dem Kreuz.

> *Iam dudum castum castigans aspera corpus*
>   *Delituit vestis murice sub rutilo.*
> *Occuluit laeto ieiunia sobria vultu,*
>   *Secretaeque dedit regia membra cruci.*

Sie teilte die Sorgen ihres Gatten, des erhabenen Fürsten, und lenkte den König durch ihren hinzugefügten Rat, und sie freute sich, darauf hingewirkt zu haben, daß der berühmte Sproß und die süßen Enkel im wahren Glauben unterrichtet wurden.

> *Principis excelsi curas partita mariti*
>   *Adiuncto rexit culmina consilio,*
> *Praeclaram subolem dulcesque gravisa nepotes*
>   *Ad veram doctos sollicitare fidem.*

---

8   PLRE 2, 260f. (hier irrtümlich als Frau von Chilperich II.); Heinzelmann, Prosopographie, 574; zu Caretena vgl. ferner Kampers, Caretena – Königin und Asketin.

9   Vgl. dazu die detaillierte Analyse von Kampers, Caretena – Königin und Asketin (S. 3 mit Anm. 9 zur Verfasserfrage; er erwägt auch Avitus als möglichen Verfasser). Das Todesjahr von Caretena ergibt sich aus den letzten Zeilen des Epitaphs.

10   Vgl. Mt 6,20.

Über alle diese trefflichen Eigenschaften verfügend, verachtete sie es in ihrem erhabenen Sinn nicht, sich nach dem Diadem unter das heilige Joch zu begeben.

> *Dotibus his pollens sublimi mente subire*
> *Non sprevit sacrum post diadema iugum.*

Die Herrscherin von einst über die wohlriechenden Sabäer, die das wunderbare Werk Salomos aufsuchte, soll zurückstehen. Denn diese hier Gegenwärtige erbaute eine Kirche, deren Ruhm in der ganzen Welt widerhallt, und gab damit den Chören der Engel eine erhabene Wohnstatt.

> *Cedat odoriferis quondam dominata Sabaeis,*
> *Expetiit mirum quae Salomonis opus.*
> *Condidit haec templum praesens, quod personat orbe,*
> *Angelicisque dedit limina celsa choris.*

Die Bitten, die sie oft dem König vortrug, damit den Angeklagten Erleichterung zuteil werde, kann sie nun dir, Christus, darbringen.

> *Laxatura reos regi quas saepe ferebat,*
> *Has offerre preces nunc tibi, Christe, potest.*

Als der neidische Tod sie nach zehn Lustren raubte, da nahm sie ein besserer, nicht endender Tag in Empfang, hatte doch gerade das Jahr, das den Namen des Konsuls Messala führt, den September (mit Hilfe von) zweimal je acht Tagen voranbewegt.

> *Quam cum post decimum rapuit mors invida lustrum,*
> *Accepit melior tum sine fine dies.*
> *Iamque bis octona Septembrem luce movebat*
> *Nomen Messalae consulis annus agens.*[11]

Diese Grabinschrift bietet eine Art Kurzbiographie in idealisierter Form und weist Caretena als königliche Frau aus, die durchaus im Besitz von Reichtümern ist und auch über Macht und Einfluß auf ihren Gatten, den König, verfügt. Gleichzeitig diente Caretena aber auch Christus durch Unterstützung der Armen, sexuelle Askese und Fasten. Nach einer Phase der „versteckten" Frömmigkeit trat sie schließlich in ein Kloster ein, gründete aber auch eine den Engeln geweihte Kirche. Der Hinweis auf die sexuelle Enthaltsamkeit noch vor dem Klostereintritt könnte bedeuten, daß Caretena nur einen Sohn, Sigismund, geboren hat und Gundobad eine neue eheliche Verbindung eingegangen ist, um seine Nachkommenschaft

---

11 Text bei MGH AA 6,2, S. 185 (Peiper); Übersetzung übernommen aus: G. Kampers, Caretena – Königin und Asketin, 1f. Das Original befand sich noch Ende des 16. Jh.s in der Basilika St. Michael in Lyon (s.u. S. 53).

abzusichern[12]. So könnte auch der Klostereintritt weniger freiwillig, sondern auf Drängen Gundobads hin geschehen sein[13]. Der in der Grabinschrift erwähnte Sproß und die Enkel dürften ihr Sohn Sigismund und dessen zwei Kinder sein, um dessen religiöse Erziehung „im wahren Glauben" sie sich gesorgt habe. Aus dieser Bemerkung könnte man den Schluß ziehen, daß ihr Sohn Sigismund noch vor ihrem Tod konvertierte und daß sie ihre Enkel, Sigismunds Kinder, im „katholischen" Glauben erzog. Sigismunds Sohn Sigerich wechselte aber zusammen mit seiner Schwester wohl erst nach der Alleinherrschaft seines Vaters Sigismund 516 zum katholischen Bekenntnis[14].

Caretena scheint u.a. auch eine Freundschaft mit Bischof Marcellus von Die gepflegt zu haben, zumindest hatte sie sein Anliegen um Steuerbefreiung der Bürger der Stadt Die bei Gundobad unterstützt, wie die *Vita sancti Marcelli Diensis episcopi* berichtet[15]:

> Als nämlich die Königin der Burgunder namens Carethena zu Ehren des Erzengels Michael eine Basilika von wunderbarer Ausführung errichtet hatte und zur

---

12 So glaubwürdig interpretiert von Kampers, Caretena – Königin und Asketin, 9. Eventuell konnte Caretena aufgrund ihres Alters oder aufgrund anderer gesundheitlicher Gründe keine weiteren Kinder mehr gebären.

13 Vgl. Kampers, Caretena – Königin und Asketin, 10-17. Kampers verbindet ep. 6 von Avitus mit diesem Epitaph und deutet diesen Brief als Zurückweisung von Argumenten, die „Gundobad für eine Trennung von seiner Frau offenbar vorgebracht hatte oder hätte verbinden können" (S. 16): Eine Wahl der Askese sei kein hinreichender Scheidungsgrund. Das übergeordnete Thema des Briefes ist aber die Bedeutung einer eventuellen Bekehrung; vgl. Heil, Korrespondenz.

14 Dies ergibt sich aus ep. 7 des Avitus, da Avitus dort spekuliert, daß nach dem Tod von Sigismund auch damit gerechnet werden muß, daß ihm ein „arianischer" Herrscher nachfolgt – also ist sein Sohn Sigerich noch „arianisch"; vgl. Kampers, Caretena – Königin und Asketin, 20f. Zur Konversion von Sigerich hielt Avitus offenbar eine Predigt, die in einem Fragment (hom. 26) überliefert ist. Zur Konversion von Sigismund s.u. S. 57f.

15 Vita 9,1: *Itaque dum regina Burgundionum nomine Carathena in honorem beati archangeli Michaelis basilicam miro opere fabricasset et ad dedicandum sacratissimum locum multorum inuitasset praesentiam sacerdotum, cum quibus et beatus Marcellus antistes pro sui reuerentia principalis inter ceteros affuit, qui memoratae reginae pro cultu religionis uirtutum claritate notissimus specialisque patronus peculiaris in Christo habebatur, celebrato sollemnitatis cultu, non omisit aliqua agere pro ciuibus de immunitate publicae functionis in urbe qua praeerat pro releuatione ciuium in remedio ciuitatis, nisi ut per christianam principis comparem ad aures Gundebaudi regis sancti uiri suggestio perueniret* (124 Dolbeau; 323f. Kirner; Übersetzung Kampers, Caretena – Königin und Asketin, 30). Gundobad ließ sich zunächst nicht darauf ein, sondern erst nach einer wunderbaren Heilung durch Marcellus kam er dem Wunsch nach, so die Vita. Den Hintergund bildet eine burgundische Sonder-Steuer, die offenbar erhoben wurde, um den von den Westgoten verwüsteten Gebieten Unterstützung zukommen zu lassen.

Weihe des sehr heiligen Ortes die Gegenwart vieler Bischöfe eingeladen hatte, mit denen auch der selige Bischof Marcellus aus Ehrerbietung für seinen unter den übrigen hauptsächlichsten Patron anwesend war, der wegen der geistlich-asketischen Gewohnheiten der besagten Königin und des Ruhmes seiner Wunder als sehr bekannter und ganz besonderer Fürsprecher bei Christus galt, und als nun die Einweihungsfeierlichkeiten beendet waren, versäumte er es nicht, etwas für die Bürger zu unternehmen wegen der Steuerbefreiung in der Stadt, in der er vorstand, zur Erleichterung der Bürger und zur Rettung der Stadt, damit nur durch die christliche Gattin des Fürsten die Bitte des heiligen Mannes zu den Ohren des Königs Gundobad gelange.

Der Bau einer Kirche für die Chöre der Engel, so die Grabinschrift, wird also auch in der *Vita sancti Marcelli Diensis episcopi* erwähnt, auch wenn dort die Kirche nach dem Hauptengel Michael benannt wird[16]. Diese Kirche stand in Lyon, und viele Bischöfe kamen zur Weihe, auch Avitus von Vienne, dessen Predigt für diesen Weihegottesdienst in einem Fragment erhalten ist[17].

Theodelinde

Theodelinde, die Frau von Gundobads Bruder Godegisel, war ebenfalls katholisch. Von ihr ist in der *Passio Victoris et Ursi* (Kap. 2) überliefert, daß sie in Genf eine Kirche zu Ehren des Märtyrers Victor von der Thebäischen Legion gegründet hatte (St. Victor)[18]. Dort wird berichtet, auf welchen Wegen die Gebeine von Victor nach Genf transferiert wurden: Als bei den Burgundern Godesil herrschte, wollte seine Frau Theodelinde, die eine glühende Verehrerin des Märtyrers Victor war, ihm zu Ehren eine Basilika erbauen und bat den Bischof Domitius um Erlaubnis, dessen sterblichen Überreste in jener Kirche grablegen zu dürfen[19]. In

---

16 Zur Identifizierung vgl. Kampers, Caretena – Königin und Asketin, 21 Anm. 82.

17 Avitus, hom. 17 (S. 125f. Peiper): Avitus legt hier Jakobs Schau der Himmelsleiter (Gen 28,11-19) aus. Vgl. zu dieser Kirche Kampers, Caretena – Königin und Asketin, 21-24. Kampers (S. 24) vermutet sogar, daß neben der Kirche ein Frauenkonvent bestand wegen der in der *Vita sancti Marcelli* erwähnten Askese.

18 Zur Identifizierung vgl. Topographie chrétienne des cités de la Gaule, Band 3, S. 47f.

19 *E quibus sanctus Victor postmodum ad urbem Genevensem tali de causa translatus est. Cum apud Burgundiorum gentem Gundisolus regnaret, opere Theudesinde illustris regine, amore beatissimi martyris Victoris, non longe a Genevensi urbe basilica fundata et honesto situ constructa est. ... perfecta itaque domo et venerabiliter sacrata, petiit eadem ipsa supradicta regina, ut permitteret ei sanctus Domicianus episcopus cum Domini voluntate corpus sancti Victoris ex loco ipso ubi primum conditus fuerat in aecclesiam quam ipsa construxerat transferri.* (174 Lütolf) In der Chronik Fredegars wird diese Kirchengründung einer Sideleuba/Saedeleuba zugeschrieben, und zwar in einem Bericht über die Wiederentdeckung der Gebeine im 7. Jh.: *Eo anno corpus sancti Victoris, qui Salodero (= Solo-*

einer prachtvollen Prozession seien die Gebeine dann transferiert worden. Da dies zusammen mit dem Ortsbischof Domitius[20] während der Herrschaft Gundobads geschah, als Godegisel in Genf regierte, ist diese Kirchengründung um 480/490 anzusetzen. Zu beachten ist hierbei, daß dies gewiß nicht ohne das Einverständnis ihres Ehemannes Godegisel geschehen konnte, der das Vorhaben auch finanziell unterstützt haben dürfte. So konnte sich Godegisel parallel zu seinem eigenen „homöischen" Bekenntnis auch als Wohltäter der katholischen Kirche profilieren. Von Godegisel und Theodelinde ist ferner in einer Schenkungsurkunde aus dem zehnten Jahrhundert auch überliefert, daß sie gemeinsam ein Kloster, St. Peter, in Lyon gegründet haben[21]:

> *Ad monasterio quod est dedicatione Sancti Petri scitam in Lugduni civitate inter Rodanum et Ararim, substructum a rege Gaudisello et a regina Theudelinda sua sponsa piissima.*

Da dieses Herrscherpaar wegen des oben genannten Zeugnisses der *Passio Victoris et Ursi* nicht prinzipiell als Gründer von Kirchen und Klöstern in Frage gestellt werden kann, ist eine Fälschung dieser Notiz wohl nicht anzunehmen[22]. So fällt diese Gründung offenbar in die kurze Zeit der Herrschaft Godegisels um 500 nach dem Bruderkrieg gegen Gundobad und ist wahrscheinlich als Machtdemonstration in der Hauptstadt und zugleich als symbolischer Akt der Fürsorge auch gegenüber der katholischen Bevölkerung anzusehen, glaubwürdig vertreten durch seine katholische Frau Theodelinde.

---

thurn) *cum sancto Ursio passus fuerat, a beato Aeconio pontifice Mauriennense invenitur. Quadam nocte in suam civitatem ei revelatur in sompnium, ut surgens protinus iret ad eclesiam, quam Sideleuba regina suburbanum Genavinse construxerat; in medium eclesia designatum locum illum sanctum corpus adesset* (IV 22; MGH SRM 2,129,7-11). In einem vorausgehenden Abschnitt (III 17) nennt er Saedeleuba als eines der zwei Kinder von Chilperich II. (neben Chrodechilde, die Chlodwig heiratete). Gregor dagegen (II 28) benennt die zwei Kinder von Chilperich als Chrodechilde und Crona. Diese Widersprüche auszugleichen bleibt schwierig, da in Rechnung zu stellen ist, daß verwandtschaftliche Beziehungen durcheinandergeraten und auch sonst unbekannte Kinder der Burgunder gemeint sein können. Vgl. Favrod, Histoire politique, 294-301.

20 Von Domitius ist bei Eucherius, *Passio Acaunensium martyrum* (40f. Krusch) belegt, daß er die Gebeine von Innocentius, einem weiteren Märtyrer der Thebäischen Legion, transferieren ließ.

21 Text bei Coville, Recherches, 265.

22 Vgl. Favrod, Histoire politique, 345-349.

Chrodechilde und Crona

Auch die Kinder von Chilperich II., nämlich Chrodechilde, die um 493 den Frankenkönig Chlodwig heiratete, und Crona (= Saedeleuba?)[23], wurden wohl katholisch erzogen[24]. Gregor berichtet, daß Crona schließlich in ein Kloster eintrat, möglicherweise aus persönlichen, eventuell aber auch aus politischen Gründen[25]:

> Gundobad aber tötete seinen Bruder Chilperich mit dem Schwerte und ließ seine Gemahlin mit einem Stein um den Hals ins Wasser werfen. Ihre beiden Töchter aber verbannte er vom Hof, die ältere, die Nonne wurde, hieß Chrona, die jüngere Chrodechilde.

Chrodechilde ist ebenfalls als Kirchengründerin belegt, und zwar als Gründerin von St. Apollinaris bei Dijon, dem Ort des Sieges (500) von Chlodwig und Godegisel über Gundobad. Die Kirche war ausgestattet mit Reliquien des Apollinaris aus Ravenna[26], die eventuell zu den von Sigismund aus Italien beschafften (s.u.) gehörten. Von vielen weiteren Kirchengründungen im Reich der Franken berichtet ihre Vita.[27]

Dieser Befund läßt sich am besten dadurch erklären, daß die Burgunder schon am Rhein den christlichen Glauben angenommen hatten, wie es auch Orosius und der Kirchenhistoriker Sokrates berichten[28], aber gewiß

---

23 Chrodechilde: PLRE 2, 293f.; Heinzelmann, Prosopographie, 584 (Chrotchildis 1). Crona: PLRE 2, 330; Heinzelmann, Prosopographie, 589. Berichte über die Eheschließung von Chrodechilde mit Chlodwig: Fredegar, *Chronica* III 18f.; Gregor, II 28; *Liber historiae Francorum* 11f. Zu den politischen Hintergründen dieser Eheschließung s.o. S. 20; zur Erwähnung von Saedeleuba in Fredegar, *Chronica* IV 22 s.o. Anm. 19.

24 Die zwei Kinder von Sigismund wurden wahrscheinlich im Sinne der Mutter „arianisch" erzogen.

25 Gregor von Tours, II 28 (MGH SRM 1,1, 73,8-11 Krusch/Levison): *Igitur Gundobadus Chilpericum fratrem suum interfecit gladio uxoremque eius, ligatu ad collum lapidem, aquis inmersit. Huius duas filias exilio condemnavit, quarum senior mutata veste Crona, iunior Chrotchildis vocabatur.* Übersetzung Giesebrecht, S. 113. Vgl. auch Fredegar, *Chronica* III 17.

26 *Miracula Apollinaris*, ASS Juli V, S. 351.

27 *Vita sanctae Chrodichildis* 11; 13 (MGH SRM 2, S. 346f. Krusch).

28 Orosius, *Historia* VII 32,13; 41,8; Socr., h.e. VII 30. Es ist schon lange in der Forschung diskutiert worden, ob diesen Hinweisen Glaubwürdigkeit beigemessen werden kann oder nicht, da Avitus und Gregor alle Burgunder als „Arianer" bezeichnen und ein Wechsel vom katholischen zum „arianisch"-homöischen Bekenntnis angeblich unwahrscheinlich sei. Vgl. zusammenfassend Kaiser, Burgunder, 148-152; ferner Burckhardt, Avitus, 25 Anm. 1; Schäferdiek, Germanen-

noch ohne konfessionelle Eindeutigkeit. Die genauen Unterschiede zwischen der homöischen und der nizänischen/katholischen Konfession waren ihnen zu jener Zeit wohl unbekannt geblieben. Die Burgunder am Rhein dürften wohl kaum mit den komplizierten theologischen Fragestellungen des trinitarischen Streits, der vornehmlich den Osten des Römischen Reichs beschäftigte, in Berührung gekommen sein, geschweige denn differenziert dazu Stellung bezogen haben. Erst durch die Ansiedlung in der Sapaudia und den engeren Kontakt sowohl zu der alteingesessenen gallorömischen Bevölkerung als auch zu den west- und ostgotischen Nachbarn homöisch-arianischer Konfession wurden gewiß die verschiedenen christlichen Richtungen erkennbar. Der „Wechsel", besser gesagt die Annäherung an das homöische Bekenntnis gerade der männlichen Familienmitglieder läßt auf politische Hintergründe schließen, nahegelegt durch Kontakte und Bündnisse mit den Westgoten und auch den Ostgoten. Das geschah aber erst längere Zeit nach der Ansiedlung in der Sapaudia. Noch von Gundobads Vater Gundioch kann nicht genau bestimmt werden, ob er homöisch war oder nicht. In einem Brief aus dem Jahr 463 konnte sich Papst Hilarius positiv über den *magister militum* äußern, der korrekt in eine umstrittene Bischofswahl in Die eingegriffen habe und dafür auch zuständig sei, ohne eine Häresie Gundiochs zu erwähnen[29]. Dies könnte natürlich auch mit höflicher Diplomatie erklärt werden, zumindest läßt es noch nicht eine ausgeprägte, selbstbewußte burgundisch-homöische Kirche erkennen. Dies trifft auch noch für Childerich I. zu, dessen Ehefrau eindeutig katholisch war (s.o.). Wie aus den Briefen des Avitus ersichtlich ist, beginnt offenbar erst mit Gundobad eine aktive homöische Kirchenpolitik, und auch dessen Bruder Godegisel war Homöer – zumindest floh er nach dem Bruderkrieg in eine „arianische" Kirche in Vienne, der er sich offenbar zugehörig fühlte[30]. Gundobads Sohn Sigismund war zunächst ebenfalls Homöer und wohl auch dessen Bruder Godomar.

Es kann vermutet werden, daß auch innerhalb der übrigen burgundischen Bevölkerung die Konfessionsverhältnisse gemischt waren. So ist überliefert, daß am Hof des Burgunderkönigs Gundobad ein gewisser Hymnemodus ein Amt innehatte, dies aber aufgab, um Mönch zu werden, sehr zum Mißfallen des Königs. Gundobad mißfiel hier weniger das Be-

---

        mission, 508-510; Wood, Ethnicity. Wood sieht u.a. auch in der Verbindung mit Rikimer (s.o. S. 12f.) die Ursache für die Hinwendung zum Homöischen.

29 *Epistula Arelatenses Genuinae* 19 (s.o. S. 12).

30 Gregor von Tours, II 33 (MGH SRM 1,1, 81,6-8 Krusch/Levison): *Cumque inter duas has acies populus urbis ab utroque exercitu cadederetur, Godegiselus ad eclesiam hereticorum confugit, ibique cum episcopo Arriano interfectus est.*

kenntnis des Hymnemodus, der ja trotz katholischer Konfession am Hof beschäftigt war, sondern eher die Tatsache, daß er nun auf einen wertvollen Mann verzichten mußte, der später sogar zum Abt des Klosters von Saint-Maurice gewählt wurde[31]. Ein ebenfalls offenbar katholischer Burgunder war der angesehene Ansemundus, der (als *dux*?) ein hohes Amt am Hof wohl in Vienne innehatte[32]. Avitus schrieb an ihn zwei Grußbriefe, als jener Ansemundus wie auch der König wegen einer Erkrankung nicht zur Weihnachtsfeier erscheinen konnten (ep. 80f.), und einen weiteren Brief (ep. 55), als Ansemundus über eine Vergewaltigung zu entscheiden hatte[33].

Sigismund

Zu Beginn des sechsten Jahrhunderts trat Sigismund, der Sohn von Gundobad, zum katholischen Glauben über. Er war aber trotzdem mit Areagni, einer Tochter von Theoderich verheiratet, die sicher nicht katholisch gewesen ist. Die Motive und Hintergründe seines Konfessionswechsels bleiben unklar. Eine gewisse Verehrung der Kirche Roms spielte wohl eine Rolle, wie es die Reisen und die Bitten um Reliquien zeigen (s.u.). Vielleicht hatte auch der Genfer Bischof Maximus Einfluß auf Sigismund ausgeübt, da dort die Residenz von Sigismund lag, aber darüber schweigen die Quellen. Avitus war nicht persönlich an dieser Konversion beteiligt, wie es ep. 8 zeigt (s.u.), obwohl beide in engem Kontakt standen und Avitus auch als Korrespondenzverfasser für Sigismund fungierte. Der Konfessionswechsel bedeutete kein Verbot oder Ende der „arianisch"-homöischen Kirche in Burgund, zumal Sigismund diesen Schritt tat, als Gundobad noch herrschte. Es ist auch zu beachten, daß der Konfessionswechsel Sigismunds nicht dazu führte, daß dieser Sohn Gundobads von der Herrschernachfolge ausgeschlossen wurde. Avitus rechnete noch damit, daß ein eventueller Nachfolger von Sigismund wieder „Arianer", d.h. Homöer, sein könnte[34].

Von Avitus wird dieser Schritt von Sigismund als großartiges Ereignis gefeiert (ep. 8; 29; 31; 91; 92; s.u.). Die Datierung ist nicht ganz eindeutig; zumindest ist die Einsetzung als zweiter Herrscher neben Gundobad in Genf wohl vorausgesetzt, die nach dem Sieg Gundobads über Godegisel anzusetzen ist (501). Ferner ist zu berücksichtigen, daß die Konversion mit einer Reise von Sigismund nach Rom, wo er mit Papst Symmachus

---

31 *Vita Abbatum Acaunensium* I 4 (MGH SRM 3, 175f. Krusch). Vgl. Heinzelmann, Prospographie, 628.
32 Heinzelmann, Prosopographie, 554; PLRE 2, 92. S.o. S. 34.
33 Vgl. Shanzer/Wood, Avitus, 291-294.
34 S.u. S. 94f.

(498–514) zusammentraf, beginnt. Diese führte ihn erst nach Ravenna, dann nach Rom[35], so daß diese Reise gewiß vor dem Gotenkrieg (507) anzusetzen ist, der das Verhältnis zu Theoderich in Italien trübte. Zudem bezeugt Avitus, daß Sigismund zur Zeit dieses Krieges wohl schon katholisch gewesen ist[36]. Dieser Reise ging bereits eine frühere Reise Sigismunds nach Italien voraus, anscheinend Mitte der neunziger Jahre des fünften Jahrhunderts, als er die Tochter des Ostgotenkönigs heiratete[37]. Auf der zweiten Reise nahm Sigismund offenbar Reliquien aus Italien mit, die er in seiner Heimat in Kirchen verteilte und womit er auch die von ihm neu gegründete Kirche in Genf, St. Peter[38], bedachte. Falls der Anstoß zu der Romreise in den Kirchenbauaktivitäten seiner Mutter lag, käme das Jahr 506, ihr Todesjahr, in Frage; vielleicht erfolgte diese Reise aber auch ein paar Jahre früher gleich nach seinem Herrschaftsantritt. Die Bedeutung, die Avitus dem Konfessionswechsel Sigismunds beigemessen hat, wird deutlich aus einem fragmentarisch überlieferten Brief, der an den römischen Bischof gerichtet war (ep. 8):

Avitus von Vienne, ep. 8[39]:

... *diu* do*g*mata tenebrarum et mysteriorum orientalium *feroci-*um barbarorum corda seclu-

... lange hatten die Lehren der Finsternis und östlicher Mysterien[40] die Herzen der ... Barbaren verschlossen. Wie

---

35 Avitus, ep. 29. Sigismund unternimmt damit also die erste „Wallfahrt" eines germanischen Herrschers nach Rom! Vgl. Kaiser, Burgunderkönig Sigismund, 202.

36 Avitus, ep. 91; 92 (s.o. S. 42f.).

37 Ennodius, *Vita Epiphanii* 163.

38 Diese Kirchengründung wird in der unten zitierten ep. 8 erwähnt; Avitus hielt zur Weihe eine Predigt (hom. 24; 140-145 Peiper). Zur Identifizierung der Kirche Sigismunds mit der Nordkirche der Genfer Kathedralgruppe vgl. Topographie chrétienne Band 3, S. 44; Kaiser, Burgunderkönig Sigismund, 203f. Kaiser beschreibt, wie sehr Sigismund mit der Errichtung einer Basilika/eines Mausoleums (St. Peter war auch als Grablege gedacht) innerhalb der Stadt nach konstantinischem Vorbild und der Wahl des Petruspatroziniums Neuland betritt. Zu der gerade in dieser Zeit anwachsenden Verehrung des Apostels Petrus vgl. Ewig, Petrus- und Apostelkult, und Klein, Hinc barbaries, illinc romania, 554f.

39 Avitus, ep. 8, überliefert nur auf einem Pariser Papyrus (Cod.lat. 8913, fol. 10; 6. Jh.), von Peiper S. 40-43 übernommen (*Kursivierung* kennzeichnet Rekonstruktionsversuche); vgl. auch Peiper S. XXXVIIf. Übersetzung von Burckhardt, Avitus, 108f. Vgl. die einleitenden Bemerkungen bei Shanzer/Wood, Avitus, 220-222.

40 Da sonst nirgends die „arianische" Häresie als „östliche Mysterien" beschrieben wird, scheint Avitus eher an pagane orientalische (Mysterien-)Kulte zu denken.

serant. Si quod autem vel in Romanorum *cor*dibus culpa cuius-   5
cumque scismatis offendere
possit et … sic divers*arum* terri-
biles animos nationum aut haeresis Arriana maculaverat aut
naturalis *inmani*tas possidebat; a*t*   10
postquam princeps praefatus, in
catholicam vestram d*e pristino* er-
rore conmigrans, velut Christianorum signifer portanda coram
populo veritatis vexilla suscepit,   15
omnes adhortatione inliciens,
nullum potestate conpellens suam gentem proprio, extraneas
autem suae adquirit exemplo.

Nec vobis *in*geri dignum est,   20
quam *vim* veritas habet: cater-
vatim quidem populi ad caula-
rum *quas reg*itis saepta concur-
runt: sed adhuc de regibus solus
est, quem in bonum trans*isse*   25
non pudeat. Sic quoque illos,
quos adhuc provocatione non
corrigens, iam tamen admiratio-
ne conpescens, si nondum saluti
potuit adponere, saltem praesti-   30

(?) in der Römer (Herzen?) die Schuld
irgendeines Schismas Anstoß erregen
könnte[41], … hatte den schrecklichen
Sinn der verschiedenen Völker entweder die Ketzerei der Arianer[42] befleckt
oder es beherrschte sie das Heidentum.
Aber nachdem der vorgenannte Herrscher, vom … Irrtum zu Eurer katholischen Kirche übertretend, wie ein Ban-
nerträger die Fahne der Wahrheit
ergriffen hatte[43], um sie vor dem Volk
zu tragen, da er alle durch Aufforderung auf seine Seite zog, keinen mit
Gewalt dazu zwang, gewann er durch
sein eigenes Beispiel sein Volk, durch
dasjenige seines eigenen Volkes die
anderen Völker[44].
Und man braucht Euch nicht besonders zu sagen, welche (Kraft) die Wahrheit besitzt: Scharenweise nämlich strö-
men die Leute zwar zu der Umzäunung
der Hürden, über welche Ihr herrscht;
aber von den Königen ist er bis jetzt
der einzige, der sich seines Übergangs
auf die gute Seite nicht schämt[45]. So
lassen auch seinetwegen jene, die er bis
jetzt durch sein Heraustreten zwar
nicht bessert, wohl aber durch die Be-

---

41 Der genaue Sinn bleibt auch aufgrund der gebrochenen Satzkonstruktion unklar.
Vielleicht spielt Avitus auf das Laurentianische Schisma in Rom an, das über der
Doppelwahl des Laurentius und des Symmachus im Jahr 498 ausbrach und auch
nach der Absetzung des Laurentius 506 noch bis zum Tod des Symmachus 514
anhielt (dazu s.o. S. 39). Avitus formuliert aber sehr allgemein, so daß er mehr darauf hinzuweisen scheint, wie zusätzlich zum Heidentum auch innere Differenzen
das Christentum belasten.

42 Avitus bezeichnet, wie seit dem 4. Jh. auf „nizänischer" Seite üblich, unterschiedslos alle „Nicht-Nizäner" als „Arianer". Genau genommen handelt es sich
jedoch um „Homöer" (s.o. Anm. 3).

43 Sigismund ist nicht namentlich genannt, aber höchstwahrscheinlich gemeint.
Siehe die folgende Seite.

44 Eine pathetische Übertreibung – die Hinwendung der Franken zum katholischen
Glauben erfolgte kaum in Nachahmung von Sigismunds Entscheidung. Vgl. zur
Gewinnung der Völker oben S. 45.

45 Inwiefern der einzige? Ist der Frankenkönig Chlodwig noch nicht hinzuzurech-
nen? Siehe die folgende Seite.

tit *i*ta persecutione cessare.

Servate, quod superest, oratu adsiduo his partibus soli religioso unicum pignus et inpetrate a deo aliis regionibus tribui, qu*icqui*d 35 nobis petimus custodiri. De cetero veraciter ignorare me fateor, utrum memoratus filius vester scripto aut verbo votum suae obligationis aper*ueri*t; *basili*cam 40 legis nostrae in urbe, quae regni sui caput est, quantum ad *exter*nam paupertatem pertinet, magno sum*ptu*, quodque de poten-*tibus ra*rum est, maximo construxit 45 affectu et benedico munere vestro ... pars quae desideratur ad*huc*, pre*cibus* illius au ... intellegite *vi*rum totis velle tribuere, quod a vobis poterit obtinere petitionis 50 suae. Vos quantum talis persona mereri videtur, adicite. Ceterum ille piissima humilitate decernet, quod, cum omnis civitas vestra recte una dicatur ecclesia, iuste 55 pro caelo habetur, quicquid *de* sacro terrae vel pulvere miser*itis*.

wunderung (sc. die ihm zusteht) besänftigt, immerhin von der Verfolgung ab[46], wenn er sie auch dem Heil noch nicht zuführen konnte.

Zum Schluß, bewahrt durch beständiges Gebet für dieses Land dem allein Gläubigen sein einziges Pfand[47] und erwirkt es von Gott, daß anderen Regionen das geschenkt werde, dessen Bewahrung wir für uns erbitten. Im übrigen muß ich gestehen, wahrhaftig nicht zu wissen, ob Euer genannter Sohn schriftlich oder mündlich das Gelübde seiner Verpflichtung abgelegt hat[48]. Eine Basilika unseres Glaubens hat er in der Stadt, die seines Reiches Hauptstadt ist, soweit es die äußere (?) Armut zuläßt, mit großem Aufwand und, was bei Mächtigen selten ist, mit großer Liebe erbauen lassen ... [49] Dem Kirchenbau fehlt noch eines, das wir von Euch erbitten ... (?)

... Erkennet, daß er allen zuteilen will, wieviel von dem Erbetenen er bei Euch erlangen kann. Ihr legt hinzu, wieviel ein solcher zu verdienen scheint. Doch wird jener in frömmster Demut anordnen, daß – da Eure Stadt eigentlich eine Kirche darstellt – gebührend für ewiges Gut gehalten wird, was Ihr an heiliger Erde, ja selbst Staub, schickt[50].

---

46   Zum Problem der „Verfolgungen" (Beschlagnahmung von Kirchen) s.u. S. 110f.

47   Gemeint ist wohl Sigismund als bislang „einziges Pfand" für die katholische Kirche.

48   Avitus ist nicht persönlich an dieser Konversion beteiligt.

49   Gemeint ist wohl St. Peter in Genf.

50   Gemeint sind Reliquien, die erbeten werden. Der Reliquien-Handel florierte schon im 4. Jh.; angesichts eines Mangels an eigenen Märtyrern in Gallien wurden Gebeine „importiert" (vgl. Pietri, Geschichte des Christentums, 975-979). Daß die göttliche Heilkraft auch in den kleinsten Partikeln wirke, schreibt schon im 4. Jh. Vitricius von Rouen in *De laude sanctorum: ubi est aliquid, ibi totum est* (PL 20, 448). Vgl. dazu Clark, Victricius (mit engl. Übersetzung des Textes) und Hunter, Vigilantius and Victricius (er stellt den Kult-Kritiker Vigilantius dem Kult-Verehrer Victricius gegenüber). Vgl. Beaujard, Le cult des saints, 162-166 über Heiligenverehrungen in Burgund. Ihr Pauschalurteil jedoch über die „arianischen Burgunder", die aufgrund ihres „Arianismus" keinen Respekt vor der Gottheit

An diesem Brief ist erstens bemerkenswert, daß Avitus den übergetretenen Herrscher Sigismund[51] als den ersten unter den (burgundischen) Königen anspricht und ihn dem Volk gegenüberstellt, das schon in Scharen zur katholischen Kirche übergetreten sei. Da Avitus von „König" ganz allgemein spricht, könnte er auch Sigismund als ersten aller übergetretenen germanischen Könige überhaupt gemeint haben, was Konsequenzen für die Datierung der Taufe des Frankenkönigs Chlodwig hätte[52]. Zweitens fand die offizielle Bekundung des Konfessionswechsels anscheinend erst nach seiner zweiten Romreise in Burgund statt, demonstriert durch den Bau der Kirche. Drittens spielte die Heiligen- und Reliquienverehrung, besonders der Reichtum an italienischen Reliquien, eine bedeutende Rolle bei der Hinwendung zum katholischen Glauben, wie es auch bei den oben genannten Frauen aus dem burgundischen Königshaus erkennbar ist. Dies wird ebenfalls aus dem etwa zeitgleichen Brief von Sigismund an Papst Symmachus deutlich, in dem er um Wohlwollen und die Zusendung von weiteren Reliquien bat:

Christi und daher auch keinen Respekt vor den Märtyrern oder Reliquien hätten (S. 112: „En 443, les Burgundes furent installés en Sapaudia; il étaient ariens et n'avaient donc ni le respect ni pour la divinité du Christ ni pour les martyrs."), ist theologiegeschichtlich falsch und auch in der logischen Verknüpfung irreführend. Der „Arianismus" meint eine gestufte Vorstellung der göttlichen Personen des Vaters, Sohnes und heiligen Geistes – es wird nicht die Gottheit des Sohnes an sich abgelehnt. Zum „Arianismus" der Burgunder s.o. Anm. 3. Warum sollte eine Subordination des Sohnes unter den Vater zu einer Ablehnung der Märtyrer führen? Richtig ist wohl, daß die burgundisch-homöische Kirche nicht mit dem Reichtum an Märtyrern und Reliquien der „katholischen" Kirche konkurrieren konnte. Vgl. zum Reliquienkult allg. Bourrit, Martyrs et reliques; Wortly, Origins; Miller, Visceral Seeing und jetzt dies., Corporeal Imagination.

51 Avitus nennt wahrscheinlich in den ausgefallenen Partien des Briefes auch seinen Namen. Ohne Zweifel ist aus den Umständen zu erschließen, daß der burgundische Herrscher Sigismund gemeint ist: Nur in Burgund gab es „katholische" Christen schon vor Sigismunds Bekehrung. Dies wird gestützt durch den Zusammenhang mit Avitus, ep. 29 (s.u.) und den darüberhinaus allgemeinen engen Beziehungen zwischen Avitus und Sigismund.

52 Dann wäre er vor Chlodwig zur katholischen Kirche übergetreten und Chlodwigs Taufe müßte weitaus später datiert werden. Es könnte aber auch der erste der *burgundischen* Könige gemeint sein. Die Datierung von Chlodwigs Taufe ist hier nicht zu entscheiden. Zur Bekehrung Chlodwigs vgl. Gregor von Tours, II 29-31; Avitus, ep. 46 (s.o. S. 44f.). Zur Datierung der Taufe von Chlodwig vgl. Shanzer, Dating the Baptism of Clovis (sie datiert auf Weihnachten 508); Tessier, La conversion de Clovis et la christianisation des Francs; Weiss, Chlodwigs Taufe; Schäferdiek, Chlodwigs Religionswechsel; und grundlegend von den Steinen, Chlodwigs Übergang zum Christentum (Datierung 498/499). Vgl. ferner Moorhead, Clovis' Motives for Becoming a Catholic Christian (die Konversion sei nicht nur politisch motiviert); und Rouche, Clovis; Hen, Culture and Religion.

Avitus von Vienne, Avitus von Vienne, ep. 29:

Sigismundus rex Symmacho papae urbis Romae[53]

Dum sacra reliquiarum pignera, quibus per me Galliam vestram spiritali remuneratione ditastis, negare petentibus non praesumo, me quoque sanctorum patrocinia postulare ad irriguum vestri apostolatus fontem necesse est. Quamquam etsi est adhuc apud nos de dono vestro, quod catholicae religionis debeat studio celebrari, etiam illud tamen convenit iustae devotionis intellegi, ut directis litterarii sermonis officiis alloquia illa captemus, quibus me pontificatus vester vel praesentem monitis docuit, vel absentem intercessionibus adquisivit. Nec nunc paginae praesentis obsequium opportunitas reperta complecitur, sed destinato ad vos diacono portitore, viro venerabili Iuliano, ad universalis ecclesiae praesulem spiritu repraesentante concurrimus. Crescit quippe beneficiorum recordatione desiderium;

Solange ich mir nicht anmaße, die heiligen Reliquienpfänder, mit denen Ihr durch mich Euer Gallien in geistlichem Entgelt beschenkt habt[54], den Bittenden vorzuenthalten, muß ich auch bei der spendenden Quelle Eures Apostolats den Schutz der Heiligen verlangen. Doch obgleich bis hierher von Eurer Gabe sich bei uns noch findet, was mit dem Eifer katholischen Glaubens gefeiert werden müßte, kann ebenfalls als Zeichen richtiger Ergebenheit angesehen werden, daß wir durch die Übersendung eines Briefes jenen Zuspruch zu erfassen suchen, mit welchem mich Euer Pontifikat in persönlicher Ermahnung belehrt[55] oder, wenn ich abwesend war, durch Vermittlung (anderer) erreicht hat. So wird auch dieser Brief nicht mit der nächsten sich bietenden Gelegenheit abgeschickt; vielmehr, indem wir zu Euch den verehrungswürdigen Diakon Julianus[56] als Überbringer entsenden, eilen wir, im Geist vertreten, zum Vorsteher der allumfassenden Kirche[57]. Denn die Erinnerung an Wohlta-

---

53 Text: MGH AA 6,2, 59,9-29 Peiper; Übersetzung Burckhardt, Avitus, 111f. Es handelt sich also um einen Brief, der von Avitus für Sigismund formuliert wurde. Um Reliquien bat Avitus auch in ep. 25 an den Patriarchen von Jerusalem, wohl Elias I. Vgl. auch ep. 20 (Papst Symmachus soll für Kreuzes-Reliquien beim Patriarchen von Jerusalem vermitteln) und Shanzer/Wood, Avitus, 154-156; Burckhardt, Avitus, 82f.

54 Sigismund hatte schon Reliquien erhalten, wohl im Zusammenhang mit seiner Reise nach Rom, bat aber um mehr.

55 „Persönliche Ermahnung" ist wohl zu deuten als Hinweis auf eine persönliche Begegnung in Rom während des zweiten Italienaufenthalts von Sigismund.

56 Eventuell ein Verwandter von Avitus; Julianus wird später ein Nachfolger von Avitus als Bischof von Vienne (MGH AA 6,2, 176,24 Peiper). Heinzelmann, Bischofsherrschaft, 222.

57 In dieser Zeit wächst die Verehrung des römischen Bischofs, s. S. 41.

nec umquam meis elabi sensibus
possunt, quae nobis apud Italiam vestram vel pontificalis
benignitas vel civilitas regalis im-   30
pendit, cum post familiaritatem
totius munificentiae commodis
praeferendam, quia istic liberius
laxavit reditu, illic tenacius cinxit
affectu. Attentior pro vestris,   35
quod superest, incumbat oratio.
In augmento namque ovium
crescit custodia pastoralis. Sacris
nos apostolorum liminibus com-
memoratione adsidua praesen-   40
tantes specialem, dum vixero,
praedicatorem vestri, ubi obti-
nuistis initium, impetrate profec-
tum. Litteris nos, in quantum
possibilitas patitur aut libertas,   45
quibus nobis doctrina et inco-
lumitas vestra floreat, frequenta-
te et, ut supra speravimus, am-
bienda nobis venerabilium reliquiarum conferte praesidia: qua-   50
rum cultu beatissimum Petrum
in virtute et vos semper habere
mereamur in munere.

ten steigert das Begehren; und niemals
kann meinem Sinn entschwinden, was
in Eurem Italien priesterliche Güte
oder königliche Leutseligkeit für uns
aufgewendet hat[58], da nach Erweisung
einer Freundschaft, die wertvoller ist als
die Gunst aller Freigiebigkeit, jene das
Band ihrer Liebe stärker schlang, indes
diese die freie Rückkehr erleichterte.
Endlich möge das Gebet für die Euri-
gen besonders innig sein. Denn je größer die Herde, desto schärfer die Wachsamkeit des Hirten. Indem Ihr uns den
heiligen Gemächern[59] der Apostel in
beständigem Gedenken als Euren –
solange ich lebe – besonderen Verkün-
der empfehlt, fahrt fort, wo Ihr einen
Anfang gesetzt habt. Soweit es möglich
ist oder freie Zeit es zuläßt, beschenkt
uns mit Schreiben, durch die uns Eure
Lehre und Unversehrtheit entgegen-
leuchte, und verleiht uns, wie wir oben
erhofft haben, den von uns ersehnten
Schutz ehrwürdiger Reliquien, damit
wir durch deren Verehrung den allerse-
ligsten Petrus im Geist und Euch be-
ständig im Amt besitzen mögen

Sigismund läßt also durch Avitus nach weiteren Reliquien beim Papst
anfragen. So wie Sigismund selbst Bittenden die schon erhaltenen Reliquien nicht versagte, möge auch der römische Bischof sich seinem
Wunsch nicht entziehen. Das werde die Herde vergrößern und auch das
Gebet für den Papst verstärken. Besonders Reliquien des Petrus könnten
diesen Dienst leisten und die Verbindung nach Rom bestärken.

Einige Jahre nach seinem Konfessionswechsel und der Gründung von
St. Peter in Genf trat Sigismund auch als Klostergründer in Erscheinung.

---

58   Hinweis auf die erste Italienreise von Sigismund, wahrscheinlich im Zusammenhang seiner Vermählung mit der Tochter des ostgotischen Herrschers
Theoderich (Areagni). Während dieser ersten Italienreise war Sigismund offenbar
auch in Rom.

59   Burckhardt übersetzt: „Schwellen".

Und zwar ließ er im Jahr 515[60] an der berühmten Wallfahrtsstätte des
Mauritius, eines Märtyrers der Thebäischen Legion, in Agaunum ein Kloster errichten[61]. Die Geschichte über das frühe Kloster, *Vita abbatum Acaunensium*,[62] ist eine gute Quelle für diese Frühzeit; auch hier hielt Bischof
Avitus eine Predigt zur Gründung des Klosters (hom. 25) und skizziert
darin u.a. seine Hoffnung auf die Bedeutung und Ausstrahlung dieser
Klostergründung für ganz Gallien (*Gallia nostra florescat; orbis desideret, quod
locus invexit* 146,20f. Peiper). Sigismund war damit der erste König, der ein
Kloster gegründet hat, und auch mit der Einführung des ewigen Lobprei-

---

60   Marius Avenches, *Chronica* a. 515: *Florencio/ et Antimo. His consulibus monasterium
     Acauno a Segismundo constructum est* (70 Favrod). Zur Geschichte und Entwicklung
     der Legende der ermordeten 6600 christlichen Soldaten vgl. van Berchem, Le
     martyr; Runde, Thebäische Legion; Woode, Legend of Maurice. Es gab in
     Agaunum bereits eine kleine Kirche mit Gebeinen der Märtyrer, die Theodor von
     Martigny entdeckte und dorthin transferieren ließ, weshalb Agaunum ein belieb-
     ter Wallfahrtsort wurde. Quelle dafür ist die *Passio Acaunensium martyrium* des
     Eucherius von Lyon aus der Mitte († um 450), ein legendarischer Bericht über
     das Martyrium der thebäischen Legion, die, von Mauritius geführt, dezimiert
     wurde, als die Truppen sich weigerten, Christen hinzurichten (Ende 3. Jh.). Einen
     umfassenden Überblick über historische, archäologische und hagiographische
     Aspekte dieses Martyriums und die Verehrung der Märtyrer zu verschiedenen
     Zeiten und in verschiedenen Regionen bietet der Sammelband: Mauritius und die
     thebäische Legion, hg.v. Wermelinger.

61   Agaune liegt an der Rhône südwestlich des Genfer Sees in einem Tal mit mehre-
     ren Quellen. Sigismund organisierte also eine Reform und Erweiterung dieser
     Wallfahrtsstätte; es war keine Neugründung (vgl. Rosenwein, Perennial Prayer,
     49). Später (Mitte der dreißiger Jahre) wurden von Theudebert die Gebeine Sigis-
     munds in dieses Kloster transferiert und wie die eines Märtyrers verehrt (*Passio
     Sigismundi* 10; Gregor von Tours, III 5; *Liber in Gloria martyrum* 75). Damit begann
     eine neue Tradition der Verehrung der heiligen Könige (neben Märtyrern, Mön-
     chen und Bischöfen). Vgl. den Überblick über die beginnende und sich auswei-
     tende Verehrung Sigismunds von Folz, Zur Frage der heiligen Könige; ders., Les
     saints rois du moyen âge (Gründe seien die Verehrung des königlichen Ge-
     schlechts als heilig, der gewaltsame Tod von Sigismund – gedeutet als Martyrium
     eines unschuldigen Büßers, der seinen Sohn ermordet hatte –, seine Stiftung des
     Klosters Agaune und Berichte von wundersamen Heilungen von Fieberkranken
     durch Sigismund, der selbst eine schwere Fieberkrankheit überstand); Theurillat,
     L'Abbaye de Saint Maurice d'Agaune; Kaiser, Burgunderkönig Sigismund;
     Paxton, Power. Vgl. zur Heiligenverehrung allgemein den Überblick in Beaujard,
     Culte des saints (S. 161-166 über Burgund).

62   *Vita abbatum Acaunensium*, MGH SRM 3, hg.v. B. Krusch, Hannover 1986, S. 174-
     181. Eine weitere Quelle ist die *Vita Severini abbatis Acaunensis*, MGH SRM 3, hg.v.
     B. Krusch, Hannover 1986, 168-170.

ses in diesem Kloster, *laus perennis*, betrat er Neuland[63]. Die katholische Kirche konnte offenbar durch ihren Reichtum an Heiligen und Reliquien sowie durch die Tradition speziell der römischen Kirche beeindrucken. Ebenso dürfte das vielfältige und blühende monastische Leben in Gallien eine große Anziehungskraft auf die Burgunder ausgeübt haben.

Mit Sigismund senkte sich die Waagschale also zugunsten der Katholiken im Reich der Burgunder. Sigismund bekundete seinen Konfessionswechsel aber nicht nur durch Kirchen- und Klostergründungen, später als Alleinherrscher (seit 516) ließ er die Metropoliten auch eine kirchliche Synode nach Epao (September 517, s.o. S. 32f.) einberufen. Aber schon die Konfession seines ihm nachfolgenden Bruders Godomar ist nicht mehr eindeutig überliefert.

Die konfessionellen Verhältnisse innerhalb der burgundischen Königsfamilie wechselten also und spiegelten auch die Tatsache wider, wie sehr sich die Burgunder als Teil des Römischen Reichs verstanden haben, so daß eine konfessionelle Abgrenzung zur gallorömischen katholischen Bevölkerung für sie nicht derart identitätsstiftend gewesen war wie z.B. für die Westgoten und Vandalen. Die Hemmschwelle, die Konfession zu wechseln, lag niedriger. So war es möglich, daß Sigismund als konvertierter Burgunder trotzdem den Königsthron übernehmen konnte[64].

---

63   Quellen sind Gregor, *Liber in gloria martyrorum* 74 und Fredegar, *Chronica* III 33. Bisher wurde davon ausgegangen, daß Sigismund über Avitus die Anregung dazu aus dem Osten gefunden habe, und zwar bei den „Akoimeten" („Schlaflosen"). Dies ist eine Gruppe von Mönchen, von einem Alexander um 405 gegründet, die in Chören aufgeteilt 24-stündigen Psalmgesang absolvierten. Sie sind besonders durch ihren Einsatz für die Entscheidungen der Synode von Chalcedon 451 in Erscheinung getreten. Vgl. zu dieser These Theurillat, L'Abbaye de Saint Maurice d'Agaune, 101-108; Prinz, Frühes Mönchtum, 102-112; Kaiser, Burgunder, 171-175. In einem neueren Aufsatz stellt Rosenwein diese Herleitung jedoch mit überzeugenden Argumenten infrage, da Avitus keine Kenntnisse dieser Gruppe zu haben scheint, die konkrete Durchführung des ewigen Lobgesangs anders ausfällt und es Hinweise auf westliche Ursprünge gibt. „In essence, it was homegrown." (Rosenwein, Perennial Prayer, 56). In einem weiteren Aufsatz skizziert Rosenwein die wachsende Bedeutung dieser Klosteranlage (unter Rückgriff auch auf neuere Ausgrabungen): One site, many meanings.

64   Dies ist ohne Zweifel bemerkenswert, da die Lage im Vandalenreich zum Beispiel völlig anders war: Mitglieder des vandalischen Hofes durften nur „Arianer" sein (Victor von Vita, *Historia* I 43; II 23)!

III.2 Trinitätstheologische Diskussionen im Reich der Burgunder

III.2.1 Hinweise aus der Korrespondenz und den Fragmenten des Avitus

Die gemischten konfessionellen Verhältnisse im Reich der Burgunder ermöglichten und förderten offenbar den gegenseitigen Austausch und die gegenseitige Duldung. Aufgrund des wohl erst übernommenen homöischen („arianischen") Bekenntnisses wuchs ein gewisses theologisches Interesse, besonders bei dem Herrscher Gundobad[65]. Offensichtlich intensive theologische Diskussionen entstanden sowohl durch persönliche Kontakte und daraus erwachsene rege Briefwechsel als auch durch „Religionsgespräche", die im Reich der Burgunder stattfanden, auch wenn darüber keine Protokolle mehr erhalten sind wie z.B. bei den bekannten Verhandlungen unter Ambrosius von Mailand in Aquileia aus dem Jahr 381[66] und unter Augustinus in Hippo 427/428 n.Chr.[67] Die Korrespondenz und die Schriften des Avitus bieten aber genügend Hinweise auf einen regen Austausch, besonders zwischen den etwa gleichaltrigen Avitus und Gundobad. Daher werden im folgenden die relevanten Briefe und Schriftfragmente des Avitus vorgestellt, um einen Überblick über die Hinweise auf die trinitätstheologischen Diskussionen im Reich der Burgunder zu bekommen.

Unter den Briefen des Avitus[68] sind zehn überliefert, die an den burgundischen König Gundobad gerichtet sind; es handelt sich um:

---

65 Vgl. auch allgemein zu seiner Kultur und Bildung den wertschätzenden Aufsatz von Wood, Latin culture. Der burgundische König konnte nicht nur Latein, sondern las auch theologische Werke des Avitus und führte einen vielfältigen mündlichen und schriftlichen Disput mit ihm.

66 *Gesta concilii Aquileiensis*, CSEL 82/3, Wien 1982, 315-368 (M. Zelzer) und *Gesta episcoporum Aquileia adversum haereticos Arrianos*, SChr 267, Paris 1980, 330-383 (R. Gryson).

67 CPL 699: *Collatio cum Maximino Arianorum episcopo*, PL 42, 709-742; jetzt in neuer Edition von Hombert (CChr.SL 87A).

68 Zur Briefsammlung vgl. Peiper, Einleitung, die treffende Analyse von Burckhardt, Avitus, 3-23 und die gründlichen Ausführungen von Shanzer/Wood, Avitus, 28-57. Für die Texterstellung steht heute nur eine Hs zur Verfügung (L = Codex Lugdunensis 535 aus dem 11./12. Jh.), daneben gibt es die konjekturfreudige Edition von Sirmond (Sancti Aviti archiepiscopi Viennensis opera edita nunc primum vel instaurata, cura et studio Jacobi Sirmondi, Parisiis 1643), der eine andere, heute verschollene Hs zu Rate gezogen hatte, aber für die Textkritik nur mit Vorsicht zu gebrauchen ist. Zu den Exzerpten des Florus s.u. S. 68-70. Avitus selber hinterließ keine Sammlung seiner Briefe – Burckhardt, Avitus, 21,

ep. 1: Avitus informiert Gundobad einerseits über die Bedeutung des hebräischen Stichworts „Korban" (Opfergabe) aus Mk 7,11f. und setzt andererseits eine schon begonnene Diskussion über die Göttlichkeit des heiligen Geistes fort[69].

ep. 2 und 3: Avitus informiert auf eine Anfrage Gundobads hin über den eutychianischen Streit im Osten zur Zeit des Anastasius 511 n.Chr.

ep. 4: In *De subitanea paenitentia* schreibt Avitus über Buße, Glaube und die Rolle von guten Taten im Moment des Todes[70].

ep. 5: Dieses Kondolenzschreiben richtet Avitus an Gundobad nach dem Tod von dessen Tochter (nach Godegisels Tod 501)[71].

ep. 6: Avitus schreibt über den hundertfachen himmlischen Lohn für ein Opfer, über Martyrium, Bekehrung und das Verlassen der Familie (Mt 19,27-30)[72].

ep. 21/22: Gundobad fragt nach einer Exegese von Mi 4,2-4; Avitus antwortet mit einer Auslegung zu Jes 2,3f. und 2Kön 18,31[73].

ep. 30: Der Brief ist eine Antwort des Avitus auf Gundobads Anfrage nach biblischen Belegen für die Göttlichkeit des Sohnes vor der Inkarnation, offensichtlich nach einem Religionsgespräch verfaßt[74].

ep. 44: Avitus rechtfertigt sich in zwei Angelegenheiten (ein entlaufener Sklave habe in Vienne Schutz gesucht; Avitus habe jemanden zu einer Unterschlagung angestiftet).

Die meisten dieser Briefe (ep. 1; 2/3; 4; 5; 6; 30) setzen entsprechende Anfragen Gundobads voraus; eine ist z.B. in ep. 21 überliefert.

---

spricht passend vom ungeordneten Nachlaß –, so daß nur eine sehr zufällige Auswahl zur Verfügung steht. Zur Frage nach einzelnen Sammlungen von Brief-Büchern und der Reihenfolge der Briefe vgl. die obige Literatur und unten S. 68f. und 77 Anm. 100.

69 Dazu s.u. S. 132-137.

70 Vgl. dazu Nodes, De Subitanea Paenitentia. In diesem Brief antwortet Avitus auf Gundobads Anfrage nach einer Interpretation eines Briefes von Faustus von Riez (5. Jh.; zu Faustus s.u. S. 171) an Paulinus von Bordeaux, worin Faustus die Wirksamkeit einer plötzlichen Buße auf dem Sterbebett verneint hatte. Avitus widerspricht Faustus (er erwägt den Manichäerbischof Faustus von Mileve als Verfasser, um nicht den angesehenen Faustus von Riez zu hinterfragen) und erweist sich auch in seiner Betonung des Glaubens als allein heilswirksam als Nachfahre der augustinischen Gnadenlehre. Ep. 4 ist die erste kritische Reaktion auf die gnadentheologische Position des Faustus von Riez und auch der einzige Brief von Avitus zu diesem Themenkreis. Vgl. zu diesem sog. semipelagianischen Streit allg. Heil, Auseinandersetzungen um Augustin.

71 Dazu s.o. S. 44.

72 Vgl. dazu Heil, Korrespondenz.

73 Dazu s.o. S. 36.

74 Dazu s.u. S. 74 und 237-242.

Einen genauso großen Anteil an Avitus' Briefen nimmt die Korrespondenz mit Sigismund, Gundobads Sohn, ein. Diese spiegeln zwar keine so intensiven theologischen Diskussionen wider wie die Briefe an Gundobad, zeigen aber häufige persönliche Kontakte und eine allgemeine gegenseitige Unterstützung. Es handelt sich um:

ep. 23: Avitus informiert Sigismund über ein nicht-öffentliches theologisches Gespräch zwischen ihm und Gundobad und über eine theologische Schrift mit exegetischen Beweisen für Gundobad, die Avitus daraufhin verfaßt habe[75].

ep. 8; 29 (an Symmachus): Diese Briefe behandeln die Konversion Sigismunds[76].

ep. 31: Avitus fragt kritisch nach den jährlichen Synoden der „Arianer" in Genf und über daran teilnehmende Bonosiaker[77].

ep. 76; 77: Avitus drückt sein Mißfallen über eine Osterfeier ohne Sigismund aus.

ep. 32; 79: Diverses.

ep. 45; 91; 92: Avitus schreibt über seine Sorge um Sigismund im Kriegsgeschehen, die gleichbedeutend mit seiner Sorge um die Zukunft der katholischen Kirche in Burgund sei[78].

Darüber hinaus gibt es Fragmente zu theologischen Fragen aus kaum mehr näher bestimmbaren Schriften des Avitus, die Peiper (S. 3-12) unter dem Titel *Contra Arrianos* zusammengefaßt und den Briefen vorangestellt hat[79]. Diese Ausschnitte stammen aus einer Sammlung des Florus von Lyon († um 860), der ausgesuchte Textabschnitte von Avitus und weiteren elf Kirchenvätern in Form einer Katene zu den Paulusbriefen zusammengestellt hat[80]. Florus überschreibt die Fragmente des Avitus mit *ex libris*

---

75 Dazu s.u. S. 73f.
76 Dazu s.o. S. 58-60 und 62f.
77 Dazu s.u. S. 81-83.
78 Dazu s.o. S. 42f.
79 Vgl. Peiper, XXXII–XXXVI; Florus (s. folgende Anm.) zitiert 65 Fragmente aus Avitus, darunter sind die 22 Fragmente, die Peiper unter dem Titel *Contra Arrianos* zusammenstellt. Die übrigen Zitate bei Florus stammen aus ep. 2 und 3 gegen Eutyches; ep. 4 (gegen Faustus; s.o. Anm. 70); ep. 30 (s.u. S. 74; 237-242) und aus hom. 1; 2; 3; 4; 5; 7; 8; 9; 10; 11; 12; 13; 15; 16; 18. Peiper beläßt im wesentlichen die Reihenfolge, wie sie von Florus vorgegeben ist. Er übergeht nur die Fragmente aus den sonst bekannten Briefen (aus ep. 2-4; 30) und aus den *sermones*. Einzig die beiden Fragmente aus *contra phantasma* nimmt er aus der Reihung der Fragmente *contra Arrianos* heraus und stellt sie an den Schluß als Fragment 28; 29. Und das vorletzte Fragment aus *Contra Arrianos* stellt er zum jetzigen Fragment 21.
80 *Collectio ex dictis XII patrum*, PL 119, 11-422; CChr.CM 193/193A/193B Fransen. Florus zitiert aus Cyprian von Karthago, Hilarius von Poitiers, Ambrosius, Pacianus, Theophil von Alexandrien, Gregor von Nazianz, Ephrem, Leo dem

contra Arrianos, einmal auch mit *ex epistolis contra Arrianos* (Frgm. 12 Peiper, Frgm. 25 Fransen[81]), Fragment 1 (Fransen)/28 (Peiper) als *ex libro contra phantasma* und Fragment 45 (Fransen)/29 (Peiper) als *ex libris contra phantasma*. Auch wenn hier von Büchern die Rede ist, darf man nicht selbstverständlich davon ausgehen, daß diese Fragmente tatsächlich aus Büchern stammen. Florus betitelt z.b. auch die Zitate aus den beiden Briefen an Gundobad über Eutyches (ep. 2; 3) mit *ex libris contra fantasma/phantasma*, und auch in der Handschrift L werden diese beiden Briefe des Avitus mit *incipit liber primus* bzw. *secundus* überschrieben. Die Fragmente aus ep. 30 (Peiper) werden bei Florus ebenfalls mit *ex libro de Christi divinitate* bzw. *nativitate* eingeleitet (Frgm. 8; 38; 60 Fransen), die Fragmente aus ep. 4 (Frgm. 10; 57 Fransen) dagegen korrekt mit *ex epistola contra Faustum*. So ergeben diese Überschriften also keinen Hinweis auf die Gattung der Schrift; es kann sich um Briefe, Traktate oder auch Bücher handeln. Allein in einer Sache dürften diese Angaben zuverlässig sein: Diese Fragmente entstammen nicht einem *sermo* im Unterschied zu den anderen Fragmenten, die Florus korrekterweise einem *sermo* zuzuweisen scheint[82].

	Florus (CChr.CM 193B Fransen)	Avitus (MGH AA 6,2 Peiper)
Röm:	1. Ex libro contra phantasma	Frgm. 28
	2. Ex libris contra phantasma	Ep. 2
	3. Ex libris contra Arrianos	Frgm. 4 [s. S. 247f.]
	4. Ex libris contra Arrianos	Frgm. 5 [s. Anm. 82]
	6. Ex libris contra phantasma	Ep. 3
	8. Ex libris de Christi divinitate	Ep. 30 [s. S. 74; 237-242]

Großen, Cyrill von Alexandrien, Fulgentius von Ruspe, Paulinus von Nola und Avitus. Dieses Werk ist in zwei Handschriften (A: Lyon, Bibl. num. 5804, s. IX; B: Vitry-le-Francois, Bibl. num. 2, s. XII; vgl. dazu CChr.CM 193, S. XXXII-XXXIV) überliefert. Zu Florus vgl. K. Zechiel-Eckes, Florus von Lyon als Kirchenpolitiker und Publizist.

81 Das könnte auch, da es nur einmal vorkommt, ein Schreibfehler oder Versehen sein.

82 In dieser Tabelle werden nicht die Fragmente aus den *sermones* aufgeführt (bis auf die Fragmente aus dem Sermo *De symbolo*). Die meisten der Fragmente werden in Kap. IV besprochen. Nicht behandelt werden in der vorliegenden Monographie die Fragmente, die den christologischen Streit bzw. die christologische Frage betreffen, also besonders alle Fragmente aus ep. 2 und 3. Der christologische Streit ist keine Diskussion innerhalb des Reichs der Burgunder, spielt also bei den Auseinandersetzungen zwischen der gallorömisch-„katholischen" und der burgundisch-„homöischen" Bevölkerung keine Rolle. Ebenfalls nicht behandelt wird Fragment 5 (ein sehr kurzes Fragment zu Röm 8,26).

	9. Ex libris contra Arrianos	Frgm. 6 [s. S. 193f.]
	10. Ex epistola contra Faustum	Ep. 4 [s. S. 67]
	11. Ex libris contra Arrianos	Frgm. 7 [s. S. 244f.]
1Kor:	14. Ex libris contra phantasma	Ep. 3
	15. Ex libris contra Arrianos	Frgm. 8 [s. S. 246]
	16. Ex sermone de symbolo	Hom. 12 [s. S. 129f.]
	17. Ex libris contra Arrianos	Frgm. 9 [s. S. 127f.]
	20. Ex libris contra phantasma	Ep. 2
	23. Ex libris contra Arrianos	Frgm. 10
	24. Ex libris contra Arrianos	Frgm. 11 [s. S. 202]
	25. Ex epistolis contra Arrianos	Frgm. 12 [s. S. 182]
	27. Ex libris contra Arrianos	Frgm. 15 [s. S. 235]
	28. Ex libris contra Arrianos	Frgm. 16 [s. S. 233]
	29. Ex libris contra phantasma	Ep. 2
	30. Ex libris contra Arrianos	Frgm. 17
2Kor:	33. Ex sermone de symbolo	Hom. 12 [s. S. 129]
	34. Ex libris contra phantasma	Ep. 2
Gal:	36. Ex libris contra phantasma	Ep. 2
	37. Ex libris contra phantasma	Ep. 2
	38. Ex libris de Christi divinitate	Ep. 30 [s. S. 74; 237-242]
Eph:	40. Ex libris contra Arrianos	Frgm. 18 [s. S. 220]
	41. Ex libris contra Arrianos	Frgm. 19 [s. S. 223-225]
	42. Ex libris contra Arrianos	Frgm. 20 [s. S. 246f.]
	44. Ex libris contra Arrianos	Frgm. 22 [s. S. 210]
Phil:	45. Ex libris contra phantasma	Frgm. 29
	46. Ex libris contra Arrianos	Frgm. 23 [s. S. 229f.]
	47. Ex libris contra Arrianos	Frgm. 24 [s. S. 222f.]
	49. Ex libris contra Arrianos	Frgm. 25 [s. S. 203]
1Thess:	54. Ex libris contra Arrianos	Frgm. 26 [s. S. 246f.]
1Tim:	55. Ex libris contra Arrianos	Frgm. 21 [s. S. 246f.]
	57. Ex epistola contra Faustum	Ep. 4 [s. S. 67]
Hebr:	60. Ex libris de Christi divinitate	Ep. 30 [s. S. 74; 237-242]
	61. Ex libris contra Arrianos	Frgm. 27 [s. S. 234]

Zwei zusätzliche Fragmente (Frgm. 13; 14 Peiper) gibt es in der Edition von Peiper, die er unter *Contra Arrianos* einreiht, aber nicht aus dieser bekannten Sammlung des Florus stammen, sondern im 17. Jh. von Stephanus Baluzius dem Avitus zugewiesen wurden[83]. Da dieser auch das von Florus tradierte Fragment 12 liefert, sortiert Peiper die beiden Fragmente danach ein. Baluzius leitet die drei Fragmente ein mit: *Sanctus Avitus in illo*

---

[83] S. Balluzius, *Miscellaneorum Liber primus, hoc est collectio veterum monumentum quae hactenus latuerant in variis codicibus et bibliothecis*, Paris 1678, 361 (*ex veteri cod. Sancti Galli nescio quo edidit* – so S. 6 Anm. Peiper). Baluzius bietet auch Avitus, ep. 6; 50; 58.

libro quem de divinitae spiritus sancti contra Gundobadum Arrianum regem scripsit, processionem spiritus sancti a patre et filio ita declarat[84].
Zeugnisse anderer über das Schrifttum des Avitus geben ebenfalls keine klaren Hinweise über die Herkunft dieser Fragmente. Gregor von Tours[85] erwähnt zunächst Werke des Avitus gegen Eutyches, die auf Bitten Gundobads hin verfaßt wurden – es handelt sich wahrscheinlich um die beiden schon erwähnten Briefe 2 und 3 –, daneben ein Buch Predigten und sechs Bücher in Versen über den Weltanfang und neun Bücher Briefe. Er listet aber keine Schrift gegen die Arianer gesondert auf. Eventuell führte die Zusammenfassung der Briefe in Büchern dazu, daß Florus die Brieffragmente auch mit *ex libris* ... überschreiben konnte, oder die gewisse Länge der Briefe veranlaßte ihn zu dieser Betitelung.

Es ist zusätzlich mit der Möglichkeit zu rechnen, daß die Fragmente aus einem nicht mehr überlieferten Dialog zwischen Avitus und Gundobad oder auch aus einem offiziellen Religionsgespräch im Reich der Burgunder stammen können (dazu s. den folgenden Abschnitt). Nun weisen aber die Fragmente selbst keineswegs eindeutig auf einen Dialog hin[86]. Nur gelegentlich bezieht sich Avitus darin auf gegnerische Äußerungen; diese können genauso gut Rückgriffe des Avitus auf frühere Gespräche oder auch rhetorische Einschübe sein:

Fragment 4: *vos porro conicite* (3,18 Peiper)

Fragment 6: *adnuitis* (4,6); *ut vultis* (4,13.14f.); *ut dixistis* (4,17)

Fragment 7: *libera responsione profiteor* (4,21); *quod saepe repetitis* (4,22); *iungas* (4,27); *vestra ut nostra legis* (4,30); *quaero* (4,31); *arguatis* (4,32)

Fragment 8: *respicias* (5,1)

Fragment 9: *rogo ... iudicate ... et ... perpendite* (4,14.15.16)

Fragment 14: *confiteor* (6,20); *ut nuper habita conlocutione tractavimus* (6,23); *ut adquiescitis* (6,24)

Fragment 15: *posueram* (7,1); *commemoravi* (7,3)

Fragment 21: *iunge* (9,6)

Fragment 25: *dixi ... quia legimus* (10,1);

---

84 MGH AA 6,2 6 Anm. Peiper.
85 Gregor von Tours, II 34 (MGH SRM 1,1, 83,1-4 Krusch/Levison): *Scripsit enim humiliarum librum unum, de mundi principio et de diversis aliis conditionibus libros sex versu conpaginatus, epistolarum libros novem, inter quas supradictae contenentur epistolae* (die zwei Briefe gegen Eutyches).
86 Vgl. dazu auch Burckhardt, Avitus, 11-16.

Innerhalb dieser Fragmente könnte Nr. 7 noch am wahrscheinlichsten aus einem Dialog stammen. Andererseits weist gerade Fragment 14, in welchem ein dem in Fragment 7 genannten *profiteor* ähnliches *confiteor* vorkommt, auf ein vorausgehendes Gespräch hin und erweist sich somit als eine nachträgliche theologische Stellungnahme des Avitus zu Themen aus diesem Gespräch. Daher kann man nicht mehr feststellen, auf welche Schriften diese Fragmente zurückgehen, ob es sich also um Ausschnitte aus Briefen, Traktaten oder Mitschriften von Dialogen bzw. Religionsgesprächen handelt.

III.2.2 Dialoge und ein mögliches Religionsgespräch in Lyon

Dies heißt aber nicht, daß es solche Gespräche nicht gegeben hat. Hinweise auf tatsächlich stattgefundene theologische Dialoge zwischen Avitus und Gundobad finden sich ebenfalls in den übrigen Briefen des Avitus. So beruft sich Avitus zum Beispiel in ep. 1 auf seine Redefreiheit, die Gundobad erlaube und sogar persönlich eingefordert habe. Er schreibt[87]:

> Auch wenn es noch unvergleichlich viele Dinge gibt, welche vor Eurer Ehre angesprochen werden könnten, bitte ich am Ende meiner Rede, für die Ihr Freiheit nicht nur gewährt, sondern verfügt habt, Gott und Euch, auf das göttliche und Euer Versprechen vertrauend, daß nicht mehr diejenigen Eure Priester genannt werden, die dem heiligen Geist widersprechen.

Zuvor thematisiert Avitus in seinem Brief ausführlich die Frage nach der Göttlichkeit des heiligen Geistes und wählt zum Schluß des Briefes diese klaren Worte, abgesichert durch seinen Verweis auf die Redefreiheit, die Gundobad selbst ausdrücklich verfügt habe. Avitus erwartet zu dem Zeitpunkt dieses Briefes offenbar die baldige öffentliche Konversion Gundobads, die er privat schon vollzogen habe, und fordert von Gundobad, er solle sich nicht weiter von dem trügerischen, aber doch unerfahrenen Treiben seiner Kleriker beeinflussen und von der öffentlichen Konversion abhalten lassen[88]. Derart offene Worte setzen einen längeren Zeitraum des Dialogs, mehrere Gespräche und auch persönliches Vertrauen voraus.

---

87 *Sed cum incomparabiliter plura sint, quae sub praesentia gloriae vestrae suggeri queant, illud in fine sermonis, cui non solum tribuitis, sed iniungitis libertatem, deum vosque divina vestraque promissione fretus obsecro, ne diutius sacerdotes vestri dicantur, qui sancto spiritui contradicunt* (14,36-39 Peiper). Vgl. zu diesem Brief unten S. 132-137.

88 *... ne tolerando imperitorum versutias et ineptias callidorum suspendamini a professione, cum iamdudum in confessione teneamini* (15,2-4 Peiper). Dieser Brief bildet offensichtlich den Hintergrund für die Darstellung bei Gregor von Tours (s.o. S. 47f.).

Eine ganz andere Situation beschreibt ep. 23. Hier wird offensichtlich, daß die Verhältnisse komplizierter waren, als es ep. 1 erscheinen läßt. Avitus und Gundobad haben demnach ein intensives, aber nicht-öffentliches theologisches Gespräch geführt – Avitus spricht von langen und schwierigen Verhandlungen nach einer zeitweiligen Ruhephase mit dem Ergebnis, daß Gundobad Avitus beauftragte, ihm seine exegetischen Belege nochmals in schriftlicher Form zukommen zu lassen, um sie mit seinen „arianischen" Priestern diskutieren zu können. Offenbar hatte Gundobads Sohn Sigismund dennoch bald davon erfahren und beklagte sich nun bei Avitus, darüber nicht informiert worden zu sein. Diese Ereignisse haben also nach der Konversion Sigismunds zum katholischen Glauben stattgefunden. In ep. 23 erklärt Avitus nun Sigismund die Umstände und Hintergründe dieser Situation[89]:

Avitus habe sich vorbehalten, Sigismund bei einem persönlichen Treffen über sein Gespräch mit dem König (*de collocutione regali* 55,11 Peiper) zu informieren, da die Verhandlungen komplex waren (*disceptationis prolixitas perplexitasque* 55,13). Hinter der äußeren Ruhe seines Vaters Gundobad verberge sich flammender Eifer (*fervet in eius studio confictum otii fronte certamen* 55,14f.), so habe er es erkannt. Und auch seinerseits war sein Schweigen (*animositate deposita, silentio temperante* 55,15) nur ein Warten auf eine gute Gelegenheit und kein Aufgeben seiner Überzeugungen (*non cessavit ... sed latuit* 55,16f.). So sei es zur Gelegenheit eines privaten Treffens gekommen ohne externe Hilfe (*ut nec ... contentionis arma ... poscantur extrinsecus* 55,17f.) und ohne Legaten von Gundobad (*legatorum suorum* 55,18). Dies sei auch für Avitus überraschend gewesen, und das lange Schweigen habe viele Fragen angestaut, aber die Zweisamkeit habe eine sehr offene Diskussion ermöglicht, ohne daß es Sieger und Besiegte habe geben müssen. Im Detail werde er Sigismund später darüber informieren. Gundobad habe schließlich Avitus aufgefordert, alle seine exegetischen Belege, die er genannt hatte, oder auch noch weitere schriftlich zusammenzustellen (*Iussit namque, ut, quodcumque de scripturis nostris testimonium ad interrogata protuleram, seu si forte occurrisset et aliud, ad singula quae tempore collocutionis aptaveram, subnotatum ei ordinatumque transmitterem* 55,30-33), um sie mit seinen Priestern (*sacerdotibus* 55,34) zu besprechen. Avitus habe erst gezögert, dem Gesuch Folge zu leisten, um seinen Gegnern keine Waffen in die Hände zu spielen, und bittet Sigismund um Hilfe, den Streit zu entspannen.

Leider beschreibt Avitus nur die Umstände des Gesprächs und erwähnt, daß er daraufhin eine Schrift verfaßt habe. Mit diesen Hinweisen ließe sich eventuell die Notiz in frgm. 14 verbinden, in der Avitus sich auf

---

89   Vgl. dazu auch Burckhardt, Avitus, 58-61.

ein stattgefundenes Gespräch bezieht (*ut nuper habita conlocutione tractavimus* 6,23 Peiper), und auch der Beginn von frgm. 15, in dem sich Avitus auf eine schon zuvor zitierte Schriftstelle bezieht (*quia posueram de evangelio* 7,1 Peiper). Um welche es sich aber handelt, also eventuell um die schon erwähnte Schrift *Contra Arrianos* oder auch den einen Dialog, bleibt unklar. Auch in dem folgenden Brief ep. 30 wird nämlich eine Schrift in Aussicht gestellt, die nicht näher identifiziert werden kann.

Einen konkreten Hinweis auf ein möglicherweise stattgefundenes Gespräch wohl in Lyon gibt ep. 30 an Gundobad. Zu Beginn heißt es darin[90]:

> Als der heilige Bischof Cartenius[91] aus Lyon zurückkehrte, wo er noch geblieben war, um einige private Angelegenheiten zu regeln, nachdem wir schon nach der Synode auseinandergegangen waren, berichtete er, daß Ihr ihm, vielmehr uns, eine Frage vorgelegt habt. ... Ihr befehlt also, daß Euch die Begründung oder besser die Autorität aufgewiesen werde, wodurch es deutlich werde, daß der Sohn Gottes (bereits) in der Gottheit Substanz gehabt habe, bevor er die Natur von der Inkarnation her angenommen habe.

Entsprechend dieser Aufforderung bietet Avitus im Brief mehrere biblische Belege für die Gottheit des Sohnes auch vor der Inkarnation, stellt aber zusätzlich noch eine ausführlichere Schrift zu dieser Frage in Aussicht, insbesondere falls Gegenargumente auftauchen sollten. Leider gibt Avitus in ep. 30 darüber hinaus keine weiteren Informationen zu dieser nur in einem Nebensatz erwähnten Synode. So bleibt unbekannt, wann es stattfand, weshalb dazu eingeladen wurde, welche Themen verhandelt wurden und wer daran teilgenommen hatte. Anzunehmen ist, daß es eine Veranstaltung der katholischen Kirche gewesen ist. Das ist insofern bemerkenswert, als konkretere Informationen nur über die spätere Synode von Epao 517 zur Zeit des Königs Sigismund vorliegen. Es konnte aber offenbar eine Versammlung der katholischen Kirche auch im burgundischen Reich des „arianisch"-homöischen Gundobad einberufen werden. Erschließen läßt sich, daß die Synode wohl in Lyon stattgefunden hat, ferner daß Bischöfe wie Avitus und Cartenius anwesend waren und daß Gundobad selbst – als Schirmherr auch der katholischen Kirche – ebenfalls teilgenommen hat. Avitus bedauert nämlich, daß Gundobad diese Frage nicht schon auf der Synode gestellt habe; so hätte er ihm persönlich

---

90 *Rediens ab urbe Lugdunensi sanctus Cartenius episcopus, in qua nobis de concilio discedentibus ad privata quaedam negotia expedienda resederat, quaestionem sibi, immo magis omnibus nobis proposuisse vos retulit. ... Iubetis igitur ostendi vobis rationem vel potius auctoritatem, qua pateat dei filium habuisse in divinitate substantiam, priusquam sumeret de incarnatione naturam* ... (60,2-4.9f. Peiper). Zu diesem Brief s.u. S. 237-242. Auch hier fordert Gundobad biblische Belege ein wie oben in ep. 23!

91 Dieser Cartenius ist sonst unbekannt.

und direkt antworten können (60,4-6 Peiper). Muß man nun daraus schließen, daß über diese oder andere theologische Fragen nicht verhandelt wurde oder liegt es näher, daß verwandte theologische Themen diskutiert wurden und diese weiterführende Frage sich erst im Nachhinein stellte? Eine Bemerkung könnte die zweite Möglichkeit stützen: Avitus schreibt: „Ihr befehlt also, daß wir das, was wir rational erschlossen haben, mit (biblischer) Autorität lehren."[92] Gundobad fordert also biblische Belege für eine schon erörterte und dargelegte These, womit ein Gespräch auf der Synode in Lyon gemeint sein kann. Leider bleiben die Umstände gänzlich unbekannt. Hat der König selber auf der Synode ein theologisches Gespräch mit den katholischen Bischöfen geführt? Oder gab es eine Art Religionsgespräch mit homöisch-„arianischen" Klerikern als „Gäste"? Diese finden hier jedoch keine Erwähnung. Oder fand ein theologischer Austausch ehr inoffiziell statt durch private Treffen im Umfeld der Synode? Handelt es sich also um eine „theologische Audienz"? Es könnte natürlich auch durchaus zutreffen, daß sich die Äußerung im Brief gar nicht auf Gespräche der Synode, sondern auf eine ältere Schrift des Avitus bezieht, die Gundobad um biblische Belege ergänzt sehen will.

Interessanterweise gibt es zwei Fragmente, die Agobard von Lyon zitiert und dabei ausdrücklich einem Dialog zuweist. Agobard präsentiert nämlich in seinem *Liber de imaginibus sanctorum* (= *De picturis et imaginibus*) 9 tatsächlich eine Passage aus einem Dialog zwischen Avitus und Gundobad (= Fragment 2 Peiper): ... *sicut Alcimus Avitus episcopus Viennensis in dialogo, ubi cum Gundobado rege loquitur, dicit* ...[93]. Handelt es sich bei dem Dialog um eine Mitschrift eines tatsächlich stattgefundenen Religionsgespräches? Oder entstammt dieses Fragment einem Dialog, der von Avitus in diese literarische Form gebracht wurde? Aller Wahrscheinlichkeit nach dürfte ersteres der Fall sein. Diskutiert wurde eine aus trinitätstheologischen Gründen gebildete Weiterentwicklung in der Liturgie in einer Doxologie[94], ein durchaus ausreichend kontroverstheologisches Thema für eine entsprechende Veranstaltung.

Zu beachten ist aber folgende Auffälligkeit: Gesprächspartner des Avitus war nach diesem Fragment der burgundische König Gundobad, jedoch keine „arianisch"-homöischen „Kollegen"! Ein Dialog oder Religionsgespräch zwischen einem Bischof und dem Kaiser oder einem König

---

92 *Iubetis ergo, ut haec, quae ratione colligimus, auctoritate doceamus* (s.u. S. 238 Z. 42-44).

93 2,8f. (Peiper). Ediert auch in CChr.CM 52,1/2, Turnhout 1981 van Acker, 149-181: 159,24–160,15. Agobard war Bischof von Lyon während der sog. karolingischen Renaissance und starb im Jahr 840. Er ist vor allem durch seine antijüdischen Schriften und Aktivitäten in die Geschichte eingegangen. Vgl. Boshof, Erzbischof Agobard.

94 S.u. S. 204 zum Thema des Fragments.

ist eine Innovation. Es handelt sich um eine außergewöhnliche Situation, die sich in früheren Religionsgesprächen oder auch literarischen theologischen Dialogen nicht findet[95]. Überdies spricht diese außergewöhnliche Konstellation dagegen, daß Avitus selbst einen entsprechenden Dialog fiktiv entworfen hat aufgrund fehlender literarischer Vorbilder. Sie paßt aber gut zu dem in den Briefen und Fragmenten des Avitus erkennbaren theologischen Interesse und zu der Wißbegierde des Königs Gundobad. Eine in einigen Zügen ähnliche Situation findet sich interessanterweise etwa zeitgleich in dem Reich der Vandalen: Zwischen 515 und 517 forderte der Vandalenkönig Thrasamund den aus Sardinien zurückgerufenen Fulgentius von Ruspe auf, sich zu zehn Thesen zu äußern, die er ihm vorgelegt hatte. Fulgentius verfaßte daraufhin *Dicta regis Thrasamundi et contra ea responsiones*[96], womit Thrasamund aber nicht zufrieden war und ihm erneut eine noch längere Themenliste – nur mündlich – zukommen ließ. Auf diese sollte Fulgentius eigentlich sofort in einem Gespräch reagieren; stattdessen schrieb er das dreibändige Werk *Ad Thrasamundum regem*[97]. Seine erneute Verbannung nach Sardinien war die Folge. Auch hier engagiert sich der König persönlich in einem theologischen Austausch und fordert den angesehenen Bischof seines Herrschaftsbereichs zu einem Disput auf. Nur kommt es nicht wirklich zu einer persönlichen Begegnung zwischen Fulgentius und Thrasamund und bekanntlich wurde Avitus nicht wie Thrasamund exiliert. In Burgund konnte Avitus dagegen offenbar problemlos seine Stimme für die katholische Kirche erheben. Ohne Zweifel haben theologische Fragen in den gentilen Reichen politische Dimensionen, so daß sich die jeweiligen Herrscher persönlich beteiligten. Andererseits sind die Verhältnisse in Burgund anders als bei den Vandalen und Entsprechendes ist von den West- und Ostgoten nicht überliefert. Daher wäre diese Einschätzung zu pauschal und würde das persönliche Interesse von Gundobad vernachlässigen.

Erwähnenswert ist in diesem Zusammenhang, daß es nicht nur entsprechende Gespräche zu trinitätstheologischen Fragen gegeben hat. Agobard zitiert in *Liber adversus legem Gundobadi* 13 ein weiteres Mal aus

---

95 Vgl. die Übersichten in Hoffmann, Dialog; Voss, Dialog (beide analysieren nur literarische-rhetorische Aspekte) und Schmidt, Typologie. Es gibt wohl ein schwierig zu deutendes, fiktives Gespräch zwischen dem römischen Bischof Liberius und dem Kaiser Constantius II. über seine mögliche Verbannung durch den Kaiser (überliefert bei Theodoret, h.e. II 16; vgl. Herrmann, Streitgespräch), das aber als Parallele oder Vorbild kaum ausreicht.

96 CChr.SL 91, 67-94 Fraipont.

97 Vgl. zu den Ereignissen Ferrandus, *Vita Fulgentii* 20f.; ferner Diesner, Fulgentius; ders., Religionspolitik; Vössing, Thrasamund. Fulgentius ist ein in der Forschung zu Unrecht vernachlässigter Bischof und Theologe.

einem Dialog zwischen Avitus und Gundobad (= Fragment 3A Peiper: *Cum de his inter utrumque sermo esset et beatus Avitus talia certamina reprehenderet, respondit et Gundobadus … Ad quod beatus Avitus intulit dicens …*[98]). Thema dieses Fragments ist eine Auseinandersetzung um den Zusammenhang zwischen Kriegsglück und Gottesurteil. Avitus verneint, daß Gottes Urteil sich eindeutig im Sieger zeige. Gott urteile auch in Fällen ohne Kriegsgeschehen und oft leide auch die rechte Seite im Krieg. Dieses Fragment ist insofern von besonderem Interesse, als hier tatsächlich Gundobad das Wort ergreift und Avitus anschließend darauf antwortet. Es handelt sich also um ein stattgefundenes Gespräch, was die Vermutung unterstützt, daß auch das obige Fragment 2 aus einem realen Gespräch stammt, welches mitstenographiert wurde. Insofern dürften diese „theologischen Audienzen" mehr als nur privaten Charakter gehabt haben, da sie doch wenigstens teilweise aufgezeichnet worden sind. Eventuell hatte Agobard in Lyon die Möglichkeit, auf Texte eines Archivs vor Ort zurückzugreifen, in welchem entsprechende Mitschriften hinterlegt worden waren. Dafür sprechen auch seine einführenden Bemerkungen zu diesem Fragment, in denen er nach einem überschwenglichem Lob des Bischofs Avitus erwähnt, daß er oft mit Gundobad über den Glauben gestritten habe und sowohl Dialoge mit dem anwesenden Gundobad geführt als auch Briefe an den abwesenden geschickt habe[99]. Ein Dialog zwischen Gundobad und Avitus wird auch in der *Vita Aviti* erwähnt[100].

Zwei Briefe des Avitus lassen erkennen, daß auch andere Personen neben Avitus an diesen theologischen Debatten beteiligt waren, und zwar ep. 53 von Avitus an Heraclius und ep. 54, dessen Antwort an Avitus. Heraclius[101] war *vir illustrissimus* aus senatorischem Adel, wohl ebenfalls aus

---

98   2,30f.35 (Peiper). Zu diesem Fragment s.o. S. 43.

99   … *qui cum eodem Gundobado frequenter de fide altercans, et dialogos in praesenti conficiens et epistulis absenti respondens* … (2,23.25 Peiper). Auch das „Hören" im folgenden Satz könnte in Anlehnung an die Dialogsituation aufgegriffen sei: *Quid iste venerandus et sanctus vir saepe dicto Gundobado de supradictis certaminibus responderit, audiat, si placeat, benignitas vestra* (2,28-30 Peiper).

100 177,15 (Peiper). An der Aufzählung der Schriften in dieser *Vita* orientiert sich auch Peiper in seiner Edition der Schriften des Avitus (Dialog; zwei Bücher gegen Eutyches; ep. 4 über die Buße; ep. 5 über den Tod Gundobads Tochter; ep. 6 über Mt 19,27-30, dann Briefe in drei (!) Büchern und Homilien). Diese Angabe über die drei Brief-Bücher läßt sich nicht mit Gregor von Tours (s.o.) vereinbaren, der von neun Büchern berichtet.

101 Heraclius: PLRE 2, 542f. (Heraclius 5); Heinzelmann, Gallische Prosopographie, 623 (Heraclius 5).

Vienne[102]. Avitus schreibt an Heraclius, als er von dessen Gespräch mit Gundobad erfährt (*habuistis igitur, ut audio, cum rege tractatum[103]*), in dem Heraclius das „katholische" Anliegen vertreten habe, und lobt dessen rhetorische Argumentationsfähigkeit, u.a. mit dem Zweck, ihn eventuell doch noch für das Bischofsamt zu gewinnen. Information darüber bekam Avitus wahrscheinlich von Gundobad selbst. Heraclius bestätigt in seiner Antwort, eine Rede vor Gundobad gehalten zu haben, und weist auf ein häretisches Dokument hin, auf welches er sich bezogen habe (*denique incidi chartam, vacuam et chaere oblatrante[104]*). Er beschreibt, daß dieses Dokument nicht schwer zu widerlegen gewesen sei, da es zwar mit vielen, aber nur schwachen Argumenten gespickt sei (*quae excogitatis multiplicibus argumentis divinae instructionis non inopem turbare non valuit[105]*). Dies ist sicherlich mit rhetorischer Bescheidenheit formuliert. Zudem weist Heraclius anschließend darauf hin, daß er seine theologische Argumentationskraft von Avitus gelernt habe. Es wäre höchst interessant zu wissen, um welches Dokument oder welche Schrift es sich hier handelt. Heraclius gibt nur den kleinen Hinweis auf eine Herkunft von „Übersee": *deinde velut ab insidiis repentinis fusus est vomitus transmarinus[106]*. Einerseits beschreibt Avitus zwar in ep. 26 die Donatisten als *transmarina contagia[107]*, aber dem Kontext nach dürfte es sich nicht um etwas „Donatistisches" handeln. Es könnte sich auch um einen Text wie den Augustinus zugespielten *Sermo Arrianorum* handeln[108] oder um etwas aus dem vandalischen Umfeld. Eine genaue Antwort ist nicht möglich, sondern bleibt Spekulation. Der Briefwechsel mit Heraclius bestätigt insofern nur die Tatsache eines intensiven theologischen Austausches auch mit anderen beteiligten Personen.

Zusätzlich zu dem Briefwechsel mit Heraclius ist auch ein vergleichbarer Brief des Avitus an Stephanus von Lyon überliefert (ep. 28), dem ein nicht mehr bekannter Brief an Avitus vorausging, in dem Stephanus Avitus über die Bekehrung eines „Arianers" informiert und darüberhinaus angefragt hatte, ob ein „arianischer" Kleriker in die katholische Kirche

---

102 In ep. 95 kritisiert Avitus Heraclius, aus Vienne geflohen zu sein; vgl. Burckhardt, Avitus, 62f. und oben S. 32.

103 82,4f. Peiper.

104 83,16 Peiper. Der Text ist hier korrupt, da L nur überliefert *et //ere oblatrante*, S hat *veteri obliterata* (Sinn bleibt unklar); Shanzer/Wood schlagen eine Kombination vor: *chaere obliterata* (Avitus, 319 Anm. 9): Grüße sind ausgelassen, was gut zum vorausgehenden *vacuam* passen würde.

105 83,21f. Peiper.

106 83,15f. Peiper.

107 57,13 Peiper. Avitus stellt hier fest, daß es nur wenige Donatisten im Unterschied zu den „Arianern" gebe, die sich überall ausgebreitet hätten.

108 Vgl. zu diesem Text unten S. 124.

übernommen werden könne (dazu s.u.). Avitus wirft Stephanus vor, die „Waffen" der katholischen Kirche an die Arianer ausgeliefert zu haben (s.o.), freut sich aber auch über die Bekehrung des „Arianers"[109]. Es kann nur vermutet werden, daß dieser Briefwechsel noch vor der Synode in Lyon (s.o.) stattgefunden hat, da darauf nicht Bezug genommen wird. Auf einer Synode wären solche kirchenrechtlichen Fragen eventuell angesprochen und geklärt worden[110]. So gab es also in Lyon, der Hauptstadt der Burgunder, ebenfalls theologischen Austausch und Missionsversuche, über die Avitus zwar informiert war, die aber nicht unbedingt nur von ihm angeregt worden sind.

Insgesamt ergibt sich also, daß wahrscheinlich mehrere Dialoge zwischen Avitus und Gundobad und auch zwischen anderen Beteiligten stattfanden. Die nur fragmentarische Überlieferung erweckt sogar den Eindruck eines sehr intensiven theologischen Austauschs. Bemerkenswert sind dabei die Gespräche zwischen Avitus und König Gundobad, ob diese nun als Religionsgespräch zu beschreiben sind oder eher als „theologische Audienz". Sie waren es auf jeden Fall wert, schriftlich festgehalten zu werden. Ein Gesprächsthema zwischen Gundobad und Avitus betraf die Göttlichkeit des heiligen Geistes (vgl. ep. 1). Eine weitere Diskussion wurde über die Göttlichkeit des präexistenten Sohnes Gottes geführt, und zwar wahrscheinlich auf einer Synode in Lyon zur Zeit von Gundobad, über die aber nichts Näheres bekannt ist (vgl. ep. 30). Ein drittes Gespräch mit Gundobad, dessen Thema aber unbekannt ist, war eher privater Natur. Das überlieferte Fragment 2, das zweifellos aus einem Dialog stammt, könnte eventuell einem Gespräch über die Doxologie und über die Göttlichkeit des heiligen Geistes zugewiesen werden. In Fragment 14 wird ferner auf ein Gespräch zurückverwiesen, das die Einheit und Unterschiede der trinitarischen Personen betraf. Aber nicht nur trinitätstheologische Fragen wurden behandelt, sondern auch Fragen der Schriftauslegung und der theologischen Deutung geschichtlicher Ereignisse (frgm. 3A). Eine zeitliche Einordnung oder auch chronologische Reihenfolge dieser erschließbaren Gespräche bleibt unsicher.

Avitus hat ohne Zweifel mehrere theologische Traktate gegen die „Arianer" verfaßt und auf Nachfrage Gundobads hin zusätzlich biblische Belegstellen zu seinen Thesen zusammengestellt (oder auch schon vorliegende Sammlungen übernommen). Nur können die überlieferten Fragmente diesen Schriften nicht mehr genau zugewiesen werden.

---

109 Schon Patiens von Lyon wurde von Chilperich I. die Mission der „Arianer" gestattet (Sidon. Apoll., ep. VI 12,4).

110 Vgl. dazu unten S. 74 und 86.

III.3 Die homöische Kirche der Burgunder

III.3.1 Homöische *sacerdotes*

Wer aber waren die Gesprächspartner oder Adressaten des Avitus neben Gundobad? Welche Informationen gibt Avitus über seine „Gegner"? Gelegentlich weist Avitus auf Presbyter in der Nähe des Königs hin, die diesem sozusagen als theologische Ratgeber zur Seite standen[111]. So erwähnt Avitus in ep. 1 *sacerdotes* des Gundobad, die Einwände gegen die Göttlichkeit des heiligen Geistes vorgebracht hatten: ... *potius revolvamus, quod a sacerdotibus vestris scripsistis obiectum. Igitur discutientibus vobis, utrum spiritus sanctus ... creatur an creatura credendus sit* (13,16-19)[112], u.a. unter Berufung auf Sap 15,11. Später zitiert Avitus auch eine These jener *sacerdotes*, die ihm offensichtlich Gundobad übermittelt hatte, nämlich daß auch der Geist im Menschen, wenn der Geist Gottes nicht Geschöpf ist, ebenfalls nicht Geschöpf genannt werden könne[113]. Avitus beendet diesen Brief mit der sehr direkten Aufforderung, sich von diesen *sacerdotes* zu trennen *(ne diutius sacerdotes vestri dicantur, qui sancto spiritui contradicunt* 14,38f.) und dafür Sorge zu tragen, daß sie keinen weiteren Einfluß mehr auf ihn haben oder ihn belehren *(ne deinceps coram vobis putentur docere* 14,39), um seine Bekehrung *(perfectiam vestram* 15,1; *professione – confessione* 15,3f.) nicht weiter hinauszuzögern oder zu verhindern. Auch in ep. 23 an Sigismund erwähnt Avitus *sacerdotes* im Umkreis des Gundobad, mit denen dieser seine Schriftstellensammlung diskutieren will[114].

III.3.2 Homöische Synoden in Genf

Gibt es über diese pauschale Gruppenbezeichnung *sacerdotes* hinaus bei Avitus Informationen über deren Aufgaben oder Organisation? Wer ernennt die *sacerdotes*? Ist eventuell eine Hierarchie erkennbar? Die Hinweise bei Avitus sind spärlich. Interessant, wenn auch in vielerlei Hinsicht un-

---

111 Vgl. dazu Mathisen, Barbarian Bishops and the Churches.

112 Vgl. 14,21 Peiper: *sacerdotalis auctoritas.*

113 ... *quod si dei spiritus creatura non est, ac si nec in homine creatura poterat dici spiritus* (14,9f. Peiper), wiederholt in 14,31f. Vgl. zu diesem Thema unten S. 132-137 und 176-180.

114 Avitus spielt hier polemisch mit dem Wort *sacerdotes*: *si scriptum misissem, sacerdotibus, immo magis seductoribus et, ut adhuc verius dicamus, sectatoribus suis se velle proponere* (55,34f.). Vgl. auch ep. 22 an Gundobad (54,16 Peiper; zu diesem Brief s.o. S. 36) und ep. 28 (59,5 Peiper; zu diesem Brief s.u. S. 78; 86). S. unten S. 108f. zu einem "arianischen" Bischof von Vienne!

deutlich, ist für diese Frage ep. 31 von Avitus an Sigismund. Wegen der Schwierigkeit, die dieser Brief für Übersetzung und Interpretation bereitet, soll er hier als ganzer vorgestellt werden[115]:

Avitus von Vienne, ep. 31:

Avitus episcopus domno Sigismundo
Omni quidem vitae meae tempore debitorem me offerendi [officii] factum[116] agnosco, sed 5 impensius festivitate praesenti, quae sollicitudinem vestram non minus explorandis haereticorum conatibus quam nostrae partis occupat cultibus celebrandis. 10
Si quidem per annuum quoddam contagium congregatis adversis attento vobis labore curandum est, ne alienae calliditatis fraude pullulet, quod in dei nomine iam 15 vestra victoria celebrabili virtute succidit, quamlibet Christo propitio praesentibus vobis absistat[117].

Hinc illa sollicitudine priscior[118] 20 constipatio Genavensis, quae in

Bischof Avitus an Sigismund, den Herrn
Mein ganzes Leben lang sehe ich mich verpflichtet [...] zu gewähren, aber ganz besonders beim gegenwärtigen Fest, welches Eure Aufmerksamkeit nicht weniger mit dem Aufspüren der Aktivitäten der Häretiker als mit gottesdienstlichen Feiern auf unserer Seite beansprucht.
Insofern nämlich, als sich die Gegner in einer Art jährlichen Seuche versammelt haben, müßt Ihr mit äußerster Anstrengung dafür sorgen, daß nicht aufgrund einer fremdartigen Betrügerei das wuchert, was schon in Gottes Namen Euer Sieg mit lobenswerter Tüchtigkeit vernichtet hat, so sehr es sich auch durch Christi Gnade bei Eurer Gegenwart zurückhält.
Es gibt hier jene Zusammenkunft in Genf, älter als (Eure) Fürsorge, welche

---

115 MGH AA 6,2, 62,6-24 Peiper.

116 *offerendi factum* L, *asserendi famulatus* S, *officii* add. Peiper, deswegen übersetzt Schäferdiek mit "gottesdienstlichem Amt" (Bonosus, 294). Vielleicht ist die Aussage eher allgemeiner im Sinn von „in kirchlichem Dienst stehen" gemeint.

117 *absistat* L, *obsistat* S.

118 *priscior* L, *pressior* S. Burckhardt möchte diesen Satz ganz abändern, da ein Verb fehle und mit diesem *hinc*-Satz eigentlich keine Folgerung aus dem Vorangehenden gezogen werde; er schlägt vor, für *priscior* eventuell *pressior premende* zu setzen: „Daher ist mit Vorsorge jene Genfer Zusammenrottung zu bekämpfen (da sie die Wurzel alles Übels ist)" (90 Anm. 1). Giesecke bezieht dieses *hinc* auf die vorher erwähnte wuchernde Häresie: „Aus diesen Bestrebungen (scil. zu sprießen) entsprang auch die Zusammenrottung in Genf, die jener Sorgwaltung vorausging" (Ostgermanen, 161). Shanzer/Wood, Avitus, übersetzen freier und ergänzen „Ursache": „Hence that earlier cause of worry, the assembly at Geneva..." (231). Schäferdiek übersetzt aber auch einfach: „Da gibt es jene Genfer Zusammenkunft, die älter ist als Eure Sorge" (Bonosus, 294).

more[119] originis primae virilibus
animis virus anguis[120] sibilo
feminei sermonis insonuit[121].

Unde illud, si mereor, quam-   25
primum scire desidero, utrum
in[122] domno clementiae vestrae
patre mentio illius ordinationis
acciderit[123], quae Bonosiacorum[124] pestem ab infernalibus   30
latebris excitatam catholicis Arrianisque certantibus intromisit;

vel si servatur adhuc credulitatis,
immo simulationis illius dolor[125],
quem non impressum animis,   35
sed chartulis exaratum paulatim
in antiquam sui dogmatis crudelitatem[126] revocat litterata professio[127].

nach uraltem Muster männlichen Seelen Schlangengift mit dem Zischen
weiblichen Geredes eintrichtert.

Deswegen begehre ich, wenn ich es
verdiene, möglichst bald folgendes zu
wissen: ob vor dem Herrn (Gundobad),
dem Vater Eurer Gnade, jene Anordnung erwähnt worden ist, die die Pest
der Bonosiaker, aufgescheucht aus den
höllischen Winkeln, einmarschieren
ließ, als Arianer und Katholiken miteinander stritten;

ferner ob sich noch immer die Pein
jenes Glaubens, besser jener Heuchelei
hält, die, da sie nicht in der Seele eingeprägt, sondern auf Schriftstücken festgehalten ist, allmählich eine schriftliche
Erklärung zur alten Roheit ihrer Lehren
zurückruft[128].

---

119 *in more* LS. Peiper coni. *in morem.*

120 *verus aguis* L, *virus anguium* S.

121 Shanzer/Wood möchten in *insinuavit* („communicated") ändern (Avitus, 231
    Anm. 5), was aber nicht nötig ist. Das „uralte Muster" ist eine Anspielung auf den
    Sündenfall, als Eva, angestiftet von der Schlange, Adam die verbotene Frucht an-
    bot (Gen 3,6).

122 *in* L, *cum* S.

123 *acciderit* LS, *exciderit* Rilliet, jetzt auch Shanzer/Wood (Avitus, 231 Anm. 7), da die
    Konstruktion *utrum … vel si* einen Gegensatz dieses Verbes zum folgenden
    servatur erfordere. Die Konstruktion ist durch die Weiterführung mit *vel*, und nicht
    mit *an*, aber schon gebrochen, da auch inhaltlich nicht Paralleles kombiniert wird.
    Das Substantiv *mentio* spricht aber dafür, *acciderit* zu belassen. So ist hier wohl eher
    gemeint, daß Avitus nachfragen will, ob Gundobad über die Vorkommnisse in-
    formiert wurde, nicht, ob Gundobad etwas vergessen habe.

124 *Bonosiacorum* L, *bonum* S.

125 Auf *dolor* bezieht sich der folgende Relativsatz (*quem*). Shanzer/Wood bemerken,
    daß hier der Satz verdorben sein muß, da der *quem*-Satz sich nur auf eine Person
    und nicht auf *dolor* beziehen könne (Avitus, 232 Anm. 1), und setzen ein †. Avitus
    könnte aber auch mit einem personifizierten *dolor* den Satz weitergeführt haben.

126 *credulitatem* Peiper, *credulitate* Rilliet [die Angabe von Rilliet bei Peiper im Apparat
    bezieht sich auf: Conjectures historiques sur les homilées préchées par Avitus,
    évêque de Vienne dans le diocèse de Genève, Geneva 1866], *crudelitatem* L,
    crudelitate S. *crudelitatem* setzt auch Burckhardt mit der Hs L in den Text (Avitus,
    90 Anm. 1). So ergibt sich auch ein gutes Wortspiel mit dem vorher genannten
    credulitatis.

Quae certe si adhuc, ut coeperat, societatis Arrianae communioni inmixta est, claret gloriosior sub principatu vestro noster triumphus, cum duabus haeresibus in unam redactis non minus adquirentibus quam convincentibus nobis[129] et scismaticorum numerus decrescit et scismatum.

Hinc ergo servitium curiositatis meae dignanter adspicite et de peculiaris patroni vestri apostoli festis expectationi nostrae properatis[130] et compellationis vestrae munera duplicate.

Wenn sie außerdem, wie schon begonnen, noch weiter verwoben ist in Gemeinschaft mit der Gruppe der Arianer, dann leuchtet unser Sieg gewiß noch strahlender unter Eurer Herrschaft, wenn nach der Zusammenlegung von zwei Häresien auf eine sowohl die Zahl der Sonderkirchler als auch die Zahl der Sonderkirchen abnimmt, indem wir ebensosehr Zuwachs gewinnen wie überzeugen.

Schaut daher also wohlwollend auf meine dienstseifrige Neugierde und eilt vom Fest Eures besonderen apostolischen Patrons unserer Erwartung entgegen und verdoppelt das Geschenk Eurer Anrede.

Avitus weist in diesem Brief Sigismund auf seine Fürsorgepflicht gegenüber der katholischen Kirche hin. Er habe jedoch auch aufmerksam die Aktivitäten der „Arianer" zu betrachten, damit diese nicht die Ausstrahlungskraft seines „Sieges", d.h. seiner Konversion, wieder zunichte machen können. Avitus ist offenbar besorgt, daß sich in der Gegend um Genf, dem Residenzort des zweiten Königs Sigismund, die „arianische" Häresie wieder ausbreitet, obwohl er das Gegenteil erhofft hatte nach der Hinwendung Sigismunds zur „katholischen" Kirche. Anscheinend feierte Sigismund gerade ein Fest (Z. 6), wobei es sich um die Feier des Patrons Petrus handeln dürfte: Sigismund hatte nach seinem Konfessionswechsel in Genf ihm zu Ehren eine Kirche errichtet (St. Peter), war persönlich nach Rom gereist und hatte auch über Avitus um Reliquien bitten lassen[131]. Parallel dazu oder auch kurz zuvor versammelten sich die „Aria-

---

127 *litterata* Peiper, *literata* S, *liturata* L. *liturata* setzt Burckhardt in den Text. Er will ferner anstelle des folgenden *promissio* lieber *professio* schreiben (Avitus, 90 Anm. 1).

128 Der Sinn ist nicht ganz deutlich: Avitus verbindet den (falschen) Glauben (*credulitatem*) durch ein Wortspiel mit „alte Rohheit" (*antiquam crudelitatem*) und diskreditiert diesen damit, daß er schriftlich festgehalten werden muss, um nicht unterzugehen. Gemeint ist wohl die aus Sicht des Avitus noch nicht erfüllte Hoffnung, daß mit Sigismunds Unterstützung der „Arianismus" allmählich untergehen würde.

129 *nobis* Rilliet, *vobis* LS.

130 *properatis* L, *prosperitatis* S.

131 S.o. S. 57-65.

ner" ebenfalls in Genf, wie sie es offenbar jedes Jahr unternahmen (*per annuum quoddam contagium congregatis adversis Z.* 11f.)! Diese regelmäßigen Versammlungen beziehen sich wohl nicht auf die Bonosiaker[132]. Der Hinweis, den Avitus auf die regelmäßigen Versammlungen der „Arianer" gibt, ist sehr bedeutsam, da dies die einzige Information über eine derartige Struktur und Organisation der „arianisch"-homöischen Kirche der Burgunder ist. In Genf, dem Kern des ursprünglichen Siedlungsgebiets der Burgunder, der Sapaudia, gab es offenbar – für Avitus wie eine immer wiederkehrende Seuche – jährliche Treffen, die wahrscheinlich, ähnlich wie auf der katholischen Seite, dazu dienten, kirchenorganisatorische Fragen zu klären. Dementsprechend fragt Avitus bei Sigismund nach, „ob vor dem Herrn (Gundobad), dem Vater Eurer Gnade, jene Anordnung erwähnt worden ist, die die Pest der Bonosiaker, aufgescheucht aus den höllischen Winkeln, einmarschieren ließ …".

Unklar bleibt nun, was genau geschehen ist und was mit *ordinatio* gemeint ist. Geschah in Genf im Kreis der „Arianer" eine Ordination eines Bischofs der Bonosiaker? Oder sind Lehrsätze verabschiedet worden, die bonosiakische Häresie enthalten? Dafür könnte der etwas unklare Satz sprechen, daß die Häresie nicht in die Seele eingeprägt ist, sondern auf Schriftstücken festgehalten werden muß. Es ist unwahrscheinlich, daß eine Anordnung von Seiten Gundobads gemeint ist[133], da Avitus hier erst an-

---

132 Da Avitus hier explizit von Gegnern des Sigismund, von dessen Sieg darüber etc. spricht, meint Avitus hier sicher die „Arianer", nicht die „Bonosiaker", da Sigismund vom „arianischen" zum „katholischen" Glauben wechselte. Zu den Bonosiakern vgl. Loofs, Bonosus; Schäferdiek, Bonosus. Nach dem gründlichen RE-Artikel von Friedrich Loofs hat erst Schäferdiek das Material einer neuen Untersuchung unterzogen. Schäferdiek diskutiert ausführlich alle Belege über die Bonosiaker; er will zwischen zwei Personen namens Bonosus unterscheiden und die gallischen Bonosiaker in der Tradition des von ihm so genannten Bonosus von Serdika ansiedeln, da auch dieser mit Photinus identifiziert und mit einer adoptianischen Christologie in Verbindung gebracht werde. Hauptquelle dieser Zeit ist Avitus selbst für die Bonosiaker: Sie taufen wie die Arianer und praktizieren auch die zweite Taufe bei Übernahme von Häretikern (Fragment 19 und ep. 3 [26,26-30]; vgl. auch can. 17 von Arles II; CChr.SL 148, Munier, S. 117; Isidor, vir.ill 33: Justinian von Valencia schrieb gegen die adoptianische Christologie der Bonosianer). Zur Taufwiederholung s.u. S. 91. Eventuell ist damit die Bitte Gundobads an Avitus, Belege über Christi Gottheit auch vor der Inkarnation zu präsentieren, in Zusammenhang zu stellen (vgl. unten ep. 30, S. 237-242)! Die historischen Umstände der Ausbreitung der Ideen der Bonosiaker vom Balkan nach Gallien bleiben aber völlig im Dunkeln.

133 So aber oft gedeutet: Schäferdiek, Bonosus, 295: „Es gab nämlich inzwischen offenbar eine königliche Anordnung Gundobads, die es den Bonosianern ermöglichte, sich neben Katholiken und Arianern im Burgunderreich frei zu entfalten."

fragt, ob Gundobad überhaupt darüber informiert wurde (*mentio ... acciderit*). Unstrittig spielt Avitus zwar auf eine „Vermischung" der „Arianer" mit der Gruppe der Bonosiaker an, da er sich über eine Reduzierung der Schismen freut; deswegen ist der Satz *unde ... intromisit* aber nicht in dem Sinn zu deuten, daß Avitus dieses Eindringen der Häresie der Bonosiaker begrüßen würde[134]. Er spricht hier nicht vom „Aufgehen" dieser Häresie unter den „Arianern", sondern vom Eindringen einer weiteren Häresie, weswegen er anschließend nach dem Zustand der Bonosiaker fragt. Am Schluß des Briefes bittet er Sigismund um einen persönlichen Besuch für nähere Informationen.

So unklar die Hintergründe dieses Briefes bleiben, so wird dennoch deutlich, daß die burgundischen „Arianer" eine bedeutende Gruppe stellten mit einem eigenen Klerus, der sogar eine jährliche Synode in Genf organisierte, und daß ferner auf einer dieser Synoden etwas beschlossen wurde, was die Häresie der Bonosiaker sich ausbreiten ließ – offenbar ohne Gundobads Wissen. Leider kann über den zeitlichen Rahmen dieses Ereignisses nur festgestellt werden, daß es nach der Bekehrung Sigismunds stattgefunden haben muß. Interessant ist in diesem Kontext can. 15 von Epao, in dem es heißt[135]:

> Wenn ein höherrangiger Geistlicher am Gelage eines häretischen Klerikers teilnimmt, ist er für ein Jahr zu exkommunizieren. Wenn jüngere Kleriker dasselbe tun, werden sie verprügelt.

Ohne Anlaß wäre dieser Kanon nicht auf der Synode formuliert worden, so daß offenbar durchaus persönliche Kontakte zwischen den Klerikern beider Konfessionen bestanden und auch, z.B. bei derartigen Versammlungen oder Festen, öffentlich gepflegt wurden. Entsprechend sind also die Aussagen des Avitus in diesem Brief 31 (Z. 31f.) *catholicis Arrianisque certantibus* zu relativieren.

III.3.3 Konfessionswechsel

Nur wenige Hinweise auf eine kirchliche Struktur der „Arianer" bieten ferner ep. 7 und 28 von Avitus, außerdem einige weitere Kanones der burgundischen Synode von Epao 517 n.Chr. Ep. 28 behandelt den Fall

---

134 So Schäferdiek (Bonosus, 295); Giesecke (Ostgermanen, 162).

135 *Si superioris loci clericus haeretici cuiuscumque clerici convivio interfuerit, anni spatio pacem ecclesiae non habebit. Quod iuniores clerici si praesumpserint, vapulabunt.* (MGH AA 6,2 169,19-21 Peiper). Vergleichbar damit sind die can. 80-82 der sogenannten *Statuta Ecclesiae Antiqua*, einer Sammlung von Kanones in Gallien (Provence, westgotisch) aus der zweiten Hälfte des 6. Jh.s.

eines konvertierten „arianischen" Klerikers und die Möglichkeit für ihn, Kleriker auch in der katholischen Kirche zu werden. Avitus empfiehlt, diesen Mann aufzunehmen und ihm auch die klerikale Laufbahn zu eröffnen unter den normalen Bedingungen, die für jeden Kleriker gelten. In dem Brief heißt es[136]:

Avitus, ep. 28:

… De reliquo autem, quia me super conversi statu creditis consulendum, definio inspiratione divina ad quemlibet sacerdotii gradum hominem posse consurgere, si non est aut in ratione coniugii aut in quacumque regula moribusque, quod prohibeat clericatum. Cur enim non pascat Christi gregem, qui sapienter advertit oves non esse, quas paverat? quique, quia non fur latroque, merito pastor futurus per ostia ingressus elegit altaria? Quare non fiat in sacerdotio nostro erectus, qui amore humilitatis a suo voluit esse deciduus? Sit verax sacerdos ex laico, qui fieri laicus ex fallace sacerdote contentus est. Teneat in ecclesia nostra plebem suam, qui in sua contempsit alienam. Datura est tantis bonis augmentum caelestis gratiae plenitudo, ut et ille consecutus incipiat gaudere, qui doluit, et hic cotidie fructuosior praeisse se magis intellegat, quos reliquit.

… Zum restlichen Thema aber, da Ihr meint, mich über den Stand eines Konvertierten befragen zu müssen, so lege ich kraft göttlicher Inspiration fest, daß der Mann in jeden Grad des geistlichen Standes aufsteigen kann, sofern nichts vorliegt entweder in Sachen Ehestand oder in Hinblick auf irgendeine Vorschrift und Gebräuche, was den geistlichen Stand verhindert. Denn warum soll nicht der Christi Herde wieden, der weise bemerkte, daß es nicht die Schafe waren, die er gehütet hatte? Einer, der, weil er kein Dieb oder Wegelagerer ist, verdientermaßen als künftiger Hirte durch die Türen eintrat[137] und den Altar erwählte? Warum sollte der nicht in unseren Priesterstand erhoben werden, der aus Liebe zur Demut von dem Seinen geschieden werden wollte? Der soll wahrhaft ein Priester aus dem Laienstand sein, der sich damit begnügte, Laie zu werden, nachdem er ein trügerischer Priester war. Der soll in unserer Kirche seine Gemeinde erhalten, der in seiner Kirche eine fremde Gemeinde verachtete. Bei so viel Güte wird die (göttliche) Fülle auch eine Zunahme an himmlischer Gnade gewähren, so daß auch jener, der schmerzlich besorgt war, sich zu freuen beginnt, wenn er sich dem anschließt,

---

136 MGH AA 6,2 58,29-59,8 Peiper. In dem vorhergehenden Teil kritisiert Avitus seinen Empfänger, wohl Stephan von Lyon, den Gegnern zu viel Material in die Hände gespielt und die eigene Sache dadurch verraten zu haben (s.o. S. 78f.).
137 Vgl. Joh 10,9.

und daß dieser, der täglich mehr Frucht
trägt, besser versteht, daß er denen nur
vorangegangen ist, die er verlassen
hat[138].

Ganz eindeutig empfiehlt Avitus hier also, dem konvertierten Geistlichen
den Dienst auch in der katholischen Kirche zu ermöglichen und nur die
allgemein üblichen Maßstäbe anzulegen. Man solle dies vielmehr als Ge-
winn und Bereicherung auffassen, zumal eine solche Aufnahme den Konvertiten in seiner Entscheidung bestätigen wird und vielleicht sogar zum
Vorbild für weitere Konversionen werden läßt. Der Brief weckt den Eindruck einer parallelen, doppelten Struktur zweier Kirchen, einer katholischen und eine „arianisch"-homöischen. Auf beiden Seiten gibt es Kleriker, die eine Herde weiden bzw. einer Gemeinde vorstehen.

Diese Grundhaltung, Häretikern die Möglichkeit zu geben, sich in die
katholische Kirche einzugliedern, entspricht grundsätzlich auch der Entscheidung, die auf der Synode von Epao 517 getroffen wurde[139]. Dort
heißt es in can. 29[140]:

Die Väter hatten für die Abgefallenen, d.h. für die in der katholischen Kirche Ge-
tauften, die zu einer Häresie abgefallen waren, die Rückkehr zur wahren Kirche
sehr schwer gemacht. Unter Milderung dieser strengen Vorschriften können
nunmehr Häretiker unter folgenden Bedingungen wieder in die Kirche aufgenommen werden: Sie müssen zwei Jahre lang Buße tun, während dieser Zeit an
jedem dritten Tag fasten, häufig die Kirche aufsuchen, dort stehen, wo auch die
Büßer stehen, demütiges Beten beobachten und mit den Katechumenen zusammen den Gottesdienst verlassen. Gehen sie auf diese Bedingungen ein, sind sie zu
bestimmter Zeit wieder zum ganzen Gottesdienst zuzulassen und die strengen
Bußvorschriften sind zu lockern. Halten sie jedoch diese Bedingung für zu

---

138 Es ist nicht ganz klar, wer in diesem Satz „jener" ist (*ille consecutus incipiat gaudere,
qui doluit*); eventuell bezieht sich Avitus auf einen in der nicht überlieferten Anfrage erwähnten Kritiker, der ehemalige „Arianer" nicht in den Klerusstand auf-
nehmen möchte.

139 S.o. S. 32f.

140 MGH AA 6,2 171,15-172,2 Peiper: *Lapsis (id est qui in catholica baptizati praevarica-
tione damnabili post in haeresim transierint) grandem redeundi difficultatem sanxit antiquitas.
Quibus nos annorum multitudine breviata paenitentiam bienni condicione infra scriptae observationis inponimus: ut praescripto biennio tertia die sine relaxatione ieiunent, ecclesiam studeant
frequentare, in paenitentium loco standi et orandi humilitatem noverint observandam; etiam ipsi, cum catecumeni procedere commonentur, abscedant. Hoc si observare voluerint, constituto
tempore admittendis ad altarium observatio relaxetur. Quam si arduam vel duram forte
putaverint, statuta praeteritorum canonum conplere debebunt.* Referierende Übersetzung
Limmer, Konzilien, 180f. Dieser Canon taucht in der Sammlung von Agde (506)
in den Zusätzen als Canon 60 wieder auf.

schwer und zu hart, müssen sie den strengen Vorschriften der früher verordneten Canones und den härteren Bedingungen genüge tun.

Angesichts der besonderen Situation im Reich der Burgunder wird die Schwelle zum Übertritt niedrig gehalten – so könnte man auf den ersten Blick meinen. Dieser Beschluß wird hier mit früheren Bestimmungen, die wesentlich härter ausfielen, verglichen. Gemeint sind eventuell die Bestimmungen aus der Sammlung der Canones von Ankyra (314 n.Chr.)[141], da in Epao in can. 31 [Bestimmung über die Buße von Mördern] ebenfalls auf Ankyra (can. 22f.) zurückgegriffen wird. Viele Canones von Ankyra (can. 1-9) befassen sich mit dem Problem der Bußbestimmungen zur Wiedereingliederung der Abgefallenen (*lapsi*) während der diokletianischen Verfolgung, denen gestaffelte Bußzeiten bis zu zehn Jahren (can. 9: für diejenigen, die sogar andere noch zum Abfall überredeten[142]) auferlegt werden – und auf die *lapsi* bezieht sich auch der Anfangssatz dieses Kanons von Epao[143].

Verglichen mit diesen Canones fallen die Bestimmungen in Epao 517 wirklich milder aus; aber hier werden zwei verschiedene Problemkreise verbunden (*lapsi* und Häretiker) und die Bestimmungen für die „Abgefallenen" auf die Häretiker übertragen. Warum nicht auf andere Canones, in denen festgelegt wurde, wie Häretiker wiedereinzugliedern sind[144], zurück-

---

141 Vgl. CPG 8501f.; Text: Lauchert, Canones, 29-34 (griechische Version); Turner, EOMIA 2/1, S. 56-79 in den verschiedenen lateinischen Rezensionen.

142 Ὅσοι δὲ μὴ μόνον ἀπέστησαν, ἀλλὰ καὶ ἐπανέστησαν καὶ ἠνάγκασαν ἀδελφοὺς καὶ αἴτιοι ἐγένοντο τοῦ ἀναγκασθῆναι, οὗτοι ἔτι μὲν τρία τὸν τῆς ἀκροάσεως δεξάσθωσαν τόπον, ἐν δὲ ἄλλῃ ἑξαετίᾳ τὸν τῆς ὑποπτώσεως, ἄλλον δὲ ἐνιαυτὸν κοινωνησάτωσαν χωρὶς προσφορᾶς, ἵνα τὴν δεκαετίαν πληρώσαντες τοῦ τελείου μετάσχωσιν· ἐν μέντοι τούτῳ τῷ χρόνῳ καὶ τὸν ἄλλον αὐτῶν ἐπιτηρεῖσθαι βίον (Lauchert, Kanones, 32).

143 Nach can. 11 (*De his qui praeter necessitatem praevaricati sunt aut praeter ablationem facultatum aut praeter periculum vel aliquid huiusmodi, quod factum est sub tyrannide Licinii, placuit synodo, quamquam humanitate probentur indigni, tamen eis benivolentiam commodari. Quodquod ergo veraciter paenitudinem gerunt, fideles tribus annis inter audientes habeantur et sex annis omni humilitate succumbant, duobus autem annis praeter oblationem populo in oratione communicent.*) und 12 von Nizäa (325; Conciliorum Oecumenicorum Generaliumque Decreta I, 25f.) gelten sogar Bußzeiten von 12-13 Jahren für *lapsi*. Diese beiden Canones von Nizäa werden in der Sammlung von Arles (aus der zweiten Hälfte des 5. Jh.s; sog. 2. Arelatense; vgl. Schäferdiek, Konzil von Arles; Mathisen, Second Council of Arles [er weist die Entstehung der Sammlung einer Synode in Arles unter westgotischer Herrschaft zu]) als can. 10 (und 11) wieder aufgegriffen. Vgl. Gaudemet, Épaone, 536.

144 Die kanonische Sammlung des Dionysius Exiguus (Ende 5. Jh., Rom) markiert den Beginn westlicher Kanonessammlungen; vgl. zu der Entwicklung Hess, Canon Law, 35-59.

gegriffen wurde, ist unklar. So wird in can. 6 der Sammlung von Laodicaea (Mitte 4. Jh.) von den Novatianern, Photinianern und Quartodezimanern gefordert, sie sollten zunächst ihre Häresie verurteilen und das Glaubensbekenntnis lernen. Dann könnten sie zur Abendmahlsgemeinschaft zugelassen werden. Diese wohl allgemeine Praxis des Ostens gibt auch der sogenannte can. 7 von Konstantinopel wieder[145]:

> Arianer, Macedonianer und Novatianer, die sich selbst „die Reinen" und „die Besten" nennen, Quartodezimaner oder Tetraditen sowie Apollinaristen nehmen wir auf, wenn sie Bescheinigungen vorlegen und jede Häresie verwerfen, die nicht wie die heilige, katholische und apostolische Kirche Gottes gesinnt ist. Sie werden zuerst versiegelt bzw. mit dem heiligen Myron an der Stirn, den Augen, den Nasenflügeln, am Mund und den Ohren gesalbt. Und während wir sie versiegeln, sagen wir: „Siegel der Gabe des heiligen Geistes".

> Eunomianer aber, die nur mit einer Immersion getauft wurden, Montanisten, die hier „Phrygier" genannt werden, Sabellianer, die die „Sohn-Vaterschaft" lehren und andere widerwärtige Sachen machen und alle anderen Häresien, denn es sind viele hier, insbesondere die aus dem Land der Galater kommen, alle, die von ihnen zur Orthodoxie übertreten wollen, nehmen wir wie Heiden auf. Am ersten Tag machen wir sie zu Christen, am zweiten zu Katechumenen, danach am dritten vollziehen wir den Exorzismus an ihnen durch dreifaches Anblasen ins Gesicht und in die Ohren. Und so unterweisen wir sie, indem wir dafür sorgen, daß sie in der Kirche verweilen und die Schriften hören, und danach taufen wir sie.

---

145 Ἀρειανοὺς μὲν καὶ μακεδονιανοὺς καὶ ναυατιανούς, τοὺς λέγοντας ἑαυτοὺς ‚καθαροὺς' καὶ ‚ἀριστεροὺς' καὶ τοὺς τεσσαρεσκαιδεκατίτας ἤγουν τετραδίτας, καὶ ἀπολλιναριστάς, δεχόμεθα διδόντας λιβέλλους καὶ ἀναθεματίζοντας πᾶσαν αἵρεσιν, μὴ φρονοῦσαν ὡς φρονεῖ ἡ ἁγία τοῦ θεοῦ καθολικὴ καὶ ἀποστολικὴ ἐκκλησία, σφραγιζομένους, ἤτοι χριομένους πρῶτον τῷ ἁγίῳ μύρῳ, τό τε μέτωπον καὶ τοὺς ὀφθαλμοὺς καὶ τὰς ῥίνας καὶ τὸ στόμα καὶ τὰ ὦτα· καὶ σφραγίζοντες αὐτοὺς λέγομεν· ‚σφραγὶς δωρεᾶς πνεύματος ἁγίου.' Εὐνομιαμοὺς μέντοι, τοὺς εἰς μίαν κατάδυσιν βαπτιζομένους, καὶ μοντανιστάς, τοὺς ἐνταῦθα λεγομένους ‚Φρύγας', καὶ σαβελλιανούς, τοὺς ‚υἱοπατορίαν' δοξάζοντας καὶ ἕτερά τινα χαλεπὰ ποιοῦντας, καὶ πάσας τὰς ἄλλας αἱρέσεις, ἐπειδὴ πολλοί εἰσιν ἐνταῦθα, μάλιστα οἱ ἀπὸ τῆς Γαλατῶν χώρας ἐρχόμενοι, πάντας τοὺς ἀπ' αὐτῶν θέλοντας προστίθεσθαι τῇ ὀρθοδοξίᾳ, ὡς Ἕλληνας δεχόμεθα· καὶ τὴν πρώτην ἡμέραν ποιοῦμεν αὐτοὺς χριστιανούς, τὴν δὲ δευτέραν κατηχουμένους· εἶτα τὴν τρίτην ἐξορκίζομεν αὐτοὺς μετὰ τοῦ ἐμφυσᾶν τρίτον εἰς τὸ πρόσωπον καὶ εἰς τὰ ὦτα· καὶ οὕτω κατηχοῦμεν αὐτούς, καὶ ποιοῦμεν χρονίζειν ἐν τῇ ἐκκλησίᾳ καὶ ἀκροᾶσθαι τῶν γραφῶν, καὶ τότε αὐτοὺς βαπτίζομεν. Text und Übersetzung aus Ohme, Concilium Quinisextum, 282f. Dieser Canon ist ein Auszug aus einem Brief aus der Mitte des 5. Jh.s aus Konstantinopel an Martyrius von Antiochien; er wird wieder aufgenommen in der Sammlung des Trullanum (692 n.Chr.), can. 95. Vgl. Ohme, Concilium Quinisextum, 67-71; Hess, Canon Law, 49.

Aber auch in westlichen Sammlungen gibt es vergleichbare Bestimmungen, die im Grunde nur den orthodoxen Glauben fordern und die Frage einer notwendigen Taufe behandeln[146]; andere werden nur gesalbt. Verglichen damit fallen die Anforderungen an die Häretiker auf der Synode von Epao wiederum viel härter aus, da man offenbar die Bestimmungen zur Wiedereingliederung der *lapsi* zugrunde legte. Warum das der Fall war, läßt sich nur vermuten. Auch wenn im can. 29 von Epao nur allgemein von „Häretikern" die Rede ist, hatte man anscheinend vor allem den „arianisch"-homöischen Glauben der Burgunder vor Augen. Offenbar sah man den „Abfall" der Burgunder zum häretischen Glauben eher im Kontext des früheren „Abfalls" zum (heidnischen) Glauben der Römer, ausgelöst durch den äußeren Zwang und die politischen Umstände, weniger im Kontext der Häresiefrage. Entsprechend wird auch in Epao vom Rückkehrenden kein Bekenntnis oder keine schriftliche Vorlage des eigenen rechten Glaubens verlangt, sondern es werden Bußbestimmungen angewandt[147]. Streng genommen betraf dieser Canon auch nur Personen, die früher katholisch waren, sich dann einer Häresie anschlossen und nun wieder zur katholischen Kirche zurückkehren wollten. Wie mit Konvertiten umzugehen ist, die zuvor nicht katholisch waren, sondern z.B. aus dem „arianisch"-homöischen Kontext der Burgunder kamen, ist eigentlich unklar, da nicht ersichtlich ist, ob der Canon auch auf diesen Personenkreis anzuwenden ist. Vielleicht diente der Canon vielmehr als Abschreckung für „Wende-Christen", die ihre Konfession nach der politischen Situation ausrichteten und mal katholisch, mal „arianisch"-homöisch waren.

Die Synode fordert aber nicht eine nochmalige Taufe der Konvertiten; die Taufe in der homöisch-„arianischen" Kirche der Burgunder wird anerkannt. Dies ist neben den theologischen Unterschieden ein Merkmal, das die beiden Kirchen voneinander trennte und das Avitus seinen Geg-

---

146 Can. 9 von Arles (314): „Bezüglich der Afrikaner, die nach ihren eigenen Gebräuchen leben, wird beschlossen: Kommt ein Häretiker zur Kirche, frage man ihn nach dem Glaubensbekenntnis. Wird aus der Antwort klar, dass er auf die heilige Dreifaltigkeit getauft wurde, ist ihm lediglich die Hand aufzulegen, damit er den heiligen Geist empfange. Weiß er auf die Frage nach dem dreieinigen Gott keine Antwort, ist er zu taufen." (Übersetzung Limmer, Konzilien, 54); ferner can. 1 von Orange (Arausiacum, 441 n.Chr.) = can. 26 von Arles (2. Arelatense); can. 9 (Novatianer); 16 (Photinianer); 17 (Bonosianer) von Arles (2. Arelatense).

147 Das ist insgesamt sicher auch ein indirekter Hinweis darauf, wie sehr sich die Burgunder als Teil des Römischen Reichs verstanden. Zur Frage der „Verfolgung" der katholischen Christen s.u. S. 110f.

nern auch vorwarf[148]. Ist die Taufe liturgisch korrekt trinitarisch vollzogen, ist sie für ihn und für die Synode gültig. Die bei den Burgundern praktizierte Häretikertaufe ist ein Element aus der östlichen Tradition des homöischen Christentums[149], das bei den Goten, Burgundern und Vandalen beibehalten wurde[150]. Es ist eines der wenigen Merkmale, wodurch die homöische Kirche sich im Alltag von der katholischen unterschied und diese Differenz für den gewöhnlichen Kirchgänger sichtbar wurde.

Außer diesem Unterschied in der Taufpraxis gab es kaum Merkmale, die die Kirchen voneinander unterschieden – der Wechsel von einer Konfession zur anderen dürfte daher reibungslos geschehen sein. Hinzuweisen ist noch auf die sogenannte kleine Doxologie im Gottesdienst, die inzwischen modifiziert worden war. In der homöischen Kirche wurde die traditionelle sogenannte präpositionale Form gesprochen: „Ehre sei dem Vater *durch* den Sohn *im* Heiligen Geist". Die katholische Kirche jedoch übernahm die zur Zeit des Basilius von Cäsarea aufkommende Fassung „Ehre sei dem Vater *und* dem Sohn *und* dem heiligen Geist", um jegliche Ansätze zu einer trinitarischen Differenzierung und Unterordnung auszuschließen. Diese feine Differenz in der gottesdienstlichen Liturgie führte im Reich der Burgunder zu einer theologischen Debatte, wie es aus den Fragmenten des Avitus ersichtlich ist (s.u. Teil IV) und war wohl der offensichtlichste Unterschied zwischen den Konfessionen[151].

---

148 Vgl. die Aussage in ep. 7, daß die „Arianer" die Taufe verdoppeln, und unten die Aussage in Frgm. 19, Z. 56-72: „So können wir also nicht von zwei Göttern reden wie auch nicht von zwei Glauben oder zwei Taufen. … Ihr (der Taufe) wahren wir ihre Würde auch bei der Aufnahme von Bonosiakern und anderen, sofern sie bekunden, im Namen des Vaters und des Sohnes und des heiligen Geistes getauft zu sein." Zu diesem Fragment s.u. S. 223-225.

149 Vgl. Schäferdiek, Germanenmission, 522 (Belege!); ders., Gotischer Arianismus, 593. Frühes Zeugnis für die (erneute) Taufe der Häretiker ist Tertullian (*De baptismo* 15): Da die Häretiker Irrglauben vertreten, sei auch deren Taufe ungültig. Das Problem wurde im sogenannten Ketzertaufstreit und dann im donatistischen Streit im Westen heftig diskutiert und fand auf der Synode von Arles 314 eine Entscheidung: Eine trinitarisch vollzogene Taufe ist gültig, auch wenn sie von Häretikern oder Ketzern gespendet wurde (can. 9; 28; s.o. Anm. 146). Diese Position wurde von Augustinus im Zusammenhang seiner Auseinandersetzungen mit den Donatisten ausgebaut, aber diese westliche Entscheidung wurde im Osten so nicht rezipiert. Vgl. dazu Wendeburgh, Ketzertaufstreit; Yarnold, Taufe III. So belegt die Praxis der Häretikertaufe bei den Burgundern auf ihre Weise die Herkunft des „arianischen" Glaubens aus dem Osten.

150 Unklar ist aber die Sprachenfrage im Reich der Burgunder, ob nämlich hier auch die gotische Kirchensprache und Bibel angewandt wurden (vgl. Schäferdiek, Ulfila, 23 Anm. 104).

151 Dazu s.u. Kap. IV.3.

Ganz anders als in Personalfragen entscheidet Avitus über Kirchengebäude und liturgische Geräte aus dem Besitz der homöischen Kirche der Burgunder. Bedeutsam ist dafür ep. 7 des Avitus an Victorius von Grenoble, dessen Intention sich ungefähr auch mit can. 33 von Epao deckt. Der Brief dürfte in die kurze Zeitspanne zwischen dem Beginn der Herrschaft des Sigismund 516 und der Synode von Epao 517 zu datieren sein. Er benennt also Probleme, die nach dem Herrschaftsantritt des inzwischen katholischen Königs Sigismund entstanden waren. Offenbar hatte dieser Machtwechsel zur Folge, daß sich viele Sigismund anschlossen und ebenfalls katholisch wurden. Daher war nun zu klären, was mit den Gebäuden der homöischen Kirche der Burgunder geschehen sollte, falls deren Erbauer die Konfession gewechselt hatte[152]. Aufgrund der Bedeutung dieses Briefes für die Beschreibung der besonderen Situation im Reich der Burgunder wird er vollständig vorgestellt[153]. Avitus antwortet hier auf eine Anfrage des Victorius, die er zu Beginn des Briefes gleich referiert:

Avitus, ep. 7:

Avitus episcopus Victorio episcopo	Bischof Avitus an Bischof Victorius (von Grenoble)
Petisti, immo potius praecepisti, frater piissime, ut datis ad beatitudinem tuam litteris indicarem, 5 utrum haereticorum oratoria sive basilicae ad usus possent nostrae religionis aptari, cum conditores earum ad catholicam se legem erroris correctione 10 transtulerint.	Du batest oder vielmehr zwangst mich, frömmster Bruder, daß ich in einem Brief, gerichtet an deine Seligkeit, darüber informiere, ob die Kapellen oder Basiliken der Häretiker in den Dienst unserer Religion übernommen werden können, wenn ihre Gründer sich durch Korrektur ihres Irrtums dem katholischen Recht angeschlossen haben.
Digna profecto res, de qua tu consuleres, si ad respondendum idoneum repperisses. Quia iussisti tamen, reserabo in subditis, 15 quid consequens putem. Nec ea scilicet definitione, ut locum censendi aliis non reservem, si modo id, quod statuendum	Die Sache, nach der du fragtest, ist sicher von Bedeutung, falls du nur einen passenden Antwortgeber gefunden hättest. Weil du es mir jedoch befohlen hast, werde ich im folgenden eröffnen, was sich meiner Meinung nach dazu ergibt. Aber dies freilich nicht in Form einer Bestimmung[154], so daß ich den

---

152 Dies bedeutete aber kein Ende der homöisch-„arianischen" Kirche in Burgund, wie aus diesem Brief ersichtlich wird.

153 MGH AA 6,2 35,6-39,20 Peiper. Vgl. Burckhardt, Avitus, 87-79.

154 Avitus will keiner synodalen Entscheidung vorgreifen; die bald danach einberufene Synode von Epao wird Entsprechendes regeln (s.u. S. 104f.).

crediderint, vel ratione perspicua 20 anderen den Raum für eine Entschei-
vel prolata de canonicis volumi- dung nicht vorbehalte – wenn sie nur
nibus auctoritate confirment. das, was sie meinen, festlegen zu müssen, entweder durch klare Vernunft-
gründe oder mittels der aus den Geset-
zesbüchern vorgebrachten Autorität
untermauern[155].

Istud quod de oratoriis vel basi- Was du bezüglich der privaten Kapellen
liculis privatis interrogasti, pe- und kleinen Basiliken[156] fragtest, das
rinde ut de ecclesiis eorum diffi- 25 läßt sich ebenso wie bezüglich ihrer
cile definitur. Hoc namque sua- (öffentlichen) Kirchen[157] schwer be-
dendum est catholicis regibus, stimmen. Denn katholischen Königen
quod de subiectis eorum fuerit ist das gleiche zu empfehlen, was für
constitutum. Unde primum ihre Untertanen bestimmt werden wird.
quaeso, si a principe regionis 30 Daher frage ich zunächst, ob wir, wenn
nostrae, cuius nobis deus praes- von dem Fürsten unserer Region, des-
titit in vera religione consensum, sen Zustimmung zur wahren Religion
sortis suae antistites consulantur, uns Gott verlieh[158], die Bischöfe seines
utrum respondere possimus fa- ererbten Machtbereichs gefragt würden,
bricas a patre suo haereticis in- 35 antworten können, daß die von seinem

---

155 Auch Avitus selbst wird in seinem Brief sowohl Vernunftgründe als auch Argumente aus der Schrift einbauen.

156 Privatoratorien und private kleine Basiliken („Kirchlein" – so Schäferdiek, Das
Heilige in Laienhand, 252) sind Gebäude, die von Grundbesitzern auf ihrem
Landgut errichtet wurden. Vgl. die ähnliche Beschreibung in can. 5 der Synode
von Epao (Kleriker dürfen nicht ohne Erlaubnis ihres Bischofs Dienst in einer
fremden Diözese leisten): *basilicis aut oratoriis* (168,13 Peiper); can. 25 (über die
Mindestausstattung inklusive eines Psalmisten, falls Reliquien in Privatoratorien
aufbewahrt werden): *in oratoribus villaribus* (171,6 Peiper)! Die Anfrage richtete sich
offenbar zunächst nur an die privaten Kirchengebäude, da oben zu Beginn des
Briefes (Z. 8-11) explizit deren Gründer und ihr Konfessionswechsel angesprochen werden. Es geht also um das Problem, wie mit Gebetsstätten, die vermö-
gende burgundische „Arianer" errichtet hatten, zu verfahren sei, nachdem ihr
Grundherr die Konfession gewechselt hatte. Zur Frage des hiermit oft verbunde-
nen Gedankens des sogenannten „Eigenkirchenwesens" als angeblich typisch
germanische Erscheinung s.u. S. 105, Anm. 182 und den Aufsatz von
Schäferdiek.

157 Die hier von den privaten Kapellen und Basiliken abgesetzten *ecclesiae* sind offenbar die Kirchen, die unter die Zuständigkeit des Königs fallen (Schäferdiek, Das
Heilige in Laienhand, 258 Anm. 39). Avitus erweitert die Anfrage also auch auf
diese Kirchen.

158 Gemeint ist die Bekehrung Sigismunds, s.o. S. 57-65.

stitutas catholicis debere partibus adplicari. Quod si aut nos
suadeamus aut ille consentiat,
persecutionem in se commotam
haeretici non inmerito causa-   40
buntur. Cum catholicam man-
suetudinem calumnias haereticorum atque gentilium plus deceat
sustinere quam facere, quid
enim tam durum, quam si illi,   45
qui aperta perver-sitate pereunt,
de confessione sibi aut martyrio
blandiantur? Et quia post nostri
quoque regis obitum, cui deus
tribuat felicissimam longaevita-   50
tem, si quidem nihil de processu
temporum immutabile credi debet, poterit forsitan haereticus
quicumque regnare, quicquid
persecutionis locis personisque   55
commoverit, non sectae suae

Vater[159] den Häretikern errichteten
Stätten der katholischen Seite zugesprochen werden müssen. Denn wenn
wir (ihn) dazu überreden oder er dem
zustimmt, werden sich die Häretiker
nicht zu Unrecht beschweren, daß eine
Verfolgung gegen sie im Gange sei. Da
es der katholischen Milde eher zusteht,
die Schikanen der Häretiker und Heiden auszuhalten, als selbst diesen solche zu bereiten, was gäbe es Mißliche-
res, als wenn jene, die in offenkundi-
gem Fehlglauben vergehen, sich mit
Verweis auf ihr Bekenntnis oder Martyrium schmeicheln könnten?[160] Und weil
nach dem Tod unseres Königs, dem
Gott ein langes und sehr glückliches
Leben gebe, – da man ja im Wechsel
der Zeiten nichts für unveränderlich
halten darf – vielleicht irgendein Häretiker herrschen könnte[161], dann wird es

---

159 Gemeint ist Gundobad. Avitus fragt also hier zunächst, ob Kirchengebäude, die
von dem „arianisch"-häretischen König Gundobad, Sigismunds Vater, neu errichtet wurden, von der katholischen Kirche verwendet werden können bzw. ob
die Bischofskollegen des Avitus dies gegenüber Sigismund einfordern wollten,
falls er danach fragen würde. Unten geht er auf die Frage ein, ob ursprünglich katholische Gebäude, die von den „Häretikern" benutzt wurden, wiederverwendet
werden können.

160 Avitus setzt also voraus, daß es auch nach dem Herrschaftsantritt des katholischen Königs Sigismund durchaus noch eine „arianisch"-homöische Kirche der
Burgunder gibt, die sich der Entscheidung Sigismunds nicht angeschlossen haben.

161 Sowohl der Bruder als auch der Sohn von Sigismund waren nicht katholisch.
Avitus bietet hier also eine sehr realitätsnahe Sicht der Verhältnisse (dazu s.o. S.
41f.). Vgl. dagegen die selbstbewußten Aussagen in can. 34 der Synode von Orléans (538, unter der Herrschaft der Franken): *iudex civitatis vel loci si aereticum aut
Bonosiacum vel cuiuslebet alterius aerisis sacerdotem quamcumque personam de catholicis
rebaptizasse cognoverit et, quia regis nos constat habere catholicus (!), non statim rebatizantis
adstrinxerit et ad regis sedem adque iustitiam propterea distringendus adduxerit, annuali
excommunicatione subdatur.* (MGH Concilia 1, 83, 7-11 Maasen) „Wenn ein weltlicher Richter in der Stadt oder auf dem Land erfährt, daß ein Häretiker, ein Anhänger des Bonosius oder ein Priester einer beliebigen anderen Sekte jemanden
von den Katholiken wiedergetauft hat, muß er diesen sofort seiner Bestrafung zuführen, denn bekanntlich haben wir ja einen katholischen König (!). Tut er das
nicht, so ist er für ein Jahr zu exkommunizieren." (Übersetzung Limmer, Konzilien, 224).

studio, sed ex vicissitudinis retributione fecisse dicetur, et nobis etiam post mortem gravandis ad peccatum reputabitur, quicquid fuerit perpessa posteritas. 60

Et forsitan adiciet divina miseratio, ut proles principis, de quo loquimur, per receptam fidei plenitudinem catholicum sequatur auctorem. Quid tamen, si nunc quisquam de vivis regibus legis alienae ulcisci in regione sua similiter velit, quod hic sacerdotibus suis doluerit inrogari? 65 70

Aut si quis huiusmodi metum ridens in haec verba prorumpat: utar gloria temporis mei: prospiciat statui suo subsequens aetas! – si qui talia secum tractat, paulisper mihi redhibeat quam postulo rationem: ut haeretici nobiscum veritatem receperint, recipiantur. 75 80

Lucidissima salus est, quia, sicut scriptum est: *credidi, propter quod locutus sum* (Ps 115,1 LXX). Praecedit fides locutionem et sequitur confessio credulitatem (vgl. Röm 10,17); et per inpositionem manus sacerdotalis pravitatis amissio fidei redditur plenitudo. Res autem insensibilis, quae primum innovata pol- 85 90

heißen, daß er alles, was er an Plätzen und Personen mit Verfolgung belegt, nicht aus Eifer für seine Sekte, sondern nur zur Wiedergutmachung getan habe, und uns wird noch nach dem Tod das als Sünden zur Last gelegt werden, was die Nachwelt zu ertragen hat.

Und vielleicht wird es das göttliche Erbarmen fügen, daß der Sohn des Fürsten, von dem wir sprechen, durch die Annahme der Fülle des Glaubens seinem katholischen Vater nachfolgt. Was geschieht aber, wenn jetzt einer von den benachbarten Königen unter fremdem Gesetz[162] in seinem Gebiet in der gleichen Weise das zu vergelten beschließt, dem er hier voller Schmerz seine Priester ausgesetzt sieht?

Oder wenn jemand, eine derartige Furcht verlachend, sich zu folgenden Worten versteigt: „Ich genieße den Ruhm in meiner Zeit, soll doch die folgende Zeit für ihre eigene Situation sorgen!" – wenn jemand es so für sich handhabt, so soll er mir für den Moment die Rechenschaft ablegen, die ich einfordere: „Wie die Häretiker unsere Wahrheit annehmen, so sollen sie angenommen werden."[163]

Das Heil ist äußerst klar, weil, wie geschrieben steht, „ich habe geglaubt, weil ich geredet habe." Der Glaube geht dem Sprechen voran und das Bekenntnis folgt der Gläubigkeit; und durch die Auflegung der priesterlichen Hand wird aus dem Verlust des Verkehrten die Fülle des Glaubens. Bei einer unbelebten Sache aber, die zuerst bei erneuter Verwendung verunreinigt

---

162 „Arianische" Nachbarkönige: Avitus kann an die Ostgoten und auch Westgoten denken.

163 Avitus beginnt eine Zwischenbemerkung die Person des Häretikers betreffend: Dieser ist aufzunehmen, wenn er selbst den rechten Glauben annimmt. Anderes gilt aber für Gegenstände und Gebäude (*res autem insensibilis*), wie Avitus dann (Z. 89f.) ausführen wird.

luitur, ignorare me fateor, qua deinceps sanctificatione purgetur.

Dico certe, si potest pollutum ab haereticis altare sacrari, posse et panem, qui super illo positus est, ad sacrificia nostra transferri. Id primitus haereticis conceditur: fecit transitum ad repromissionem divinam libertate gaudens; dimittit Aegyptum ad fidem rectam felici mutatione transmigrans; reliquit potius mala, quam attrahat <...>.

.

Cum aliquid non legitimum inpurgabili confertur horrori, gravant magis polluta contactum, quam capiant a tangente remedium. Unde et in Aggaeo propheta: *Haec dicit dominus exercituum: Interroga sacerdotes legem dicens: Si sustulerit homo carnem sancti-*

95

100

105

110

wurde[164], gestehe ich, daß ich nicht weiß, durch welche Heiligung sie dann wieder gereinigt wird.

Ich sage, daß, falls ein Altar, der von Häretikern verunreinigt wurde, wieder geheiligt werden kann[165], sicher auch das Brot, welches auf diesem liegt, unseren Opfergaben übergeben werden kann. Dies wird zuerst den Häretikern zugestanden: Er (der Häretiker) wechselt hinüber zur göttlichen Verheißung, erfreut über die Freiheit, verläßt Ägypten und wendet sich in glücklicher Verwandlung dem richtigen Glauben zu, läßt lieber Übel hinter sich, als daß er (sie) mitnimmt <...>.

Wenn etwas unrechtmäßig mit Entsetzlichem, was nicht gereinigt werden kann, in Berührung gebracht wird, so belasten beschmutzte Sachen das Berührte eher, als daß sie durch Berührung Erleichterung erfahren[166]. So auch beim Propheten Haggai: „So spricht der Herr der Heerscharen: Frage die

---

164 Der Wechsel zum katholischen Glauben ist für Personen möglich, aber bei Gegenständen wie den Kirchengebäuden (unten geht Avitus noch gesondert auf die kultischen Geräte ein) nicht.

165 Falls dies möglich wäre – Avitus wird das in Abrede stellen. Avitus beginnt in mehreren Gedankengängen, die (Un-)Reinheit des „arianischen" Gebäudes zu erörtern: mit der alttestamentlichen Reinheitsvorstellung; mit der Beschreibung der Kirche als „Jungfrau" und nicht als Hure (1Kor 6,15f.; 2Kor 11,2); mit dem Verweis auf den noch nicht zugerittenen Esel Jesu (Mt 21,5) und auf das noch unbenutzte Grab Jesu (Mt 27,60). Seine Empfehlung, die Gebäude nicht zu nutzen, folgt ab Z. 230.

166 Unreine Dinge verunreinigen eher andere und übernehmen nicht die Reinheit von reinen Dingen; Unreines hat also mehr Macht als Reines. Neben der politischen Begründung liefert Avitus also auch eine Begründung, die auf kultischem Reinheitsdenken basiert. Dies ist eine außergewöhnliche Argumentation, die auf alttestamentliches Gedankengut zurückgeht; vgl. Num 19,20 („Alles, was der Unreine berührt, wird unrein werden, und wer ihn berührt, soll unrein sein bis zum Abend.") und Hagg 2,10-13. Für das Christentum hat Paulus diesen Gedanken durchbrochen, z.B. in seinen Überlegungen zur Ehe eines Christen mit einem Nichtchristen (1Kor 7,14): Von dem christlichen Partner geht reinigende Kraft auf den nichtchristlichen Partner über. Vgl. dazu Hartmann, Reinheit; Stausberg, Rein und unrein; Seidl, Rein und unrein.

ficatam et tetigerit de summitate eius
panem aut quodcumque aliquid, 115
numquid sanctificabitur? Respon-
dentes autem sacerdotes dixerunt:
Non. Et dixit Aggaeus: Si tetigerit
pollutus ex omnibus his, numquid
contaminabitur? (Haggai 2,11-14) 120
Id est panis, qui dudum sanctus
extiterat. *Et dixerunt sacerdotes:*
Contaminabitur.

Qua propter coniciendum est, si
potest ille panis in his altaribus 125
consecrari, quem si consecratus
panis tetigerit, redditur inquina-
tus. Malachias quoque propheta
sic dicit: *Si offeratis caecum ad*
immolandum, nonne malum est? Et si 130
offeratis claudum, nonne malum est?
Et paulo post: *Maledictus,* inquit,
dolosus, qui habet in grege suo mascu-
lum, et votum faciens immolat debile
domino. (Mal 1,8.14) 135

Quid hoc iudicio sincerius? quid
tali auctoritate manifestius? Fa-
brica, quam iterata cupis innova-
tione praesumere, si sana est,
quid benedicitur? si languida, cur 140
offertur? Quantumcumque mu-
nera a malis oblata in bonum
trahere concupiscas, sequi te ad
sanctitatem clauda non poterunt.
Dicit apostolus *despondisse se uni* 145
viro virginem castam exhibere Christo
(2Kor 11,2), id est ecclesiam.
Ecclesia porro, quae haereticorum fuit, etsi licet meliori re-
nubere, non erat virgo. Cur ergo 150

Priester nach dem Gesetz und sage:
‚Wenn einer geweihtes Fleisch trägt und
mit seinen Fingern Brot oder etwas
anderes berührt,' wird das etwa geheiligt? Die Priester aber antworteten und
sprachen: ‚Nein.' Und Haggai sagte:
‚Wenn ein Verunreinigter etwas von
dem allen berührt, wird es etwa befleckt
werden?'" Gemeint ist das Brot, das
gerade geweiht wurde. „Und die Priester sagten: ‚Es wird befleckt werden.'"
Daher muß überlegt werden, ob jenes
Brot, welches unrein bleibt, wenn es
schon geweihtes Brot berührt, auf
diesem Altar geweiht werden kann[167].
Auch der Prophet Maleachi redet folgendermaßen: „Wenn ihr etwas Blindes
zum Opfer darreicht, ist das nicht
schlecht? Und wenn ihr etwas Lahmes
opfert, ist das nicht schlecht?" Und
bald danach sagt er: „Verflucht ist der
Betrüger, der in seiner Herde ein kräfti-
ges Tier hat, ein Gelübde ablegt und
dem Herrn ein entkräftetes Tier opfert."

Was ist aufrichtiger als dieses Urteil?
Was ist klarer als diese Autorität? Das
Gebäude, welches du anstrebst, ein
weiteres Mal zu erneuern, wenn es rein
ist, wozu wird es gesegnet[168]? Wenn es
baufällig ist, warum wird es angeboten?
In welchem Maß auch immer du die
Gaben der bösen Leute dem Guten
zuführen willst, so können sie dir doch
als „Erlahmte" nicht in die Heiligkeit
folgen. Der Apostel sagt, er habe einem
einzigen Mann die Jungfrau verlobt, um
sie als Reine Christus zuzuführen, d.h.
die Kirche. Eine Kirche nun aber, die
den Häretikern gehörte, ist, auch wenn

---

167 Nicht einmal das Brot des Altars (s.o. Z. 95-97) ist also rein und verwendbar.
168 Unten sagt Avitus, daß eine Segnung Verunreinigtes nicht reinigen kann. Auch
   der Akt einer zweiten Kirchweihe (vgl. Z. 225f. *dedicationes*) reinige also das Gebäude nicht von seinem Makel.

appetat sacerdos illicita, qui
prorsus a contactu repudiatae et
viduae prohibetur? Post hinc in
exitia sera coniunctio est. *Qui
sociatur,* inquit, *meretrici, unum*   155
*corpus efficitur. Nec tollam membra
Christi et faciam membra meretricis.*
(1Kor 6,15f.) Vide si possit iunc-
tis sibi Christi membris meretrix
adintegrari, in cuius corpus unita   160
Christi, id est Christiani, per
pollutionem membra vertuntur.
Unde et alio loco apostolus dicit
talem se *ecclesiam velle, quae non
habeat maculam aut rugam aut*   165
aliquid huiusmodi. (Eph 5,27)
Numquid ullo pacto poterit
istud de haereticorum fabricis
dici?

Benedictio, quae rebus fide   170
carentibus ac pollutis inpenditur,
nec purgat maculam nec explicat
rugam. Immo magis, si paulo
attentius intuemur, caret macula,
quod simplum est novitate;   175
rugosum porro, quod iteratione
duplicatum est.

Rugam igitur talem negat sancta
sinceritas et Adam veterem
exuens novo quod offertur   180
homini conparatur. Quam
novitatem nobis auctoritas
testamenti novi evangeliorum
voce commendat. Unde etiam
ipsum sibi dominus sterni   185
pullum praecepit (vgl. Mt 21,5),
cui ante ipsum nullus insederat,

sie jemand besseren heiraten sollte,
keine Jungfrau. Warum also strebt ein
Priester nach Verbotenem, dem der
Kontakt mit Geschiedenen und Witwen gänzlich verboten ist? Nach einer
Phase im Verderben kommt die Verbindung zu spät. „Wer", sagt er, „sich
mit einer Hure verbindet, wird mit ihr
ein Leib. Aber ich werde keine Glieder
Christi nehmen und sie zu Gliedern
einer Hure machen." Schau, ob eine
Hure wieder rehabilitiert werden kann,
wenn sich die Glieder Christi mit ihr
verbinden: Wenn die Glieder Christi,
d.h. die Christen, mit ihrem Körper
vereinigt sind, werden sie an Verunrei-
nigung vergehen. Daher sagt der Apostel an einer anderen Stelle, er wolle die
Kirche so, daß sie weder Makel noch
Runzel oder irgendetwas derartiges
habe. Wird dies etwa auf irgendeine Art
über die Gebäude der Häretiker gesagt
werden können?

Eine Segnung, die für Dinge, die des
Glaubens ermangeln oder verunreinigt
sind, verwendet wird, bereinigt weder
den Makel noch entfernt sie eine Runzel. Vielmehr, wenn wir etwas aufmerk-
samer hinsehen, hat das keinen Makel,
was aufgrund seiner Neuheit[169] unver-
bogen ist; runzelig ist nun aber, was
durch erneute Verwendung gekrümmt
wurde.

Heilige Unversehrtheit verwahrt sich
daher gegen solche Runzeln, und den
alten Adam abzulegen ist zu vergleichen mit einem neuen Menschen, der
dargebracht wird. Diese Neuheit empfiehlt uns die Autorität des Neuen Te-
staments durch die Stimme der Evangelien. Daher ordnet der Herr auch an,
ihm gerade ein junges Tier zu satteln,
auf dem vor ihm keiner gesessen hatte,

---

169 Avitus stellt hier und im folgenden Absatz pointiert der abzulehnenden *innovatio*
die Neuheit – *novitas* gegenüber.

quem totius saecularis usus expertem feliciter redderent non inposita flagella subditum, sed exordia sancta mansuetum. Et ut ipsum quoque dominicae mortis mysterium novitatis honore non careat, *in monumento novo, quod in petra excisum est* (Mt 27,60), redemptricem nostram dominicam carnem legimus quievisse.

Quis ergo mihi persuadere conetur post horrores funeribus sepulchrum posse mundari? Quamvis putredinis humore siccato consumptis alba iam carnibus tumuli ossa tollantur, remanet inmunditia recordationi, etiamsi abesse putetur adspectus. Expulisti quidem morticinum dogmatis alieni et fortitudinem eius emortuo de sepulchro suo quasi ossa honore carentia proiecisti; sed puto, quod poni in faetoris diuturni reliquiis sacri corporis membra non debeant.

Et dices forsitan haereticos, si eis potestas detur, altaria nostra temerare. Verum est nec refello. Saeviunt quidem, cum possunt, foedis unguibus alienarum aedium pervasores. Sed vim intendere, loca pervadere, altaria commutare non pertinet ad columbam. Specialius ergo fugiam, quod licere sibi haereticus putat ab exemplo. Magis vitare convenit, quod hostis amplectitur. Nec mirum est, ut dedicationes geminare audeant, qui baptismata confrequentant. Quocirca non quid statuam, sed

welches, weil es jedes weltlichen Dienstes unkundig war, glücklicherweise keine auferlegten Peitschenhiebe, sondern heilige Anfänge zahm machten. Und damit auch das Geheimnis des Todes des Herrn selbst nicht der Ehre des Neuen ermangelt, lesen wir, daß das Fleisch unseres Herrn, das uns erlöst, „in ein neues Grabgebäude, das aus Stein gehauen wurde," gelegt wurde.

Wer also kann mich überreden, daß ein Grab nach dem Grauen wegen der Beerdigungsriten gereinigt werden kann? Auch wenn die weißen Gebeine aus dem Grab entfernt werden, nachdem das Fleisch schon vergangen ist und der Saft der Fäulnis eingetrocknet ist, bleibt das Unreine an der Erinnerung haften, auch wenn es äußerlich nicht sichtbar scheint. Du hast zwar das Aas einer fremden Lehre herausbefördert und ihre Stärke aus ihrem aufgelassenen Grab wie ehrlose Gebeine hinausgeworfen, aber ich meine, daß die Glieder eines heiligen Körpers nicht zu dem bleibenden Rest des Gestanks gelegt werden sollten.

Und du wirst vielleicht sagen, daß die Häretiker, wenn ihnen die Möglichkeit gegeben würde, auch unsere Altäre entweihen würden. Das ist wahr und ich widerspreche nicht. Sie wüten zwar, wenn sie können, mit gräßlichen Krallen als Eindringlinge in fremden Häusern. Doch Gewalt anzuwenden, Orte zu besetzen, Altäre umzuwidmen, das gehört sich nicht für eine Taube. Vor allem möchte ich vermeiden, daß ein Häretiker glaubt, dies sei ihm wegen des Beispiels erlaubt. Man soll vielmehr vermeiden, was der Feind gerne tun würde. Und es ist kein Wunder, daß diejenigen, die die Taufe wiederho-

quid optem, breviter indicabo.   230

Haeretici cultus loca pervadi nollem, cuperem praetermitti in morem ergastulorum, quae usu careant. Semper optandum est, non ut mutata transeant, sed 235 infrequentata torpescant. Salubri populorum correctione desertis maneat aeterna viduitas, nec umquam recipiatur a nostris, quod conversionis studio repudiatur a 240 propriis.

De ministeriis haereticorum, quae ab illis facta a nobis execrabilia iudicantur, id est patenis paterisque, quia quid censeam 245 rescribere me iussisti, validae quidem observationis exemplum est, quod legitur in heptatycho de turabulis peccatorum (vgl. Num 16f.), qui ignem inlicito 250 praesumentes incendio temporalis gehennae aeternam[171] signante consumpti sunt. Iacebant namque cineri prunisque permixta ad mortuorum iudicium 255 terroremque viventium vasa, quae diximus, et odoribus turis adsueta abominabilem immunditiam perversi usus faetore contraxerant. Tunc duci legifero 260 consulenti praecipit sermo divinus, ut haec infusa fornacibus et distenta per lamminas ornatibus sacri altaris adfigeret.

len[170], auch die Kirchweihe zu verdoppeln wagen. Darum will ich kurz kundgeben – nicht was ich anordne, sondern was ich wünsche: Ich möchte nicht, daß man in die häretischen Kultorte eindringt. Ich würde sie ungenutzt lassen wie Zuchthäuser, die nicht verwendet werden. Das ist immer wünschenswert, nicht daß sie verändert einem neuen Zweck zugeführt werden, sondern unbesucht verfallen. Ewige Witwenschaft soll denen bleiben, die nach der heilsamen Bekehrung der Bevölkerung verlassen wurden; und nie soll von den unseren übernommen werden, was in dem Eifer der Bekehrung von den ihren verschmäht wurde.

Über die Gerätschaften der Häretiker, die von jenen hergestellt, von uns als verabscheuungswürdig beurteilt werden, d.h. Patene und Kelch, da du befohlen hast aufzuschreiben, was ich meine, gibt es freilich ein Beispiel für eine kräftige Regelung, was im Heptateuch zu lesen ist im Abschnitt über die Pfannen der Sünder: Die, die unerlaubterweise Feuer wegnahmen, sind verzehrt worden durch den Brand der zeitlichen Vernichtung, der auf die ewige (Verdammnis) hinweist. Die Gefäße, die wir erwähnten, lagen unter Asche und Kohle gemischt als Urteil über die Toten und Warnung an die Lebenden, und obwohl die Gefäße an den Geruch von Weihrauch gewohnt waren, haben sie sich abscheuliche Unreinheit zugezogen durch den Gestank der verkehrten Verwendung. Darauf befahl das göttliche Wort dem gesetzbringenden Anführer (Mose), daß er die Gefäße in den Ofen geben und

---

170 Zur Taufwiederholung s.o. S. 91.
171 Hier wird mit S *aeternam* (Peiper *aeterna*) gelesen.

ausgewalzt zu Platten an den Schmuck des heiligen Altars anbringen soll.

Vides ergo, quod illic pariter erudimur usum execrabilem metallorum ad bonum, si ignibus careat, non posse transferri: adeo ad catholicam comparationem hoc praestat metallis ignis, quod sensibus fides. Unde et in psalmo propheta: *Ure renes meos et cor meum* (Ps 25,2). Reprehendat certe quispiam pro sensus sui discretione, quod sentio. Fateor ministeriis illis minime delectari, quae in superioris Galliae partibus ad ecclesias legis nostrae captiva venerunt, quaeque nil voluntarium, nil innocens praeferentia, si dolentibus rapiuntur, offerentibus prodesse non poterunt.

265

270

275

280

Du siehst also, daß wir in diesem Fall ebenso belehrt werden, daß fluchwürdiger Gebrauch von Metall, wenn es kein Feuer gibt, nicht zum Guten überführt werden kann.[172] So sehr leistet dies bei der katholischen Zurüstung das Feuer bei Metall, was der Glaube bei den Gefühlen leistet. Daher auch der Prophet im Psalm: „Erprobe meine Nieren und mein Herz." Gewiß mag jemand angesichts des Unterschieds zu seiner Wahrnehmung das von sich wiesen, was ich meine. Ich bekenne, durch jene Gerätschaften keineswegs erfreut zu werden, die im oberen Gallien zu den Kirchen unseres Gesetzes als Beute kamen[173], und die, weil sie nichts freiwillig noch unschuldig an den Tag legen, wenn sie von denen geraubt wurden, die darüber grollen, denen, die sie (als Opfer) darbringen, nichts nützen können.

Cur mihi dicat victor: quod altaribus tuis exhibeo, quoquo libet ordine meum factum est, si iubetur: *Honora dominum de tuis iustis laboribus*? (Prov 3,9) Parum est de laboribus, nisi de tuis; parum est de tuis, nisi de iustis. Numquam oblata pronuntiem, quae antequam offerentur ablata sunt. Sed talia semper munera gratuler sanctis altaribus super-

285

290

Warum könnte ein Sieger mir sagen: „Was ich auf deine Altäre stelle, ist aus irgendeiner beliebigen Ordnung meines geworden", wenn geboten wird: „Ehre den Herrn mit deinen gerechte Taten." Es genügt nicht, daß es sich um Taten handelt, wenn sie nicht von dir sind, und es genügt nicht, von dir zu sein, wenn sie nicht gerecht sind. Möge ich nie als Opfer erklären, was gestohlen wurde[174], bevor es dargebracht worden

---

172 Avitus stellt also nicht nur in Aussicht, daß Gott diejenigen, die unerlaubterweise sich der liturgischen Gefäße der Häretiker bemächtigen, entsprechend bestraft werden, sondern verwehrt eine eventuelle Reinigung dieser Gefäße, da nur ein göttliches Feuer dies besorgen könnte.

173 Gemeint sind die Beschlüsse der Synode von Orleans (can. 10) aus dem Jahr 511, nach denen Kirchen und Kultgeräte häretischer Gemeinden beschlagnahmt wurden. Ansonsten gibt es keine Bestimmungen in der Canonesüberlieferung zum Umgang mit Kultgeräten von ehemaligen Häretikern (s.u. S. 103).

174 Man beachte die Gegenüberstellung *oblata – ablata*.

poni, qualibus religiosissimus princeps patriae nostrae ecclesias propriae regionis exornat. Plane non solum propriae, quia ei sua videtur, ubicumque catholica est, cum de thesauris suis lectissima quaeque producens in domini impendia curat, ut in his, quae ad sanctum ministerium pertinebunt, non magis pretiositas possit placere quam novitas.

Orandum quod restat est, ut longo tempore conpos votorum, opes sibi a deo creditas non in secretis molibus, sed in publicis muneribus possessurus, cum populo sibi subdito gaudens usibus sacris semper habeat, quod donavit.

295

300

305

310

ist. Aber möge ich mich immer genau so freuen, daß solche Geschenke auf die heiligen Altäre gelegt werden, mit welchen der so fromme Herrscher unseres Landes[175] die Kirchen seines Gebiets schmückt. Sicher nicht nur die seines Gebiets, denn es scheint ihm die seine zu sein, wo auch immer eine katholische ist, wenn er gerade das Erlesenste aus seinen Schätzen zu den Stätten des Herrn überführt und sorgt, daß bei den Sachen, die für den heiligen Dienst vorgesehen sind, der Wert nicht mehr gefallen kann als die Neuheit.

Was verbleibt, ist, daß man beten muß, daß er für lange Zeit im Besitz des Gewünschten bleibt, er das ihm von Gott verliehene Vermögen besitzen wird, nicht in Form von geheimen Anstrengungen, sondern von öffentlichen Ausgaben, und daß er, da er sich mit dem ihm untergebenen Volk freut, immer in heiligem Gebrauch halten wird, was er geschenkt hat.

Avitus spricht in seinem Brief ein klares Urteil über die Nutzung von Gebäuden und liturgischen Gefäßen ehemaliger „Arianer", auch wenn seine Begründung in Teilen etwas umständlich ausfällt: Weder Gebäude noch andere Gegenstände sind in der katholischen Kirche wiederzuverwenden; sie sind dem natürlichen Verfall zu überlassen. Er ist nicht bereit, in dieser Frage Abstriche zu machen, und gibt einen gewissen Stolz oder auch Unbeugsamkeit zu erkennen, auch wenn er zugibt, daß diese Frage schwer zu entscheiden ist (Z. 25f.). In seiner Antwort unterscheidet Avitus (Z. 23f.) zwischen *oratoriis vel basiliculis privatis*, also Privatoratorien und andere Landkirchen im Besitz eines Grundherrn, und den öffentlichen (königlichen) Kirchen (*ecclesiae*; Z. 25), die König Gundobad „für die Häretiker" errichten ließ (*fabricas a patre suo haereticis institutas* Z. 34-36), bemerkt aber grundsätzlich, daß mit allen Kirchengebäuden gleichermaßen zu verfahren sei. Dennoch geht Avitus zunächst auf die Königskirchen ein, um die Anfrage des Bischofs Victorinus zu problematisieren: Könnten die Bischöfe von König Sigismund einen Entscheid einfordern, Gundobads „häretische" Kirchengebäude der katholischen Kirche zu überschreiben?

---

175 Gemeint ist König Sigismund.

Avitus stellt dies in Abrede, indem er auf die schwierigen Konsequenzen eines solchen Entscheids hinweist: Er würde eine Beschwerdeflut der Häretiker nach sich ziehen, ihnen die Möglichkeit eröffnen, sich als Märtyrer zu stilisieren und überdies möglichen Racheakten Tür und Tor öffnen. Zwar sei Gundobads Sohn Sigismund, der jetzige König, zum katholischen Glauben übergetreten, aber man könne nicht wissen, ob sich diese Situation nach dessen Tod wieder ändere. Daher empfiehlt er, diese Kirchen sich selbst bzw. dem Verfall zu überlassen als „ewige Witwen", um den „Arianern" keinen Anlaß für eine Verfolgung zu liefern und ihnen keine Gelegenheit zu bieten, sich selbst über Verfolgung zu beklagen[176]. Auch läßt er das Argument nicht gelten, daß die „Arianer" selbst so handeln und Kirchen beschlagnahmen würden. Avitus stützt seine Ansichten mit Ausführungen zu kultischen Reinheitsvorstellungen (ab Z. 89), um eine Weiterverwendung jener Gebäude auszuschließen: Sind jene Kirchen durch Gottesdienste der Häretiker einmal verunreinigt worden, bestehe keine Möglichkeit einer Reinigung mehr. Nur neue Gebäude, die immer von Katholiken genutzt wurden, sollten zur Verfügung stehen. Analog schlägt er auch für die Kultgeräte vor, diese nicht mehr zu verwenden, sondern für verflucht zu halten (*a nobis execrabilia iudicantur* Z. 242f.). Es handelte sich um unerlaubtes, geraubtes Gut; er stellt dies auf eine Ebene mit Beutegut von Kriegszügen. So kommt er zu folgender Einschätzung[177]:

> Ich bekenne, mich keineswegs zu freuen über jene Kultgeräte, die *in superioris Galliae partibus* als Beute zu den Kirchen unseres Gesetzes kamen.

Wahrscheinlich meint Avitus hier die Kirchen der Gegenden (Aquitanien), die durch Eroberungen des katholischen Frankenkönigs Chlodwig (wieder) katholisch wurden, denn nicht alle waren offenbar der Meinung des Avitus, wie es die Beschlüsse der Synode von Orléans belegen[178]. In seinem Brief empfiehlt Avitus zum Schluß seinem Adressaten, sich vielmehr

---

176 Vgl. auch Gaudemet, Épaone, 535f.

177 *Fateor ministeriis illis minime delectari, quae in superioris Galliae partibus ad ecclesias legis nostrae captiva venerunt* (Z. 274-278).

178 Orléans, can. 10: *De hereticis clericis, qui ad fidem catholicam plena fide ac voluntate venerint, vel de basilicis, quas in perversitate sua Gothi hactenus habuerunt, id censuimus observari, ut si clereci fideliter convertuntur et fidem catholicam integrae confitentur vel ita dignam vitam morum et actuum probitate custodiunt, officium, quo eos episcopus dignos esse censuerit, cum impositae manus benedictione suscipiant; et ecclesias simili, quo nostrae innovari solent, placuit ordine consecrari.* (Concilia Merovingici 5,8-13 Maasen) „Wenn ehemals arianische Kleriker aus freien Stücken zur wahren Kirche zurückkehren, haben sie, wenn sie rechtschaffen sind, das geistliche Amt, dessen sie der Bischof für würdig hält, zusammen mit der Weihe durch Handauflegung zu erhalten; ihre Kirchen sind wie die unsrigen zu weihen." (Übersetzung Limmer, Konzilien, 171).

über die Geschenke und Ausstattungen, die Sigismund der Kirche spendet, zu freuen und für sein Wohlergehen zu beten.

Die Antwort des Avitus birgt auch etwas Heikles in sich. Indem er die Perspektive weg von den privaten Oratorien und Basiliken auf die königlichen Kirchen lenkt und sogar geraubtes Beutegut miteinbezieht, gerät die eigentliche Anfrage ins Hintertreffen, die sich nur auf jene von Privatpersonen errichteten kirchlichen Gebäude bezog, deren Gründer selbst die Konfession gewechselt hatten. Irgendwelche geraubten oder beschlagnahmten Güter standen in der Anfrage des Victorinus nicht zur Debatte. Versetzt man sich nun in die Person des konvertierten Grundbesitzers, so verlangt Avitus im Grunde von ihm, einen Neubau zu errichten und die von ihm zuvor gebaute Kapelle oder Landkirche entweder dem Verfall zu überlassen oder sogar abzureißen! So verbirgt sich hinter seinen recht pragmatischen Äußerungen zur kirchenpolitischen Lage eine sehr rigide Forderung, die für die jeweiligen Grundbesitzer aufwendige und kostspielige Konsequenzen haben würde. Seine tiefe Abneigung gegen „arianisch"-homöische Kirchen kommt in den kultischen Reinheitsvorstellungen deutlich zum Ausdruck. Aber er relativierte zugleich seine Einschätzung in dem Brief mit dem Hinweis, daß er in keiner Weise einer kirchlichen Entscheidung vorgreifen wolle und sich hier als Einzelperson äußerte.

Auf der Synode von Epao 517 in Burgund wurde tatsächlich doch etwas anders entschieden, als es Avitus hier durchsetzen wollte, obwohl sich seine Handschrift noch deutlich zeigt. In can. 33 heißt es[179]:

> Die Kirchen der Häretiker, welche wir für so sehr durch Fluch verhaßt halten, daß wir nicht an eine Reinigung von der Verschmutzung glauben, dürfen nicht zum heiligen Gebrauch verwendet werden. Wir können nur solche zurücknehmen, die sie den unseren mit Gewalt entrissen hatten.

Die erste Äußerung ist ohne weiteres als Kurzzusammenfassung der Ansichten von Avitus wiederzuerkennen. Die Konzession im zweiten Satz gestattete Avitus in seinem Brief ep. 7 nicht. Nach den dortigen kultischen Überlegungen wären eigentlich auch die Kirchen, die zuvor katholisch waren, durch ihren Kontakt mit den „Arianern" verunreinigt und unbenutzbar. Avitus mußte auf der Synode von Epao offenbar in diesem Punkt nachgeben und seine Meinung ändern, da die Mehrheit der Bischö-

---

179 *Basilicas haereticorum, quas tanta execratione habemus exosas, ut pollutionem earum purgabilem non putemus, sanctis usibus adplicare despicimus. Sane quas per violentiam nostris tulerant, possumus revocare* (MGH AA 6,2 172,18-20 Peiper). Übersetzung Limmer, Konzilien, 181. In der Realität hat sich die Ansicht des Avitus nicht durchgesetzt, wie sich z.B. auch bes. deutlich bei den wiederverwendeten Kirchen Theoderichs in Ravenna zeigt (s.o. S. 107f.).

fe hier anderer Ansicht war. Sie hatten wohl weniger Hemmungen als Avitus, ehemals katholische Kirchengebäude wieder zu nutzen, wenn sich die Möglichkeit dazu ergab, vielleicht auch angeregt durch die Beschlüsse der Synode von Orléans. Es könnte auch sein, daß während der Herrschaft von Sigismund viele Personen konvertierten, so daß auch ein gewisser Mangel an Kirchengebäuden geherrscht haben könnte.

Avitus läßt hier in ep. 7 also mit seinen Überlegungen zu der wechselnden Herrschaftssituation in Gallien weitsichtigen politischen Realismus erkennen[180], gepaart mit einem gewissen Rigorismus und einer Unbeugsamkeit, ehemalige häretische Gebäude nicht zu nutzen. Er hat sich in der burgundischen katholischen Kirche aber nicht ganz durchsetzen können.

Dieser Brief des Avitus ist insofern besonders interessant, als Avitus hier überhaupt von der Existenz doch wohl vieler privater Kapellen und Kirchen im Besitz vermögender burgundischer „häretischer" Grundherren ausgeht, sonst würde sich diese Frage gar nicht stellen. Einerseits entstammen diese Kirchengebäude der katholischen Kirche und wurden ihr mit Gewalt entrissen, so der can. 33 von Epao, andererseits gibt es aber auch neu errichtete Gebäude. Damit ist natürlich noch nichts über die dahinterstehende kirchliche Struktur oder auch die Ausstattung dieser Kapellen gesagt, aber eine gewisse liturgische Betreuung und Versorgung ist gewiß anzunehmen. Ein Blick auf die Canones jener Zeit kann die parallelen Entwicklungen auf katholischer Seite erhellen. In Epao wurde 517 festgelegt (can. 25)[181]:

> Reliquien von Heiligen dürfen in den ländlichen Oratorien nur aufbewahrt werden, wenn Kleriker bei den heiligen Gebeinen Psalmen singen können; sind keine Kleriker vorhanden, dürfen solche nur dann für die Oratorien geweiht werden, wenn in den Urkunden schriftlich für ihre Nahrung und Kleidung hinlänglich Mittel bereitgestellt sind.

Gutsoratorien sind also etwas Normales in jener Region und keine germanische oder „arianische" Besonderheit, wie es früher oft unter dem Stichwort „Eigenkirchenwesen" verhandelt wurde[182]. Diese Oratorien waren

---

180 Der Bruder des Sigismund, Godomar, war offenbar „Arianer", ebenso Sigismunds Sohn Sigistrix. Avitus könnte auch daran denken, daß eventuell die Ostgoten Burgund oder Teile davon erobern könnten.

181 *Sanctorum reliquiae in oratoriis villaribus non ponantur, nisi forsitan clericos cuiuscumque parrociae vicinos esse contingat, qui sacris cineribus psallendi frequentia famulentur. Quodsi illi defuerint, non ante proprie ordinentur, quam eis conpetens victus et vestitus substantia deputetur* (171,6-9 Peiper).

182 Zu der Frage der Eigenkirchen und der Rolle der Germanen vgl. Burckhardt, Avitus, 52f. und besonders die ausführliche Analyse von Schäferdiek, Das Heilige in Laienhand, 260: „Es besteht kein Anlaß, in ihrer Existenz (arianische Privatkir-

allerdings nicht selbstverständlich mit Reliquien ausgestattet. Es gab jedoch offenbar Bestrebungen, den privaten Andachtstätten „durch Deponieren von Reliquien und die dadurch vermittelte, objektiv vorgestellte Gegenwart von Heiligen einen höheren Rang und Wert zu geben."[183] Die Bischöfe der Synode haben das nicht verurteilt, aber eine liturgische Mindestausstattung gefordert, die wohl nicht immer vorhanden war. Über die Ausstattung und Einbindung der burgundischen Oratorien ist zwar nichts Konkretes bekannt, ähnliche Bestrebungen dürften aber anzunehmen sein.

Die von Avitus neben den Oratorien erwähnten Basiliken, dann auch von ihm verkleinernd *basiliculae* genannt (Z. 23f.), haben ebenfalls in dem Gutsherrn einen privaten Stifter, sind aber im Unterschied zu den Oratorien „reguläre Gottesdienststätten", wohl auch mit Taufrecht, so daß diese Landkirchen von vornherein vom Gutsherrn entsprechend ausgestattet gewesen sein müssen, damit in ihnen gottesdienstliche Pflichten ausgeübt werden konnten. Diese Basiliken gibt es vielerorts in Gallien, nicht nur in Burgund[184], aber eben auch bei den „arianisch"-homöischen Burgundern. So legen die Informationen, die sich aus diesem Brief des Avitus ergeben, nahe, daß man mit einer innerhalb von wenigen Jahrzehnten entwickelten eigenen Kirchenstruktur im Reich der Burgunder rechnen muß, die neben öffentlichen (vom König gestifteten) Kirchen auch viele private Oratorien und Landkirchen aufweist, deren Existenz einen „arianisch"-homöischen Klerus voraussetzt.

Insgesamt ist also ersichtlich, daß erstens die burgundisch-„arianische" Kirche offensichtlich über mehrere Kirchengebäude verfügen konnte, daß diese zweitens zum Teil aus konfiszierten Kirchen bestand, aber auch Neubauten waren. Deutlich ist bei diesen Überlegungen des Avitus, daß sich die „arianischen" und „katholischen" Kirchen als Gebäude in der baulichen Substanz und Gestaltung nicht voneinander unterschieden! Es gibt in den Texten keine Vorbehalte, die Kirchengebäude der anderen Konfession zu nutzen, weil man sie noch umbauen oder umgestalten müsse. So konnte man einer Kirche nicht ansehen, ob sie „arianisch"-

---

chen) mehr zu sehen als eine der Folgeerscheinungen des Einrückens burgundischer Optimaten in die Lebensverhältnisse des gallischen senatorischen Adels". Schäferdiek gelingt in seinem Aufsatz eine Neueinschätzung dieser „Eigenkirchen", die bislang als Sonderentwicklung aufgrund der neuen germanischen Reiche verstanden wurden, entstanden aus dem sog. germanischem Hauspriestertum oder Eigentempelwesen, aber inzwischen mit Schäferdiek entsprechend anders einzuschätzen sind „als gallische Ausformung und Weiterführung eines spätantiken Privatkirchenwesens" (S. 263).

183 Schäferdiek, Das Heilige in Laienhand, 253.
184 Schäferdiek, Das Heilige in Laienhand, bes. 256f.260-265.

homöisch war oder katholisch[185]. Irreführend ist die Meinung von Glaser[186]: „Mit der Anwesenheit von zwei unterschiedlichen Christengemeinden, mit Katholiken und Arianern, kann in einer Stadt dann gerechnet werden, wenn zwei Kirchen jeweils ein Baptisterium besitzen, wie z.B. in Ravenna oder in Grado. Dies war deshalb notwendig, weil sich in der Taufformel der Unterschied zwischen Katholiken und Arianern manifestierte. Nach Anschauung der Arianer war Christus dem Gottvater nur wesensähnlich (*homoiusios*) und nicht wesensgleich (*homoousios*). Daher empfangen bereits Getaufte bei Übertritt zum arianischen Glauben nochmals die Taufe. Der Kirchenvater Hieronymus und Gennadius überliefern die Taufformel für die arianische Wiedertaufe: ‚Ich taufe dich im Namen des ungeschaffenen Vaters, im Namen des geschaffenen Sohnes und im Namen des heiligmachenden Geistes, geschaffen vom geschaffenen Sohn.'" Abgesehen von dem Problem, ob eine andere Taufformel auch ein anderes Baptisterium erfordern würde: Die „Arianer" (besser Homöer, da sie von der Gleichheit [homoios-ὅμοιος] des Sohnes zum Vater ausgingen)

---

185 In der archäologischen Forschung wird gelegentlich der „Arianismus" besonders der Ostgoten bemüht, eine Vermehrung oder Verdoppelung von Kirchenbauten an einem Ort oder auch deren Bildprogramm zu erklären. So z.B. Franz Glaser für (nicht nur) die Doppelkirchen auf dem Hemmaberg in Kärnten (vgl. Glaser, Art. Hemmaberg; ders., frühchristliche Pilgerheiligtum; ders., Kelten - Römer – Karatanen; ders., Kirchenbau und Gotenherrschaft; vgl. dagegen aber Bierbrauer, Arianische Kirchen) und Sörries, Bilder der Orthodoxen, für die ostgotischen musivischen Kirchenbauten in Ravenna (vgl. auch Sörries, Auxentius und Ambrosius, über Mailand; Zanotto, Sant'Apollinare Nuovo; Rizzardi, L'arte dei Goti). Sörries bemüht in seiner Beschreibung von San Apollinare Nuovo, Ravenna, einerseits arianischen „Biblizismus": „Auf diese Schriftgemäßheit weisen auch die Apostel und Propheten in der mittleren Zone hin. Ihre codices und Schriftrollen dokumentieren die biblische Originalität. Schon damit will man sich von häretischen Spekulationen, welche eine unbiblische Homoousie des Sohnes mit dem Vater verkünden, absetzen." (S. 77). Es ist jedoch kein exklusives Merkmal der Homöer, sich auf die Schrift zu berufen! Andererseits meint er in den dargestellten Szenen des Lebens Jesu in der oberen Zone eine spezifisch gotische Glaubensvorstellung zu erkennen: „Entscheidend für die Goten ist das Vorbild Jesu, seine Lehre, die strenge Nachfolge des Jüngers sowie die daraus erwachsende sittlich, moralische Kraft, die das Leben meistert." (S. 79) Diese Glaubensvorstellung ist jedoch weder spezifisch arianisch, homöisch noch gotisch und wohl eine Überinterpretation des Bildprogramms, die überwiegend Jesus als göttlichen Wundertäter zeigen. Schließlich wird irreführend die homöische Subordination des präexistenten Sohnes Gottes als ein Christus mit „menschlicher Nähe" verstanden (S. 88). Vgl. auch kritisch bes. A. Urbano, Donation, 96, 99-108 und D. Mauskopf Deliyannis, Ravenna, 157f.

186 Arianische Kirchen, 84.

praktizierten zwar die Wiedertaufe[187], aber nicht mit einer anderen Formel; das Zitat stammt aus polemischen Unterstellungen, um die Unmög-
lichkeit der arianischen Thesen aus katholisch-nizänischer Sicht aufzuzei-
gen[188]. Nicht also eine andere Tauformel, sondern eher der gestiegene
Bedarf oder auch die Existenz paralleler Strukturen einer katholischen und
einer homöischen Kirche erklärt Verdoppelungen von Baptisterien. Und
nach dem Zeugnis des Avitus könnte, obwohl er das strikt ablehnt, theo-
retisch auch von Katholiken das homöische Gebäude benutzt werden.

Man kann also zur Zeit des Avitus davon ausgehen, daß inzwischen eine
durchaus organisierte Kirchenstruktur auch der burgundischen „Arianer"
vorlag mit einer klerikalen Struktur und eigenen, sogar jährlichen Synoden
in Genf, auch wenn Details darüber nicht überliefert sind. Im Zusammenhang mit einem Bericht über Gundobads Eroberung von Vienne, wo
sich dessen Bruder verschanzt hatte, erwähnt Gregor Godegisels Flucht in

---

187 Dazu s.o. S. 91.
188 Glaser beruft sich dafür auf Cuscito, La crisi ariana. Cuscito verweist in seinem
    Aufsatz auf S. 349 Anm. 102 und S. 352 Anm. 115 auf Hieronymus, *Contra
    Vigilantium* (PL 23, 362? [die Schrift Vigil. ist PL 23, 339-352 zu finden und be-
    handelt gar nicht die Taufe!]) und Gennadius von Marseille, *Liber ecclesiasticorum
    dogmatum* (PL 58, 997), wo aber keine „arianische Tauformel" zu finden ist. Die
    Existenz einer solchen Formel ist unwahrscheinlich, da die „katholische" Seite
    sich, wie auch Avitus, über die arianische „Wiedertaufe" beschwert und die Gül-
    tigkeit auch deren Taufe bestätigt. Und vgl. dagegen kritisch auch Marchesan-
    Chinese, La basilica, über eine ähnliche Diskussion über die Kirche an der Piazza
    Vittoria in Grado (S. 321f.). Eine entsprechende polemische Argumentation un-
    ter Hinweis auf die Taufe findet man z.B. schon bei Athanasius (decr. 31,2f.):
    „Und nirgendwo scheint er den Vater ‚ungeworden' zu nennen, sondern sogar,
    als er uns beten lehrte, da sagte er nicht: ‚Wenn ihr betet, dann sagt „Ungeworde-
    ner Gott"', sondern vielmehr: ‚Wenn ihr betet, dann sagt „Vater unser in den
    Himmeln!"'. Er wollte, daß auch die Zusammenfassung unseres Glaubens darauf
    hinausläuft. Denn er hat uns nicht befohlen, zu taufen auf den Namen des
    Ungewordenen und des Gewordenen, auch nicht auf den Namen des Unge-
    schaffenen und des Geschaffenen, sondern auf den Namen des Vaters und des
    Sohnes und des heiligen Geistes." καὶ οὐδαμοῦ φαίνεται τὸν πατέρα καλῶν
    ἀγένητον αὐτός, ἀλλὰ καὶ ἡμᾶς εὔχεσθαι διδάσκων οὐκ εἶπεν· ὅταν δὲ
    προσεύχησθε, λέγετε, θεὸς ἀγένητε', ἀλλὰ μᾶλλον, ὅταν προσεύχησθε,
    λέγετε· πάτερ ἡμῶν ὁ ἐν τοῖς οὐρανοῖς'. καὶ τὸ κεφάλαιον δὲ τῆς πίστεως
    ἡμῶν εἰς τοῦτο συντείνειν ἠθέλησεν· ἐκέλευσε γὰρ ἡμᾶς βαπτίζεσθαι οὐκ εἰς
    ὄνομα ἀγενήτου καὶ γενητοῦ οὐδὲ εἰς ὄνομα ἀκτίστου καὶ κτίσματος, ἀλλ' εἰς
    ὄνομα πατρὸς καὶ υἱοῦ καὶ ἁγίου πνεύματος. Und der von Cuscita mit Gregor
    dem Großen, reg. I ep. 43 angenommene „arianische Ritus" eines dreimaligen
    Untertauchens widerlegt dieser Brief selbst, da Gregor für Rom hier den Brauch
    des dreimaligen Untertauchens bezeugt.

eine Kirche der „Arianer", wo dieser dann zusammen mit dem dortigen „arianischen" Bischof (*cum episcopo arriano*) erschlagen wurde (II 33). Dieser Hinweis ist insofern interessant, als wir von einem „arianischen" Bischof in Vienne durch Avitus selbst nichts wissen. Jener Bischof könnte natürlich erst mit Godegisel in die Stadt gekommen, genausogut aber auch schon zuvor dagewesen sein. Tatsächlich spricht die Erwähnung von *ad ecclesiam hereticorum* eher dafür, von einer „arianisch"-homöischen Kirche in Vienne mit einem dafür zuständigen Bischof auszugehen. Godegisel dürfte kaum in eine erst beschlagnahmte Kirche fliehen! Dieses Ereignis weist eindeutig auf die einseitige und auch sporadische Überlieferung hin. So sind keine weiteren Persönlichkeiten dieser burgundischen Kirche außer den Mitgliedern der burgundischen Königsfamilie namentlich bekannt.

Insofern ist die Einschätzung von Mathisen[189], es habe keine „arianischen" Bischöfe im eigentlichen Sinn als Bischöfe eines Ortes oder einer Stadt gegeben, sondern nur Kleriker im Umfeld des jeweiligen Königs (der Westgoten, Ostgoten, Vandalen und Burgunder), zum Dienst für den König und das gentile Volk oder für die Soldaten zuständig, wohl doch zu korrigieren. Erstens ist die einseitige Überlieferung aus Sicht der katholischen „Sieger" in Rechung zu stellen, die kaum neutral, ausreichend oder gar wohlwollend über die Kirche der „Arianer" berichtet. Zweitens wäre eine Synode überflüssig, falls es sowieso nur eine Gruppe von Klerikern im Umfeld des Königs gegeben hätte. Drittens sind die angesprochenen Kirchengebäude sicher nicht nur für den Moment des Durchzugs „burgundischer" Truppen beschlagnahmt worden, sondern waren zum dauerhaften Gebrauch vorgesehen, zudem sich viertens das Problem der erneuten Verwendung durch die katholische Seite erst mit Sigismunds Bekehrung und Herrschaftsantritt stellte. Ferner kann nach den obigen Ausführungen die Existenz von privaten Kirchen nicht im Sinne einer „much looser ecclesiastical jurisdiction in the Arian as opposed to the Nicene church"[190] gedeutet werden. Mathisen schreibt: „As a result Arian bishops in barbarian kingdoms were nearly always ‚bishops without portfolio'. They were primarily attendant upon the king, as a sacerdotal college ..."[191] Das mag vielleicht für die Anfangszeit der Ansiedlung zutreffen, zumal Avitus von „Klerikern des Gundobad" sprechen kann und auch sonst meistens summarisch *sacerdotes* erwähnt, wie oben aufgeführt. In dieser Hinsicht ist jedoch zu berücksichtigen, daß Avitus in seinen Briefen

---

189 Mathisen, Barbarian Bishops and the Churches. Nach Mathisen gehörte der arianische Bischof in Vienne zum Gefolge von Godegisel („chief bishop of Godegisel's college" S. 688).

190 Mathisen, Barbarian Bishops and the Churches, 689.

191 Mathisen, Barbarian Bishops and the Churches, 692f.

auch in Bezug auf die katholische Kirche nie den Ausdruck *episcopus* verwendet[192], gelegentlich kommen *antistes* und die Bezeichnung „Bruder"
(*frater*) in übertragenem Sinn vor. Und mindestens für Burgund ist wohl
zur Zeit von Gundobad mit einer weiter ausgebauten Kirchenstruktur zu
rechnen, wie sie oben beschrieben wurde, auch wenn man keine Details
über die Ernennung eines Bischofs oder über die Anzahl der Bischöfe
oder über eine hierarchische Struktur kennt. Man könnte sich natürlich die
Leitung der homöischen Kirche auch in der Form eines Presbyter-
kollegiums vorstellen, aber das läßt sich weder positiv noch negativ belegen. Auch die Einschätzung von Mathisen, daß die „arianischen" Kleriker
„did not engage in the intellectual defense of Arianism" (S. 683), ist für die
Situation nicht nur in Burgund[193] zu korrigieren, wie das folgende Kapitel
zeigen wird.

Wie sind vor diesem Hintergrund die Äußerungen des Avitus zu interpretieren, daß die Katholiken gelegentlich Verfolgungen zu erleiden
hätten? In einem Brief über Almosen, wohl an Gundobad adressiert, erweitert Avitus die Fragestellung nach dem hundertfachen himmlischen
Lohn vom „Almosen geben" (*dispensare*) zum „altes Leben aufgeben" bzw.
zum Martyrium[194]. Hier schreibt Avitus aber nur allgemein, daß auch jetzt
noch, in der Zeit, wenn Verfolgungen aufhören, ein Konfessionswechsel
den Stellenwert eines Martyriums erhält. Hier bezieht sich „Verfolgungen"
also offensichtlich auf die frühere Zeit der Märtyrer der ersten drei Jahrhunderte. Auch in ep. 7 (Z. 54-56) bleiben die Aussagen vage, da Avitus
hier nur die Möglichkeit von künftigen Verfolgungen anspricht, die aus-
brechen könnten, falls auf Sigismund wieder ein „arianischer" Herrscher
folgt und dieser dann Rache übt für die eventuell zuvor von katholischer
Seite erfolgte Beschlagnahmung von „arianischen" Kirchen und Kultgegenständen. Hier meint „Verfolgung" also die Konfiszierung von Kirchen
und Kirchengütern sowie kultischen Geräten. Ein drittes Mal schließlich,
in ep. 8 (s.o.), begrüßt Avitus den Konfessionswechsel Sigismunds, der
zudem ein Ende der Verfolgung bedeute. Auch hier könnte einerseits die
Beschlagnahmung von Kirchen gemeint sein, andererseits erscheint diese
Beschreibung als rhetorische Einkleidung, um die Bedeutung dieses Konfessionswechsels zu unterstreichen. So widersprechen bei genauer Be-
trachtung diese wenigen Stellen nicht der Beobachtung, daß es im Reich

---

192 Der Begriff *episcopus* kommt in den Briefen nur in der Adressierung vor. Ferner
   kann *sacerdos* immer auch für Bischof verwendet werden.
193 Vgl. für das ostgotische Ravenna z.B. den in einem Papyrus erkennbaren Klerus
   einer gotisch-„arianischen" Kirche St. Anastasia in Ravenna, jüngst analysiert von
   Schäferdiek, Ravennater Papyrusurkunde.
194 Avitus, ep. 6: *omnia dimittere* (S. 34,1f. Peiper).

der Burgunder insgesamt ein relativ friedliches Nebeneinander der Konfessionen gegeben hat.

Das kann man gelegentlich auch in Briefen des Avitus direkt erkennen. So konnte er sich zum Beispiel in einem Brief an Gundobad (ep. 44) sehr diplomatisch ausdrücken und Gundobad sogar als Wohltäter und Stifter auch von katholischen Kirchengebäuden ausweisen[195]:

> Was immer meine kleine Kirche besitzt, ja vielmehr alle unsere Kirchen besitzen, es ist Euer wegen des Gutes, das Ihr (der Kirche) entweder bis jetzt erhalten oder geschenkt habt.

Dies ist gewiß nicht nur politisch gebotene Höflichkeit, sondern auch ein Hinweis auf die Realität. So ist überliefert, daß Gundobad als König die Amtseinsetzung des Bischofs von Genf, Florentius, bestätigt und unterschrieben hat, ebenso die Einsetzung von Marius als Abt von Bevons[196]. Selbstverständlich verstand sich Gundobad trotz seines „arianischen" Bekenntnisses auch als Herr der katholischen Kirche.

Bemerkenswert scheint aber zu sein, daß in allen Quellen nur von Kirchen der „Arianer" die Rede ist, nicht aber von Klöstern oder Klostergründungen. Dies könnte seine Ursache natürlich auch in der fehlenden Überlieferung haben, scheint aber doch vielmehr ein Indiz für einen Unterschied in der Ausformung des Christentums zwischen der katholischen, gallorömischen Bevölkerung Galliens und den Burgundern zu sein. Bekanntlich vollzog sich die Ausbreitung der monastischen Lebensweise in Gallien von Süden aus[197], und an dieser Entwicklung waren die Burgunder (wie auch die Westgoten) nicht beteiligt. Von Bedeutung ist deswegen, daß Sigismund dann als Konvertit ein Kloster gründet (s.o.).

---

195 *Quicquid habet ecclesiola mea, immo omnes ecclesiae nostrae, vestrum est de substantia, quam vel servastis hactenus vel donastis* (74,2-4 Peiper); Übersetzung Burckhardt, Avitus, 113. Vgl. dazu hom. 24. Vgl. auch den Beginn von ep. 2: Gundobad kümmert sich um den rechten Glauben der katholischen Kirche!

196 Gregor, *Liber vitae patrum* VIII 1; Dynamius, *Vita Marii* I 2.

197 In Gallien waren die Klöster und Kirchen besonders eng verbunden, und die monastischen Vereinigungen standen in hohem Ansehen, so daß die Mönche wie Märtyrer verehrt wurden. Viele Bischöfe begannen ihre Laufbahn im Kloster, bevor sie Bischof wurden (Honoratus von Arles, Maximus von Riez, Faustus von Riez, Hilarius von Arles, Eucherius von Lyon kommen alle aus dem Kloster Lérins). Vgl. dazu Kaspar, Theologie und Askese. Vogüé, Règles des saints pères I; DelCogliano, Porcarius of Lérins.

III.4 Zusammenfassung

Zusammenfassend läßt sich feststellen, daß die Konfessionen im Reich der Burgunder sehr gemischt gewesen sind (s. III.1). Über die Frühzeit, die Zeit der Herrscher Gundowech und Chilperich, fließen die Quellen sehr spärlich, aber über die gut vierzig Jahre der Herrschaft des Gundobad und seines Sohnes Sigismund bekommt man einen genaueren Einblick durch die Schriften des Avitus von Vienne. Es ist davon auszugehen, daß „die Burgunder" schon zuvor während ihrer Ansiedlung am Rhein Christen wurden, aber wohl noch ohne „konfessionelles Bewußtsein", da sie damals kaum in dieser Hinsicht Position bezogen haben dürften. Erst während der Zeit des Reiches an der Rhône durch Kontakte zu den Westgoten und Ostgoten nahmen sie das „arianisch"-homöische Bekenntnis an, wenigstens die männlichen Glieder des Herrscherhauses.

Zur Zeit des Avitus ist inzwischen eine relativ gut organisierte homöisch-burgundische Kirche mit einem eigenen Klerus, eigenen (öffentlichen und privaten) Kirchengebäuden und jährlichen Synoden vorauszusetzen (s. III.3). Trotzdem ist von einer relativ friedlichen Koexistenz auszugehen, da wohl auch innerhalb der Burgunder beide Konfessionen vertreten waren. Gundobad verstand sich selbstverständlich auch als Schirmherr der katholischen Kirche. Ein besonderer Moment ist durch den Übertritt Sigismunds vom homöischen zum katholischen Bekenntnis gegeben. Aber auch schon vorher waren vor allem die weiblichen Glieder des burgundischen Herrscherhauses katholisch. Offenbar strahlte die katholische Kirche jener Zeit eine gewisse Attraktivität aus mit ihrem Reichtum an Märtyrern, Heiligen, Reliquien, dem römischen Bischof und auch der monastischen Bewegung, die besonders in Gallien eine große Rolle spielte. Sie erschien offenbar als die „modernere" und hatte mehr „Anschauungsmaterial" für den Gläubigen.

Sehr interessant sind die theologischen Auseinandersetzungen zwischen Avitus und Gundobad, die von gegenseitiger Wertschätzung getragen wurden, auch wenn Avitus „seinen" König heftig kritisieren konnte (s. III.2). Avitus hatte offenbar für Gundobad die Funktion eines allgemeinen theologischen Ratgebers, wie es der Inhalt der oben genannten Briefe widerspiegelt. Und Gundobad fand in Avitus eine angesehene Persönlichkeit aus dem gallorömischen Adel, die sein Bildungsinteresse stillen und seine theologischen Fragen befriedigend beantworten konnte. Speziell wurden natürlich die Differenzen in der Konfession diskutiert; dabei gab es anscheinend gute, gesprächsreiche Zeiten, aber auch Phasen des Stillstands und auch des Konflikts:

In ep. 1[198] findet Avitus offene und deutliche Worte an Gundobad. Er fordert ihn auf, sich von seinen Geistlichen zu trennen, beruft sich aber zugleich auf die zugestandene Freiheit des Gesprächs in diesen Fragen. Auch ep. 30 gehört in eine Phase des intensiven Austauschs und belegt sogar eine Synode der katholischen Kirche in Lyon zur Zeit der Herrschaft des Gundobad[199]. Wie aber sind diese beiden Briefe zu datieren? Kann man vermuten, daß Gundobad beim Herrschaftsantritt um 480 der katholischen Kirche gestattet hat, sich zu einer Synode zu versammeln, um sich als Herrscher der burgundischen „Arianer" und der alteingesessen katholischen gallo-römischen Bevölkerung zu empfehlen? Gut denkbar wäre aber auch, daß Gundobad diesen offenen Kontakt zur katholischen Kirche suchte nach seinem Sieg über seinen Bruder Godegisel 501, um die Einheit des Reichs zu sichern und oppositionelle Kräfte zu beruhigen[200].

In ep. 23 redet Avitus dagegen von einer zeitweiligen Ruhephase des Gesprächs, ohne aber näher auf die Hintergründe einzugehen[201]. Beruht diese Ruhephase auf schwierigen politischen Umständen wie etwa dem Gotenkrieg 507 oder auf einem theologischen Zerwürfnis? Dies bleibt undeutlich; offensichtlich ist nur, daß dieser Brief nicht an den Beginn des Kontakts zwischen Gundobad und Avitus gehört und daß Sigismund schon (um 505) zum katholischen Glauben übergetreten ist.

Eindeutig in die Zeit nach dem Konfessionswechsel Sigismunds gehört auch ep. 31 über die jährlichen „arianisch"-homöischen Synoden in Genf[202]. Es kann aber nicht bestimmt werden, ob ep. 31 vor ep. 23 anzusetzen ist oder umgekehrt. Ep. 31 könnte auch gut gerade in diese „Ruhephase" passen, da sich Avitus hier an Sigismund wendet und selbst momentan offenbar keinen direkten Kontakt zu Gundobad hat. So scheinen sich insgesamt aber nach einer anfänglichen guten Phase des regen Austauschs später die Fronten zeitweilig verhärtet zu haben. Um 511 ist der Kontakt jedoch wieder sehr gut gewesen, da Gundobad zu dieser Zeit von Avitus Auskunft über den im Osten gärenden christologischen Streit bekommen möchte und Avitus dieser Bitte mit zwei längeren Briefen nachkommt.

---

198 S.o. S. 72.

199 S.o. S. 74.

200 Die Tatsache, daß gleich nach Sigismunds Machtantritt die katholische Kirche eine Synode veranstaltet, scheint darauf hinzudeuten, daß andere Synoden schon eine Weile zurückliegen. Daher gehört die Lyoner Synode vielleicht auch eher in die Anfangszeit der Herrschaft des Gundobad noch vor 500. Dagegen könnte aber sprechen, daß aus dieser früheren Zeit sonst keine Briefe des Avitus überliefert zu sein scheinen.

201 S.o. S. 73f..

202 S.o. S. 81-83.

Wann jedoch die übrigen überlieferten theologischen Fragmente zu datieren sind, bleibt vollkommen unklar. Die Diskussion um den heiligen Geist läßt sich hingegen vielleicht näher einordnen. Zu diesem Thema gibt es mehrere Fragmente des Avitus[203] und Fragm. 2 entstammt wohl auch einem tatsächlichen Dialog und ist eventuell Teil einer Mitschrift oder einer theologischen Stellungnahme dazu. Auch Fragment 14 bezeugt ein vorausgegangenes Gespräch. Wenn ep. 1, die sich ebenfalls auf eine schon vorausgegangene Diskussion um den heiligen Geist bezieht, eher in die Frühzeit des Gundobad gehört, dann ist diese Frage eine der ersten gewesen, die behandelt wurden, oder sie gehört zumindest ins Zentrum der Auseinandersetzung zwischen den homöisch-„arianischen" Burgundern und der katholischen Kirche. Vielleicht bot die offensichtliche liturgische Differenz in dem *Gloria patri* den Anlaß dazu[204].

Es könnte sein, daß die theologischen Fragmente 15, 16, 23 und 27, in denen Avitus die Frage diskutiert, inwiefern der Inkarnierte niedriger als Gott-Vater zu bezeichnen ist, in die Zeit nach der in ep. 30 erwähnten Synode von Lyon gehören, da sich Avitus mit dieser Frage ebenfalls nach einem schon vorausgegangenen Gespräch mit Gundobad beschäftigt hat, wie es in ep. 30 geschieht. Nach der Synode von Lyon wurde Avitus nämlich von Gundobad gebeten, Belege für das analoge Problem, inwiefern der Präexistente gleichwertig göttlich wie der Vater ist, zusammenzustellen.

Wie auch immer die Fragmente zeitlich einzuordnen sind und welchen Texten des Avitus sie ursprünglich zugehörten, eines wird auf jeden Fall deutlich: Immer wieder geht es um Schriftstellensammlungen bzw. um biblische Belege für theologische Aussagen. Dies ist einerseits ein typisches Element homöischer Theologie[205], andererseits dürfte dahinter auch ein Bedürfnis nach religiöser Bildung bei Gundobad stecken, da er an Avitus ebenfalls zu anderen Schriftstellen Fragen stellt. Gundobad möchte also nicht nur genauer über die theologischen Unterschiede zwischen den Konfessionen informiert werden, und zwar sowohl von „seinen" homöischen Geistlichen als auch vom katholischen Bischof Avitus, sondern auch das Christentum an sich näher kennenlernen und den Stand seiner theologischen Bildung anheben.

Neben diesem theologischen Austausch erforderten die gemischten konfessionellen Verhältnisse auch Regelungen für den Umgang mit Konvertiten und mit Gebäuden/Kultgeräten der anderen Konfession. Daß im Alltag die Grenzen oft verschwanden, zeigt can. 15 von Epao, der ge-

---

203 S.u. Kap. IV.2.
204 S.u. Kap. IV.3.
205 S.o. Kap. IV.1.

meinsame „Zechgelage" von Klerikern beider Konfessionen verbietet. Bei Versammlungen und Festen scheint es also durchaus dazu gekommen zu sein. Gelegentlich gab es auch Konversionen, wie es ep. 28 bezeugt, sogar von Klerikern. Zu dem Zeitpunkt gab es anscheinend noch keine synodale Regelung dafür, da Avitus persönlich antwortet und in seinem Brief auch nicht auf eine bestimmte Rechtslage verweist. Avitus empfiehlt, einem Konvertiten alle Türen, auch die einer klerikalen Laufbahn, zu öffnen und ihm keine gesonderten Hindernisse in den Weg zu legen. Auf der Synode von Epao formuliert man schließlich einen Canon zu diesem Thema, der die Rückkehr häretisch gewordener, ehemals katholischer Christen in die Kirche unter ziemlich strengen Bußauflagen regelt. Dieser Canon bezeugt auf seine Weise, daß die Wahl der Konfessionen mehr vor politischem Hintergrund zu sehen ist als vor einem rein theologisch-konfessionellen Hintergrund, da man auf ältere Bestimmungen zu den *lapsi* zurückgriff.

Mit Erstarken der katholischen Kirche durch den Herrschaftsantritt Sigismunds stellte sich auf einmal die Frage, wie mit ehemaligen „arianisch"-homöischen Kirchengebäuden umzugehen sei. Avitus selbst rät noch in ep. 7, auf diese Gebäude und auch deren Kultgegenstände zu verzichten, und begründet dies außer mit kultischen Reinheitsgedanken vor allem mit politischem Realismus: Man würde damit der „arianisch"-homöischen Kirche nur einen Grund liefern, sich an der katholischen Kirche zu rächen, wenn man deren Kirchengebäude beschlagnahmen würde; und man könne nicht davon ausgehen, daß alle Herrscher neben und nach Sigismund ebenfalls katholisch seien. Avitus generalisiert die Anfrage, die sich ursprünglich nur auf von privater Hand errichtete Gutsoratorien und Landkirchen bezog, deren Gründer selbst die Konfession gewechselt hatten. Von ihnen fordert Avitus damit ohne Abstriche, diese Gebäude nicht weiter zu nutzen, sondern Neubauten zu errichten. Seine Position mußte Avitus offenbar auf der Synode von Epao 517 in Teilen zurücknehmen, da festgelegt wurde, daß Gebäude, die früher schon einmal katholisch waren, doch verwendet werden dürften. Nicht alle Bischofskollegen teilten anscheinend seine politische Vorsicht.

IV. Die theologischen Fragmente des Avitus von Vienne

IV.1 Die Homöer – Kontexte

Eine Analyse der Fragmente des Avitus von Vienne verspricht, einen kleinen Einblick in die theologischen Diskussionen zu bekommen und auf diesem Weg herauszufinden, was im Reich der Burgunder von katholischer Seite unter „Arianismus" oder „Arianer" verstanden wurde und welche Position die „arianischen" Homöer vertraten[1]. Dabei ist natürlich zu berücksichtigen, daß nur Aussagen aus der Feder des Avitus vorliegen, ohne daß wir ein originales Zeugnis seiner Gegner hätten. Ferner ist in Rechnung zu stellen, daß auch die Beschreibung des „Arianismus" bei Avitus tendenziell ausfällt und Avitus seine Argumente von früheren Autoren bezogen haben könnte, die gegen den „Arianismus" geschrieben haben, wie zum Beispiel Hilarius von Poitiers, Ambrosius von Mailand und Augustinus von Hippo Regius. Es ist daher durchaus möglich, daß Avitus seinen Gegnern Thesen unterstellt, die diese so gar nicht behauptet haben, da sie für Avitus „Arianer" sind. Bei aller Vorsicht kann aber doch ein gewisses Profil des homöischen „Arianismus" in Burgund zur Zeit des Avitus erarbeitet werden.

Mit den ursprünglichen Thesen des alexandrinischen Presbyters Arius († bald nach der Synode von Nizäa 325[2]), nach dem die Häresie „Arianis-

---

1 Der Begriff „Arianer" ist in Anführungszeichen zu setzen, da die Konfession der Burgunder nichts mehr mit der Theologie des Arius oder dem eigentlichen „Arianismus" zu tun hat, sondern eine Weiterentwicklung des homöischen Bekenntnisses ist, wie auch diese Studie zeigen wird. Gar nicht mehr sollte man vom „germanischen Arianismus" reden, da das homöische Bekenntnis nichts „Germanisches" an sich hat und auch keine Affinität der germanischen Völker zum arianischen oder homöischen Bekenntnis anzunehmen ist. Vgl. dazu besonders die Studien von Hanns Christof Brennecke, der hier auf Arbeiten von Knut Schäferdiek aufbaut: Der sog. germanische Arianismus als „arteigenes" Christentum; Christianisierung der Germanen oder „Germanisierung des Christentums"; Christianisierung und Identität; Lateinischer Arianismus?

2 Zu Arius vgl. Williams, Arius; Löhr, Arius reconsidered; zum Tod des Arius vgl. Brennecke, Die letzten Jahre; zu den von Arius überlieferten Texten siehe die

mus" benannt wurde, ist die theologische Position der Homöer[3] nicht gleichzusetzen. Nur in der Polemik aus der Perspektive der Nizäner werden alle Nichtnizäner, und somit auch die Homöer, unterschiedslos mit den „Arianern" identifiziert und damit als Häretiker gebrandmarkt, obwohl sich die Homöer immer wieder deutlich von den Thesen des Arius abgegrenzt haben. Entstanden ist die Richtung der Homöer in der zweiten Hälfte der 50er Jahre des vierten Jahrhunderts, als der trinitarische Streit in eine Sackgasse manövriert worden war, nachdem sich die Vertreter der „Ein-Hypostasen-Lehre" um Athanasius von Alexandrien und Markell von Ankyra und der „Drei-Hypostasen-Lehre" unversöhnlich gegenübergestanden waren und sich gegenseitig exkommuniziert hatten (Synode von Serdica 343)[4]. Das Reich war theologisch gespalten zwischen Ost und West (mit Alexandrien). Zwei Impulse bewirkten, daß sich aus der Gruppe der Vertreter der „Drei-Hypostasen-Lehre" bzw. der „Eusebianer" (Anhänger des Euseb von Cäsarea und Euseb von Nikomedien) verschiedene Richtungen herausbildeten: einerseits das Auftreten der sogenannten Anhomöer um Aetius und Eunomius (daher auch „Eunomianer" genannt)[5], andererseits das Bestreben des Kaisers Constantius II., als er Alleinherrscher geworden war, auch die kirchliche Spaltung zu überwinden mit Hilfe neuer theologischer Initiativen. In langen Verhandlungen auf zwei getrennten Synoden (359), in Rimini für den Westen und in Seleukia

---

Dok. 1 (Urk. 6); 15 (Urk. 1) und 34 (Urk. 30) aus Athanasius Werke (= AW) III. Dokumente zur Geschichte des arianischen Streits.

3   Zu den Homöern vgl. Brennecke, Hilarius von Poitiers; ders., Geschichte der Homöer; ders., Art. Homéens; Löhr, Entstehung.

4   Zu dieser Entwicklung bis zur Synode von Serdica vgl. die relevanten Dokumente und ihre Einführungen in Athanasius Werke (= AW) III. Dokumente zur Geschichte des arianischen Streits, bes. Dok. 40 (Berichte über die Synode in Konstantinopel gegen Markell von Ancyra), 41 (Synoden in Rom und Antiochien), 42 (Theologische Erklärung von Antiochien) und 43 (Synode von Serdica). Die „Ein-Hypostasen-Theologie" findet ihren Ausdruck in der theologischen Erklärung der westlichen Teilsynode von Serdica (vgl. Dok. 43.2,3: „Eine Hypostase – die die Griechen selbst Usia nennen – haben der Vater, der Sohn und der heilige Geist." μίαν εἶναι ὑπόστασιν, ἣν αὐτοὶ οἱ Ἕλληνες οὐσίαν προσαγορεύουσιν, τοῦ πατρὸς καὶ τοῦ υἱοῦ καὶ τοῦ ἁγίου πνεύματος [AW III 207,11-14]). Die Gegenposition der „Drei-Hypostasen-Lehre" lautet nach der sog. 2. antiochenischen Formel (341): „... deren Namen (sc. Vater, Sohn, heiliger Geist) nicht einfach so oder ohne Sinn bestehen, sondern genau die eigene Hypostase, den Rang und die Herrlichkeit eines jeden Benannten bezeichnen, so daß sie der Hypostase nach drei, der Eintracht nach aber eins sind." ... τῶν ὀνομάτων οὐχ ἁπλῶς οὐδὲ ἀργῶν κειμένων, ἀλλὰ σημαινόντων ἀκριβῶς τὴν οἰκείαν ἑκάστου τῶν ὀνομαζομένων ὑπόστασίν τε καὶ τάξιν καὶ δόξαν, ὡς εἶναι τῇ μὲν ὑποστάσει τρία, τῇ δὲ συμφωνίᾳ ἕν (AW III 147,3-8).

5   Zu Aetius und Eunomius vgl. Dok. 63 (*Syntagmation* des Aetius).

für den Osten, wurde schließlich eine theologische Formel unterschrieben und auf einer abschließenden gemeinsamen Synode in Konstantinopel bestätigt (359/360; auch die Anhänger des Eunomius wurden hier verurteilt[6]). Diese Formel war quasi die „Gründungsurkunde" der Homöer und bildete auch später immer wieder den maßgeblichen Referenztext für die eigene Position, weswegen sie hier präsentiert wird:

Wir glauben an den einen Gott, den Vater, den Allmächtigen, aus dem alles ist, und an den eingeborenen Sohn Gottes, der vor allen Zeiten und vor allem Anfang aus Gott gezeugt wurde, durch den alles entstand, das Sichtbare und das Unsichtbare, der aber als Eingeborener gezeugt wurde, als alleiniger aus dem Vater allein, Gott aus Gott, der dem Vater, der ihn gezeugt hat, gemäß den Schriften gleich ist, dessen Zeugung niemand außer dem Vater allein versteht, der ihn gezeugt hat. Wir wissen, daß dieser als eingeborener Sohn Gottes, geschickt vom Vater, aus dem Himmel herabstieg, wie geschrieben steht, zur Beseitigung der Sünde und des Todes, und daß er nach dem Fleisch aus dem heiligen Geist und der Jungfrau Maria geboren wurde, wie geschrieben steht, mit den Jüngern Umgang hatte und die ganze Heilsordnung gemäß dem väterlichen Willen vollendet hat, daß er gekreuzigt wurde, gestorben ist, begraben wurde, in die Unterwelt herabgestiegen ist, währenddessen der Hades selbst erschauderte, daß er von den Toten am dritten Tag auferstanden ist, bei seinen Jüngern verweilte, (die ganze Heilsordnung) vollendete hat, nach 40 Tagen in den Himmel aufgenommen worden ist, zur Rechten des Vaters sitzt und am jüngsten Tag der Auferstehung mit der Herrlichkeit seines Vaters zurückkommen wird, damit er jedem gemäß seiner Taten vergelten werde.

Und wir glauben an den heiligen Geist, von dem der Eingeborene, der Sohn Gottes, Christus, der Herr und unser Gott, selbst versprach, ihn dem Menschengeschlecht zu schicken, den Tröster, gemäß dem, was geschrieben steht: „den Geist der Wahrheit", den er ihnen schickte, als er in den Himmel auffuhr.

Die Bezeichnung „Wesen", die von den Vätern allzu einfältig eingesetzt wurde, vom Volk aber nicht verstanden wird und deshalb, weil die Schriften diese nicht enthalten, zu Streit führt, gefiel es, daß diese abgeschafft werde und sie künftig überhaupt keine Erwähnung mehr finde, weil die göttlichen Schriften nirgends von dem Wesen eines Vaters und eines Sohnes sprechen. Auch darf „Hypostase" für den Vater, den Sohn und den heiligen Geist nicht mehr verwendet werden. Wir nennen aber den Sohn dem Vater gleich, wie es auch die heiligen Schriften sagen und lehren.[7]

---

6   Vgl. dazu AW III, Dok. 62.1 (mit Einleitung).

7   Πιστεύομεν εἰς ἕνα θεὸν πατέρα παντοκράτορα, ἐξ οὗ τὰ πάντα, καὶ εἰς τὸν μονογενῆ υἱὸν τοῦ Θεοῦ τὸν πρὸ πάντων αἰώνων καὶ πρὸ πάσης ἀρχῆς γεννηθέντα ἐκ τοῦ Θεοῦ, δι' οὗ τὰ πάντα ἐγένετο, τὰ ὁρατὰ καὶ τὰ ἀόρατα,

Die Ablehnung der Usia-Terminologie in trinitarischen Zusammenhängen als unbiblisch und die Beschreibung des Sohnes als dem Vater gleich (= ὅμοιος, Homöer) sind die Hauptmerkmale der Theologie der Homöer. Das Kerngebiet ihrer Vertreter im Westen war der Balkan und die Region um den kaiserlichen Hof in Sirmium (Germinius von Sirmium, Valens von Mursa und Ursacius von Singidunum), aber auch z.B. die Region um Mailand (Auxentius von Mailand). Sie dominierten etwa 20 Jahre lang die kirchliche Landschaft, und ihnen schloß sich auch Wulfila an, der Bischof zunächst der Christen in Gotien war[8], dann nach einer Christenverfolgung bei den Goten Bischof der sog. Kleingoten wurde, die mit ihm im Reichsgebiet in Moesia secunda siedeln konnten. Wulfila hatte schon zuvor intensiven Kontakt zu Euseb von Nikomedien und nahm an der homöischen Synode 360 von Konstantinopel teil[9]. Er bewahrte das homöische

---

γεννηθέντα δὲ μονογενῆ, μόνον ἐκ μόνου τοῦ πατρός, Θεὸν ἐκ Θεοῦ, ὅμοιον τῷ γεννήσαντι αὐτὸν πατρὶ κατὰ τὰς γραφάς, οὗ τὴν γέννησιν οὐδεὶς οἶδεν εἰ μὴ μόνος ὁ γεννήσας αὐτὸν πατήρ. τοῦτον οἴδαμεν μονογενῆ Θεοῦ υἱὸν πέμποντος τοῦ πατρὸς παραγεγενῆσθαι ἐκ τῶν οὐρανῶν, ὡς γέγραπται, ἐπὶ καταλύσει τῆς ἁμαρτίας καὶ τοῦ θανάτου, καὶ γεννηθέντα ἐκ πνεύματος ἁγίου καὶ Μαρίας τῆς παρθένου τὸ κατὰ σάρκα, ὡς γέγραπται, καὶ ἀναστραφέντα μετὰ τῶν μαθητῶν καὶ πάσης τῆς οἰκονομίας πληρωθείσης κατὰ τὴν πατρικὴν βούλησιν σταυρωθέντα καὶ ἀποθανόντα καὶ ταφέντα καὶ εἰς τὰ καταχθόνια κατεληλυθέναι, ὅντινα καὶ αὐτὸς ὁ ἅδης ἔπτηξεν, ὅστις καὶ ἀνέστη ἀπὸ τῶν νεκρῶν τῇ τρίτῃ ἡμέρᾳ καὶ διέτριψε μετὰ τῶν μαθητῶν καὶ πληρωθεισῶν τεσσαράκοντα ἡμερῶν ἀνελήφθη εἰς τοὺς οὐρανοὺς καὶ καθέζεται ἐν δεξιᾷ τοῦ πατρός, ἐλευσόμενος ἐν τῇ ἐσχάτῃ ἡμέρᾳ τῆς ἀναστάσεως ἐν τῇ πατρικῇ δόξῃ, ἵνα ἀποδώσῃ ἑκάστῳ κατὰ τὰ ἔργα αὐτοῦ. καὶ εἰς τὸ ἅγιον πνεῦμα, ὅπερ αὐτὸς ὁ μονογενὴς τοῦ Θεοῦ υἱὸς ὁ Χριστός, ὁ κύριος καὶ ὁ Θεὸς ἡμῶν, ἐπηγγείλατο πέμπειν τῷ γένει τῶν ἀνθρώπων παράκλητον, καθάπερ γέγραπται τὸ πνεῦμα τῆς ἀληθείας, ὅπερ αὐτοῖς ἔπεμψεν, ὅτε ἀνῆλθεν εἰς τοὺς οὐρανούς. Τὸ δὲ ὄνομα τῆς οὐσίας, ὅπερ ἁπλούστερον ὑπὸ τῶν πατέρων ἐνετέθη, ἀγνοούμενον δὲ τοῖς λαοῖς σκάνδαλον ἔφερεν, διότι μηδὲ αἱ γραφαὶ τοῦτο περιέχουσιν, ἤρεσε περιαιρεθῆναι καὶ παντελῶς μηδεμίαν μνήμην τοῦ λοιποῦ τούτου γίνεσθαι, ἐπειδήπερ καὶ αἱ θεῖαι γραφαὶ οὐδαμῶς ἐμνημόνευσαν περὶ οὐσίας πατρὸς καὶ υἱοῦ. Καὶ γὰρ οὐδὲ ὀφείλει ὑπόστασις περὶ πατρὸς καὶ υἱοῦ καὶ ἁγίου πνεύματος ὀνομάζεσθαι. ὅμοιον δὲ λέγομεν τῷ πατρὶ τὸν υἱόν, ὡς λέγουσιν αἱ θεῖαι γραφαὶ καὶ διδάσκουσιν. Text aus AW III, Dok. 62.5. Vgl. auch die anderen Dokumente und ihre Einleitungen, besonders Dok. 60 (Synode von Rimini), Dok. 61 (Synode von Seleukia) und Dok. 62 (Synode von Konstantinopel).

8   Phil., h.e. II 5. Gotien wurde das Gebiet der römischen Provinz Dacien genannt, als sich dort im 3. Jh. die Westgoten ansiedelten.

9   Socr., h.e. II 41; Soz., h.e. IV 24,1; vgl. AW III, Dok. 62.6 (Berichte über die Synode von Konstantinopel 360). Zu Wulfila vgl. bes. Schäferdiek, Germanenmission, 499-501; ders., Wulfila; ders., Gotien; ders., Die Anfänge des Christentums bei den Goten.

Bekenntnis nach der theologischen „Wende" um 380 und setzte auf der Synode von Konstantinopel 383 eine persönliche theologische Erklärung auf, die ganz auf der Linie der homöischen Theologie liegt. Hierin heißt es:

> ... Ich glaube, daß ein Gott ist, der Vater, allein ungezeugt und unsichtbar, und an seinen eingeborenen Sohn, unseren Herrn und Gott, den Erschaffer und Schöpfer der ganzen Schöpfung, der nicht seinesgleichen hat, daher ist einer der Gott aller, der Vater, der auch unseres Gottes Gott ist; und einen heiligen Geist, die erleuchtende und heiligmachende Kraft (es folgt Lk 24,49; Apg 1,8), nicht Gott noch Herr, sondern getreuer Diener Christi, ... in allen Dingen untergeben und gehorsam, und den Sohn Gott und dem Vater untergeben und gehorsam ...[10]

Deutlich ist die Unterscheidung zwischen den drei Personen, nämlich dem unsichtbaren Vater, dem Sohn als Schöpfungsmittler und dem heiligen Geist als heiligende Kraft, die überdies je einander untergeordnet sind. Die Erklärung steht damit auf dem Boden der homöischen Theologie, den christlichen Glauben ohne die griechischen Begriffe Wesen (οὐσία) und Hypostase (ὑπόστασις) auszudrücken, aber dennoch das gesonderte Sein und die besonderen Aufgaben der drei Personen zu beschreiben. Mit Hilfe der Unterordnung des Sohnes unter den Vater und des heiligen Geistes unter den Sohn soll die Transzendenz und die Einzigartigkeit des Gottes, des Vaters bewahrt werden. Wulfila hat sich erkennbar der theologischen „Wende" der neunizänischen Richtung ab 380, mit Hilfe der Unterscheidung zwischen οὐσία und ὑπόστασις ohne subordinatianische Vorstellungen die Einheit und Dreiheit der Personen zugleich ausdrücken zu können, nicht angeschlossen.

Aber nicht nur Wulfila und die Gruppe der sogenannten Kleingoten, sondern auch die Westgoten unter Fritigern nahmen das Christentum wohl um 375 in der damals unter Kaiser Valens (364-378) offiziellen homöischen Form an[11]. Sie siedelten nach dem Hunnensturm 376 auf

---

10 Scholia Arriana 63 (SChr 267, 250 Gryson): ... *credo unum esse Deum Patrem, solum ingenitum et invisibilem, et in unigenitum Filium eius, dominum et deum nostrum, opificem et factorem universe creature, non habentem similem suum, ideo unus est omnium Deus Pater, qui et dei nostri est Deus, et unum Spiritum Sanctum, virtutem inluminantem et sanctificantem, ut ait* (Lk 24,49; Apg 1,8) ..., *nec Deum nec deum nostrum, sed ministrum Christi ... subditum et oboedientem in omnibus Filio, et Filium subditum et oboedientem et in omnibus Deo Patri* .... Übersetzung aus Schäferdiek, Wulfila, 28f.

11 Socr., h.e. IV 33: Zwischen den Gotenfürsten Athanarich und Fritigern kam es zu einem Machtkampf, der Fritigern römische Hilfe in Anspruch nehmen ließ; aus Dankbarkeit übernahm er das Christentum in der unter Valens offiziellen homöischen Form. Vgl. auch Soz., h.e. VI 37; Thdt., h.e. IV 27; Orosius, hist.

Reichsgebiet in Mösien, später dann in Aquitanien und Spanien, und bildeten die Keimzelle für die weitere Ausbreitung des Christentums bei den Vandalen[12], Suewen, den Burgundern und wohl auch den Ostgoten[13].

Die Homöer haben jedoch von Beginn an auch Widerspruch geerntet und die Dokumente und Texte dieser Auseinandersetzungen bilden den Hintergrund, vor dem auch die Fragmente und Briefe des Avitus auszulegen sind. Im Zentrum stehen dabei natürlich die Texte aus dem lateinischen Westen, die Avitus gelesen haben kann[14]. Hier ist zunächst Hilarius von Poitiers (gest. 367/368) zu nennen[15], besonders seine große dogmatische Schrift *De trinitate* (trin.)[16], ferner die lange *Epistula de synodis* (syn.)[17], in der er dem Westen die Entwicklung der theologischen Diskussion im Osten anhand der Glaubensbekenntnisse bis zur homöischen Doppelsynode von Rimini und Seleukia erläutert. Relevant ist ferner sein Traktat *Contra Auxentium* (c.Aux.) gegen den Homöer Auxentius von Mailand[18]. Hilarius hat nicht nur die genaueren Probleme des im Osten entstandenen trinitarischen Streits dem Westen bekannter gemacht, sondern auch die lateinische Sprache in dieser Hinsicht geprägt.

Zu nennen ist ferner der Dialog *Altercatio Heracliani laici cum Germinio episcopo Sirmiensi de fide synodi Nicaenae et Ariminensis Arianorum* (alterc.Heracl.)[19], datiert auf den 31. Januar 366. Auch wenn dieser Dialog eine Propagandaschrift zu sein scheint, die aus nizänischer Sicht den homöischen Bischof Germinius als einen sehr einfach gestrickten Theolo-

---

VII 33,19. Dazu Schäferdiek, Zeit und Umstände, der die verschiedenen Akzente der Berichte analysiert.

12 Das geschah eventuell durch Kontakte mit den Westgoten bei ihrem Zug durch das Balkangebiet oder während der Zeit in Spanien (vgl. Salvian, *De gubernatione Dei* VII 11,45-47); vgl. Schäferdiek, Germanenmission, 507f.

13 Zu den Burgundern s.o. S. 55f. Die Anfänge des homöischen Christentums bei den Ostgoten liegen im Dunkeln. „Auf jeden Fall haben die Ostgoten balkangotischen, homöisch-christlichen Einfluß erfahren." (Schäferdiek, Germanenmission, 513).

14 Vgl. dazu die Übersicht in dem Artikel „Homéens" von Brennecke.

15 Zu Hilarius allg. vgl. Brennecke, Hilarius, TRE; Doignon, Hilarius, RAC; zu seiner Rolle im trinitarischen Streit vgl. Brennecke, Hilarius.

16 Hg.v. P. Smulders, CChr.SL 62; 62A.

17 PL 10, 479-546. M. Durst bereitet eine neue Edition dieser Schrift vor (vgl. Durst, Probleme der Textkonstitution).

18 PL 10, 609-618. Hilarius reagiert hier auf das Glaubensbekenntnis des Auxentius, das er auch zitiert. Vgl. dazu Durst, Glaubensbekenntnis.

19 C.P. Caspari, Kirchenhistorische anecdota. Vgl. Simonetti, Osservazioni sull' „Altercatio Heracliani cum Germinio"; D.H. Williams, Another Exception.

gen erweisen will[20], bleibt er ein interessantes Dokument für Diskussionen im Westen um die Trinitätstheologie, besonders um den heiligen Geist, und kann herangezogen werden, um die diskutierten Argumente nachzuvollziehen.

Bedeutsam wurde danach Ambrosius von Mailand[21], der intensive Auseinandersetzungen mit den Homöern geführt hat, die in Mailand eine Hochburg im Westen hatten, und der im Jahr 374 nach dem Tod des dortigen homöischen Bischofs Auxentius dessen Nachfolger im Amt wurde. Relevant sind besonders seine fünf Bücher *De fide ad Gratianum* (fid.) und die Fortsetzung in *De spiritu sancto ad Gratianum* (spir.), ferner einige seiner Briefe[22]. Ein bedeutendes Ereignis seiner Amtszeit war eine Synode in Aquileia im September 381, die zum Zweck hatte, die illyrischen homöischen Bischöfe Palladius von Ratiaria und Secundianus von Singidinum zu entmachten. Überliefert sind Akten dieser Synode, die *Gesta Concilii Aquileiensis* (gesta), die eine Mitschrift eines Teils der Verhandlungen bieten[23]. Von diesem Palladius sind ferner Fragmente aus seiner Erwiderung auf Ambrosius, *De fide*, und aus protestierenden Kommentaren zu den Verhandlungen von Aquileia überliefert[24].

In diesem Rahmen ist auch ein Brief eines weiteren Auxentius, der Bischof von Durostorum und Schüler des gotischen Bischofs Wulfila war, überliefert worden, *De vita et obitu Ulfilae* betitelt, worin der oben zitierte berühmt gewordene Bekenntnistext des Wulfila enthalten ist (383 n.Chr.)[25].

In diese Zeit gehören die im Codex Vaticanus latinus 5750 und Codex Ambrosianus E 147 sup. überlieferten *Fragmenta theologica arriana* (frgm.

---

20 So Markschies, Ambrosius, 46-57. Eine Überarbeitung aus nizänischer Sicht nimmt Simonetti an (Osservazioni).

21 Vgl. zu Ambrosius Markschies, Ambrosius, und seine Einleitung in: Ambrosius von Mailand, De fide ad Gratianum, FC 47/1, Turnhout 2005, 1-43 und seinen Artikel "Ambrosius von Mailand" im LACL; ferner McLynn, Ambrose.

22 De fide: hg.v. O. Faller, CSEL 78, Wien 1962; De spiritu sancto: hg.v. O. Faller, CSEL 79, Wien 1964, 1-222.

23 Ediert von M. Zelzer, CSEL 82/3, Wien 1982, 315-368. Vgl. dazu Sieben, Konzilsidee, 482-492.

24 *Apologia*, ediert von R. Gryson in CChr.SL 87 und SChr 267. Vgl. McLynn, Apology of Palladius. Die Überlieferungsgeschichte dieser Palladius-Texte ist außergewöhnlich: An den Rändern des Cod. Par. lat. 8907 (er enthält Hil., trin; c.Aux.; syn.; Ambr., fid. I/II; gesta) finden sich diese Palladius-Fragmente auf fol. 336r-349r als Randnotizen zu den gesta.

25 Auch dieser Brief des Auxentius über das Leben des Wulfila ist als Randnotiz in dem Cod. Par. lat. 8907 überliefert, und zwar auf fol. 304v-308r an den Rändern zu Ambr., fid. Zu Wulfila vgl. den ausführlichen Aufsatz von Schäferdiek, Wulfila.

theol.arr.), die Roger Gryson in seinem Band „Scripta Arriana Latina" mit herausgegeben hat[26]. Er hat diese Fragmente neu sortiert und zwei Schriften zugewiesen: Fragment 1-12 stamme aus einem Text, den er *Adversus Orthodoxos et Macedonianos* betitelt hat, und sei dem illyrischen Raum zuzuordnen, entstanden nach 380; Fragment 13-23 gehöre zu einem Text eines anderen Autors, vielleicht etwas später entstanden, und ist von ihm mit *Instructio verae fidei* überschrieben.

Von den neun Briefen des römischen Bischofs Damasus († 384) sind besonders die ersten vier theologisch relevant:

ep. 1 *Confidimus quidem* - es handelt sich um einen Brief einer römischen Synode von 371 gegen die Homöer in Mailand;

ep. 2 ist zwischen 375 und 377 verfaßt, aber nur in Fragmenten überliefert (Fragment 1: *Ea gratia*; Fragment 2: *Illud sane miramus*; Fragment 3: *Non nobis*);

ep. 3 *Per filium meum* ist ein Schreiben an Paulinus von Antiochien;

ep. 4 *Tomus Damasi/Fides Damasi* ist ein Brief einer römischen Synode 377/378, dem 24 Anathematismen gegen Häresien angehängt sind[27].

Auch später noch hat das Vorgehen des Ambrosius in Aquileia 381 und seine Schrift *De fide* Widerspruch unter den Homöern provoziert, wie es an der *Dissertatio Maximini contra Ambrosium* (diss.Max.) erkennbar ist[28]. Autor war ein Bischof Maximinus (5. Jh.), der aber wohl nicht identisch ist mit jenem Maximinus[29], der Anfang des 5. Jh.s nach Nordafrika reiste und mit Augustinus Disputationen über trinitätstheologische Fragen führte.

Aus dieser Zeit (427/428) sind durch Augstinus der sog. *Sermo Arrianorum* überliefert, den Augustinus in seiner Schrift *Contra sermonem Arrianorum* (c.s.Arrian.) zitiert und widerlegt, ferner die Mitschrift einer Disputation mit jenem anderen Maximinus, *Conlatio cum Maximino Arrianorum* (conl.Max.), sowie eine weitere Erwiderung darauf von Augustinus

---

26 CChr.SL 87, 229-265.

27 Ep. 1; 2: hg.v. E. Schwartz, Codex Veronensis LX, ZNW; ep. 3; 4: hg.v. C.H. Turner, EOMIA.

28 Hg.v. R. Gryson, SChr 267 und CChr.SL 87. Auch dieser Text ist als Randnotiz im Cod. Par. lat. 8907 (s.o. Anm. 24) überliefert, und zwar auf fol. 298r-311v, und umrahmt den Brief des Auxentius.

29 Die Identität ist umstritten und wird von Brennecke bezweifelt (Art. Maximinus, BBKL und RGG⁴), von Sieben, Antiarianische Schriften, 26f. angenommen. Wahrscheinlicher ist doch von zwei „Maximini" auszugehen. Der Bischof Maximinus, der mit Sigisvult nach Nordafrika kam, dürfte wohl ein Lateiner gewesen sein, vielleicht eine Art „Militärbischof" der Truppen des Sigisvult, der für sein homöisches Bekenntnis den Schutz der germanischen Obrigkeit gesucht hat. Dann wäre Maximinus ein Beispiel für das Weiterleben des lateinischen Homöertums innerhalb der gentilen Nachfolgereiche.

in *Contra Maximinum Arrianorum* (c.Max.)[30]. Interessant ist auch der Briefwechsel zwischen Augustinus und Pascentius (ep. 238-241), der nach einem Streitgespräch über trinitätstheologische Fragen entstanden ist[31].

Hinzuweisen ist ferner auf die Schrift *De spiritu sancto* (spir.) von Faustus von Riez (5. Jh.), entstanden wohl durch Kontakte mit den „arianisch"-homöischen Westgoten in Gallien[32]. Dieser Text ist von besonderer Bedeutung, da er ein Zeugnis für Diskussionen in Gallien genau eine Generation vor Avitus ist.

Vergleichspunkte bieten darüberhinaus auch Texte aus der Vandalenzeit in Nordafrika. Zu nennen ist hier die *Historia persecutionis Africanae provinciae temporum Geiserici et Hunerici regis Vandalorum* von Victor von Vita (ca. 488/489 verfaßt)[33], die auch dogmatisch relevante Texte enthält wie das sogenannte „Buch des katholischen Glaubens", *Liber fidei catholicae*, welches Victor von Vita in seiner *Historia* II 56-101 zitiert. Es wurde im Jahr 484 anläßlich eines Religionsgesprächs in Karthago verfaßt, auf dem über den theologischen Dissens zwischen den Vandalen und der „katholischen" *Romanitas* verhandelt werden sollte.

Zeuge dieser Disputation in Karthago zwischen „Arianern" und Katholiken war Cerealis, Bischof von Castellum Ripense, der daraufhin einen *Libellus contra Maximinum arrianum* (c.Max.) verfaßte[34]. In diesen Kontext gehört auch die sogenannte *Altercatio sancti Augustini cum Pascentio Ariano* (alterc.Aug.[35]), ein kleiner Dialog zwischen „Augustinus"[36] und „Pascen-

---

30 Der Text dieser Schriften (PL 42, 677-814) liegt jetzt in einer neuen Edition von Hombert vor (CChr.SL 87A): 159-175 *Sermo Arrianorum*; 183-255 *Contra sermonem Arrianorum*; 383-470 *Conlatio cum Maximino*; 491-692 *Contra Maximinum*; der Text *Contra sermonem Arrianorum. Praecedit sermo Arrianorum* ist auch ediert von Suda (CSEL 92). Vgl. zu den ursp. Editionsplänen auch Lienhard, Towards a critical edition.

31 Aug., ep. 238-241, hg.v. A. Goldbacher, CSEL 57. Vgl. Heil, Augustin-Rezeption im Reich der Vandalen.

32 Hg.v. A. Engelbrecht, CSEL 21.

33 Lange war die Ausgabe von M. Petschenig, CSEL 7, Wien 1881 Standard. Jetzt kann auch die neuere Edition von Serge Lancel (2002) benutzt werden.

34 PL 58, 757-768.

35 CPL 366; PL 33, 1156-1162. Dieser Text ist bislang oft nur zitiert worden wegen eines kurzen Zitats aus „barbarischer" Sprache, der als Hinweis auf den gotischen Ursprung der vandalischen Bibel und Liturgie gewertet wurde (1162A: „*Sihora armen*" oder „*froia armes*" – die handschriftliche Überlieferung scheint hier viele Varianten zu bieten); vgl. K. Schäferdiek, Art. Germanenmission, RAC 10, 1978, 492-548, hier S. 507; Heil, Augustin-Rezeption im Reich der Vandalen. Eine Edition dieses Textes ist 2008 in SÖAW.PH 779 erschienen.

36 „Augustinus" unterscheidet den literarischen „Augustinus" der *altercatio* vom historischen.

tius" über die Trinität. Relevant sind evtl. auch noch frühe Werke des Fulgentius von Ruspe, besonders die Schrift *Dicta regis Trasamundi et contra ea responsiones*, die zehn Fragen des Thrasamund voranstellt, und *Ad Trasamundum regem*[37].

Dies sind die wichtigsten Quellen, um die dogmengeschichtlichen Entwicklungen und Diskussionen jener Zeit nachvollziehen zu können. Natürlich entstammen sie unterschiedlichen Zeiten und Regionen, was jeweils zu berücksichtigen ist. Aber nur vor dem Hintergrund einer Lektüre jener wichtigen Vergleichstexte kann das Profil der Diskussionen im Reich der Burgunder dargestellt werden.

Die Fragmente des Avitus werden zu sechs Themen gruppiert vorgestellt. Der lateinische Text ist der Edition von Rudolph Peiper (MGH AA 6,2) entnommen, der zweispaltig zusammen mit einer Übersetzung präsentiert wird, um das Verständnis zu erleichtern. Die theologischen Fragmente, die aus den Werken des Florus von Lyon und Agobard von Lyon stammen[38], wurden nach den neuen Editionen in der Reihe *Corpus Christianorum. Continuatio mediaevalis* abgeglichen und Varianten jeweils angegeben.

IV.2 De divinitate spiritus sancti

Betrachtet man insgesamt die Schriften des Avitus, so ist es auffällig, daß er in den meisten Fragmenten und Briefen den heiligen Geist thematisiert. In der Auseinandersetzung mit der homöischen Theologie der Spätzeit in den gentilen Nachfolgereichen hat sich die Diskussion anscheinend auf dieses Thema verlagert. Diese Tendenz war auch schon in der theologischen Erklärung des Wulfila zu beobachten (s.o. S. 121). Offensichtlich haben homöische Theologen ihre Vorstellung von den göttlichen Personen präzisiert und die doppelte Unterordnung des heiligen Geistes unter den Vater und den Sohn herausgearbeitet und seine Geschöpflichkeit zu erweisen versucht. Der Streit um den heiligen Geist ist wie der gesamte trinitarische Streit auch eine Auseinandersetzung um die richtige Auslegung der heiligen Schrift, wie es einige Fragmente bei Avitus erkennen lassen (Frgm. 9; 30). Theologen wie Avitus von Vienne haben besonders auf Augustinus' Trinitätslehre zurückgegriffen und durch die Beschreibung des doppelten Ausgangs des heiligen Geistes aus dem Sohn und dem Vater (*filioque*) diesen an den Vater selbst zurückgekoppelt und so die in-

---

37   Hg.v. J. Fraipont, CChr.SL 91, 67ff.
38   S.o. S. 69f. und die jeweiligen Angaben bei den Fragmenten selbst.

nertrinitarische Einheit zu wahren versucht (s.u. Kap. IV 2.2). Im folgenden Abschnitt werden zunächst wichtige Fragmente vorgestellt, die eine intensive Auseinandersetzung um Schriftauslegung belegen.

IV.2.1 Schriftargumente für und wider die Göttlichkeit des heiligen Geistes

Fragment 9: Florus ad Cor. I 2,10[39]

Nobis autem deus revelavit [40] *per spiritum suum. Spiritus enim omnia scrutatur, etiam altitudines dei. Quis enim hominum novit quae in homine sunt, nisi spiritus hominis qui in ipso est? sic et quae in deo sunt, nemo novit nisi spiritus dei.* (1Kor 2,10f.) Rogo suppliciter, locum istum utpote illuminati a deo arbitri iudicate et utrum aequalis sit patri vel filio spiritus sanctus, ex ipsa scientiae suae profunditate perpendite. *Nemo novit filium nisi pater neque patrem quis novit nisi filius* (Mt 11,27). Sed quia nec pater nec filius sine spiritu aliquid novit, ideo quae in deo sunt, nemo scit nisi spiritus dei: quia nec spiritus scire aliquid sine patre vel filio potest. Quid est: nemo novit praeter patrem, nemo praeter filium, nemo praeter spiritum sanctum, nisi quia in trinitate praeter unitatem nihil possumus invenire? Legimus alio loco: *Qui filium non habet, nec patrem habet* (1Joh 2,23). Itemque alio loco: *Si quis spiritum Christi non habet, hic non est eius* (Röm 8,9). Quod non potest non simul totum haberi, quo-	„Uns aber hat Gott es offenbart durch seinen Geist. Denn der Geist durchforscht alles, auch die Tiefen Gottes. Denn welcher Mensch weiß, was in einem Menschen ist, außer dem Geist des Menschen, der in ihm ist? So weiß auch, was in Gott ist, niemand außer dem Geist Gottes." Ich bitte nachdrücklich, daß ihr diese Stelle wie von Gott erleuchtete Richter beurteilt und abwägt, ob der heilige Geist dem Vater und dem Sohn gleich ist aufgrund der unermeßlichen Tiefe seines Wissens. „Niemand kennt den Sohn außer dem Vater und niemand kennt den Vater außer dem Sohn." Aber weil weder der Vater noch der Sohn etwas ohne den heiligen Geist erkannt haben, so weiß also niemand außer dem Geist Gottes, was in Gott ist; und auch der heilige Geist kann ja nichts ohne den Vater oder den Sohn wissen. Was bedeutet diese Aussage: „Niemand hat Erkenntnis außer dem Vater, niemand außer dem Sohn, niemand außer dem heiligen Geist", wenn nicht, daß wir in der Trinität nichts finden können außer Einheit? Wir lesen an anderer Stelle: „Wer den Sohn nicht hat, der hat auch den Vater nicht." Und auch an einer anderen Stelle: „Wenn jemand den

---

39 MGH AA 6,2 5,11-23 Peiper; CChr.CM 193B, 363f. Fransen (Frgm. 17). Die Zeichensetzung ist z.T. geändert.

40 *Relevabit* überliefern die Hss, übernimmt Fransen, Peiper ändert in *revelavit*.

modo poterit dividi?

Geist Christi nicht hat, der ist nicht sein eigen." Auf welche Weise wird geteilt werden können, was nur zugleich als Ganzes besessen werden kann?

Ausgangspunkt dieses Fragments ist die Schriftstelle 1Kor 2,10f., anhand derer Avitus die Frage stellt, ob der heilige Geist dem Vater und dem Sohn gleichzusetzen sei (Z. 10 *aequalis*) oder nicht[41]. In 1Kor 2,11 heißt es, daß nur Gottes Geist kenne, was in Gott sei. Zusammen mit den Anspielungen auf Mt 11,27, daß niemand den Sohn kenne außer dem Vater und daß umgekehrt niemand den Vater kenne außer dem Sohn, könne daraus nur eine Einheit von Vater, Sohn und heiligem Geist gefolgert werden (*unitatem*)[42]. Dasselbe betont Avitus nochmals mit einer Kombination von 1Joh 2,23 und Röm 8,9 (auch Fragment 12[43]), verbunden durch das Stichwort *non habet*, und fragt rhetorisch: Wie kann geteilt werden, was nur als Ganzes besessen werden kann? Avitus verläßt hier die innertrinitarische Ebene und argumentiert aus der Perspektive eines gläubigen Menschen, der Anteil nicht nur an einer trinitarischen Person habe, sondern an der Dreiheit.

Bei diesem Abschnitt handelt es sich um eine Exegese von Schriftstellen, die Avitus zur Begründung seiner Theologie selbst herangezogen haben dürfte, weniger um Widerlegung gegnerischer Belegstellen. Vielmehr legt Avitus seinen Gegnern ans Herz, diese Stellen genauer anzuschauen (Z. 8-10).

Eine fast ganz parallele Argumentation verfolgt Avitus in seiner Predigt über das Glaubensbekenntnis (hom. 12). Hier begegnen uns sowohl Mt 11,27 als auch Anspielungen auf 1Kor 2,10, die offenbar von Avitus wiederholt als biblische Belegstellen verwendet wurden.

---

41   Zum Stichwort *aequalis* s.u. S. 214-220.

42   Avitus geht hier nicht auf das Argument ein, das u.a. bei Epiphanius vorkommt (s.u. S. 147f.): Wenn der heilige Geist erst alles erforschen müsse, sei er nicht selbst wie Gott allwissend.

43   S.u. S. 182.

Homilia 12: Ex sermone de symbolo[44]

Audite, quid veritas dicat: *Nemo novit filium, nisi pater, neque patrem quis novit nisi filius.* (Mt 11,27) Et si nemo adsequitur hanc in saeculo isto notitiam, unde Arrianus adsumit in substantiae ipsius divisione mensuram? Si solus pater novit filium, solus filius patrem, unde dux caecus maiorem intellegit[45] vel minorem? An forte respondet: at[46] si sibi notitiae huius reservat divinitas sola secretum, unde tu aequalem patri filium cognovisti? At ego inquam: paternitatem filius loquitur, omnipotentiam creatura testatur; de substantiae autem intimo *si nemo novit filium nisi pater neque patrem quis novit nisi filius*, ubi aequalis est consilio alternante notitia, una est procul dubio in substantiae perfectione natura. Neque enim maior aut minor est, qui nec minus nec amplius notus est.

Quid nunc de spiritu sancto dicemus, quem credere consequente symboli parte in trinitate praecipimur? Neque enim, si patrem et filium sibi invicem confert ista notitia, alienus ab ea erit spiritus sanctus, de quo scribitur, quod *spiritus omnia scrutatur, etiam altitudines dei* (1Kor 2,10).

Hört, was die Wahrheit sagt: „Niemand kennt den Sohn außer dem Vater und niemand kennt den Vater außer dem Sohn." Und wenn in dieser Weltzeit niemand diese Erkenntnis erlangt, woher nimmt dann der Arianer den Maßstab bei der Teilung der Substanz selbst? Wenn alleine der Vater den Sohn kennt und alleine der Sohn den Vater, auf welcher Grundlage erkennt dann der blinde Führer den Größeren oder den Kleineren? Oder vielleicht antwortet er: „Aber wenn die Gottheit allein sich das Geheimnis dieser Erkenntnis bewahrt, woher weißt du, daß der Sohn dem Vater gleich ist?" Doch dem entgegne ich: „Der Sohn redet von der Vaterschaft, die Schöpfung bezeugt die Allmacht." Wenn aber bezüglich dem Innersten der Substanz „niemand den Sohn kennt außer dem Vater und niemand den Vater außer dem Sohn", wobei bei der wechselseitigen Einsicht das Wissen gleich ist, dann existiert ohne Zweifel in der Vollkommenheit der Substanz nur eine einzige Natur. Wer nämlich weder weniger noch mehr erkannt ist, ist auch nicht geringer noch größer.

Was werden wir nun über den heiligen Geist sagen, an den wir aufgrund des folgenden Teils des Symbols im Rahmen der Trinität zu glauben angehalten werden? Aber, wenn nämlich diese Erkenntnis den Vater und den Sohn einander zusammenführt, dann wird der heilige Geist keineswegs von ihr entfremdet werden, von dem geschrieben

---

44 MGH AA 6,2 122,4-22 Peiper; CChr.CM 193B, 362f. Fransen (Frgm. 16). Das Zitat des Florus ist die Quelle auch für diesen Predigtausschnitt. Zu den Zitaten aus Florus s.o. S. 68-70.

45 *intellegit* Fransen.

46 *et si* Fransen und Sirmond.

Ergo non[47] tantummodo se pater et filius, sed spiritum suum norunt, cui ideo nihil omnino celatur, quia nihil sine illo in veritate cognoscitur.

steht, daß „der Geist alles durchforscht, auch die Tiefen Gottes." Also kennen der Vater und der Sohn nicht nur sich, sondern auch ihren Geist, dem daher 40 überhaupt nichts verborgen bleibt, weil nichts ohne ihn in Wahrheit erkannt wird.

Quocirca sic est cognitio, sicut cooperatio trinitatis. Nam post istud generationis divinae mysterium si in Christo cogitemus humana, quod celebramus virginem peperisse, pater misit, filius venit, spiritus sanctus infudit. Quapropter nec in humilitate minorationis absconditur claritas aequalitatis.

So ist also die Erkenntnis der Trinität, wie auch (ihre) Zusammenarbeit. Denn, wenn wir nach diesem Geheimnis der göttlichen Zeugung an das Menschliche 45 in Christus denken, weil wir preisen, daß ihn eine Jungfrau geboren hat, so hat der Vater gesandt, der Sohn ist gekommen und der heilige Geist hat eingegossen. Deswegen wird auch in 50 der Demut der Niedrigkeit die Klarheit der Gleichheit nicht verdunkelt.

Avitus fragt hier polemisch, wenn nach Mt 11,27 alleine der Vater und der Sohn sich kennen und niemand auf der Welt jedoch diese Erkenntnis erreicht, woher dann der blinde Führer (gemeint ist sicher Gundobad) seine Kenntnis über die Unterordnung des Sohnes unter den Vater beziehe (*unde dux caecus maiorem intellegit vel minorem?* Z. 9f.). Wohl wissend, daß die Gegenseite dieselbe Frage auch an ihn richten könnte, läßt Avitus sogleich nachfragen: *at si sibi notitiae huius reservat divinitas sola secretum, unde tu aequalem patri filium cognovisti?* (Z. 11-15) Avitus meint, daß die vollkommene gegenseitige Kenntnis von Vater und Sohn nur mit einer Substanzeinheit (bzw. *una natura* Z. 22f.) zu erklären sei; und er bezieht anschließend mit Anspielung auf 1Kor 2,10 auch den heiligen Geist mit ein: *Neque enim, si patrem et filium sibi invicem confert ista notitia, alienus ab ea erit spiritus sanctus, de quo scribitur, quod spiritus omnia scrutatur, etiam altitudines dei* (1Kor 2,10: Z. 30-35). Aber nicht nur die gegenseitige Erkenntnis, sondern auch ihre Zusammenarbeit bezeugen die Einheit von Vater, Sohn und heiligem Geist wie z.B. bei der Menschwerdung: Der Vater sandte, der Sohn kam und der heilige Geist goß ein (Z. 46f.). Abgesehen davon, daß in Fragment 9 oben eine Substanz- oder Natureinheit nicht erwähnt wird (vgl. aber den Vorwurf, die Substanz zu teilen, in Fragment 6[48]), berühren sich dieses Fragment und der Ausschnitt aus der Predigt sehr eng.

Ausführungen darüber, daß die vollkommene wechselseitige Kenntnis der trinitarischen Personen untereinander deren Einheit und Gleichheit

---

47 *non* add. Peiper.
48 Zu Fragment 6 s.u. S. 193f.

bezeuge, sogar mit Diskussion derselben Schriftstellen, begegnen auch in einem ausführlichen Kapitel bei Ambrosius (spir. II 11)[49], so daß hier deutlich wird, wie sehr Avitus dessen „antiarianische" Schriften für diesen Diskurs herangezogen haben dürfte. Ambrosius schreibt: *Unitas igitur est scientiae, quando, sicut pater revelat, qui „dat spiritum revelationis", sic revelat et filius, quia scriptum est*: Nemo novit filium nisi pater, neque patrem quis novit nisi filius, et cui voluerit filius revelare (Mt 11,27). *Plus dixit de filio, non quo plus habeat quam pater, sed ne minus habere credatur* (spir. II 11,123). Ambrosius bezieht nun durch 1Kor 2,11 auch den heiligen Geist mit ein und folgert: *Ergo unius et pater et filius et spiritus sanctus et naturae sunt et scientiae* (spir. II 11,125). Anschließend verneint Ambrosius, daß der heilige Geist einmal nicht alles wußte, nur weil in 1Kor 2,10 ein „suchen" (*scrutatur*)

---

49 Vgl. auch Ambrosius, fid. V 201f. Hier bezieht sich Ambrosius aber auf die Schriftstellen, um das Vorwissen des heiligen Geistes über den Tag des Gerichts zu betonen. In diesem Sinn wird 1Kor 2,10f. auch im *Liber fidei catholicae* (Victor von Vita, hist. 85) zitiert; ebenso bereits Ath., ep. Serap. II 9. Mit 1Kor 2,11 den heiligen Geist als an sich göttlich zu erweisen, ist ebenfalls schon bei Athanasius nachzulesen in ep. Serap. I 22 und besonders in II 10: ὁ δὲ Παῦλος γράφει· „οὐδεὶς οἶδε τὰ τοῦ ἀνθρώπου εἰ μὴ τὸ πνεῦμα τοῦ ἀνθρώπου τὸ ἐν αὐτῷ· οὕτω καὶ τὰ τοῦ θεοῦ οὐδεὶς οἶδεν εἰ μὴ τὸ πνεῦμα τοῦ θεοῦ τὸ ἐν αὐτῷ. ἡμεῖς δὲ οὐ τὸ πνεῦμα τοῦ κόσμου ἐλάβομεν, ἀλλὰ τὸ πνεῦμα τὸ ἐκ τοῦ θεοῦ, ἵνα εἴδωμεν τὰ ὑπὸ τοῦ θεοῦ χαρισθέντα ἡμῖν." καὶ ἐν πάσῃ δὲ τῇ θείᾳ γραφῇ εὑρήσεις, ὅτι τὸ πνεῦμα τὸ ἅγιον λεγόμενον τοῦ υἱοῦ, τοῦτο λέγεται τοῦ θεοῦ εἶναι· καὶ τοῦτο ἐν τοῖς ἔμπροσθεν ἐγράψαμεν. οὐκοῦν εἰ ὁ υἱὸς διὰ τὴν πρὸς τὸν πατέρα ἰδιότητα καὶ διὰ τὸ εἶναι αὐτοῦ τῆς οὐσίας ἴδιον γέννημα οὐκ ἔστιν κτίσμα, ἀλλ' ὁμοούσιος τοῦ πατρός· οὕτως οὐκ ἂν εἴη οὐδὲ τὸ πνεῦμα τὸ ἅγιον κτίσμα, ἀλλὰ καὶ ἀσεβὴς ὁ λέγων τοῦτο διὰ τὴν πρὸς τὸν υἱὸν ἰδιότητα αὐτοῦ, καὶ ὅτι ἐξ αὐτοῦ δίδοται πᾶσι καὶ ἃ ἔχει τοῦ υἱοῦ ἐστιν (AW I 4, 552,23-553,34 Wyrwa/Savvidis). „Paulus aber schreibt: ‚Niemand kennt das (Wesen) des Menschen außer der Geist des Menschen, der in ihm wohnt; so kennt auch das (Wesen) Gottes niemand außer der Geist Gottes, der in ihm ist. Wir aber haben nicht den Geist der Welt empfangen, sondern den Geist aus Gott, um zu erkennen, was uns von Gott geschenkt worden ist'. Und in der ganzen göttlichen Schrift wirst du finden, daß vom heiligen Geist gesagt wird, er sei des Sohnes und auch er sei des Vaters. Davon haben wir früher schon geschrieben. Wenn also der Sohn wegen seines eigentümlichen Verhältnisses zum Vater, und weil er die eigene Erzeugung der Wesenheit desselben ist, kein Geschöpf, sondern dem Vater wesenseins ist, so ist wohl auch der heilige Geist kein Geschöpf; gottlos ist vielmehr, wer dies angesichts des besonderen Verhältnisses behauptet, in dem der Geist zum Sohne steht, weil er aus letzterem allen gegeben wird, und weil das, was er hat, des Sohnes ist." (Übersetzung nach J. Lippl aus BKV 13, 1913, 463) Athanasius setzt bei der Wesenseinheit des heiligen Geistes mit dem Sohn ein, Avitus stellt die gegenseitige Kenntnis der trinitarischen Personen in den Mittelpunkt. Bei Faustus wird Vergleichbares nicht angeführt; Bas., spir. 40 fällt nur ganz knapp aus.

geschrieben stehe. Auch Avitus betont die *unitas* bzw. die *una natura* und die *aequalitas* und verweist auf die wechselseitige Kenntnis der trinitarischen Personen. Entsprechend ist auch die *cooperatio trinitatis* (Z. 42) ein eindeutiger Hinweis auf deren *aequalitas*[50].

Interessanterweise scheint Avitus hier ein Glaubensbekenntnis auszulegen. Aufgrund des fragmentarischen Charakters der Predigt und fehlender Zitate aus diesem Bekenntnis bleibt unklar, auf welchen Text sich Avitus hier bezieht (Z. 28-30: *quem credere consequente symboli parte in trinitate praecipimur*).[51] Aufgrund des antiarianischen Zuschnitts könnte es sich um das Nizänum handeln oder natürlich auch um eine Fassung des sogenannten Apostolikums. Da auch in anderen Texten von Avitus kein Glaubensbekenntnis zitiert wird, läßt sich diese Frage nicht beantworten.

Abgesehen von den bisher vorgestellten Fragmenten gibt es von Avitus eine etwas ausführlichere Erörterung zum heiligen Geist in einem Brief an Gundobad:

ep. 1: Avitus episcopus domno Gundobado regi (= fr. 30)[52]

Tantum Christo propitio per diversas sollicitudines mentem vestram veritas indagata perdocuit, ut nihil prorsus sit, quod de totius divinae legis definitione 5 vos lateat. Unde ex his, quae pietas celsitudinis vestrae dignatur inquirere, iam de plenae instructionis arce descendens non est nescientis interrogatio, sed 10	So sehr hat durch die Gnade Christi die aufgedeckte Wahrheit Euren Geist durch verschiedene Sorgen unterwiesen, daß es durchaus nichts gibt, was Euch hinsichtlich der Vorschrift des ganzen göttlichen Gesetzes verborgen ist. So ist also ausgehend von den Themen, die die Frömmigkeit Eurer Hoheit zu untersuchen geneigt ist, da sie schon vom Gipfel der vollen Erkenntnis her-

---

50   Zu *aequalitas* s.u. S. 214-220. Augustinus zitiert in seinen antiarianischen Schriften nur einmal die Textstellen aus dem Korintherbrief in c.Max. II 15,4: Wenn in Stellen wie Joh 17,3 der heilige Geist nicht genannt wird, heiße das nicht, daß er nicht Gott sei, wie umgekehrt aus 1Kor 2,10f. nicht zu schließen sei, daß Christus Gott nicht kenne. So auch Aug., trin. I 8,18.

51   Vor Avitus haben schon andere auch in Predigten das (apostolische?) Glaubensbekenntnis ausgelegt, vgl. z.B. (ps.-?) Ambr., expl. symb.; Aug., serm. 212-215; Petrus Chrysologus, serm. 56-62; Nicetas von Remesiana, Instructio de symbolo; Quodvultdeus, Sermones de Symbolo; und auch Avitus' Zeitgenosse Caesarius von Arles (z.B. serm. 9). Vgl. auch (s. S. 159) die latein. Kommentare zum Nizänum. Zur Problematik der Entstehung und Verbreitung des Apostolikums vgl. die Auseinandersetzung zwischen Westra, The Apostles' Creed, und Vinzent, Entstehung des römischen Glaubensbekenntnisses; ders., Ursprung; vgl. auch Heil, Markell und das Romanum.

52   MGH AA 6,2 12,16-15,7 Peiper.

conferentis, in tantum ut sententia evangelii, quam litteris attigistis, non aliquid ambiguitatis in fide habeat, sed de reprehensione Iudaica sensum magis 15 expositionis inquirat.

...

Sed his conlationis magis quam elucidandae fidei exercitio reseratis illud potius revolvamus, quod a sacerdotibus vestris 20 scripsistis obiectum, igitur discutientibus vobis, utrum spiritus sanctus, qui in sacro baptismate indivisae dominationis vindicat unitatem, creator an creatura 25 credendus sit, cum, si creator est, a divinitate nequeat separari, si creatura, deo non possit uniri. Pro penuria respondendi sub cuiusdam lubrico quaestionis 30 interrogatum est a parte diversa, utrum spiritus noster creatus an sempiternus debeat iudicari, quasi exemplo scripturae caelestis intersito, quo dictum sit: *In-* 35 *sufflavit deus spiritum in animam* *vitae.* (Sap 15,11)

Primum ergo conicite, quid in dispositione facturi sint, qui de testimonio mentiuntur, aut qua- 40 liter adinventiones suas fallaciae tumoribus impleant, qui dicta divinae auctoritatis immutant. Nam quod dixerunt: *Insufflavit* *deus spiritum in animam vitae*, arti- 45 ficiosa fraude confictum est. Quem locum si recensendum sibi pietas vestra decernat offer-

ab kommt, dieses keine Frage eines Unwissenden, sondern eines Forschers, insofern zwar der Vers des Evangeliums, den Ihr im Brief angeführt habt, keinerlei Zweideutigkeit in Bezug auf den Glauben hat, aber bezüglich des Tadels an den Juden nach einem Urteil einer Erklärung in höherem Sinne verlangt. ...

[Es folgt eine Auslegung von Mk 7,11 f.]

Nachdem also diese Themen mehr durch Beschäftigung mit Textvergleichen als mit Glaubenserklärungen erschlossen wurden, möchten wir lieber auf das zurückkommen, was Ihr als einen Einwand Eurer Priester beschreibt, da Ihr ja darüber diskutiert habt, ob der heilige Geist, der in der heiligen Taufe die Einheit der ungeteilten Herrschaft sichert, als Schöpfer oder Geschöpf zu glauben sei, da er, wenn er Schöpfer ist, von der Gottheit nicht getrennt werden könne, wenn er aber Geschöpf ist, nicht mit Gott vereint werden könne. In Ermangelung einer Antwort ist unter Vortäuschung einer gewissen ausweichenden Nachfrage von der Gegenseite gefragt worden, ob unser Geist als geschaffen oder als ewig beurteilt werden muß, wobei sie sozusagen einen Beleg aus der himmlischen Schrift einstreuten, in der gesagt sei: „Gott hauchte den Geist in die Seele des Lebens." Zuerst also bedenkt, was sie, die in Bezug auf das Schriftzeugnis Lügen verbreiten, mit dieser Zusammenstellung anrichten wollen, oder wie sie, welche die Sprüche der göttlichen Autorität verändern, ihre Hinzuerfindungen in Geschwülste der Täuschung einbauen. Was sie nämlich gesagt haben, „Gott hauchte den Geist in die Seele des Lebens", ist durch einen kunstvollen Betrug erdichtet. Falls Eure Fröm-

ri, sic inveniet scriptum: *Et fecit deus hominem de limo terrae, et inspiravit in faciem eius spiraculum vitae, et factus est homo in animam viventem.* (Gen 2,7)

Perpendite nunc quanta sit in sermone distantia. Illi dixerunt: *insufflavit in animam,* cum scriptum sit: *inspiravit in faciem. Inspirare* enim incorporeus potest, *insufflare* nisi corporeus non potest. Deus autem non quasi animae iam viventi spiritum legitur insufflasse, quem adderet, sed materiae nondum viventi, sicut antiqui codices habent, spiramentum vitae, quo in animam viventem sublimaretur, infudit.

Ergo si inspiratione hac anima hominis facta est et non est aliud anima humana quam spiritus, restat spiritum principio non carere. Quod obiurgati a vobis senserunt sibi protinus obponendum, nisi per insufflationis carnale commentum spiritum ipsum animae potius quam corpori inditum mentirentur. Nam cum quaerant intentione letali, non quomodo quae sunt scripta cognoscant, sed qualiter scripta

migkeit beschließt, daß Ihr diese Stelle zur kritischen Begutachtung vorgelegt wird, wird Sie geschrieben finden: „Und Gott machte den Menschen aus Lehm von der Erde, und er blies in sein Antlitz den Odem des Lebens, und der Mensch wurde zu einem lebendigen Wesen."[53] Wägt nun genau ab, wie groß der Unterschied in der Ausdrucksweise ist. Jene sagten: „er hauchte in die Seele", obwohl geschrieben steht: „er blies in das Antlitz". „Anblasen" kann nämlich (nur) ein Unkörperlicher, „anhauchen" kann nur ein Körperlicher.[54] Es ist ferner nicht gesagt, daß Gott den Geist in eine sozusagen schon lebende Seele als Zusatz einhauchte, sondern er goß in eine noch nicht lebende Materie den Lebenshauch, wie es die alten Kodizes überliefern,[55] wodurch sie zu einer lebenden Seele erhöht wurde. Wenn also durch dieses Anblasen die Seele des Menschen geschaffen wurde und die menschliche Seele nichts anderes als Geist ist, dann ergibt sich, daß der Geist nicht ohne Anfang ist. Sie merkten, daß ihnen, wenn sie getadelt werden, sogleich dies von Euch entgegengehalten werden muß[56], es sei denn, sie erdichten sich durch die fleischliche Lüge der Anhauchung gerade diesen Geist, der eher der Seele als dem Leib beigegeben sei. Denn wenn sie in schädlichen Absichten Fragen stellen,

---

53 Nach Avitus verfälschen die Gegner die Schrift, da sie Gen 2,7 falsch zitiert hätten; er übergeht (irrtümlich?), daß sie sich auf Sap 15,11 bezogen hatten. Für ihn ist daher der Schriftbeleg der Gegner ein Betrug.

54 Avitus will mit diesem Verweis belegen, wie sehr die Gegner die Schrift falsch zitieren: Wenn „anhauchen" nur ein Körperlicher vermag, ist die Aussage „Gott hauchte …" unmöglich. Woher er jedoch diese Aussage bezieht, bleibt unklar.

55 Die Gegner verwenden also neue, falsche Kodizes der biblischen Bücher.

56 Der eingehauchte Geist aus der Schriftstelle ist die menschliche Seele selbst. Avitus vereinnahmt gewissermaßen Gundobad für seine Position, da dieser den Gegnern die Kritik von Avitus vorhalten werde.

putentur esse quae praedicant, 80
quid, putamus, imperitis faciunt,
qui instructionis vestrae reverentiam non pavescunt?

Tractemus nunc, si propitii
sinitis, quanta ineptia propo- 85
natur: quod si dei spiritus creatura non est, ac si nec in homine
creatura poterat dici spiritus,
quem deus insufflasse perhibe-
tur. 90
Nihil omnino esse praeter duo,
id est creatorem creaturamque,
saepe definitum est. Dei porro
spiritus factor, hominis vero factura accipi debet. Unde spiritus, 95
qui in nobis vivit, potentia dei
intellegitur, non natura. Nam si
vegetandis nobis substantia
sancti spiritus credatur inmixta,
placabilis sit dei et vester audi- 100
tus, blasphemia talis ut etiam
convincatur, vix sine peccato
repeti potest. Quoniam si prae-
ventus carnalitate peccat spiritus
humanus, spiritus sanctus pec- 105
care in eo dicendus est, vel certe
spiritui sancto remissionem dari
poscimus, cum pro defunctorum
spiritibus supplicamus.

Parumne rogo hactenus fuit, ut 110
alter spiritus sanctus, alter parac-

nicht auf die Weise, wie sie das, was
geschrieben steht, erkennen, sondern
dementsprechend, wie das als schriftgemäß angesehen wird, was sie predigen[57], was, glauben wir, machen sie, die
nicht aus Ehrfurcht vor Euch vor den
Anordnungen zittern, mit den Unkun-
digen?
Laßt uns nun behandeln, wenn Ihr es
geneigt zulaßt, mit wieviel Unsinn angeführt wird: „Wenn aber Gottes Geist
kein Geschöpf ist, und wenn auch der
Geist im Menschen nicht Geschöpf
genannt werden kann, wen soll Gott
dann eingehaucht haben?"[58]
Es ist schon oft festgelegt worden, daß
es nichts anderes außer den Zweien
gibt, d.h. Schöpfer und Geschöpf. Ferner muß man einsehen, daß der Geist
Gottes Schöpfer, der des Menschen
aber Geschöpf ist. Daher wird der
Geist, der in uns lebt, als Kraft von
Gott verstanden, nicht als Natur (Gottes). Wenn nämlich geglaubt wird, daß
die Substanz des heiligen Geistes in uns
eingeflochten wurde, um uns zu bele-
ben, mögen Eure und Gottes Ohren
versöhnlich gestimmt sein, auf daß
auch eine solche Gotteslästerung widerlegt wird – diese kann kaum ohne Sünde wiederholt werden. Denn, falls der
menschliche Geist, übertölpelt von seiner Fleischlichkeit, Sünden begeht, so
müßte man sagen, der heilige Geist
würde in ihm sündigen, oder wir müßten sicherlich flehen, daß dem heiligen
Geist vergeben werde, wenn wir für die
Geister der Verstorbenen bitten.
Spielte es bislang, so frage ich, eine zu
geringe Rolle, daß einer heiliger Geist,

---

57 Avitus wirft den Gegnern vor, sich die Schrift im Sinne ihrer Überzeugung zu-
rechtzubiegen.

58 Avitus zitiert hier offenbar einen Einwand der gegnerischen Seite, der an den
angeführten Schriftvers Sap 15,11 „Gott hauchte den Geist in die Seele des Lebens" anknüpft: Was für einen Geist hauchte Gott in die Seele des Lebens ein?

litus diceretur, nisi addatur haec pro ultima perfugii necessitate numerositas, ut mancipati insuper contagio delictorum tot divini spiritus quot hominum computentur? [115]

Et perite scilicet decrevit sacerdotalis auctoritas uno modo cunctis generaliter spiritum divinitatis infundi. Perinde se fortasse Iudaeo, haeretico gentilique ut catholico spiritus sanctus insinuat, an forsitan patris vel filii iussione invitus in criminosorum membra contruditur? Sed quid facimus, *quod spiritus ubi vult spirat*? (Joh 3,8) Quia, si arbitrio suo corpora indigna sanctificat, revincet prophetam dicentem, quod *non habitabit in corpore subdito peccatis*. (Sap 1,4) [120] [125] [130]

Quo circa humanus spiritus creatione inchoatur, divinus autem benedictione conceditur. Non enim absque vitae suae spiritu erant, quibus in apostolorum gestis imponitur manus, ut accipiant spiritum sanctum. Quod si ipsum quoque spiritum sanctum pro eo, quod creatorum fidelium mentes introeat, volunt fieri ceaturam, de supra scripta videlicet conclusione, qua peremptorie nihil dicentes: Si dei, aiunt, spiritus creatura non est, ac si nec in homine creatura poterat dici, quid nunc de patris vel filii divinitate censebunt, [135] [140] [145]

ein anderer Paraklet genannt wird, es sei denn, angesichts der Notwendigkeit einer letzten Ausflucht werde diese reiche Zahl hinzugefügt, so daß obendrein göttliche Geiste gezählt werden, die so viel dem Kontakt mit den Sünden wie mit den Menschen ausgeliefert sind?[59] Und geschickt, versteht sich, hat die priesterliche Autorität festgelegt, daß der Geist der Gottheit bei allen auf dieselbe Weise eingegossen wird. Hat sich also der heilige Geist in einen Juden, Häretiker oder Heiden wie in einen Rechtgläubigen hineinbegeben, oder hat er sich auf Befehl des Vaters oder des Sohnes widerwillig in die Glieder der Verbrecher begeben? Aber was machen wir, da doch „der Geist weht, wo er will"? Denn wenn er freiwillig unwürdige Körper heiligt, widerspricht das dem Prophetenwort, denn „er wohnt nicht in einem Körper, der der Sünde unterworfen ist."

Daher beginnt der menschliche Geist mit der Erschaffung, der göttliche wird aber nur als Segensgabe gewährt. Denn jenen, denen in der Geschichte der Apostel die Hand aufgelegt wurde, daß sie den heiligen Geist empfangen, fehlte nämlich nicht der Geist des Lebens. Denn falls sie wollen, daß auch der heilige Geist deswegen, weil er in den Geist der geschaffenen Gläubigen eingeht, selbst ein Geschöpf sei, eben aufgrund der oben erwähnten Schlußfolgerung, nach der sie destruktiv Nichtiges anführen – sie sagten: „Wenn der Geist Gottes kein Geschöpf ist, und wenn er auch im Menschen nicht Geschöpf genannt werden kann" –, was

---

59 Das Argument bleibt etwas unklar; hatten sich die Gegner auf den Titel „Paraklet" berufen? Der logische Schritt von „Paraklet" zu der Vielzahl der göttlichen Geister bleibt unverständlich. Hatte Avitus etwas wie „Tröster der Menschen" vor Augen, um dann von den vielen Geistern der Menschen zu sprechen?

quam et creatam comminisci 150
non poterunt et lectione perter-
riti habitare sanctorum corpora
non negabunt apostolo fidelibus
protestante: *Templum enim dei
sanctum est, quod estis vos.* (1Kor 155
3,17) ...

werden sie dann von der Gottheit des
Vaters und des Sohnes halten, welche
sie einerseits nicht als geschaffen erdichten können und andererseits einge-
schüchtert durch die Lektüre nicht
leugnen können, daß sie im Körper der
Heiligen wohnt, wie der Apostel den
Gläubigen verkündet: „Der Tempel
Gottes nämlich ist heilig, welcher ihr
seid"?[60] ...

[Es folgt ein Aufruf an Gundobad, seinen häretischen Geistlichen kein Gehör mehr zu schenken
und die nicht mehr Bischöfe zu nennen, die
gegen den heiligen Geist lästern, um seinen Weg
zur Orthodoxie nicht zu gefährden.[61]]

Dieser Brief des Avitus an Gundobad bestätigt über die schon vorgestellten Fragmente hinaus eine intensive Diskussion über den heiligen Geist
im Reich der Burgunder. Gundobad hatte an Avitus geschrieben und ihn
um Auskunft in einigen theologischen Fragen gebeten. Im ersten Teil
seiner Antwort erläutert Avitus zunächst den Begriff „Korban" aus Mk
7,11f., bevor er im zweiten Teil auf die Anfrage über die Göttlichkeit des
heiligen Geistes eingeht. Avitus bezieht sich auf kritische Einwände, die
von Geistlichen im Umkreis des Gundobad vorgebracht worden waren
(*quod a sacerdotibus vestris scripsistis obiectum*, Z. 20f.)[62], und referiert auch kurz
Argumente der Gegenseite (Z. 86-90). Die Diskussion scheint schon länger geführt worden zu sein; offenbar hatte Avitus bereits vorher zu dieser
Frage Stellung bezogen. Insofern kann durch diesen Brief ein besserer
Einblick in die Diskussion jener Zeit gewonnen werden.

Gundobad hatte mit „seinen" Geistlichen darüber gesprochen (*discutientibus vobis*, Z. 21f.), ob der heilige Geist Schöpfer oder Geschöpf sei
(*creator an creatura credendus sit*, Z. 25f.), denn als Schöpfer wäre er mit der
Gottheit zu vereinen, als Geschöpf aber davon zu trennen (Z. 26-28).
Dies ist natürlich vom Beginn der Diskussion um den heiligen Geist an
die grundsätzliche Frage überhaupt[63]. Der Nebensatz *qui in sacro baptismate
indivisae dominationis vindicat unitatem* (Z. 23-25) dürfte nicht zum Referat der
These des Gegners gehören, sondern von Avitus selbst eingeschoben
worden sein, da für ihn die Einheit in der Trinität selbstverständlich ist

---

60   Auch wenn der heilige Geist als Segensgabe in den Gläubigen eingeht, ist er
      deswegen kein Geschöpf.
61   S.o. S. 72.
62   Vgl. zu den erwähnten Geistlichen S. 80.
63   S.u. S. 140.

und der angedeutete Bezug zum Taufbefehl aus Mt 28,19 als Ausdruck der Einheit der ungeteilten Herrschaft der drei göttlichen Personen zu verstehen ist.

Mit dem Hinweis auf die Taufe haben sich Gundobad und die *sacerdotes* aber nicht zufrieden gegeben. In Anknüpfung vielleicht an die Taufe und die damit verbundene Geistverleihung fragten sie zurück, ob der Geist der Menschen geschaffen oder ewig sei (Z. 32f.), was Avitus nur als ausweichende Rückfrage auslegt. Es ist aber nicht einfach, die Argumentation dieses Einwands (Z. 32-37) nachzuvollziehen, da Avitus offenbar sehr verkürzend referiert. Wahrscheinlich wurde folgendermaßen argumentiert: Ist unserer, der menschliche Geist, geschaffen oder ist er ewig, d.h. göttlich und somit Schöpfer (*creator*)? Eigentlich sei er geschaffen, da in der Schrift (Sap 15,11) stehe, daß Gott den Geist erst einhauchte (*insufflavit*), so daß ein Anfang dieses Geistes anzunehmen sei, der somit nicht ewig existiere. Außerdem sei dann offensichtlich der Geist ein Geschöpf im Menschen und nicht mehr bei Gott und mit Gott vereint, sondern von Gott getrennt (Z. 27). Sie verstanden den Geist wohl als Gabe Gottes an die Menschen, die deshalb nicht selbst göttlich, sondern von Gott geschaffen ist. Was ist hier aber mit *spiritus noster* (Z. 32) gemeint? Gingen die Gegner von einer Dreiteilung des Menschen in Leib, Seele und Geist aus und bezieht sich diese Frage somit auf die Schöpfung des Menschen? So verstand es jedenfalls Avitus, was aus seinem folgenden Kommentar deutlich wird: *Deus autem non quasi animae iam viventi spiritum legitur insufflasse* (Z. 60-62; auch Z. 73f.). Die *sacerdotes* stellten im Anschluß an die Schriftstelle schließlich die Frage, wen Gott denn eingehaucht habe? Wenn der eingehauchte Geist zweifellos ein Geschöpf ist, aber weder der Geist Gottes noch der Geist im Menschen ein Geschöpf ist, wen könne Gott dann noch eingehaucht haben? (Z. 86-90) Folglich müsse also der Geist ein Geschöpf sein. Parallel zu dieser Geisteinhauchung bei der Erschaffung des Menschen wollten die *sacerdotes* offenbar auch die Segensgaben des heiligen Geistes verstehen. Weil er in den Geist der geschaffenen Gläubigen eingeht, sei er selbst ebenfalls ein Geschöpf (Z. 140-143).

Auffallend ist der zitierte Schriftvers Sap 15,11: *insufflavit deus spiritum in animam vitae*. Es handelt sich eigentlich nicht um ein Zitat, sondern ein ungenaues Referat, da der lateinische Text lautet: ... *quoniam ignoravit, qui finxit et qui inspiravit illi animam, quae operatur, et qui insuflavit spiritum vitalem*[64]. Offenbar wurde der dritte Relativsatz als Hauptsatz umformuliert, ergänzt um *anima* aus dem zweiten Relativsatz. Schwierig bleibt, ob *vitae* auf

---

64 So lautet der Text der Vulgata, aber auch die Ausgabe der Vetus latina bezeugt schon diesen Text ohne überlieferte signifikante Abweichungen (W. Thiele [Hg.], Sapientia Salomonis, Vetus latina 11/1, Freiburg i.Br. 1985, S. 518).

spiritum zu beziehen ist (in Anlehnung an *spiritum vitalem*); die Satzstellung spricht allerdings eher für den Bezug zu *animam*. So kann man eigentlich nur von einer ungenauen Anspielung auf Sap 15,11 reden.

Dieser Vers wird sonst kaum zitiert; in der gesamten Literatur der Diskussionen um den heiligen Geist jener Zeit spielt er keine Rolle. In der Schrift *De spiritu sancto* des Faustus, des gallischen Bischofs von Riez eine Generation vor Avitus († um 495), zum Beispiel kommt dieser Vers nicht vor, obwohl auch er gerade die Frage behandelt, ob der heilige Geist *creatus* beziehungsweise *creatura* ist[65]. Dies gilt auch für das Werk *De statu animae* des Claudianus Mamertus († um 474), des Bruders des Mamertus von Vienne, des Vorvorgängers des Avitus, in dem dieser die Seelenlehre des Faustus kritisiert. Ebensowenig wird man fündig in anderen theologischen Werken[66], so daß es keine andere Auslegung dieses Schriftverses gibt, die Einblick in die Diskussion bieten könnte.

Exkurs: Schriftargumente gegen die Göttlichkeit des heiligen Geistes

Pneumatomachen[67]:

Die Geistbekämpfer oder „Pneumatomachen" eröffneten im trinitarischen Streit eine neue Diskussion um die dritte trinitarische Person. Sie begegnen erstmals in den vier *Epistulae ad Serapionem* des Athanasius von Alexandrien, wohl aus dem Jahr 358. Serapion, der Bischof von Thmuis in Unterägypten, hatte an Athanasius geschrieben, der sich zu dieser Zeit außerhalb von Alexandrien im Exil befand, wohl in der thebäischen Wüste[68], und ihn um Unterstützung in einer Auseinandersetzung um den heiligen Geist gebeten. Im ersten Brief schreibt Athanasius gleich zu Beginn:

---

65 Vgl. bes. I 3; in I 9 dann *ingenitus an genitus* (115,11); vgl. ferner II 1; 3; 5. Zu Faustus s.u. S. 170-176.

66 Weder die Bände der Biblia Patristica führen zu einem Ergebnis noch die Textausgabe der Vetus latina (s.o.; s. 192-210) oder elektronische Recherchen. So gibt es keine trinitätstheologische Diskussion zu diesem Schriftvers, auch keine mit speziellem Bezug auf die Rolle des heiligen Geistes; s. den folgenden Exkurs.

67 Vgl. Hauschild, Pneumatomachen; ders., Gottes Geist und der Mensch; Heron, Studies in the Trinitarian Writings of Didymus the Blind; Dörries, De Spiritu Sanctu; Meinhold, Art. Pneumatomachoi; ferner noch Schermann, Die Gottheit des heiligen Geistes. Eine Zusammenfassung bietet Hanson, Search, 738-790. Immer noch lesenswert ist Loofs, Macedonius; ders., Christologie der Macedonianer.

68 Zu Serapion vgl. Fitschen, Serapion. Zu Athanasius vgl. Heil, LACL; Tetz, TRE. Ferner Laminski, Der heilige Geist als Geist Christi und der Gläubigen. Vgl. auch Morales, Préhistoire.

Du, innig und wahrhaft geliebter Freund, selbst voll Betrübnis, schreibst mir nämlich, daß sich einige wegen der Lästerung des Gottessohnes zwar von den Arianern getrennt, aber selbst unrichtige Anschauungen über den heiligen Geist haben und behaupten, derselbe sei nicht bloß ein Geschöpf, sondern sogar einer der dienenden Geister (Hebr 1,14) und nur um eine Stufe von den Engeln verschieden. Das ist zwar ein scheinbarer Kampf gegen die Arianer, in Wahrheit jedoch ein Widerspruch gegen den frommen Glauben. Denn wie jene durch die Leugnung des Sohnes auch den Vater leugnen, so schmähen diese durch die Schmähung des heiligen Geistes auch den Sohn. Beide Parteien teilten sich lediglich den Widerstand gegen die Wahrheit, um so, indem die einen über das Wort und die anderen über den Geist unrichtigen Anschauungen huldigen, der heiligen Trinität in gleicher Weise zu lästern.[69]

Es handelt sich also um eine neue Gruppe, denen Athanasius sogar Distanzbemühungen zu den „Arianern" zugesteht, ohne diese jedoch für sinnvoll zu halten, da eine antiarianische Position zum Sohn nur durch eine entsprechende Verehrung auch des heiligen Geistes zu halten sei. Sie würden den heiligen Geist als Geschöpf bezeichnen und ihn mit Hebr 1,14 kaum von den Engeln unterscheiden, wie es Athanasius auch in ep. Serap. I 3,2 bezeugt:

Wir haben, sagen sie, beim Propheten Amos (4,13) gelesen, daß Gott spricht: „Denn sieh, ich bin es, der den Donner festigt und den Geist (griech. πνεῦμα) schafft und den Menschen seinen Gesalbten verkündet, der Morgengrauen und Nebeldunkel bildet und auf die Höhen der Erde tritt; Herr, Gott der Allmächtige ist sein Name." Dadurch wurden wir bestimmt, den Arianern beizupflichten, die den heiligen Geist für ein Geschöpf erklären.[70]

---

69 Ath., ep. Serap. I 1,2f.: Ἔγραφες γάρ, ἀγαπητὲ καὶ ἀληθῶς ποθεινότατε, λυπούμενος καὶ αὐτός, ὡς ἐξελθόντων μέν τινων ἀπὸ τῶν Ἀρειανῶν διὰ τὴν κατὰ τοῦ υἱοῦ τοῦ Θεοῦ βλασφημίαν, φρονούντων δὲ κατὰ τοῦ ἁγίου πνεύματος καὶ λεγόντων αὐτὸ μὴ μόνον κτίσμα, ἀλλὰ καὶ τῶν λειτουργικῶν πνευμάτων ἓν αὐτὸ εἶναι καὶ βαθμῷ μόνον αὐτὸ διαφέρειν τῶν ἀγγέλων. Τοῦτο δέ ἐστι πρὸς μὲν τοὺς Ἀρειανοὺς προσποιητὸς μάχη, ἀληθὴς δὲ ἀντιλογία πρὸς τὴν εὐσεβῆ πίστιν. ὥσπερ γὰρ ἐκεῖνοι ἀρνούμενοι τὸν υἱὸν ἀρνοῦνται καὶ τὸν πατέρα οὕτω καὶ οὗτοι δυσφημοῦντες εἰς τὸ πνεῦμα τὸ ἅγιον δυσφημοῦσι καὶ εἰς τὸν υἱόν. Καὶ ἀμφότερα τὰ μέρη διείλοντο τὴν πρὸς τὴν ἀλήθειαν ἀντίστασιν, ἵν' οἱ μὲν κατὰ τοῦ λόγου, οἱ δὲ κατὰ τοῦ πνεύματος φρονοῦντες τὴν αὐτὴν ἔχωσιν εἰς τὴν ἁγίαν τριάδα βλασφημίαν (AW I 4, 450,8-451,19 Wyrwa/Savvidis); Übersetzung nach J. Lippl aus BKV 13, 1913, 400f.

70 Ἀνέγνωμεν, φασίν, ἐν τῷ προφήτῃ Ἀμὼς λέγοντος τοῦ Θεοῦ· «διότι ἐγὼ στερεῶν βροντὴν καὶ κτίζων πνεῦμα καὶ ἀπαγγέλλων εἰς ἀνθρώπους τὸν Χριστὸν αὐτοῦ· ποιῶν ὄρθρον καὶ ὁμίχλην καὶ ἐπιβαίνων ἐπὶ τὰ ὑψηλὰ τῆς

Athanasius nennt sie wegen der übertragenen Auslegung dieses Verses aus Amos Tropiker (I 10,4[71]) oder Pneumatomachen (I 32,2). Genauer identifizieren aber läßt sich diese Gruppe nicht, da von eventuellen Vertretern keine Texte überliefert sind und Athanasius keine Namen nennt[72]. Außer der Generalthese, daß die „Tropiker" unter Hinweis auf Am 4,13 den heiligen Geist als Geschöpf ansehen, referiert Athanasius kaum weitere konkrete Argumente. Eine Rolle scheint noch der Vers 1Tim 5,21 gespielt zu haben[73], der begründen würde, der heilige Geist wäre unter die Engel

---

γῆς· κύριος ὁ θεὸς ὁ παντοκράτωρ ὄνομα αὐτῷ.» Καὶ ἔνθεν ἐπείσθημεν τοῖς Ἀρειανοῖς λέγουσι κτίσμα εἶναι τὸ πνεῦμα τὸ ἅγιον (AW I 4, 454,8-455,13 Wyrwa/Savvidis); Übersetzung von J. Lippl aus BKV 13, 403. Dieser biblische Vers aus dem Propheten Amos wird dann immer wieder diskutiert werden (vgl. Basilius, Eun. III 7,1-4), und er steht sogar noch im 5. Jh. in Gallien im Zentrum der Debatte, wie es das Werk von Faustus von Riez, *De spiritu sancto*, belegt (s.u.). Vgl. Smythe, The Interpretation of Amos 4.13.

71   Dort heißt es: ἀλλ᾿ οἱ τῷ ὄντι Τροπικοὶ συνθέμενοι τοῖς Ἀρειανοῖς καὶ μερισάμενοι μετ᾿ αὐτῶν τὴν εἰς τὴν θεότητα βλασφημίαν, ἵνα ἐκεῖνοι μὲν τὸν υἱόν, οὗτοι δὲ τὸ πνεῦμα κτίσμα λέγωσιν, ἐτόλμησαν, ὡς αὐτοί φασι, τρόπους πάλιν ἑαυτοῖς ἐφευρεῖν ... (AW I 4, 477,19-22 Wyrwa/Savvidis). „Aber jene haben sich als wahrhaftige Tropiker mit den Arianern verbunden und die Lästerung der Gottheit geteilt, so daß jene den Sohn, sie aber den Geist ein Geschöpf nennen; sie wagten es, wie sie sich selbst ausdrücken, sich Redefiguren zu ersinnen … ." (Übersetzung von J. Lippl, BKV 13, 417) Athanasius lehrt ep. Serap. I 14,6: ἡ γὰρ ἁγία καὶ μακαρία τριὰς ἀδιαίρετος καὶ ἡνωμένη πρὸς ἑαυτήν ἐστι· καὶ λεγομένου τοῦ πατρὸς σύνεστι καὶ ὁ τούτου λόγος καὶ τὸ ἐν τῷ υἱῷ πνεῦμα. ἂν δὲ καὶ ὁ υἱὸς ὀνομάζηται, ἐν τῷ υἱῷ ἐστιν ὁ πατὴρ καὶ τὸ πνεῦμα οὐκ ἔστιν ἐκτὸς τοῦ λόγου. μία γάρ ἡ ἐστιν ἡ ἐκ τοῦ πατρὸς χάρις δι᾿ υἱοῦ ἐν πνεύματι ἁγίῳ πληρουμένη· καὶ μία θεότης ἐστι καὶ εἷς θεὸς ὁ ἐπὶ πάντων καὶ διὰ πάντων καὶ ἐν πᾶσιν. (AW I 4, 488,24-29 Wyrwa/Savvidis) „Denn die heilige und selige Trinität ist ungeteilt und in sich selbst geeint; und wenn der Vater genannt wird, so ist auch dessen Wort dabei, und der Geist im Sohn. Auch wenn der Sohn genannt wird, ist im Sohn der Vater, und der Geist ist nicht außerhalb des Wortes. Denn eine ist die Gnade aus dem Vater, die durch den Sohn im heiligen Geist vollendet wird; eine Gottheit existiert, und ein Gott, der über alles, durch alles und in allem ist." Übersetzung von J. Lippl, BKV 13, 449.

72   In ep. Serap. III 5,4 erwähnt er die Hauptväter des „Arianismus": Eunomius, Eudoxius und Eusebius; in III 7,1 außerdem Acacius von Cäsarea und Patrophilus von Skythopolis als aktuelle Gegner aus den Reihen der „Arianer", um die „Tropiker" in deren Nähe zu rücken.

73   Ep. Serap. I 10,4 (AW I 4, 477,21-478,29 Wyrwa/Savvidis): ἐτόλμησαν, ὡς αὐτοί φασι, τρόπους πάλιν ἑαυτοῖς ἐφευρεῖν καὶ παρεξηγεῖσθαι καὶ τὸ τοῦ ἀποστόλου ῥητόν, ὃ καλῶς μὲν αὐτὸς ἔγραφε Τιμοθέῳ λέγων· «διαμαρτύρομαι ἐνώπιον τοῦ Θεοῦ καὶ Ἰησοῦ Χριστοῦ καὶ τῶν ἐκλεκτῶν ἀγγέλων, ἵνα ταῦτα φυλάξῃς χωρὶς προκρίματος μηδὲν ποιῶν κατὰ πρόσκλησιν.» ἐκεῖνοι δὲ φάσκουσιν, ἐπειδὴ τὸν θεὸν καὶ τὸν Χριστὸν

einzureihen, wenn auch ihnen übergeordnet, ebenso auch Sach 4,5[74]. Auf ein weiteres Argument geht er in ep. Serap. I 15 und dann im ganzen fünften Brief ein:

> Wenn er kein Geschöpf und keiner aus den Engeln ist, sondern vom Vater ausgeht, dann ist auch er Sohn, dann sind er und das Wort zwei Brüder. Wenn er aber Bruder ist, wie kann dann das Wort der Eingeborene sein, oder warum sind sie dann nicht gleich, und warum werden der eine nach dem Vater und der andere nach dem Sohn genannt? Und warum wird nicht auch von ihm, wenn er aus dem Vater ist, gesagt, daß er gezeugt oder daß er Sohn sei, warum wird er vielmehr einfach heiliger Geist genannt? Wenn er aber der Geist des Sohnes ist, so ist eigentlich der Vater der Großvater des Geistes.[75]

Hintergrund ist die Überlegung, daß der Vater seinen Sohn zeugt, aber die Welt durch den Sohn schafft. Neben „Zeugen" und „Schaffen" gibt es für die Gegner des Athanasius keine Kategorie zur Beschreibung der Entstehung des heiligen Geistes, so daß auch dieser, falls er denn nicht geschaffen worden sein soll, nur gezeugt sein könne und ein zweiter Sohn des Vaters oder auch Sohn des Sohnes sein könne[76]. Athanasius verweist

---

ὠνόμασεν, εἶτα τοὺς ἀγγέλους, ἀνάγκη τοῖς ἀγγέλοις συναριθμεῖσθαι τὸ πνεῦμα τῆς τε αὐτῶν εἶναι συστοιχίας καὶ αὐτὸ καὶ ἄγγελον εἶναι μείζονα τῶν ἄλλων. „Sie wagten es, wie sie sich selbst ausdrücken, sich Redefiguren zu ersinnen und den Ausspruch des Apostels zu verdrehen, den er treffend an Timotheus schrieb: ‚Ich beschwöre dich vor Gott und Jesus Christus und den auserwählten Engeln, daß du dies ohne Vorurteil beobachtest und nichts aus Parteirücksicht tust'. Jene sagen nun, weil er Gott und Christus und dann die Engel nannte, müsse der Geist den Engeln beigezählt werden, zu ihrer Gattung gehören und ein Engel, größer als die anderen, sein." (Übersetzung von J. Lippl, BKV 12, 417) Vgl. auch Basilius, spir. 29.

74 „Sieh jedoch! sagen sie, beim Propheten Zacharias steht geschrieben: ‚Das spricht der Engel, der mit mir (ἐν ἐμοί) redet'. Es ist doch offenbar, daß er mit dem Engel, der zu ihm redet, den Geist meint." – referiert Athanasius in ep. Serap. I 10.

75 Εἰ μὴ κτίσμα ἐστὶ μηδὲ τῶν ἀγγέλων εἷς ἐστιν, ἀλλ' ἐκ τοῦ πατρὸς ἐκπορεύεται· οὐκοῦν υἱός ἐστι καὶ αὐτὸ καὶ δύο ἀδελφοί εἰσιν αὐτό τε καὶ ὁ λόγος. καὶ εἰ ἀδελφός ἐστι, πῶς μονογενὴς ὁ λόγος, ἢ πῶς οὐκ ἴσοι, ἀλλ' ὁ μὲν μετὰ τὸν πατέρα, τὸ δὲ μετὰ τὸν υἱὸν ὀνομάζεται; πῶς δέ, εἰ ἐκ τοῦ πατρός ἐστιν, οὐ λέγεται καὶ αὐτὸ γεγεννῆσθαι ἢ ὅτι υἱός ἐστιν, ἀλλ' ἁπλῶς πνεῦμα ἅγιον; εἰ δὲ τοῦ υἱοῦ ἐστι τὸ πνεῦμα, οὐκοῦν πάππος ἐστὶν ὁ πατὴρ τοῦ πνεύματος (AW I 4, 489,5-490,11 Wyrwa/Savvidis). Übersetzung von Lippl, BKV 13, 423f.

76 So schildert auch Gregor von Nazianz das Problem (or. 31,8). Vgl. zu den Gegnern des Athanasius auch Hauschild, Pneumatomachen, 16-22, dort 18: „Sie denken nicht trinitarisch, sondern im Begriffschema ‚Vater-Sohn', und finden deshalb keine andere denkerische Möglichkeit, die Entstehung und das Wesen des Geistes zu erklären, als ihn zu den Geschöpfen zu rechnen."

demgegenüber auf das johanneische „Hervorgehen" des heiligen Geistes aus dem Vater (Joh 14,26; 15,26: ep. Serap. I 6).

Bemühungen um die Göttlichkeit des heiligen Geistes spiegeln sich bei Athanasius auch im sogenannten *Tomus ad Antiochenos* wider[77], wo es in 3,1f. heißt:

> … verlangt nichts mehr von ihnen, als die arianische Häresie zu verdammen und den von den Vätern in Nizäa bekannten Glauben zu bekennen, aber auch die zu verdammen, die behaupten, der heilige Geist sei ein Geschöpf und vom Wesen Christi getrennt … Denn die, die sich so stellen, als ob sie zwar den in Nizäa bekannten Glauben sagten, es aber wagen, gegen den heiligen Geist zu lästern, tun nichts mehr, als die arianische Häresie den Worten nach zu leugnen, in Gedanken aber an ihr festzuhalten.[78]

Zeugnis für eine Erweiterung des Streits auf die dritte trinitarische Person ist bei Athanasius auch sein späterer Brief an Kaiser Jovian (Winter 363/364; ep. Jov. 1,6; 4,2) und der Brief an die Afrikaner (366/367; Afr. 11)[79], ohne aber neue Argumente der Pneumatomachen bekanntzumachen.

Etwa zeitgleich mit Athanasius, also auch 358/359, dürfte Didymus der Blinde sein großes Werk *De spiritu sancto* verfasst haben, das durch die lateinische Übersetzung des Hieronymus erhalten ist[80]. Er setzt sich offenbar mit derselben ägyptischen Gruppe auseinander wie Athanasius, die auch von der Geschöpflichkeit des heiligen Geistes ausgeht (spir. 65; 109), sich auf Am 4,13 beruft (65; 255), den heiligen Geist mit Hebr 1,14 auf der Ebene der Engel einordnet (24-27; 62f.) als Knecht oder Diener (133) und die Göttlichkeit mit dem Argument ablehnt, dann müsse der heilige

---

77 Aus dem Jahr 362. Zum Anlaß und den Hintergründen vgl. AW II 340-351 mit Anm.; Gemeinhardt, Der *Tomus ad Antiochenos* (362).

78 … μηδὲν πλέον ἀπαιτήσητε παρ' αὐτῶν ἢ ἀναθεματίζειν μὲν τὴν Ἀρειανὴν αἵρεσιν, ὁμολογεῖν δὲ τὴν παρὰ τῶν πατέρων ὁμολογηθεῖσαν ἐν Νικαίᾳ πίστιν, ἀναθεματίζειν δὲ καὶ τοὺς λέγοντας κτίσμα εἶναι τὸ πνεῦμα τὸ ἅγιον καὶ διῃρημένον ἐκ τῆς οὐσίας τοῦ Χριστοῦ … οἱ γὰρ προσποιούμενοι μὲν ὀνομάζειν τὴν ὁμολογηθεῖσαν ἐν Νικαίᾳ πίστιν, τολμῶντες δὲ κατὰ τοῦ ἁγίου πνεύματος δυσφημεῖν οὐδὲν πλέον ποιοῦσιν ἢ τὴν ἀρειανὴν αἵρεσιν τοῖς μὲν ῥήμασιν ἀρνοῦνται, τῷ δὲ φρονήματι ταύτην κατέχουσιν. AW II 342,17-343,7 Brennecke/Heil/von Stockhausen.

79 Zum Anlaß und den Hintergründen vgl. AW II 322, 326f., 352-356 mit Anm.

80 Hieronymus unternahm die Mühe, das Werk ins Lateinische zu übersetzen, um den Text von Ambrosius *De spiritu sancto* (s.u.) als Plagiat zu erweisen (vgl. sein Vorwort zur Übersetzung [FChr 78, 74-79, hier 76,11-13 Sieben]: *Legi dudum de Spiritu Sancto cuiusdam libellos et, iuxta Comici sententiam, ex graecis bonis latina vidi non bona*). Vgl. Hauschild, Pneumatomachen, 30-38. Zur Datierung vgl. Sieben, FC, 39-41, der sich Hauschild anschließt.

Geist Bruder des Sohnes oder Enkel des Vaters sein (269). Über Athanasius hinaus behandelt Didymus auch den gegnerischen Hinweis auf Joh
1,3 (61; 65): Der heilige Geist ist, wenn alles durch den Sohn geschaffen
wurde, ebenfalls zu den Geschöpfen zu zählen. Ferner haben seine Gegner offenbar Sach 12,1 (255) herangezogen, um den heiligen Geist wie den
Geist des Menschen als erschaffen zu erweisen:

> Wenn sie bei Sacharja Gott sagen hörten, er sei es, der den Lebenshauch des
> Menschen in ihm schaffe, meinten sie, daß auch in diesem Passus der heilige
> Geist bezeichnet werde, weil sie nicht merkten, daß das Wort „Lebenshauch"
> die Seele oder den Geist des Menschen bezeichnet, der, wie wir schon gezeigt
> haben[81], etwas Drittes im Menschen ist.[82]

Diese Passage ist besonders interessant, da sie eine analoge Argumentation erkennen läßt wie in dem obigen Brief des Avitus, jedoch auf der Basis
einer anderen Schriftstelle. Didymus bezeugt also ebenfalls diesen neuen
Streit um den heiligen Geist in Ägypten, auch wenn er selbst noch weniger
konkrete Angaben über seine Gegner macht als Athanasius.

Fortsetzung findet diese Diskussion Ende der 60er Jahre des 4. Jahrhunderts innerhalb der Gruppe der sogenannten Homöusianer, wobei
aber zu berücksichtigen ist, daß es verschiedene Positionen mit unterschiedlichen Akzentsetzungen gibt[83]. Ein Zeugnis dafür ist das dritte Buch
von *Adversus Eunomium* (Eun.) des Basilius von Cäsarea, das nicht nur
gegen den Anhomöer Eunomius (s.u.) gerichtet ist, sondern auf einem
pneumatologischen Essay des Basilius beruht, der in diese frühen Diskussionen um den heiligen Geist gehört[84]. Basilius setzt sich ebenfalls mit
einer theologischen Richtung auseinander, die den heiligen Geist auf der
Ebene eines Engels ansiedeln will als „dienenden Geist" (Hebr 1,14) –

---

81 Gemeint ist spir. 242. Didymus erklärt dort, daß der heilige Geist auch Geist
    Gottes genannt werde, der aber vom Geist des Menschen zu unterscheiden ist
    (mit 1Thess 5,23).

82 *Necnon et in Zacharia audientes locutum Deum quod ipse sit qui creet spiritum hominis in eo,*
    existimaverunt Spiritum sanctum etiam in hoc capitulo significari, non animadvertentes quod
    animam hominis aut spiritum – quem tertium in homine esse iam diximus – spiritus appellatio
    significet. Text und Übersetzung aus FC 78, 244-247 Sieben.

83 Vgl. die kurze Bemerkung bei Gregor von Nazianz, or. 31,5: Τῶν δὲ καθ' ἡμᾶς
    σοφῶν οἱ μὲν ἐνέργειαν τοῦτο ὑπέβαλον, οἱ δὲ κτίσμα, οἱ δὲ θεόν, οἱ δὲ οὐκ
    ἔγνωσαν ὁπότερον τούτων, αἰδοῖ τῆς Γραφῆς, ὥς φασιν, ὡς οὐδέτερον σαφῶς
    δηλωσάσης. „Was unsere eigenen [d.h. christlichen] klugen Köpfe angeht, so
    hielten ihn die einen für eine Wirkkraft, andere für ein Geschöpf, wiederum an-
    dere für Gott, und noch andere vermochten sich aus Ehrfurcht vor der Heiligen
    Schrift, die, wie sie sagen, keine von diesen Meinungen deutlich lehrt, für keine
    von ihnen zu entscheiden." (FC 22, 280-283 Sieben).

84 Vgl. dazu Drecoll, Basilius, 130-146.

eine Richtung, die sich ebenfalls auf Am 4,13 beruft sowie auf Joh 1,3: Wenn alle Dinge durch den Sohn gemacht wurden, dann auch der heilige Geist.

Berühmt wurde Basilius besonders durch sein Werk *De spiritu sancto*, in dem er sich hauptsächlich mit der Frage auseinandersetzt, warum dem heiligen Geist die gleiche Ehre wie dem Vater und dem Sohn entgegengebracht werden sollte.[85] Da der heilige Geist doch untergeordnet sei, werde dem Vater durch ihn und nicht mit ihm Ehre erwiesen (spir. 13; 16; 48; 55; 58), da er nicht die gleiche Würde habe und der Natur nach Gott fremd sei (spir. 24). Auch hier spielt wie bei Athanasius 1Tim 5,21 eine Rolle (spir. 29), um den heiligen Geist mit den Engeln zu vergleichen, ferner Verse wie Röm 8,26 („und er tritt für uns ein"; spir. 50), um die dienenden Aufgaben des heiligen Geistes zu beschreiben. Der Geist als Geschenk und Gabe stehe unter dem Geber (spir. 57). Basilius verteidigt mit Hinweisen auf die göttliche Macht und Wirksamkeit des heiligen Geistes seine Ansicht, ihm in gleicher Weise wie dem Vater und dem Sohn Ehre zu erweisen, was er auch mit der geänderten Doxologie („... mit [μετά] dem Sohn und mit [σύν] dem heiligen Geist"; spir. 3) zum Ausdruck bringen wollte[86].

Neben dieser Doxologie stand auch die Taufe im Zentrum der Diskussion. Ein Argument für die gleichwertige Göttlichkeit des heiligen Geistes war offenbar der Taufbefehl aus Mt 28,19. Um dem etwas entgegenhalten zu können, wurde Joh 3,5 bemüht („... es sei denn, er wird aus Wasser und Geist geboren"): Die Parallelisierung von Geist mit Wasser sei eindeutig ein Hinweis auf die Geschöpflichkeit des heiligen Geistes (spir. 34):

> Sie sagen also: „Wir werden auch im Wasser getauft, ehren aber darum das Wasser nicht mehr als alle anderen Kreaturen und geben ihm keinen Teil an der Ehre des Vaters und des Sohnes."[87]

Darüber hinaus wurde mit 1Kor 10,2 („auf Mose wurden einige in der Wolke und im Meer getauft") darauf verwiesen, daß es auch eine Taufe auf einen Menschen gebe, so daß das Taufgeschehen an sich nicht die

---

85 Vgl. Hauschild, Pneumatomachen, 43-52 und die Übersicht über die referierten Aussagen der Gegner bei Drecoll, Basilius, 188f. Vgl. Drecoll (183-195) auch zur These von Dörries, spir. (ab Kap. 10) lege ein Gesprächsprotokoll zugrunde: Für Drecoll ist spir. dagegen eine Einheit und entsprechende eingebaute Thesen sind als rhetorisches Mittel zu verstehen („antihäretische Refutationsschrift").

86 Vgl. zu der Diskussion um diese Doxologie unten S. 205-209.

87 Καὶ εἰς ὕδωρ, φασί, βαπτιζόμεθα, καὶ οὐ δήπου τὸ ὕδωρ πάσης ὁμοῦ τῆς κτίσεως προτιμήσομεν, ἢ καὶ αὐτῷ τῆς Πατρὸς καὶ Υἱοῦ τιμῆς μεταδώσαμεν. Text und Übersetzung aus FC 12, 172f. Sieben.

Göttlichkeit des heiligen Geistes schon beweisen könne (spir. 31). So scheinen sich zwei Fragenkreise in dieser Schrift herauszukristallisieren, die beim Streit um den heiligen Geist von Bedeutung waren: die gottesdienstliche Liturgie (Doxologie) und das Taufgeschehen.

Bekanntlich zerbrach die Freundschaft zwischen Basilius von Cäsarea und Eustathius von Sebaste auch über dessen Lehre vom heiligen Geist, was aus dem Briefwechsel zwischen ihnen hervorgeht (bes. Bas., ep. 125; 128; 244). Offensichtlich wollte ein Teil der Homöusianer die neuen Entwicklungen in der Trinitätstheologie in Bezug auf den heiligen Geist nicht mittragen. Basilius versuchte Eustathius davon zu überzeugen, daß er unterschreibe:

> ... diejenigen zu anathematisieren, welche den heiligen Geist als Geschöpf bezeichnen, und diejenigen, welche so denken; ferner diejenigen, welche nicht bekennen, daß er von Natur aus heilig ist, wie der Vater von Natur aus heilig ist und der Sohn von Natur aus heilig ist, sondern ihn von der seligen göttlichen Natur abtrennen." [Es folgt ein Hinweis auf die Taufformel und die trinitarische Doxologie.] ... Ferner sei klar, „daß wir den heiligen Geist weder für ungezeugt erklären – denn wir kennen nur einen einzigen Ungezeugten und einen einzigen Ursprung des Seienden, den Vater unseres Herrn Jesus Christus – noch für gezeugt – denn nur ein Eingeborener ist uns in der Glaubensüberlieferung gelehrt worden -: daß ‚der Geist der Wahrheit vom Vater ausgeht' (Joh 15,26), haben wir gelernt, und darum bekennen wir, daß er ungeschaffen aus Gott stammt. Wir anathematisieren aber auch die, welche den heiligen Geist dienendes Wesen nennen (vgl. Hebr 1,14), um ihn durch diesen Begriff auf die Stufe eines Geschöpfes herabzuziehen.[88]

---

88 Bas, ep. 125,3 (II 33f. Courtonne): χρὴ αὐτοὺς ἀναθεματίζειν τοὺς λέγοντας κτίσμα τὸ Πνεῦμα τὸ Ἅγιον καὶ τοὺς νοοῦντας οὕτω καὶ τοὺς μὴ ὁμολογοῦντας αὐτὸ φύσει ἅγιον εἶναι, ὡς ἔστι φύσει ἅγιος ὁ Πατὴρ καὶ φύσει ἅγιος ὁ Υἱός, ἀλλ᾽ ἀποξενοῦντας αὐτὸ τῆς θείας καὶ μακαρίας φύσεως. Ἀπόδειξις δὲ τοῦ ὀρθοῦ φρονήματος τὸ μὴ χωρίζειν αὐτὸ Πατρὸς καὶ Υἱοῦ (δεῖ γὰρ ἡμᾶς βαπτίζεσθαι μὲν ὡς παρελάβομεν, πιστεύειν δὲ ὡς βαπτιζόμεθα, δοξάζειν δέ, ὡς πεπιστεύκαμεν, Πατέρα καὶ Υἱὸν καὶ Ἅγιον Πνεῦμα), ἀφίστασθαι δὲ τῆς κοινωνίας τῶν κτίσμα λεγόντων ὡς φανερῶς βλασφημούντων, ἐκείνου διωμολογημένου (ἀναγκαία γὰρ ἡ ἐπισημείωσις διὰ τοὺς συκοφάντας) ὅτι οὔτε ἀγέννητον λέγομεν τὸ Πνεῦμα τὸ Ἅγιον, ἕνα γὰρ οἴδαμεν ἀγέννητον καὶ μίαν τῶν ὄντων ἀρχήν, τὸν Πατέρα τοῦ Κυρίου ἡμῶν Ἰησοῦ Χριστοῦ, οὔτε γεννητόν, ἕνα γὰρ Μονογενῆ ἐν τῇ παραδόσει τῆς πίστεως δεδιδάγμεθα· τὸ δὲ Πνεῦμα τῆς ἀληθείας ἐκ τοῦ Πατρὸς ἐκπορεύεσθαι διδαχθέντες ἐκ τοῦ Θεοῦ εἶναι ὁμολογοῦμεν ἀκτίστως. Ἀναθεματίζειν δὲ καὶ τοὺς λειτουργικὸν λέγοντας τὸ Πνεῦμα τὸ Ἅγιον, ὡς διὰ τῆς φωνῆς ταύτης εἰς τὴν τοῦ κτίσματος κατάγοντας τάξιν. Übersetzung

Eustathius zieht jedoch seine Unterschrift unter diese Erklärung zurück
und entwickelt sich in den folgenden Jahren zum führenden Kopf der
sogenannten „Pneumatomachen"[89], die auf mehreren Synoden im westlichen Kleinasien ihre Position zu stärken versuchten[90].
Ein weiterer Hinweis auf die intensive Diskussion ist das 74. Kapitel
des *Panarium omnium haeresium* (haer.) des Epiphanius von Salamis gegen
die Pneumatomachen[91]. Er kennt auch die Ansichten der Homöer über
den heiligen Geist (haer. 74,1,2), wendet sich aber hauptsächlich gegen
diejenigen, die zwar (haer. 74,1,3) „orthodox über den Sohn denken, daß
er ewig beim Vater sei, nie zu existieren aufhören wird † und ohne Beginn
und vor der Zeit gezeugt wurde. Aber sie alle lästern über den heiligen
Geist und zählen ihn nicht zur Gottheit mit dem Vater und dem Sohn."[92]
Presbyter aus Synedra, einem kleinen Ort in Pamphylien, hatten an ihn
geschrieben mit der Bitte, ihnen bei der Bekämpfung der dortigen Häretiker zu helfen[93]. Epiphanius bietet aber kaum Argumente, die gegen die
Göttlichkeit des heiligen Geistes vorgebracht wurden; einzig in 74,13,8
scheint er einen Einwand zu zitieren: Wenn es in 1Kor 2,10 heiße, der
Geist erforsche (erst) die Tiefen in Gott, dann kenne er sie also (noch)

---

    nach BGL 3, 49f. Hauschild; vgl. dazu Drecoll, Basilius, 273-276; Pietri, Entste-
    hen der Christenheit 2, 435f.

89   So Basilius, ep. 263,3. Laut Basilius, ep. 113; 114, wollte Eustathius nur einen
    Minimalkonsens anerkennen, den heiligen Geist nicht als reines Geschöpf zu be-
    zeichnen. Vgl. dazu die Aussagen bei Socr., h.e. II 45,6: „Ich kann nicht akzeptie-
    ren, daß der heilige Geist Gott ist, kann aber auch nicht zulassen, ihn ein Ge-
    schöpf zu nennen."

90   Synode in Kyzikus 376 (bezeugt in Bas., ep. 244,5.9); Antiochien 378 (Karien,
    bezeugt Socr., h.e.V 4,3f.; Soz., h.e. VII 2,2f.). Vgl. May, Datierung, 49-51.

91   Vgl. Hauschild, Pneumatomachen, 62-67.

92   ἄλλοι δὲ φύσει καὶ περὶ τοῦ υἱοῦ ὀρθοδόξως ἔχοντες, ὅτι ἦν ἀεὶ σὺν πατρί,
    καὶ οὐδέποτε διέλειπε τοῦ εἶναι, ἀλλ' ἐκ πατρὸς μὲν † αὐτὸν γεγεννημένον
    ἀνάρχως καὶ ἀχρόνως· εἰς τὸ πνεῦμα δὲ τὸ ἅγιον πάντες οὗτοι βλασφημοῦσι,
    μὴ συναριθμοῦντες αὐτὸ πατρὶ καὶ υἱῷ ἐν τῇ θεότητι. GCS Epiphanius 3,
    313,20-24 Holl/Dummer.

93   Dies war der Anlaß zu Abfassung des *Ancoratus* (374). In haer. 74,2-11 fügt
    Epiphanius einen Abschnitt aus seinem *Ancoratus* (65,1-73,9) ein, worin er die
    Göttlichkeit des heiligen Geistes und seine Einheit mit dem Vater und dem Sohn
    hauptsächlich durch aneinandergereihte Bibelzitate belegt. Im Schlußteil (74,11-
    14) kommentiert er seinen Auszug noch einmal und kritisiert schließlich seine
    Gegner, daß sie sich zu Unrecht auf das Nizänum berufen, da mit der Aussage
    „Wir glauben an den heiligen Geist", parallel formuliert zur Aussage über den
    Vater und den Sohn, auch schon die volle Göttlichkeit impliziert sei (haer.
    74,14,4-9). Die Pneumatomachen hätten demzufolge gefordert (14,4): „Wir un-
    terstützen auch das Bekenntnis, das in Nizäa verabschiedet wurde. Zeige damit,
    daß der heilige Geist als göttlich bezeichnet wird."

nicht. Ansonsten ergibt dieser Abschnitt bei Epiphanius keine weiteren Argumente der Pneumatomachen.

Aber nicht nur Epiphanius und Basilius wenden sich gegen die Pneumatomachen, auch die beiden anderen Kappadokier verfassen etwas später eigene Werke zu diesem Thema. Explizit gegen Pneumatomachen, die den heiligen Geist von der Ehre der Gottheit abtrennen, schreibt um 380 Gregor von Nyssa *Ad Eustathium. De sancta trinitate* (trin.) und *Adversus Macedonianos. De spiritu sancto* (Maced.)[94]. Zu nennen ist auch die sogenannte Fünfte theologische Rede des Gregor von Nazianz (or. 31) aus dem Jahr 380 (or. 31,1), in der er sich in Teilen auch an die Pneumatomachen wendet:

> Was hast du jetzt, so heißt es, über den heiligen Geist zu sagen? Von woher bringst du uns diesen fremden und der Schrift unbekannten Gott herbei? So reden die, die sich dem Sohn gegenüber noch mäßigen. [95]

Erst in späteren Zeugnissen wird diese Gruppe, die Athanasius sowie Basilius und Epiphanius noch als „Tropiker" oder „Pneumatomachen" bezeichnen, „Makedonianer" genannt[96]. Diesen Sprachgebrauch findet man dann bei den Kirchenhistorikern Sokrates und Sozomenus, auch wenn es bei ihnen kritische Bemerkungen zu dieser Namensgebung nach Makedonius von Konstantinopel gibt[97]: Makedonius, der 358 Bischof von Konstantinopel und 360 schon wieder auf der homöischen Synode von Konstantinopel abgesetzt wurde, sei eigentlich nicht der Namensgeber dieser Häresie, sondern ein Marathonius. Bei Sokrates heißt die in der heutigen Forschung „Homöusianer" betitelte Gruppe „Makedonianer". Da die Verbindung des Makedonius zu den Pneumatomachen nicht zweifelsfrei nachzuweisen ist, weist die Gruppenbezeichnung eigentlich nur darauf hin, daß ein Großteil der Pneumatomachen zu den Homöusianern zu rechnen ist[98].

---

94 Vgl. Jaeger, Gregor von Nyssa's Lehre vom Heiligen Geist; Hauschild, Pneumatomachen, 68-76. Gregor liefert keine neuen Thesen oder Schriftargumente der Pneumatomachen, vgl. das Referat am Beginn der Schrift Maced. (90,5ff.): Der Geist hat keine natürliche Gemeinschaft mit dem Vater und dem Sohn, ist deswegen geringer in Würde, Kraft und Ehre, empfängt als Diener seine Fähigkeiten und ist nicht selbst schöpferisch tätig (auch 97,30-32).

95 Τί δ'ἂν εἴποις, φασί, περὶ τοῦ ἁγίου Πνεύματος; Πόθεν ἡμῖς ἐπεοσάγεις ξένον θεὸν καὶ ἄγραφον; τοῦτο ἤδη καὶ περὶ τὸν Υἱὸν μετριάζοντες. Übersetzung von Sieben (FC 22, 275); vgl. auch or. 31,3.

96 So schon in Ath., hist. aceph. 1,6; 4,5 und dann bei den beiden Gregor; vgl. Gregor von Nazianz, ep. 202.

97 Socrates, h.e. II 45 und Sozomenus, h.e. IV 27.

98 So auch Hanson, Search, 761f.; anders Hauschild, Pneumatomachen, 236-239.

Auch in den Westen hat sich diese Gruppenbezeichnung „Makedonianer" weitergetragen, wie man an dem *Tomus Damasi* erkennen kann[99]. Unter den 24 Anathematismen gibt es einen (Nr. 4) gegen die Makedonianer[100] als verkappte Arianer, die nur den Namen gewechselt hätten. Gegen sie ist auch das vorletzte Anathema gerichtet: Wer über den Vater und den Sohn richtig denkt, aber nicht über den heiligen Geist, ist auch ein Häretiker[101].

Die Abhandlung des Ambrosius von Mailand *De spiritu sancto* richtet sich zwar nicht speziell gegen die Pneumatomachen oder Makedonianer, da sie von ihm 380/381 auf Anfrage des Kaisers Gratian ergänzend zu seinen fünf Büchern *De fide* verfaßt wurde, gehört aber auch in diesen Kontext. Ambrosius greift nämlich vornehmlich auf Didymus, *De spiritu sancto* und Basilius, *De spiritu sancto* zurück, um sein Werk zu schreiben, wie es aus dem Parallelstellenapparat der kritischen Edition von Faller ersichtlich ist, und weniger auf neue Diskussionen oder Streitfragen. So finden sich bei ihm auch nur die schon bekannten Einwände und die entsprechenden relevanten Schriftstellen gegen die Göttlichkeit des heiligen Geistes: Der heilige Geist sei ein Geschöpf, ein Diener des Sohnes, da doch alle Dinge ihm dienen (Hebr 1,14 [spir. I 47]; Ps 119,91 [I 23]) und alles durch ihn wurde (Joh 1,3 [I 27]; 1Kor 8,6 [I 32]), da er die Tiefen der Gottheit nur erforsche (1Kor 2,10), aber nicht selbst sehe, weil nur der Sohn den Vater sah (Joh 1,18 [I 26]). Auch auf die Taufe in Wasser und Geist (Joh 3,5 [I 76; III 66]) geht Ambrosius ein, beschreibt das Hervorgehen des heiligen Geistes (I 99-120), kritisiert die Verwendung von Am 4,13 für den heiligen Geist (II 48) und das Verständnis des heiligen Geistes als dienender Fürsprecher vor Gott (Röm 8,26; Joh 14,23f. [III 69f.]). Er analysiert die unterschiedlichen Präpositionen in ihrer trinitarischen Verwendung (1Kor 8,6 [II 70-100]), um schließlich zu betonen, daß allen drei trinitarischen Personen die gleiche Ehre zu erweisen ist[102]. Das Werk des Ambrosius ergibt keine neuen Diskussionspunkte, belegt aber die Aktualität des Themas Ende des vierten Jahrhunderts im Westen.

In dieser Zeit kommt es mit der Synode von Konstantinopel 381[103] schließlich zu einem gewissen Abschluß der Diskussion. Nach Sokrates

---

99 Zum Tomus Damasi vgl. Markschies, Ambrosius, 142-165; Pietri, Entstehen der Christenheit 2, 441-444.

100 EOMIA I 2,1, 285,45-47 Turner.

101 EOMIA I 2,1, 291,127-129 Turner. Eine genauere Auseinandersetzung mit Argumenten gegen die Göttlichkeit des heiligen Geistes seitens der Makedonianer findet man natürlich in den kurzen Anathematismen nicht.

102 Vgl. dazu unten S. 204-209.

103 Vgl. dazu Pietri, Entstehen der Christenheit 2, 448-460; Staats, Glaubensbekenntnis, bes. 34-120; ferner May, Die Datierung der Rede „In suam Ordi-

(h.e. V 8,7) kamen zur Synode 36 „Makedonianer" (aus dem Hellespont) unter der Führung des Eleusius von Kyzikus und Markian von Lampsakus, verließen aber die Gespräche (V 8,10) und wurden verurteilt (can. 1[104]). Auch auf den Verhandlungen zwei Jahre später in Konstantinopel waren sie nicht bereit, der neunizänischen Lehre zuzustimmen (Socr., h.e. V 10,24), und wurden dann vom Kaiser geächtet (CTh XVI 5,11.12.13; 383/384). In dem Lehrdekret der Synode von Konstantinopel des Jahres 382 heißt es:

> … zu glauben an den Namen des Vaters und des Sohnes und des Heiligen Geistes, so daß nämlich eine Gottheit, Macht und Wesenheit des Vaters und des Sohnes und des heiligen Geistes geglaubt wird und ebenso gleiche Ehre und Würde und gleichewige Herrschaft in drei ganz vollkommenen Hypostasen oder drei vollkommenen Personen, so daß weder die Krankheit des Sabellius Platz findet, wonach die Hypostasen vermischt und die Eigentümlichkeiten derselben aufgehoben werden, noch auch die gotteslästerliche Lehre der Eunomianer, Arianer und Pneumatomachen Kraft gewinnt, derzufolge die Wesenheit oder Natur oder Gottheit geteilt und der ungeschaffenen, gleichwesentlichen und gleichewigen Dreifaltigkeit eine Art von nachgeborener, geschaffener und wesensverschiedener Natur hinzugefügt wird. …[105]

Nach dieser Verurteilung der Pneumatomachen finden sich nur wenige Hinweise auf weitere Auseinandersetzungen mit ihnen. Ein späteres Zeugnis für eine Fortsetzung der Diskussion im Osten sind die beiden pseudo-athanasianischen Dialoge *Contra Macedonianos*, die wohl Ende des

---

nationem" des Gregor von Nyssa und die Verhandlungen mit den Pneumatomachen auf dem Konzil von Konstantinopel 381. Lesenswert ist immer noch Loofs (s. Anm. 67).

104 Conciliorum Oecumenicorum Generaliumque Decreta I, 64 (Alberigo): *Non rescindendam fidem patrum trecentorum decem et octo, qui apud Nicaeam Bithyniae convenerunt, sed manere eam firmam et stabilem, anathematizandum omnem haeresem, et specialiter eunomianorum vel anomianorum et arianorum vel eudoxianorum et machedonianorum vel spiritui sancto resistentium et sabellianorum et marcellianorum et photinianorum et apollinarianorum.*

105 Theodoret, h.e. V 9,11: πιστεύειν εἰς τὸ ὄνομα τοῦ πατρὸς καὶ τοῦ υἱοῦ καὶ τοῦ ἁγίου πνεύματος, δηλαδὴ θεότητος καὶ δυνάμεως καὶ οὐσίας μιᾶς τοῦ πατρὸς καὶ τοῦ υἱοῦ καὶ τοῦ ἁγίου πνεύματος πιστευομένης, ὁμοτίμου τε τῆς ἀξίας καὶ συναϊδίου τῆς βασιλείας, ἐν τρισὶ τελειοτάταις ὑποστάσεσιν, ἤγουν τρισὶ τελείοις προσώποις, ὡς μήτε τὴν Σαβελλίου νόσον χώραν λαβεῖν συγχεομένων τῶν ὑποστάσεων εἴτ᾽ οὖν τῶν ἰδιοτήτων ἀναιρουμένων, μήτε μὴν τὴν Εὐνομιανῶν καὶ Ἀρειανῶν καὶ Πνευματομάχων βλασφημίαν ἰσχύειν, τῆς οὐσίας ἢ τῆς φύσεως ἢ τῆς θεότητος τεμνομένης καὶ τῇ ἀκτίστῳ καὶ ὁμοουσίῳ καὶ συναϊδίῳ τριάδι μεταγενεστέρας τινὸς ἢ κτιστῆς ἢ ἑτεροουσίου φύσεως ἐπαγομένης (GCS Theodoret, 292,12-22 Parmentier/Hansen). Übersetzung nach Seider (BKV 51, München 1926, 277f.).

vierten Jahrhunderts zu datieren sind. Hier findet man eine Verteidigung pneumatomachischer Ansichten angesichts „orthodoxer" Gegenargumente[106]: Soll der heilige Geist tatsächlich Gott sein, dann ist er entweder Vater oder Sohn; er kann aber nur „göttlich" und nicht „Gott" sein; er ist auch nicht überall wie Gott; er ist nicht am Schöpfungswerk beteiligt und auch nicht an der Geburt Jesu[107]; er ist als Diener und Sendbote nicht zu verehren wie Gott; es wird auch Kritik an der Vorstellung des „Hervorgehens" aus Gott geübt[108].

Sucht man aber im Westen nach weiteren Hinweisen auf die Pneumatomachen bzw. Makedonianer, so werden die Informationen spärlicher. In der Zusammenstellung *Diversarum hereseon liber* des Filastrius von Brescia (~ 380/390 entstanden) werden in Kap. 66-68 auch „arianische" Gruppen aufgeführt: Arianer, Semiarianer und Eunomianer. Seine Informationen scheinen aber sehr dürftig gewesen zu sein. Mit den „Semiarianern" meint er die Pneumatomachen, die sich nur durch ihre Irrlehre über den heiligen Geist als Geschöpf von den Orthodoxen unterscheiden würden[109]. Etwas später dürfte Ps.-Hegemonius, *Adversus haereses* anzusetzen sein[110]. Hier heißt es sehr knapp, daß sich die arianische Häresie in drei Richtungen aufgespalten habe, die Eunomianer, die Makedonianer und die Arianer[111]. Während die Eunomianer in der Substanz zwischen Vater und Sohn unterscheiden würden, lehrten die Makedonianer, daß nur der Sohn (nicht auch der heilige Geist) dem Vater in jeder Hinsicht gleich sei. Sowohl bei Filastrius als auch bei Ps.-Hegemonius sind mit den „Arianern" offensichtlich die Homöer gemeint, da deren Hauptaussage mit „der Sohn ist dem Vater gleich", ohne nähere Qualifikation, beschrieben wird. Von

---

106 CPG 2285; PG 28, 1291-1337; Ps.-Athanasius, Dialoghi contro i Macedoniani, Introduzione, testo critico, traduzione, commentaria e indici a cura di E. Cavalcanti, CPS.G 10, Turin 1983. In dial. 1,1-8 liegt ein überarbeiteter makedonianischer Dialog aus der Zeit wohl um 381 vor: Es werden jeweils Argumente der „Orthodoxen" vorgebracht, die von einem Pneumatomachen widerlegt werden, worauf im Dialog jetzt wiederum ein „Orthodoxer" reagiert. Der zweite Dialog ist ein Anhang zum Thema der Seele Christi und dem Gebrauch von „wesenseins" und „wesensgleich". Aber noch für die Mitte des 5. Jh.s sind für die Gegend Hellespont Makedonianer belegt, wie es ein in Socr., h.e. VII 31 berichteter Konflikt zeigt.

107 Die Geburt aus heiligem Geist (Lk 1,35; Mt 1,20) wurde herangezogen, um die schöpferische Macht des heiligen Geistes zu beweisen. Hier wird dagegen betont, daß der Sohn/das Wort selbst Geist ist, da es ja auch nirgends heiße, „der heilige Geist ist Gott", sondern nur umgekehrt „Gott ist Geist" (Joh 4,24).

108 Vgl. dazu Hauschild, Pneumatomachen, 89-107.

109 Hg.v. F. Heylen, CChr.SL 9, Turnhout 1957, 207-324: 244f.

110 CChr.SL 9, 325-329.

111 Vgl. zu dieser Einteilung Rufin, h.e. I 25; Hier., ep. 133.

ihnen wird eine Gruppe der Irrlehrer über den heiligen Geist (als Semiarianer oder Makedonianer) unterschieden.

Anhomöer:
Auch von Seiten des „Anhomöers" Eunomius[112] wurde die Göttlichkeit des heiligen Geistes abgelehnt. Ein frühes Zeugnis für diese Kontroverse sind die beiden Bücher Ps.-Basilius, *Adversus Eunomium* IV und V (des Apollinaris?) aus den sechziger Jahren des vierten Jahrhunderts[113]. Besonders Buch V befaßt sich fast vollständig mit diesem Thema: Der Autor will belegen, daß der heilige Geist kein Geschöpf ist (120-130), sondern Schöpfer. Er schreibt (135):

> Wenn Gott alles wirkt, wie er will, dies alles aber ein und dasselbe Pneuma wirkt, indem es einem jeden eigens zuteilt, wie es will, wie gibt es da eine Verschiedenheit der Usia, in der doch eine Selbigkeit der Wirkungen erkannt wird? Nach dem gottlosesten Eunomius müssen bei verschiedenen Usiai auch die Wirkungen verschieden sein. Aber der Erlöser bezeugte dem Pneuma dieselbe Eigengewalt und Macht und sagte: ‚Das Pneuma weht, wo es will.' (Joh 3,8)[114]

Die Schöpfermacht wird durch das Wirken des Geistes bei der Schöpfung, der Neuschöpfung und bei der Erschaffung des Leibes Christi beschrieben (131-133).

---

112 Von seinem Lehrer Aetius liegen keine Äußerungen zu diesem Thema vor. In dem *Syntagmation* (syn.; überliefert in Epiphanius, haer. 76,11,1-37; vgl. jetzt AW III, Dok. 63) des Aetius kreisen die Aussagen allein um den Begriff der Agennesie und die Beziehung des Sohnes zum Vater; und auch in dem Dialog zwischen einem Orthodoxen und Aetius (= Ps.-Ath., trin. II 10, hg.v. C. Bizer, Pseudathanasianische Dialoge, 80-126) kommt der heilige Geist nur in Aussagen des „Orthodoxen" vor. Dieser Dialog wurde um 362 verfaßt (vgl. Bizer, 166-169). Zu Eunomius allgemein vgl. bes. Abramowski, Eunomius, RAC (sie schreibt dort aber nichts über die Lehre des Eunomius vom heiligen Geist). Die Trennung der Anhomöer von den Homöern und die beginnende anhomöische Kirchengründung beschreibt Brennecke, Homöer, 107-114. S. auch oben S. 119f.

113 Vgl. zu diesem Werk die Studie und den Kommentar von Risch. Risch datiert die beiden Bücher 360 bzw. 363/3 (17f.); vgl. auch Böhm, Basil of Caesarea. Funk (Die zwei letzten Bücher, 310) datierte dagegen allg. Ende 4. Jh.

114 Εἰ δὲ πάντα ἐνεργεῖ Θεὸς καθὼς βούλεται, πάντα δὲ ταῦτα ἐνεργεῖ τὸ ἓν καὶ τὸ αὐτὸ Πνεῦμα, διαιροῦν ἰδίᾳ ἑκάστῳ καθὼς βούλεται, πῶς ἑτερότης οὐσίας, ἐν ᾗ ταυτότης ἐνεργείας γνωρίζεται; Παρηλλαγμένων γὰρ τῶν οὐσιῶν, παρηλλαγμένας εἶναι ἔδει καὶ τὰς ἐνεργείας, κατὰ τὸν ἀσεβέστατον Εὐνόμιον. Τὴν δὲ αὐτὴν αὐθεντίαν καὶ ἐξουσίαν μαρτυρῶν τῷ Πνεύματι ὁ Σωτήρ, Τὸ Πνεῦμα, ἔφη, οὗ θέλει πνεῖ. PG 29, 717; Übersetzung von Risch, SVigChr 16, 79f. Zu Eunomius vgl. Dörries, De Spiritu sancto, 8-14.

Eunomius selbst verteidigte in seiner *Apologie* die niedrige Stellung des heiligen Geistes als erste Schöpfung des Sohnes (... ὡς πρῶτον καὶ μεῖζον πάντων καὶ μόνον τοιοῦτον τοῦ μονογενοῦς ποίημα[115]), der daher nicht selbst Schöpfer sein könne (θεότητος μὲν καὶ δημιουργικῆς δυνάμεως ἀπολειπόμενον[116]) und an dritter Stelle nach dem Vater und dem Sohn stehe und entsprechend der Würde und der Ordnung und auch der Natur nach untergeordnet sei (τρίτον αὐτὸ ἀξιώματι καὶ τάξει μάθοντες, τρίτον εἶναι καὶ τὴν φύσιν πεπιστεύκαμεν[117]). Als Beleg wurden wohl auch Joh 3,5 („wenn jemand nicht aus Wasser und Geist wiedergeboren wird") und Mt 3,11 („er selbst wird euch mit heiligen Geist und Feuer taufen") herangezogen, um durch diese Gleichstellung die Geschöpflichkeit des heiligen Geistes zu beweisen[118]. Ferner bezog sich Eunomius auch auf 1Kor 8,6 mit Joh 1,3, um alles als Schöpfung durch den Sohn zu erweisen, worin auch der heilige Geist mit inbegriffen sei[119]. Widerspruch fand Eunomius vor allem bei den Kappadokiern. In der schon erwähnten fünften theologischen Rede (or. 31) über den heiligen Geist beschäftigt sich Gregor von Nazianz neben den Pneumatomachen hauptsächlich mit eunomianischem Gedankengut. In or. 31,7 referiert er:

> Der heilige Geist ist entweder ganz und gar ungezeugt oder er ist gezeugt. Wenn er ungezeugt ist, dann gibt es zwei Ursprungslose. Wenn er jedoch gezeugt ist, dann ist noch einmal zu unterscheiden; dann ist er vom Vater gezeugt oder vom Sohn. Wenn er vom Vater gezeugt ist, dann haben wir zwei Söhne und Brüder. ... or. 31,9: Aber was fehlt denn dem Geist, um Sohn zu sein? Denn wenn ihm nichts fehlte, so wäre er auch Sohn. ... or. 31,10: Dann zeige mir, ... daß aus demselben der eine Sohn und der andere Nicht-Sohn

---

115 Apol. 25 (68,24f. Vaggione); vgl. auch apol. 28: ... καὶ ἓν πνεῦμα ἅγιον, πρῶτον καὶ μεῖζον πάντων τοῦ μονογενοῦς ἔργων, προστάγματι μὲν τοῦ πατρός, ἐνεργείᾳ δὲ καὶ δυνάμει τοῦ υἱοῦ γενόμενον (74,24-26 Vaggione).

116 Apol. 25 (68,25f. Vaggione).

117 Apol. 25 (66,4f. Vaggione); vgl. auch τρίτον καὶ φύσει καὶ τάξει, ... τρίτῃ χώρᾳ τιμώμενον (68,22-24 Vaggione). Vgl. auch Bas., Eun. III 1,1-39.

118 So Ps.-Basilius, Eun. V 157f. Auch Joh 4,24 („Gott ist Geist") findet sich hier (V 162). Relevant ist noch Joh 17,3 („das ist das ewige Leben, daß sie dich, den allein wahren Gott, erkennen und den du gesandt hast, Jesus Christus") als Hinweis darauf, daß das ewige Leben im Vater und Sohn ohne heiligen Geist verkündet werde (Eun. V 164f.).

119 Apol. 26: δι' οὗ τὰ πάντα γέγονεν (68,8f. Vaggione; auch 70,17-19; 74,19). Vgl. auch *Expositio fidei* 4 (156-159 Vaggione), bes.: ... ἁπάντων γὰρ ἀναβέβηκε τῶν διὰ τοῦ υἱοῦ γενομένων ποιημάτων γενέσει καὶ φύσει καὶ δόξῃ καὶ γνώσει, ὡς πρῶτον ἔργον καὶ κράτιστον τοῦ μονογενοῦς, μέγιστόν τε καὶ κάλλιστον (156,7-9 Vaggione).

sind, und daß sie gleichen Wesens sind, und ich akzeptiere, daß sie beide Gott sind.[120]

Man erkennt hier also eine Variante des Arguments, das schon Athanasius von den Pneumatomachen referiert hatte (der heilige Geist als Bruder des Sohnes oder Enkel des Vaters)[121]. Wie Athanasius verweist auch Gregor auf das besondere Hervorgehen des heiligen Geistes aus dem Vater. Die Eunomianer würden sich ferner weigern, den heiligen Geist gleichermaßen wie den Vater und den Sohn zu verehren, und hätten auch darauf verwiesen, daß doch alles durch den Sohn geschaffen sei (vgl. Joh 1,3), also auch der heilige Geist (or. 31,12[122]), als vornehmstes Geschöpf des Vaters auf den Befehl des Vaters hin durch die Macht des Sohnes geschaffen (Eun., apol. 28).

Zu erwähnen sind besonders auch die drei Bücher *Adversus Eunomium* des Basilius, die drei Bücher *Contra Eunomium* des Gregor von Nyssa und seine *Refutatio confessionis Eunomii*, worin stellenweise auch der heilige Geist thematisiert wird, ohne daß aber nennenswerte neue Argumente der Eunomianer gegen die Göttlichkeit des heiligen Geistes geboten würden. Die Spur der Anhomöer verliert sich nach ihrer Verurteilung auf der Synode von Konstantinopel 381, der endgültigen Verbannung des Eunomius durch Theodosius I. 383 und seinem Tod (um 386).

Homöer[123]:
Auch die Homöer entwickelten ihre Theologie in Bezug auf den heiligen Geist konsequent weiter. Ein frühes Zeugnis für diese homöische Theologie des lateinischen Sprachraums, in dem die Rolle des heiligen Geistes ausführlicher thematisiert wird, ist die *Altercatio Heracliani laici cum Germinio episcopo Sirmiensi*. Dies ist insofern bemerkenswert, als in den früheren

---

120 Ἡ ἀγέννητον πάντως, ἢ γεννητόν. Καὶ εἰ μὲν ἀγέννητον, δύο τὰ ἄναρχα. Εἰ δὲ γεννητόν, ὑποδιαίρει πάλιν· ἢ ἐκ τοῦ Πατρὸς τοῦτο, ἢ ἐκ τοῦ Υἱοῦ. Καὶ εἰ μὲν ἐκ τοῦ Πατρός, υἱοὶ δύο καὶ ἀδελφοί. ... Τί οὖν ἐστί, φησίν, ὃ λείπει τῷ Πνεύματι, πρὸς τὸ εἶναι Υἱόν; Εἰ γὰρ μὴ λεῖπόν τι ἦν, Υἱὸς ἂν ἦν. ... Δὸς οὖν μοι, φησίν, ἐκ τοῦ αὐτοῦ τὸ μὲν Υἱόν, τὸ δὲ οὐχ Υἱόν, εἶτα ὁμοούσια, καὶ δέχομαι θεὸν καὶ θεόν. Text und Übersetzung FC 22, 284-291 Sieben.

121 Vgl. auch Ps.-Basilius, Eun. V 149f.

122 Auch Ps.-Basilius, Eun. V 157; Eunomius, apol. 26,16-20; Basilius, Eun. III 7,32-36.

123 Zu den Homöern s.o. S. 117-122 und allg. vgl. Brennecke, Homöer; ders., Art. Homéens; Löhr, Homöer; zu den Homöern im lateinischen Westen vgl. Markschies, Ambrosius; D.H. Williams, Ambrose, Emperors and the Homoians in Milan; Meslin, Les Ariens d'Occident; Simonetti, Arianesimo Latino; Brennecke, Auseinandersetzung.

Texten der Homöer und auch bei Germinius[124] der Schwerpunkt auf der Beschreibung des Verhältnisses des Sohnes zum Vater liegt. In der alterc.Heracl. heißt es nun, nachdem Heraclianus auf die Taufformel („im Namen des Vaters und Sohnes und heiligen Geistes, nicht im Namen des größeren und kleineren Gottes und in diesem Geschaffenen") verwiesen hatte, von Germinius, daß der heilige Geist durch den Sohn geschaffen wurde, sonst wäre Paulus ein Lügner, der alles auf Erden als durch Christus geschaffen erklärt (Kol 1,16).[125] Es handelt sich also um eine Variante des Arguments, das schon von den Pneumatomachen bekannt war, vornehmlich unter Rückgriff auf Joh 1,3. Nach diesem eindeutigen Hinweis auf die Geschöpflichkeit des heiligen Geistes, eingereiht unter alle Werke, die der Sohn geschaffen hat, wird der heilige Geist noch insofern dem Sohn untergeordnet, als er von Christus gesandt wurde. Im Anschluß daran heißt es, daß der heilige Geist als oberster Engel zu verstehen sei. Denn wie der Sohn nicht in allem dem Vater gleich sei, so sei auch der heilige Geist nicht dem Sohn in allem gleich.[126] Auch hier wird der heilige Geist also wie ein Engel in die Schöpfung eingereiht, wie es schon von den Pneumatomachen angedacht wurde, gegen die sich Athanasius richtete. Germinius lehnt auch ab, den heiligen Geist „Gott" zu nennen mit Hinweis auf Bar 3,36-38, zudem der heilige Geist selbst Vater und Sohn „Herr" nenne (1Kor 12,3; Ps 110,1), und bemängelt, wie schon bekannt,

---

124 So in der zweiten Formel von Sirmium (357; Hil., syn. 11; Ath., syn. 28; Socr., h.e. II 30,31-41) oder der vierten Formel von Sirmium (359; Ath., syn. 7,3-7; Socr., h.e. II 37.18-24), der Diskussionsgrundlage für die Doppelsynode von Rimini und Seleukia, die in leicht veränderter Form in Konstantinopel unterzeichnet wurde (s.o. S. 119). An deren Abfassung ist Germinius selbst beteiligt gewesen. Die Differenzen zwischen Germinius und anderen Homöern entzünden sich an dessen Aussagen zum Sohn, er sei dem Vater „gleich *in allen Dingen*", wogegen Valens, Ursacius und andere nur ein unbestimmteres „gleich" ohne weitere Qualifikation festgehalten sehen möchten. Vgl. dazu den Briefwechsel und das Bekenntnis des Germinius (Hil., Collectanea Antiariana Parisina: Bekenntnis des Germinius in A III [47,15-48,6 Feder]; Brief an Germinius vom 18.12. 366 in B V [159,3-160,18 Feder]; Brief des Germinius in B VI [160,20-164,11 Feder]). Bei diesen Texten gibt es nur am Schluß des Bekenntnisses des Germinius eine kurze Aussage zum heiligen Geist, der uns Menschen von Gott, dem Vater, durch den Sohn gegeben wurde. Vgl. dazu allg. Markschies, Ambrosius, 46-57.

125 Her.: *Accepi a te*: in nomine patris et filii et Spiritus sancti (Mt 28,19). *Non enim accepi: in deo maiore et in deo minore, et hoc creato. Sic et in spiritu sancto dicis.* Germ.: *Si Spiritus non est creatus, mentitus est Paulus apostolus, qui dicit*: Omnia per Christum creata sunt in coelo et in terra, visibilia et invisibilia (Kol 1,16). *Si ergo spiritus non est per ipsum creatus, ergo non sunt omnia per ipsum creata* (134f. Caspari).

126 Germ.: … *Spiritum sanctum dico principem angelorum, archangelorum. Sicut enim non similis filius patri per omnia, ita nec spiritus sanctus filio* (136 Caspari).

daß sonst der heilige Geist Bruder des Sohnes wäre (142 Caspari). Es zeigt sich also, daß auch innerhalb der homöischen Stufentheologie der heilige Geist nicht Gott ist, sondern als ein Geschöpf den dritten Rang unterhalb des Vaters und des Sohnes einnimmt. Er ist nur in gewisser Hinsicht dem Sohn gleich, aber nicht in allen Aspekten[127]. Dies bestätigen auch andere Quellen.

Anfang der 80er Jahre des vierten Jahrhunderts im Umfeld der Synode von Konstantinopel (381) entstanden einige Texte homöischer Herkunft, in denen die neunizänische Wesensgleichheit auch des heiligen Geistes mit dem Vater und Sohn abgelehnt und demgegenüber die eindeutige Unterordnung des heiligen Geistes unter den Sohn beschrieben wird. Auch Wulfila faßte in seiner theologischen Erklärung knapp sein Verständnis von der dienenden Aufgabe des heiligen Geistes zusammen.[128] Noch deutlicher ist diese Tendenz in der Beschreibung des Glaubens des Wulfila durch seinen Schüler Auxentius zu erkennen. Er betont, daß für Wulfila der heilige Geist vom Vater durch den Sohn vor allem geschaffen worden ist, da er weder Vater noch Sohn, weder ungezeugt noch gezeugt, weder der Erste noch der Zweite sei, sondern vom Ersten durch den Zweiten auf der dritten Stufe als Geschöpf stehe.[129] So sei der heilige Geist nicht selbst *creator*, sondern *inluminator, sanctificator, doctor, adiutor* und *minister Christi* wie auch schon in der Erklärung des Wulfila selbst (vgl. die Diskussion um Hebr 1,14: „dienender Geist").[130]

In seinem Kommentar bzw. der Apologie zu den Verhandlungen auf der Synode von Aquileia 381 beschreibt auch Palladius die doppelt untergeordnete Stellung des heiligen Geistes[131].

In dieses Milieu gehören die im Codex Vaticanus Latinus 5750 und Codex Ambrosianus E 147 sup. überlieferten *Fragmenta theologica arriana*, die ebenfalls diesen Aspekt der homöischen Trinitätstheologie widerspiegeln. Auch dort heißt es, daß der Sohn alles nach dem Befehl des Vaters

---

127 Es wird hier also sowohl der Begriff *similis* aus der Diskussion über das Verhältnis zwischen Gott, dem Vater, und dem Sohn als auch der Streit innerhalb der Homöer, inwiefern *similis* zu qualifizieren ist, auf die Beschreibung des Verhältnisses zwischen dem Sohn und dem heiligen Geist übertragen (s. Anm. 124).

128 S.o. S. 121.

129 Scholia arriana 50, fol. 305v, 26-37 (SChr 267, 240 Gryson): *Sed et Spiritum Sanctum non esse nec Patrem nec Filium, sed a Patre per Filium ante omnia factum, non esse primum, nec secundum, sed a primo per secundum in tertio gradu subsistutum, non esse ingenitum nec genitum, sed ab ingenito per unigenitum in tertio gradu creatum.*

130 Scholia arriana 63, fol. 308r, 26-33 (SChr 267, 250 Gryson): ... *sed ministrum Cristi ... subditum et oboedientem in omnibus Filio, et Filium subditum et oboedientem ... .*

131 Scholia arriana 136, fol. 347v, 4-23 (SChr 267, 318 Gryson); 138, fol. 348r, 13-21 (SChr 267, 320 Gryson).

geschaffen habe, also auch den heiligen Geist wie die Engel und die Menschen, da es ja nur eine Macht und einen Befehl gebe. Der heilige Geist selbst sei kein Schöpfer und werde auch im Bekenntnis und in der Taufe erst an dritter Stelle genannt.[132] In Analogie zu dem Argument aus der Schöpfungsvorstellung wird zusätzlich darauf verwiesen: Falls der heilige Geist dem Sohn nicht untergeordnet ist, dann habe Gott, der allmächtige Vater, nicht alles dem Sohn unterworfen (nach Ps 8,7; 1Kor 15,27).[133] Auch frgm.theol.arr. 19 bestätigt die unter den Sohn untergeordnete Stellung und dienende Aufgabe des heiligen Geistes, der keine Schöpferkraft habe, nichts aus nichts ins Dasein rufen könne, sondern das durch Christus nach Gottes Willen Geschaffene erleuchte.[134]

In frgm.theol.arr 21 findet sich eine knappe Zusammenfassung: Der heilige Geist ist „dritten Grades", das erste Werk des Sohnes (*hic est primum et maius patris per filium opus* 262,34-36 Gryson), der lehrt, erleuchtet und heiligt, der aber, da er weder Herr noch Gott oder Schöpfer ist, nicht selbst zu verehren (*colendus*) oder anzubeten (*adorandus*) ist.[135] Bemerkenswert ist die hier erkennbare Fortsetzung der Frage, wie der heilige Geist zu verehren ist, was ein zentraler Punkt bei Basilius, spir., war. Auch Ambrosius ging darauf ein, und hier in diesem Fragment wird nun entsprechend betont, daß der heilige Geist selbst nicht verehrt wird, sondern umgekehrt, daß der heilige Geist alle erleuchtet, so daß schließlich alle im heiligen Geist und durch den heiligen Geist den Sohn und den Vater ehren und verherrlichen. Dieses Thema wird in dem Dialog zwischen Augustinus und Maximinus fortgeführt werden.[136]

---

132 Frgm.theol.arr. 5: *unum autem imperium et unam potestatem sic dicimus esse, quia secundum patris imperium filius omnia perficit, sed et spiritui sancto, angelis et hominibus ea imperat filius facere secundum quod pater vult et iubet filio, ut filius imperet ceteris omnibus* (236,10-237,2 Gryson). ... *unum autem deum et patrem omnium sic dicimus et credimus, ut istum spiritum sanctum, quem tertio loco a patre post filium in symbolo et in baptismo tradimus, non esse deum creatorem dicimus, quia nihil ab illo et per illum creatum est, quia omnia a patre per filium creata sunt* ... (37-49).

133 Frgm.theol.arr. 2: *si autem spiritus sanctus filio non est subiectus, non omnia deus pater omnipotens filio suo subiecit* (233, 31-35 Gryson).

134 *Hic spiritus non est deus nec dominus, quoniam nec creator; nec enim eorum quae non erant ut essent aliquid fecit nec facere potest, quoniam non est deus, sed minister Cristi fili dei sui, in hoc ministrans ut ea quae per Cristum voluntate dei facta sunt rationabilia sanctificet et inluminet et doceat* ... (259,7-21 Gryson).

135 *Hic spiritus sanctus non deus neque dominus, non creator neque factor, non colendus neque adorandus per divinas adnuntiatus agnoscitur scripturas, sed spiritus sanctus qui que sunt et facta sunt per filium sanctificat et inluminat et consolatur, et interpellat gemitibus inenarrabilibus pro nobis, et adiuvat infirmitatem orationis nostrae, et adducit ad filium dei per ducendos ad patrem* (262,1-20 Gryson). Dazu s.u. S. 166.

136 S.u. S. 163-167.

Interessant ist eine Aussage in einem Teil von Fragment 23: Der heilige Geist bleibe in den Gläubigen (mit Verweis auf Joh 14,16f.: *quia apud vos manet et in vobis est*). Dies bedeute aber keine Aufspaltung oder Zersplitterung für den heiligen Geist: *Manet ergo, sicuti diximus, in universis sanctis non divisus, sed integer; nec enim dividi potest illa natura; qui enim compositus non est ex membris, nec dividi potest, sed integer in omnibus perseverat* (265,1-8 Gryson).[137] Könnte dieser Gedanke den Hintergrund für die etwas undurchsichtigen Ausführungen des Avitus in seinem Brief (Z. 110-117) bilden? Hier kritisiert Avitus die Vorstellung einer größen Zahl der „Geister".

Die homöische Stufentheologie und Lehre vom heiligen Geist ist auch durch den *Tomus Damasi*, den Rundbrief wohl zweier römischer Synoden unter Bischof Damasus (378/382)[138], belegt, der die Reihe der Anathematismen nach dem Bekenntnis mit einer zusammenfassenden Aussage gegen den Irrtum: *dicere Spiritum sanctum factum esse per Filium* (EOMIA I 2,1, 284,33f. Turner) beginnen läßt. Dies wird näher ausgeführt in den letzten neun Anathematismen, die sich alle mit diesem Thema befassen. Es wird betont:

- Der heilige Geist ist wie der Sohn aus der Substanz des Vaters (*de Patre esse vere ac proprie sicut Filium, de divina substantia et Deum verum*).
- Der heilige Geist kann und weiß alles und ist überall (*ubique*) wie der Sohn und der Vater auch.
- Der heilige Geist ist kein Werk oder durch den Sohn gemacht worden (*factum*).
- Der Vater hat alles nicht nur durch den Sohn, sondern auch durch den heiligen Geist gemacht.
- Vater, Sohn und heiliger Geist sind eine Gottheit, eine Macht und eine Herrschaft.
- Vater, Sohn und heiliger Geist sind gleich (*aequales*).
- Der heilige Geist ist wie der Vater und der Sohn zu verehren.
- Die Makedonianer werden extra verurteilt (s.o.).
- Vater, Sohn und heiliger Geist sind gleichwertig Gott (*de Patre autem et Filio et Spiritu sancto propter unam et aequalem divinitatem non nomen deorum sed Dei nobis ostenditur*); der Sohn und der heilige Geist sind nicht vom „wahren Gott" zu unterscheiden.

---

137 Vgl. dazu auch unten die Ausführungen zu Avitus, ep. 1; s. S. 136.
138 Zu diesem Tomus vgl. Markschies, Ambrosius, 142-165; Pietri, Entstehen der Christenheit, 442-444.

So bilden diese Anathematismen sozusagen das Gegenstück zu den Aussagen aus den homöischen Fragmenten. Aufgegriffen werden diese Aussagen zum Beispiel auch in dem lateinischen Kommentar zum Symbol von Nizäa sowie zum Tomus Damasi (*Commentarius in Symbolum anonymus*), der wohl Ende des vierten Jahrhunderts / Anfang des 5. Jahrhunderts einzuordnen ist.[139] Zuerst wird die Gleichheit (*aequalitas*) des Sohnes mit dem Vater beschrieben, anschließend die volle Gottheit auch des heiligen Geistes verteidigt: *si igitur ea quae patris [sunt] ea Filii sunt, et omnia quae Filii sunt ea omnia Spiritus sancti sunt* (360,32-34 Turner). Der heilige Geist ist *deus* (361,86), *ubique* (361,92), *habitet in homine ... quomodo Filius* (362,108f.), *noverit omnia* (362,114), *omnia posse sicut Filium* (362,124f.). Die Gegner würden den heiligen Geist nur als Geschöpf verstehen, so wie die Engel, oder ihn nur als Beschreibung der göttlichen Natur akzeptieren[140].

Die hier vorgestellten Texte verdeutlichen, daß die Homöer ihre theologischen Reflexionen auf den heiligen Geist ausdehnten. Die Auseinandersetzungen im Westen um die dritte trinitarische Person werden nicht gegen die Pneumatomachen/Makedonianer geführt, sondern gegen die Homöer. Diese übernahmen ohne Zweifel zum Teil „passable" Aussagen der Pneumatomachen, entwickelten auch durchaus eigenständige Argumente, ohne aber dabei die bleibenden theologischen Differenzen zu ignorieren. Interessanterweise gibt es nämlich unter den wenigen homöischen Quellen einige Hinweise darauf, daß sich einzelne Homöer dezidiert auch von den Makedonianern abgrenzten. Sie warfen den Makedonianern vor, zwar richtig über den heiligen Geist zu denken, aber in ihren Ansichten über den Sohn vollkommen in die Irre zu gehen. Zum Beispiel beschreibt Auxentius im seinem Brief über Wulfila, daß sich Wulfila nicht nur mit den „Homousianern", sondern auch mit den Makedonianern (Homöusianer) kritisch auseinandergesetzt habe: Sie hätten ein falsches Verständnis von der Gleichheit (*similes*), das nicht schriftgemäß sei (... *et filium similem esse Patri suo non secundum macedonianam fraudulentam pravitatem et perversitatem contra Scribturas dicebat, sed secundum divinas scribturas et traditionem*[141]). In vielen Predigten habe Wulfila diverse Häresien aufgezeigt; Auxentius listet schließlich einige auf, u.a. Homousianer, Homöusianer und auch Makedonianer[142].

---

139 CPL 1746; EOMIA I 2,1 Appendix XB (354-368) = Ps.-Hier., ep. 17 seu Explanatio fidei ad Cyrillum (PL 30, 176-181).

140 ... *sed legentes aut creaturam accipiunt sicut angelum, aut ipsum Patrem existimant et non tertiam personam accipiunt, aut conpositum arbitrantur Deum Patrem cum sit propriae naturae spiritus Pater* (EOMIA I 2,1, 363,149-154 Turner).

141 Scholia Arriana 48, fol. 305r, 37-39 (SChr 267, 238-240 Gryson).

142 Scholia Arriana 49, fol. 305v, 6-8 (SChr 267, 240 Gryson).

Zu beachten ist hier auch frgm.theol.arr. 7. Zuerst heißt es gegen „Orthodoxe" gerichtet, die Vater, Sohn und heiligen Geist als *aequalem* ansehen (239,15-31 Gryson), über Christus, er habe auf den Befehl des Vaters hin auch den heiligen Geist geschaffen.[143] Darauf folgt die Bemerkung, daß noch etwas gegen die Makedonianer gesagt werden müsse, welche zwar richtig in ihrer Meinung über den heiligen Geist liegen, aber leider über den Sohn wie die „Orthodoxen" lehrten. Insofern seien Orthodoxe wie Makedonianer im Irrtum über Gott, den Vater, und den Sohn, da sie beide der Meinung seien, der Sohn sei dem Vater in jeder Hinsicht gleich (*similem per omnia et in omnibus* die Makedonianer bzw. *aequalem deo patri per omnia et in omnibus* die „Orthodoxen") ohne Unterschied (*nullam esse differentiam*). Aber die Makedonianer lehrten wenigstens korrekt über den heiligen Geist, er sei auf den Befehl des Vaters hin vom Sohn geschaffen worden und ihr Diener: *Macedoniani autem spiritum sanctum iussu patris per filium creatum defendunt et nuntium et ministrum patris eum esse praedicant, sicut et nos* (241,38-45 Gryson). Die Auseinandersetzung zwischen den Homöern und Makedonianern bestätigen auch die Fragmente 8 und 9, die die makedonianische Vorstellung der Gleichheit des Sohnes mit dem Vater kritisieren.

Diese kleinen Hinweise lassen vermuten, daß man wohl die Texte und somit auch die Argumente seiner Gegner gut gekannt hat. Es ist offensichtlich, daß man nützliche Beweise oder Argumentationsstrategien durchaus übernommen hat, auch wenn man in anderen Dingen einander kritisierte. Das wird sich in den späteren Texten bestätigen.

Weitere Entwicklungen im Westen:
Der bedeutende nordafrikanische Bischof und Theologe Augustinus von Hippo Regius kam erst in den späteren Lebensjahren in Berührung mit „arianisch"-homöischen Gegnern. Nur sehr knapp stellt er, übernommen von anderen Autoren (besonders Epiphanius und Filastrius, s.o.), einige arianische Spielarten in seinem Spätwerk *De haeresibus ad Quodvultdeum* (haer. 49-52)[144] zusammen und erwähnt hier die Semiarianer (gemeint sind Homöusianer), die Makedonianer (sie sagen richtig, der Sohn und Vater seien substanzgleich, leugnen dies aber vom heiligen Geist, der ein Geschöpf sei) und die Aetianer oder Eunomianer[145]. Ausführlichere Informa-

---

143 *Nam volente et iubente patre ego innumerabiles spiritus vivos, virtutes et dominationes sempiternas creavi, sed et ipsum spiritum sanctum, qui est ante omnia et maior omnibus creationibus, et cetera caelestia et terrestria, visibilia et invisibilia, tempora et saecula volente patre et iubente ego creavi* (239,27-240,42 Gryson).
144 CChr.SL 46, 286-345: 325-329 Vander Plaetse/Beukers.
145 Zu Eunomius s.o. S. 152-154.

tionen geben jedoch der bei Augustinus überlieferte *Sermo Arrianorum* und seine *Conlatio cum Maximino Arrianorum* über die Vorstellung vom heiligen Geist im Rahmen der homöischen Theologie[146].

Im *Sermo Arrianorum* 10-31 stehen in mehrfach wiederholten Dreierschritten Sentenzen, die unter verschiedenen Aspekten die dreifache Stufung der trinitarischen Personen beschreiben und die doppelt untergeordnete Stellung des heiligen Geistes verdeutlichen. Er ist *per filium factus* (10), *testis filii* (13), *mittitur a filio* (14), *minister filii* (15), *subditus filio* (17), *non est pars nec portio filii* (23). Der Sohn verherrlicht den Vater (Joh 17,4); der heilige Geist wiederum verherrlicht den Sohn (*honorificare*; Joh 16,14). Der heilige Geist ist somit in der Ehre und auch der Substanz nach vom Vater und Sohn deutlich geschieden:

> Dies ist also der Unterschied zwischen den drei Substanzen des Vaters und des Sohnes und des heiligen Geistes und die Verschiedenheit der drei Dinge, des ungeborenen Gottes und des eingeborenen Gottes und des Geistes, des Beistands. ... Das Wirken und die Sorgfalt des heiligen Geistes besteht darin, zu heiligen und die Heiligen zu bewahren. ... Der heilige Geist ist aufgrund seiner Natur und seiner Stellung, seiner Rangstufe und seiner Verfassung, seiner Würde und seiner Macht, seines Vermögens und seiner Tätigkeit vom Sohn verschieden, wie auch der Sohn durch seine Natur und seine Stellung, durch seine Rangstufe und seine Verfassung, durch seine göttliche Würde und Macht als eingeborener Gott vom ungeborenen Gott verschieden ist.[147]

Diese Aussagen stehen in deutlicher Kontinuität zu den Thesen des Palladius und dem Bekenntnis des Wulfila (s.o.). Ebenfalls wird eine Ab-

---

146 Hier wird nicht in Ausführlichkeit die Trinitätslehre Augustins an sich vorgestellt, wie er sie insbesondere in seinem Werk *De trinitate* entwickelt hat. Vgl. dazu jetzt die Ausführungen von Brachtendorf und Drecoll im Augustin-Handbuch, 363-377; 446-461; B. Oberdorfer, Filioque, 107-128; P. Gemeinhardt, Lateinischer Neunizänismus bei Augustin, ZKG 110, 1999, 149-169; ders., Filioque-Kontroverse, 56-65. Zu Augustinus und seiner Trinitätslehre vgl. ferner Schindler, Wort und Analogie; ders., Augustin/Augustinismus; Simonetti, Agostino; Cavaclini, Structure; Lancaster, Divine Relations; Torchia, Significance; und jetzt die Übersichten von Brennecke, Trinitarischer Streit im Westen, und ders., Auseinandersetzung, im Augustin Handbuch, 119-127; 208-212; Sieben, Augustins Auseinandersetzung mit dem Arianismus; zur Situation in Afrika allg. Zeiler, L'arianisme; Brennecke, Augustin und der ‚Arianismus'.

147 CSEL 92, 39,117-40,119.128f.; 41,141-144 Suda / CChr.SL 87A, 169,127-130; 170,138f. 152-155 Hombert: *Ergo haec trium substantiarum, patris et filii et spiritus sancti distinctio, et trium rerum, dei ingeniti et dei unigeniti et spiritus advocati differentia* (27). ... *Spiritus sancti opus et diligentia est sanctificare et sanctos custodire* (30) ... *Alium esse a filio et natura et ordine, gradu et affectu, dignitate et potestate, virtute et operatione, sicuti filius natura et ordine, gradu et affectu, divina dignitate et potestate unigenitus Deus alius est ab ingenito.* (31) Übersetzung Sieben, 55; 57.

lehnung der sogenannten „neunizänischen" Theologie sichtbar, da ausdrücklich die Verschiedenheit der Substanz und der Natur des Vaters vom Sohn und wiederum des Sohnes vom heiligen Geist betont wird[148]. Augustinus reagiert mit einem längeren Traktat *Contra sermonem Arrianorum* auf diese Ausführungen und versucht immer wieder zu belegen, daß man das göttliche Wirken nicht auf die drei trinitarischen Personen aufteilen könne, z.B.:

> „Der Sohn", sagen sie, „verkündet den Vater. Der heilige Geist kündigt den Sohn an." Als ob der Sohn nicht auch angekündigt habe, der heilige Geist werde kommen, bzw. der Vater nicht den Sohn verkündigt habe, indem er sagte: „Dies ist mein geliebter Sohn, an dem ich Gefallen gefunden habe; hört auf ihn!" (Mt 17,5)[149]

Ferner betont Augustinus entgegen der Beschreibung des heiligen Geistes als Werk des Sohnes, daß doch der heilige Geist selbst auch aus dem Vater hervorgehe, so in XXIII 19:

> Mit seiner Aussage über den heiligen Geist: „Er wird von dem Meinen nehmen" (Joh 16,14), löst der Sohn selbst das Problem. Damit die Vorstellung gar nicht aufkommt, der heilige Geist sei so über einige Stufen hin von ihm wie er selbst vom Vater – denn beide sind vom Vater: der Sohn wird geboren, der heilige Geist geht hervor, zwei Dinge, welche in dieser erhabenen Natur überhaupt nur schwer zu unterscheiden sind -, damit diese Vorstellung, wie gesagt, erst gar nicht aufkommt, fügt er sofort hinzu: „Alles, was der Vater hat, ist mein; deswegen habe ich gesagt: Er wird von dem Meinen nehmen" (Joh 16,15). Damit wollte er ohne Zweifel zu verstehen geben, daß der heilige Geist vom Vater nimmt, doch deswegen von dem Seinen, weil alles, was der Vater hat, ihm gehört. Damit redet er jedoch nicht der Verschiedenheit der Natur das Wort, sondern der Einheit des Ursprungs.[150]

---

148 Die Verwendung von *substantia* im homöischen Kontext läßt sich am besten erklären als Reaktion auf die neunizänische Theologie, die die *una substantia* der drei trinitarischen Personen betont. Der ursprüngliche Ansatz der homöischen Theologie war es, unter Umgehung der philosophischen Terminologie wie οὐσία, ὑπόστασις, lateinisch mit *substantia* übersetzt, das Verhältnis zwischen Vater, Sohn und heiligem Geist zu beschreiben (s.o. S. 119 u. S. 198f.).

149 C.s.Arrian. XXI 11 (CSEL 92, 86,7-11 Suda / CChr.SL 87A, 227,7-11 Hombert): *Filius, inquiunt, patrem praedicat. Spiritus sanctus filium adnuntiat. Quasi non adnuntiaverit filius spiritum sanctum esse venturum, aut et pater non praedicaverit filium dicendo:* Hic est filius meus dilectus, in quo bene complacui; ipsum audite. Übersetzung Sieben, 117. Vgl. auch XXXII 30f.

150 CSEL 92, 89,14-90,24 Suda / CChr.SL 87A, 230,16-231,26 Hombert: *Quod autem dixit de spiritu sancto:* De meo accipiet (Joh 16,14), *solvit ipse quaestionem. Ne putaretur quasi per quosdam gradus sic esse de illo spiritus sanctus, quomodo est ipse de patre, cum ambo de patre, ille nascatur, ille procedat - quae duo in illius naturae sublimitate discernere omnino*

Zentral ist für Augustinus also, die homöische Vorstellung einer gestuften Ordnung (*gradus*) zwischen Vater, Sohn und heiligem Geist abzuwehren. Zwei Aspekte sind von Bedeutung: Einerseits wird gegen die homöische Vorstellung der „Erschaffung" des heiligen Geistes das „Hervorgehen" betont, andererseits will Augustinus die „Herkunft" des heiligen Geistes aus dem Vater selbst absichern, da er nicht das Werk oder die Schöpfung des Sohnes sei. Dieses Hervorgehen des heiligen Geistes aus dem Vater (und dem Sohn; s.u.) wird hier in diesem Kontext von Augustinus also mit der Absicht betont, den heiligen Geist nicht nur mit dem Sohn zu verbinden, sondern auch an den Vater zurückzubinden! Um die volle gegenseitige Gleichwertigkeit und Einheit der Natur und der Tätigkeit zu beschreiben, formuliert Augustinus sogar:

> Vom Vater aber und vom Sohn ist der Geist gesandt; und vom Vater und vom Geist ist der Sohn gesandt.[151] ... Richtig ist, daß der Vater allen gab, die sind, daß sie existieren; daß er selbst ist, empfing er von niemandem. Gleichheit mit sich gab er indes niemandem außer dem Sohn, der aus ihm geboren wurde, und dem heiligen Geist, der aus ihm hervorgeht. Weil dem so ist, gibt es diese von den Arianern gewollte Verschiedenheit in der Dreiheit nicht. Denn ohne Unterschied ist in der Dreiheit die Natur, ohne Unterschied die Macht, „so daß alle dem Sohn Ehre erweisen, wie sie dem Vater Ehre erweisen" (Joh 5,23).[152]

Weitere Einblicke bekommt man durch die Mitschrift des Gesprächs zwischen Maximinus und Augustinus (conl.Max.). Nach einleitenden Worten über die Grundlagen des Glaubens (biblische Schriften und Bekenntnis), in denen sich Maximinus auf die homöische Synode von Rimini beruft und dann ein kurzes eigenes Bekenntnis vorlegt (conl.Max. 4: *credo quod*

---

difficile est - ergo ne hoc putaretur, ut dixi, continuo subiecit: Omnia, quae habet pater, mea sunt, proptera dixi: De meo accipiet (Joh 16,15); *ita sine dubio intellegi volens, quod de pater accipiat, sed ideo de ipsius, quia omnia, quae habet pater, ipsius sunt. Haec autem non est diversitatis naturae, sed unius principii commendatio.* Übersetzung Sieben, 121; 123. Vgl. auch c.s.Arrian. XXIV.

151 Das richtet sich direkt gegen die Aussage aus dem *Sermo Arrianorum* 14: „Der Sohn wird vom Vater gesandt. Der Geist wird vom Sohn gesandt." *Filius mittitur a Patre. Spiritus mittitur a Filio.*

152 C.s.Arrian. XXI 14; XXIX 27 (CSEL 92, 87,18f.98,1-6 Suda / CChr.SL 87A, 227,19f.; 239,1-240,8 Hombert): *A patre autem et filio missus est spiritus, et a patre et spiritu missus est filius. ... Verum est autem, quod pater omnibus, quae sunt, ut essent, dedit, et ipse, quod est, a nemine accepit, sed aequalitatem suam nulli dedit nisi filio, qui natus est de illo, et spiritui sancto, qui procedit de illo. Quae cum ita sint, non est ista, quam volunt isti, differentia trinitatis, quia indifferens in trinitate natura, indifferens in trinitate potentia est,* ut omnes honorificent filium, sicut honorificant patrem (Joh 5,23). Übersetzung Sieben, Antiarianische Schriften, 117, 133.

unus est Deus pater, qui a nullo vitam accepit, et quia unus est Filius, qui quod est et quod vivit a Patre accepit ut esset, et quia unus est Spiritus sanctus paraclitus, qui est inluminator et sanctificator animarum nostrarum[153]), beginnt die Diskussion sogleich mit dem heiligen Geist; nur im langen Schlußvotum des Maximinus wechselt das Thema zum Sohn Gottes. Augustinus fragt, ob Maximinus nur den heiligen Geist als *illuminator* verstehe oder auch den Sohn (conl.Max. 5). Darauf entgegnet Maximinus, daß der heilige Geist dies vom Sohn empfangen habe, wie auch dieser selbst alles vom Vater empfangen habe: *Nos enim unum auctorem Deum Patrem cognoscimus, a quo inluminatio omnis per gradus descendit.* So schlußfolgert er in conl.Max. 5-7 mit Joh 16,12-14 (auch conl.Max. 10) und 1Kor 12,3, daß der heilige Geist *inluminator* ist *per filium*[154]. Augustinus geht auf diese Ausführungen kaum ein, sondern fragt mehrmals, *utrum inluminet per se ipsum Christus, annon inluminet nisi per spiritum sanctum* (in conl.Max. 7; 8; 9; 10). Er will nämlich auf folgendes hinaus (11): „Wenn Christus durch den heiligen Geist erleuchtet und der heilige Geist durch Christus erleuchtet, dann ist ihre Macht gleich."[155] Und dies bedeute auch, daß eine Substanz anzunehmen sei, eine Gottheit[156]. Maximinus will daraufhin biblische Belege dafür präsentiert bekommen, daß Vater, Sohn und heiliger Geist *pares atque aequales* seien. Augustinus könne aber nur Belege *non ad aequalitatem pertinentem, sed ad singularitatem omnipotentis Dei*[157] vorweisen. Für Maximinus ist der heilige Geist nämlich zwar großartig und werde auch von den Engeln bewundert (1Petr 1,12), sei aber insofern untergeordnet, als er eben für uns mit Wehklagen eintrete (conl.Max. 12; Röm 8,26: *ut gemitibus postulet pro nobis*)[158]. Dieser Aspekt ist von den Pneumatomachen bekannt, die ebenfalls den heiligen Geist als „Diener" (vgl. Hebr 1,14)[159] und als Fürsprecher der Menschen vor Gott verstanden. Und gerade die Unterordnung des Sohnes wie auch des heiligen Geistes zeige den einen Gott:

---

153 CChr.SL 87A, 386,25-29 Hombert.

154 CChr.SL 87A, 387-390. Der heilige Geist erleuchtet, hat aber diese Gabe von Christus (Apg 2,32f.).

155 CChr.SL 87A, 393,1-3 Hombert: *Si et Christus inluminat per spiritum sanctum et spiritus sanctus inluminat per Christum, par potestas est.*

156 CChr.SL 87A, 394,23f. Hombert: *Nam par potestas est, una substantia est, eadem divinitas.*

157 CChr.SL 87A, 395,41f. Hombert. Augustinus habe nur Schriftstellen wie Dt 6,4, die aber allein auf die Einzigkeit des allmächtigen Vaters zu beziehen seien.

158 Augustin will die entsprechende Schriftstelle (Röm 8,26) anders auslegen (conl.Max. 13): Erst macht er sich darüber lustig (*O aeterna miseria!*), dann interpretiert er, daß hier gemeint sei, der heilige Geist bewirke bei uns ein Wehklagen (*gemitibus interpellare nos facit*; CChr.SL 87A, 401,24f. Hombert).

159 S.o. S. 140-149.

Doch nicht daß eine enge Verbindung oder Vermischung des Sohnes mit dem Vater bzw. des heiligen Geistes mit dem Sohn bzw. mit dem Vater den einen Gott ausmachte, sondern daß er alleine der eine, vollkommene Gott ist ... wir nennen (den Vater und den Sohn und den heiligen Geist) in Liebe und Eintracht verbunden.[160]

Augustinus' Lehre führe also zu einer Vermischung der Personen. Dann müsse auch der Sohn und der heilige Geist *innatus* und der Vater *unigenitus* sein: „Fahre damit fort, über den heiligen Geist zu sagen, was wir in der heiligen Schrift über den Vater lesen, um den heiligen Geist als dem Vater gleich aufzuweisen!"[161] So fragt Maximinus auch:

Wenn der Sohn aus der Substanz Gottes, des Vaters ist, wenn auch der heilige Geist aus der Substanz des Vaters ist, warum ist dann der eine Sohn, der andere kein Sohn?[162]

Auch diese Kritik, den heiligen Geist als „Bruder" des Sohnes ansehen zu müssen, ist seit Beginn der Diskussion um den heiligen Geist bekannt[163]. Wurde damals hinterfragt, den heiligen Geist als weitere „Zeugung" des Vaters ansehen zu müssen, da eine andere Kategorie für die Entstehung des heiligen Geistes (als „hervorgehen") erst gefunden werden mußte, so wird diesmal von Maximinus mit demselben Gedanken die neunizänische Substanz-Theologie kritisiert[164] bzw. die Entstehung des heiligen Geistes aus der Substanz des Vaters. Beide Seiten werfen sich gegenseitig entsprechend vor, für ihre Ansicht keine biblischen Belege vorweisen zu können, weder dafür, daß der Vater dem heiligen Geist gleich (*aequalis*) sei oder daß der heilige Geist selbst verehrt werde (... *ubi adoratur Spiritus sanctus*), noch dafür, daß der Vater größer sei oder vom heiligen Geist verehrt werde[165]. Während für Augustinus der heilige Geist gleichermaßen wie der Vater

---

160 CChr.SL 87A, 404,84-405,90 Hombert: *Non tamen quod copulatio vel permixtio filii cum patre aut vel certe spiritus sancti cum filio vel cum patre faciat unum deum, sed quia ille solus unus perfectus est deus ... copulatos quidem dicimus in caritate et in concordia.* Übersetzung Sieben, 179.

161 CChr.SL 87A, 408,149-152 Hombert: *Prosequere de spiritu sancto talia qualia de patre legimus, ut patrem aequalem ostendas <spiritui sancto> spiritum sanctum patri.* Übersetzung Sieben, 183.

162 Conl.Max. 15,14 (CChr.SL 87A, 438,310-312 Hombert): *Si filius ex substantia dei patris est, de substantia patris et spiritus sanctus, cur unus filius est, et alius non est filius?* Übersetzung Sieben, 211.

163 S.o. S. 142.

164 Vgl. oben S. 149f.

165 Conl.Max. 15,3.

oder der Sohn zu verehren ist, will Maximinus zwischen *honoramus /
colimus / adoramus* unterscheiden:

> *Nos enim spiritum sanctum competenter honoramus ut doctorem, ut ducatorem, ut inlumi-
> natorem, ut sanctificatorem;*
> *christum colimus ut creatorem;*
> *patrem cum sincera devotione adoramus ut auctorem, quem et unum auctorem ubique om-
> nibus pronuntiamus.*[166]

Dies ist ein neuer Gedanke[167], der mit bemerkenswerter Kreativität auf die
seit Basilius diskutierte Frage, wie die drei trinitarischen Personen zu verehren sind, reagiert. Es wird quasi in Analogie zur dreifachen Stufenordnung auch die Verehrung in drei unterschiedlichen Graden beschrieben
(Vater: *adorare*; Sohn: *colere*; heiliger Geist: *honorare*), um sich nicht dem
Vorwurf ausgesetzt zu sehen, den Sohn und auch den heiligen Geist nicht
zu verehren oder gar zu verachten[168].

Im Anschluß liefert Maximinus doch Belege, daß der heilige Geist den
Sohn und durch den Sohn den Vater verehrt (conl.Max. 15,12f.). Wenn
der heilige Geist zudem dem Sohn gleich wäre, dann müsse er eigentlich
dessen Bruder sein (15,15; s.o.). Als zusätzliches Argument verweist Maximinus darauf, daß der heilige Geist sich als Taube oder Feuer zeigte (Mt
3,16; Apg 2,3), der Sohn sogar als Mensch, der Vater aber in keiner dieser
Formen sichtbar wurde (15,26). So sei nur der Vater *invisibilis, incapabilis,
immensus*, nicht aber der Sohn und der heilige Geist. Wieder wird also in
konsequenter Anwendung der homöischen Stufentheologie auch die Frage nach der „Sichtbarkeit" beantwortet: Wenn die drei Personen von der
Welt so unterschiedlich „gesehen" werden, können sie nicht gleicher Natur sein[169]. Er schlußfolgert, daß die Einheit nur als Willenseinheit zu verstehen ist, nicht als Einheit der Substanz (15,20). Maximinus ist theologisch als Vertreter der Homöer einzuordnen, wie sie oben schon
beschrieben wurden. Das wird neben der Berufung auf die Bekenntnistra-
dition von Rimini zu Beginn des Gesprächs (2) besonders an einer Äußerung deutlich (15,15): „Wir bekennen ihn auch als wahren Sohn und leugnen nicht, daß er dem Vater gleich (*similem*) ist, belehrt überdies aus der

---

166 Conl.Max. 15,5 (CChr.SL 87A, 423,62-66 Hombert).
167 Vielleicht steckt er schon hinter dem oben erwähnten Fragment (frgm.theol.arr.
   21), worin *colendus* und *adorandus* des heiligen Geistes abgelehnt wird. S.o. S. 157.
168 Vgl. zur „Verehrung" des heiligen Geistes unten die Fragmente von Avitus,
   S. 193-204.
169 Vgl. Augustinus' Auslegung in trin. I 4; II 5; 7; 9; IV 21,30 zu dem Problem,
   welche der drei trinitarischen Personen wie und warum sichtbar wird. Vielleicht
   ist diese Anfrage des Maximinus an Augustinus in dieser Hinsicht auch als Reaktion auf die Ausführungen des Augustinus über das Sichtbarwerden/Erscheinen
   der Trinität in der Welt in *De trinitate* zu verstehen!

Heiligen Schrift."[170] Den Sohn als dem Vater gleich (ὅμοιος bzw. *similis*) gemäß den Schriften zu bezeichnen, war die Quintessenz der homöischen Bekenntnisse von Rimini 359 bis Konstantinopel 360[171]. Darüber hinaus haben die Homöer offenbar passende Argumente und Thesen von den Pneumatomachen bereitwillig übernommen und auch in kritischer Auseinandersetzung mit dem Neunizänismus weiterentwickelt[172].

Zwei kleinere spätere Zeugnisse bestätigen die fortgesetzte Diskussion in Nordafrika. In einer Predigt des Quodvultdeus (hom. de symbolo I 9[173], wohl um 435 zu datieren) taucht der Hinweis auf die Erscheinung des heiligen Geistes als Taube wieder auf. Quodvultdeus referiert allgemein „arianische Häretiker", die den Vater als größer ansehen würden, da er nicht sichtbar sei, den Sohn ihm unterordnen, da er als Mensch sichtbar werde, und den heiligen Geist wiederum dem Sohn subordinieren, da er als Taube erscheine[174]. Die Ehre des heiligen Geistes sei so viel von der Ehre des Sohnes zu unterscheiden, wie der Mensch von einer Taube (I 9,7).[175] Quodvultdeus antwortet darauf, daß man dann auch den Vater als noch niedriger ansehen könnte, sofern er sich ja dem Mose im Feuer oder in der Wolke offenbarte (Ex 13,21). So beweise die Fähigkeit aller drei trinitarischen Personen, sich in der Welt zu zeigen, vielmehr deren Ein-

---

170 CChr.SL 87A, 445,437-439 Hombert: *Nos et verum filium profitemur et similem patri non denegamus, praeterea de divinis scripturis instructi.*

171 S.o. S. 119.

172 Der Brief 238 von Augustinus, den er nach einem Streitgespräch mit Pascentius über die Trinität verfaßt hat, bezeugt keine spezielle Diskussion über den heiligen Geist. Die dritte trinitarische Person wird hier nur in groben Zügen in Augustinus' eigenen Ausführungen zu seiner theologischen Position mitbehandelt, vgl. ep. 238,12 (CSEL 57, 541,1-3 Goldbacher): *pater enim et filius et spiritus sanctus unus deus est et solus verus deus et solus inmortalis secundum incommutabile omnino substantiam*; 238,15 (545,2-4): *... et pater spiritus est et filius et ipse spiritus sanctus nec tamen tres sed unus spiritus sicut non tres dii sed unus deus.* Nur in ep. 238,21 thematisiert er allgemein die homöische Stufentheologie (*... ita esse spiritum sanctum minorem filio, sicut patre minor est filius* 549,17f.), die Augustinus mit Hinweis auf 1Kor 6,19f. widerlegt.

173 Hg.v. R. Braun, CChr.SL 60, 1976, 305-363.

174 Der Kontext ist in diesem Fall nicht so sehr die Unterscheidung zwischen dem Sender und dem Gesandten, wie Thomas Macy Finn in seiner Einführung in die Reihe Ancient Christian Writers ausführt (S. 18), sondern, wie aus der Diskussion mit Augustinus deutlich wird (s.o.), die Frage nach der Sichtbarkeit oder Faßbarkeit der drei trinitarischen Personen.

175 CChr.SL 60, 326,27-327,3 Braun: *Dicis enim tibi, et perverse ratiocinaris: Quantum distat visibilis ab invisibilis, tantum distat Filius a patre; et quantum distat species homine ab specie columbae, tantum distat honor Filii ab honore Spiritus sancti.* In seiner Schrift *Contra Iudaeos, Paganos et Arrianos* (CChr.SL 60, 225-258 Braun) geht er in Kap. 19 nur allgemein auf den heiligen Geist ein.

heit. Als Schüler von Augustinus beschreibt er den heiligen Geist als gleichermaßen im Vater und im Sohn (I 9,1) seiend und somit auch als aus dem Vater und dem Sohn hervorgehend (I 9,4 *filioque*).

Gegen einen „Arianer" Maximinus gerichtet stellt auch Cerealis, Bischof von Castellum Ripense in Nordafrika, eine Schriftstellensammlung zu einzelnen Aussagen zusammen, und zwar laut Einleitung auf Anfrage jenes Maximinus hin. Nr. 11 betrifft *Quia Deus est Spiritus sanctus*; Nr. 12 *Quia et creator est Spiritus sanctus*, Nr. 13 *Quia vivificator est Spiritus* (PL 58, 762f.) und Nr. 14 *Quia ... omnipotens sit Spiritus sanctus*. Genauere Aussagen über Argumente seines Gegners macht er aber nicht.

Aus der späteren Zeit gibt es zwei eindeutige Zeugnisse dafür, daß auch mit den Vandalen selbst die Diskussion um die homöische Theologie inklusive heiligem Geist geführt wurde. Das eine ist die für das Religionsgespräch 484 n.Chr. in Karthago abgefaßte Schrift *Liber fidei catholicae*, die Victor von Vita in seiner Geschichte der vandalischen Verfolgungen vollständig zitiert[176]. Das andere ist der ungefähr in dieselbe Zeit zu datierende Dialog *Contra Arianos, Sabellianos et Photinianos* des Vigilius von Thapsus[177].

Der *Liber fidei catholicae* ist zweigeteilt: Der erste Teil (Kap. 56-74) verteidigt den nizänischen Ausdruck ὁμοούσιος[178], offenbar ausgelöst durch eine wiederbelebte Diskussion um das homöische Bekenntnis von Rimini, in dem der Gebrauch der schriftfremden Usia-Terminologie des Nizänums untersagt wurde[179]. Der zweite Teil (Kap. 75-101) thematisiert ausschließlich den heiligen Geist.[180] Wichtig ist dem Autor, daß *unum deum* wohl *una trinitatis deitas* und *unius substantiae* bedeutet, aber eben nicht *unius personae*[181]. Und gegen den Vorwurf, schriftfremde Ausdrücke zu verwenden, stellt er Belege für *unius substantiae* zunächst aus dem Alten Testament (Kap. 77-80), dann aus dem Neuen Testament (Kap. 81f.) zusammen.

---

176 Victor von Vita, *Historia persecutionis Africanae provinciae*, hg.v. S. Lancel, 2002, darin II 56-101 (148-173 Lancel) der *Liber fidei catholicae*.

177 PL 62, 179-238. Vgl. zu Vigil von Thapsus Heil, Augustin-Rezeption, 24-26.

178 Vgl. die theologische Erklärung von Nizäa 325 (Athanasius Werke III/1, Urkunden zur Geschichte des arianischen Streits 318-328: Urk. 24 [griech. Text]; Dokumente zur Geschichte des arianischen Streits bis zur Ekthesis Makrostichos: Dok. 26 [dt. Übersetzung]): „... wahrer Gott von wahrem Gott, gezeugt und nicht geschaffen, wesenseins mit dem Vater, durch den alles wurde ... ."

179 Vgl. dazu unten S. 251-270.

180 *Liber fidei catholicae* 75 (158 Lancel; CSEL 7, 56,13-17 Petschenig): *Superest ut de spiritu sancto, quem patri ac filio consubstantiuum credimus, coaequalem et coaeternum, dicamus et testimoniis adprobemus. Licet enim haec veneranda trinitas personis ac nominibus distincta sit, non tamen ob hoc a se atque a sua aeternitate discrepare credenda est.*

181 Kap. 76 (159 Lancel; CSEL 7, 57,3-5 Petschenig).

Schon die Schöpfungsberichte zeigen die Einheit von Vater, Sohn und heiligem Geist und die schöpferische Macht des heiligen Geistes (Gen 1,1f.26; Ps 32,6). Auch der dreifache Segensspruch (Num 6,23-26) und das dreifache „heilig" (Jes 6,3) weisen darauf hin, ebenso auch 1Kor 12,4-6 wie 1Joh 5,8. Ergänzt wird diese Stellensammlung durch Ausführungen über die schöpferische Kraft des heiligen Geistes (Kap. 83), sein Vorherwissen und Allwissen (84-87), seine Allgegenwart (88) auch in den Heiligen (89f.92: Berufung des Paulus), seine Güte (91) und sein Paraklet-Sein (93f.), die seine Gottheit und die Einheit der Trinität zeigen. Es folgt die rhetorische Frage, *si de patre procedit spiritus sanctus*[182], *si liberat, si dominus est et sanctificat, si creat cum patre et filio et si vivificat ...*, wie man da noch zweifeln könne, daß der heilige Geist Gott sei (*cur de eo dubitatur quod deus sit*) und gleichermaßen wie der Vater und der Sohn verehrt werden müsse[183]! Der Zusammenhang in diesem Buch zeigt, daß die angesprochenen Gegner in homöischer Tradition stehen. Die Gottheit des heiligen Geistes und entsprechend auch die Verehrung des heiligen Geistes gleichermaßen wie den Vater werden infrage gestellt. Genauere Thesen der Gegner werden nicht zitiert, aber die hohe Bedeutung der Frage nach der Gottheit des heiligen Geistes an sich wird ohne Zweifel deutlich.

In dem außergewöhnlichen fiktiven Dialog *Contra Arianos, Sabellianos et Photinianos* läßt Vigilius von Thapsus „Sabellius", „Photinus", „Arius" und „Athanasius" zusammen mit einem Richter Probus über Aspekte der Trinitätstheologie diskutieren[184]. „Sabellius"[185] wird mit der These *sed hunc eundem et Patrem et Filium praedicamus* als Identifikationstheologe in diese Diskussion eingeführt, „Photinus"[186] als Schüler Markells mit der Aussage: *Unde magis ego dico Deum Patrem Filium habere Dominum Jesum Christum, ex Maria virgine initium sumentem, qui per sanctae conversationis excellentissimum atque inimitabile beatitudinis meritum, a Deo Patre in Filium est adoptatus et eximio*

---

182 In dieser Zusammenfassung heißt es, daß der heilige Geist vom Vater ausgeht, nicht auch vom Sohn (*filioque*). Hier unterscheidet sich der Autor theologisch von Augustinus, für den zur Bestimmung des innertrinitarischen Verhältnisses der drei Personen der doppelte Ausgang des heiligen Geistes vom Vater und vom Sohn zentral war. Der Autor versucht, allein anhand der göttlichen Qualitäten und Aktivitäten des heiligen Geistes dessen Gottheit und die Einheit der drei trinitarischen Personen zu erweisen, ohne sich in weitere Spekulationen oder Beschreibungen der Trinität zu ergehen. Sein Ziel ist, den heiligen Geist als *consubstantivus, coaequalis* und *coaeternus* (75) mit dem Vater und dem Sohn zu beschreiben und zugleich die Unterschiede der Personen zu bewahren (Sabellianismus-Vorwurf).

183 Kap. 95f. (169f. Lancel; CSEL 7, 67,16f.26 Petschenig).

184 PL 62, 179-238.

185 Zu Sabellius vgl. Bienert, Sabellius und Sabellianismus.

186 Zu Photin vgl. die Dokumente 45 und 47 aus AW III mit Kommentar.

divinitatis honore donatus[187]. „Arius" selbst wird mit Ansichten vorgestellt, die homöischer Theologie entsprechen[188]. Vigilius läßt nun die sich widersprechenden Ansichten gegeneinander antreten: „Arius" widerlegt die Häresie des „Sabellius"[189], anschließend ebenfalls die Irrtümer des „Photinus"[190], so daß im folgenden Dialogteil[191] nur noch „Athanasius" und „Arius" miteinander diskutieren. „Arius" beginnt mit Kritik an der Einführung neuer Begriffe wie im *Nizänum*, so daß das Gespräch zunächst um das ὁμοούσιος kreist. „Athanasius" bietet in seiner Entgegnung hier eine Art homöische Dogmengeschichte (194f.): Auch die Homöer hätten neue Begriffe eingeführt, nämlich gegen die Sabellianer ein unbiblisches *ingenitum* und *impassibilem* auf der Synode in Sirmium, ferner gegen jenen Photinus die Formulierung *Deum de Deo, lumen de lumine*, und schließlich ein *similem* gegen Eunomius' Rede von *dissimilem*! Nach einer langen Diskussion um die Begriffe *substantia* und *usia* und um die Zeugung des Sohnes aus dem Vater läßt Vigilius „Arius" einwerfen, daß „Athanasius" seine Vorstellung von *una substantia* erst recht nicht halten könne, wenn man auch den heiligen Geist in die Diskussion miteinbezieht, der doch als Diener (*minister*) und als Geschöpf (mit Verweis auf Amos 4,13, dem Standardargument der Pneumatomachen) dem Vater untergeordnet sei (*obsecundatorem*) und von ihm geschickt werde (218; 220). Selbstverständlich beweist „Athanasius" nun, daß der heilige Geist Gott und Schöpfer sei, und zwar wegen seiner Ubiquität (Sap 1,7) und Singularität, seiner schöpferischen und lebendigmachenden Kraft. Außerdem könne der heilige Geist wie auch der Vater Apostel berufen (222f.). Der Rest des Dialogs befaßt sich damit, inwiefern die Einheit doch auch eine Dreiheit ist[192].

Faustus von Riez:
Läßt sich also eine Fortsetzung des Streits um den heiligen Geist im Rahmen der fortbestehenden homöischen Theologie besonders im nordafrikanischen Raum feststellen, so liegt in dem Werk des Faustus von Riez eine Auseinandersetzung mit der pneumatomachischen und homöischen

---

187 PL 62, 182.
188 PL 62, 182f.: Gott hat vor den Zeiten den Sohn gezeugt, aber der Sohn ist „Gott" und „gut" nur in abgeleiteter Weise. Vgl. dazu die Diskussion auf der Synode von Aquileia 381.
189 PL 67, 184-186: Vater und Sohn haben doch separate Substanzen.
190 PL 67, 187-191: Der Sohn existiert schon vor der Zeit.
191 PL 67, 191-230. Der Rest (229-238) ist eine Zusammenfassung durch Probus.
192 Vigil läßt „Arius" fragen: *Ego enim comprehendere nequeo, quemadmodum sit Deus nunc unus, nunc tripartitus, nunc ex tribus in uno confusus, nunc ex uno in tribus distinctus, nunc compositione quadam ex partibus conformatus, nunc derivatione nescio, qua ex uno iterum in partes divisus* (224) und wirft „Athanasius" Nähe zum Sabellianismus vor.

Tradition in Gallien vor[193], und zwar wahrscheinlich mit den homöischen Westgoten. Faustus (geb. um 410), Mönch und Abt von Lérins, dann Bischof von Riez, zeitweilig (477-486) vom Bischofssitz durch die Westgoten verbannt, engagierte sich demnach nicht nur durch seine Schrift *De gratia* gegen die Prädestinationslehre des Lucidus[194], sondern sah sich offenbar auch genötigt, in *De spiritu sancto* trinitätstheologisch für die Gottheit des heiligen Geistes einzuschreiten[195]. Das war sogar nicht sein einziges Werk zu diesem Thema, da er nach Gennadius von Marseille *De viris illustribus* (vir.ill. 86)[196] auch *Adversus Arianos et Macedonianos* verfaßt hat, das aber nicht überliefert ist. Die Werke können nicht mehr genauer datiert werden. So ist also unklar, ob sie in die Zeit vor seiner Verbannung gehören und somit auch einen Grund dafür lieferten, ob sie in den Exiljahren entstanden oder ob er sie sogar erst nach seiner Rückkehr auf seinen Bischofssitz verfaßt hat.

Faustus beginnt seine Schrift *De spiritu sancto* ohne Umschweife mit dem „katholischen" Glauben, der im Symbol der 318 Väter gegen die arianische und makedonianische Häresie als Einheit und Dreiheit festgehalten sei, besonders auch mit dem Satz: *credo et in spiritum sanctum*[197]. Im folgenden wird er immer wieder auf gegnerische Einwände Bezug nehmen, so auch gleich zu Beginn: Da es auch heiße *credo in sanctam ecclesiam catholicam*, könne man aus dieser Formulierung nicht die Gottheit des heiligen Geistes ableiten[198]. Das ist eine neue, bislang so nicht bekannte Kritik an der Aussage, daß auch schon im Nizänum selbst die Gottheit des heiligen Geistes ausgedrückt sei[199]. Faustus entgegnet, es werde aber auch umgekehrt an keiner Stelle vorgeschrieben, daß man an den heiligen Geist so wie auch an die Kirche glauben müsse[200]. Der heilige Geist sei also Gott und auch Schöpfer. Letzteres könne man auch aus der Aussage des Bekenntnisses *conceptus de spiritu sancto* erkennen: *interrogandi sunt hoc loco*

---

193 Vgl. zu diesem Werk M. Simonetti, Fausto di Riez e i Macedoniani, Aug. 17, 1977, 333-354 und die knappen Andeutungen über Parallelen zu Didymus von Doutreleau in seiner Ausgabe von Didymus, spir. (SChr 386, Paris 1992, 127).

194 Vgl. Smith, De gratia; Heil, Auseinandersetzung um Augustin; Mathisen, Ecclesiastical Factionalism, 244-272.290f.

195 Hg.v. A. Engelbrecht, CSEL 21, Wien 1891, 101-157. Diese Schrift ist allerdings in der Forschung bisher kaum rezipiert worden. Deswegen wird sie hier dem Inhalt nach im Überblick vorgestellt.

196 TU 14, 91 Richardson.

197 CSEL 21, 103,8f. Engelbrecht.

198 I 2 (CSEL 21, 103,25-27 Engelbrecht).

199 Vgl. die Diskussion um das Nizänum bei Epiphanius, s.o. S. 147.

200 CSEL 21, 105,3-5 Engelbrecht.

Macedoniani, utrum spiritum sanctum creatorem an patrem aestiment redemptoris[201].
Selbstverständlich sei der heilige Geist nicht ein (zweiter) Vater, sondern
Schöpfer. Faustus fährt fort (I 4f.) mit Ausführungen zur *trinitas in unitate*
allgemein: *tria nunc in una deitate doceamus, tria nomina non tria regna, tres appel-
lationes sed non tres potestates, tres essentias vel subsistentias sed non tres substan-
tias*[202]. Die Schöpfertätigkeit des heiligen Geistes erläutert Faustus noch
genauer anhand der Schöpfungsgeschichte (Gen 1,1.27f.): Der auf dem
Wasser schwebende Geist (Gen 1,1) sei der heilige Geist; Gottes „Sprechen, Machen und Segnen" (*dixit deus, fecit deus, benedixit deus* aus Gen
1,27f.) zeige die Einheit in der Dreiheit (I 6). Die göttliche Qualität des
heiligen Geistes anhand seiner schöpferischen Macht sowohl bei der
Schöpfung der Welt als auch bei der Erschaffung des menschlichen Leibes des Erlösers zu beweisen, findet man schon z.B. bei Didymus (spir.
144f.) und auch bei Ambrosius (spir. II 38-44; 59f.; III 79f.). Auch der
Besuch der drei Männer bei Abraham (Gen 18,1f.) wird entsprechend
trinitätstheologisch ausgelegt.

Anschließend referiert Faustus einen Einwand: Könne man wirklich
von einem als Person selbständig existierenden heiligen Geist reden, wenn
es in der Schrift immer „Geist des Vaters, „mein Geist" oder „Geist Gottes" heiße?[203] Auf diese Infragestellung der Personhaftigkeit des heiligen
Geistes, der keine eigene Substanz habe, reagiert Faustus mit einem Hinweis auf die Widersprüche bei den Gegnern: Wenn die Makedonianer den
heiligen Geist als Geschöpf ansehen, können sie ihn nicht als Geist Gottes
bezeichnen. Demzufolge sei der Geist Gottes oder des Vaters selbst der
heilige Geist (*spiritum patris ipsum esse spiritum sanctum*[204]), was im übrigen
auch die Einheit der Trinität zeige (*nulla dissimilitudo, nulla est differentia … ,
nulla potest esse distantia*[205]).

Als nächsten Einwand referiert Faustus, daß die Beschreibung des heiligen Geistes als Finger Gottes seine Niedrigkeit zeige, wohl mit Hinweis
auf Lk 11,20[206]. Faustus kontert mit Jes 40,12: *quis appendit tribus digitis
molem terrae?* Die Rede vom „Finger Gottes" sei also nicht als Hinweis auf
die Unterordnung des heiligen Geistes zu interpretieren, sondern zeige die
Einheit der Trinität und die Gleichheit (*aequalitas*) der Personen. Auch

---

201 I 3 (CSEL 21, 105,16f. Engelbrecht).

202 CSEL 21, 107,13-16 Engelbrecht.

203 Spir. I 7: *ostende mihi, quod in sua essentia subsistat spiritus sanctus. ubicumque vel quotiens-
cumque lego aut spiritum patris aut spiritum meum aut spiritum dei, video, inquis, non ad spiritus sancti, sed ad patris referendum esse personam* (CSEL 21, 110,18-21 Engelbrecht).

204 CSEL 21, 111,20f. Engelbrecht.

205 CSEL 21, 113,7f. Engelbrecht.

206 Spir. I 8: *ex hoc minor esse sanctus spiritus evidenter agnoscitur, quod dei digitus nuncupatur*
(CSEL 21, 113,11f. Engelbrecht).

diese Frage der Interpretation des heiligen Geistes als „Finger Gottes" findet man schon bei Didymus (spir. 87-91) und Ambrosius (spir. II 69; III 11-17; 29-34). Faustus kommt darüber hinaus auf die Taufe Jesu zu sprechen (Lk 3,21): Hier zeige sich das gemeinsame Werk der drei Personen, da der Sohn im Leib sei, der heilige Geist in der Taube und der Vater als Stimme erklänge.

Falls also, so nun der nächste Kritikpunkt der Gegner (I 9), der heilige Geist als eigene Person angesehen werden müsse, wie sei er dann zu beschreiben, als gezeugt oder ungezeugt?[207] Erwartungsgemäß antwortet Faustus mit dem Hinweis auf Joh 15,26 und beschreibt den heiligen Geist als „hervorgehend" (*procedere*), was ihn aber nicht als drittrangig (*non esse ordine vel gradu tertium*) erweise: *qui enim de interioribus dei progreditur, non dei creatura, sed dei probatur esse substantia*[208].

Faustus referiert zur Absicherung noch zwei weitere mögliche Einwände (*sed forte dicas* 118,8[209]; *hic forte obicias* 119,19f.[210]), die ihm Gelegenheit bieten, die Einheit in der Trinität zu beschreiben, um dann nochmals auf das Hervorgehen (*procedere*) des heiligen Geistes zurückzukommen (I 11-13): *Sed interrogas, utrum semper spiritus ex patre procedat*. Faustus antwortet: *semper cum illo, semper ex illo*[211]. Das zeitlose und räumlich unbegrenzte Hervorgehen des heiligen Geistes erweise seine Gottheit.

Faustus beginnt spir. II mit der Überlegung, daß sich nur der heilige Geist, jedoch kein Geschöpf, auch kein Engel oder Dämon, „eingießen" könne (*infundi non potest ..., id est solius dei capacia*; 132,9f.)[212]. Er schließt eine Zwischenfrage an (II 2), ob der heilige Geist, der im Erlöser weilt, sich damit auch selbst inkarniert habe (*ergo et ipse spiritus incarnationem videbitur suscepisse*): Nein, der heilige Geist heilige (*sanctificator*) den Menschen, aber nehme ihn nicht selbst auf (*non susceptor*)[213]. Nun geht Faustus auf das Argument ein, daß der heilige Geist zwar ein Geschöpf sei, aber immerhin ein über alle übrigen Geschöpfe herausragendes (*creaturam,*

---

207 *Utrum spiritus sanctus ingenitus an genitus an quid aliud confitendus sit* (CSEL 21, 115,10f. Engelbrecht).

208 CSEL 21, 115,22f. Engelbrecht.

209 Der heilige Geist müsse eigentlich dann größer als der Vater und Sohn angesehen werden, *cuius maiora et nobiliora sunt opera* (118,8f.).

210 Christus habe sich nur insofern mit dem heiligen Geist gleichgestellt, der ja ein Geschöpf sei, als er selbst auch aus Maria geschaffen wurde.

211 CSEL 21, 122,20 Engelbrecht. Zum Hervorgehen des heiligen Geistes aus Vater und Sohn s.u. S. 162f.

212 Vgl. Didymus, spir. 50-53.

213 Vgl. oben S. 166 die Diskussion bei Augustin über die „Sichtbarkeit" der trinitarischen Personen.

inquis, dico, sed excellentiorem omnibus creaturis[214]): Wenn es in der Schöpfung nichts gebe, was über dem heiligen Geist stehe, wenn es ferner nur die beiden gebe, Schöpfer und Geschöpfe (*duo sunt in caelestibus, qui regit et qui reguntur, creator et creatura*)[215], und nichts Drittes dazwischen, wenn schließlich sogar die Engel dem heiligen Geist dienen (Mt 1,20), dann sei evident, auf welche Seite der heilige Geist gehöre: nämlich auf die Seite des Schöpfers, so Faustus. Der Hinweis der Gegner auf Am 4,13 sei falsch (die Stelle beziehe sich nicht auf den heiligen Geist) und sogar inkonsequent, denn nach ihrer Auslegung von Am 4,13 habe der Vater den heiligen Geist sogar erst nach den Wolken geschaffen (*et insensibili postponeret aut sociaret elemento* 137,8).

Anschließend referiert Faustus die pneumatomachische Ansicht, daß nur der Vater und der Sohn als Person zu verstehen seien, nicht aber der heilige Geist: *deinde dualitatem intromittis et dicis spiritum sanctum propriam non habere personam*[216]. Auch in 1Kor 1,1; Gal 1,1 und Eph 4,6 seien nur der Vater und der Sohn erwähnt. Faustus erwidert mit 1Kor 12,3, daß niemand an Christus glauben und ihn seinen Herrn nennen könne ohne heiligen Geist, so daß dieser somit immer vorauszusetzen sei. Auch die Gaben der Taufe mit heiligem Geist (Apg 19,2-4) zeigen seine Gottheit. Kurz geht Faustus hier auf den Gebrauch der Präpositionen in Röm 11,36 ein, um deren Zuweisung zu einzelnen trinitarischen Personen zu widerlegen[217]. Schließlich erläutert er noch die Schriftstelle Joh 3,5 (*renatus fuerit ex aqua et spiritu sancto*), die aufgrund der implizierten Gleichsetzung von Wasser und heiligem Geist dessen Geschöpflichkeit erweise (II 5)[218]. Faustus differenziert im Gegenzug zwischen Wassertaufe (= Taufe in den Tod) und Geisttaufe (= Taufe ins ewige Leben)[219]. Falls nun der heilige Geist tatsächlich Gott ist, so der nächste referierte Diskussionspunkt, bedeutet dies nun sein *nomen* oder *cognomen* (II 6)? Faustus kritisiert, daß es in Bezug auf Gott kein Nomen und Kognomen gebe, *in cuius nomine quicquid est nequaquam adiecticium*[220]; man könne nur zwischen *nomen speciale vel proprium* und *nomen generale atque commune* unterscheiden. *Nomen proprium*

---

214 Spir. II 3 (CSEL 21, 135,20f. Engelbrecht).

215 CSEL 21, 136,18f. Engelbrecht. Vgl. Didymus, spir. 10; 61; Gregor von Nazianz, or. 31,6.

216 Spir. II 4 (CSEL 21, 138,4f. Engelbrecht). Die Einheit der Trinität bleibe auch bei der Inkarnation des Wohnes bestehen.

217 Vgl. S. 199-202.

218 S.o. S. 145 und Ps.-Basilius, Eun. V 157f.; Basilius, spir. 34f.

219 *Per aquam itaque celebratur imitatio sepulturae, per spiritum sanctum confertur veritas vitae et spes salutis aeternae. ... per aquam deduci videmur in tumulum, per spiritum sanctum praeparari probamur ad regnum* (CSEL 21, 145,17-19.27-29 Engelbrecht).

220 CSEL 21, 146,7f. Engelbrecht.

ist „Vater", „Sohn" und „heiliger Geist" und deren Spezifika sind *ingenitus, genitus, ex utroque procedens*; *nomen commune* ist *maiestas, plenitudo, unus, solus deus*[221].

In den Schlußkapiteln (II 7-12) beschreibt Faustus noch einzelne Aspekte, die den heiligen Geist als Gott erweisen: Er habe die Propheten inspiriert und durch sie das Leiden Christi angekündigt; er mache uns Menschen zu Söhnen Gottes, befreie uns von den Sünden, heilige unseren Körper wie einen Tempel und teile Gnadengaben aus – alles dies vermöge kein Geschöpf: *nulli hoc creaturae possibile est, sed divinae maiestatis insigne est*[222].

Da Faustus sein Werk *De spiritu sancto* ohne Vorwort und Einleitung beginnt, können seine Gegner nicht mehr genau bestimmt werden. Meistens leitet er gegnerische Thesen mit einem abstrakten „du" ein (*sed opponis et dicis* 103,25; *sed dicis* 108,1; 110,7.18; 113,11.21f.; 136,24; 141,17.25; 144,26), gelegentlich scheint er auf ein Gespräch zurückzugreifen (*quaeris a me* 115,10, *cur interroges* 115,25f.; *requiris* 116,5; *interrogabis* 116,28; *sed interrogas* 122,19; *si requiras* 128,9; *inquis* 135,20, *ut adseris* 137,4; *intromittis et dicis* 138,4; *requirendum credis* 146,4) oder hypothetische Fragen einzubauen (*sed forte dicas* 118,8; *hic forte obicias* 119,20; *sed forsitan dicas* 132,21).

Einige Male nennt er Makedonianer oder Makedonius (104,1; 105,16; 135,5; 138,18), aber mehr in der Absicht, seinen Gegner mit der Häresie des Makedonius in Verbindung zu bringen, ohne ihn tatsächlich als Makedonianer anzusehen, was besonders an folgender Stelle deutlich wird[223]: Nach Zitation des Taufbefehls (Mt 28,19) heißt es: *nominis singularitas unitatem loquitur, appellationum vero diversitas trinitatem. in nomine ergo unus, sed in personarum distinctione non unus. ... tres audis, ne unitatem Sabelliana permisceat et confundat impietas, unum audis, ne trinitatem dividat Arriana perversitas, spiritum sanctum audis, ut Macedonium confodiat distincti nominis expressa proprietas.* Der Taufbefehl im Matthäusevangelium habe also auch die Funktion, die drei Häresien des Sabellius, Arius und Makedonius auszuschließen, wobei die Makedonier – und alle, die auch so denken - diejenigen sind, die den heiligen Geist tilgen. „Makedonius" ist hier ein Häretiker-Etikett, ohne daß eine konkrete Gruppe der „Makedonianer" angesprochen sein muß. Faustus bezeugt mit seinem Werk vielmehr eine Fortsetzung des Streits um den heiligen Geist im Rahmen der homöischen Theologie auch in Gallien. Die diskutierten Fragen sind größtenteils aus der vorhergehenden Diskussion bekannt, aber in einzelnen Details zeigen

---

221 CSEL 21, 146,12-18 Engelbrecht. *Unus* aber in folgendem Sinn (nicht *simplex*): *cum dixeris unus deus, communem trinitatis substantiam, communem gloriam demonstasti* (26f.).

222 CSEL 21, 157,6f. Engelbrecht.

223 Spir. II 4 (CSEL 21, 138,10-19).

sich doch neue Entwicklungen. Seine Gegner scheinen auf das Nizänum von 325 verwiesen zu haben mit seiner sehr knappen Formulierung „und ich glaube an den heiligen Geist", wahrscheinlich um den „Nizänern" Inkonsequenz vorzuwerfen. Neben sonst schon bekannten Schriftstellen (bes. Am 4,13; Joh 3,5) wurde außerdem das Hervorgehen (*procedere*) des heiligen Geistes diskutiert, das für Faustus ewig und nicht zeitlich nach der Zeugung des Sohnes geschehen sei oder gar einen Ortswechsel implizieren würde.

Die im Exkurs präsentierten Texte mit den darin erkennbaren Schriftargumenten gegen die Göttlichkeit des heiligen Geistes zeigen eine zur Zeit des Avitus schon über 100 Jahre während Diskussion, die noch immer intensiv geführt wurde aufgrund der Präsenz der Homöer in den gentilen Reichen. So kann man nicht nur in den Schriften aus Nordafrika aus der Zeit der Vandalenherrschaft erkennen, wie zentral dieses Thema nach wie vor gewesen ist, sondern auch bei dem gallischen Bischof Faustus von Riez, der sich eine Generation vor Avitus dieses Themas angenommen hat. Ein beeindruckendes Arsenal an Argumenten hat sich angesammelt und vor diesem Hintergrund ist es umso erstaunlicher, daß in dem Brief des Avitus ein neues Schriftargument seiner Gegner zu lesen ist, das Avitus einige Mühe zu bereiten scheint, es zu widerlegen.

Avitus geht in seiner Entgegnung zunächst auf diesen Schriftvers Sap 15,11 ein, um anschließend ab Z. 84 die eigentliche Anfrage zu behandeln. Er beschreibt, daß seine Gegner aus der Schrift falsch zitieren würden[224], und mißversteht den Vers als nicht korrekte Wiedergabe eines Teils von Gen 2,7 (Z. 49-53), was angesichts des so ungenauen Zitats auch nicht verwunderlich sein dürfte. Aus *inspiravit in faciem eius spiraculum vitae* hätten sie *insufflavit deus spiritum in animam vitae* gemacht. So sei also das Verb nicht nur falsch, sondern auch Gottes unwürdig, da *insufflare* als körperliche Tätigkeit nicht von Gott ausgesagt werden könne (Z. 56-60). Zweitens sei die Zuordnung von *vitae* falsch, so daß sich aus dem Vers der Gegner ergebe, daß Gott in eine schon lebende Seele (= *in animam vitae*) den Geist zusätzlich eingehaucht hätte. Die Inspiration bewirke aber erst das Leben der Materie (Z. 64-66). So schlußfolgert Avitus, daß selbstverständlich die Seele des Menschen durch diese Inspiration erst geschaffen wurde (er

---

224 So verweist er Z. 64 auf *antiqui codices*, um zu untermauern, daß er aus richtigen, alten Kodices zitiert, seine Gegner dagegen wohl aus falschen, neuen Abschriften. Dies ist aber kaum ein Hinweis auf eine Variante einer gotischen Bibel-Übersetzung, wie überhaupt Hinweise auf das Gotische als Sprache fehlen. Die Gespräche scheinen doch wohl lateinisch geführt worden zu sein. Vgl. auch Wood, Latin Culture und zur Wulfila-Bibel Schäferdiek, Der vermeintliche Arianismus.

identifiziert Seele/*anima* und Geist/*spiritus*). Die Schriftstelle rede daher von der menschlichen Seele, die natürlich erst geschaffen sei und und daher einen Anfang habe (Z. 67-69). Die Gegner trennen jedoch zwischen Seele und Geist und erdichten sich diesen zusätzlichen Geist (Z. 73-76). Hier baut Avitus einen Seitenhieb ein: Wenn die Gegner so lax mit der Autorität der biblischen Schriften umgehen und sie je nach ihren Wünschen zurechtlegen oder verdrehen, wie wird es dann mit der Autorität des Königs Gundobad bei ihnen aussehen? (Z. 81-83)

Nach diesen eher exegetischen Bemerkungen kehrt Avitus zur These seiner Gegner zurück und referiert deren Anfrage, wen denn nach Sap 15,11 Gott eingehaucht haben könne, wenn nicht Gottes Geist oder den Geist im Menschen (Z. 84-90). Avitus beginnt seine Widerlegung mit einem Grundsatz: Es gibt nichts außer Schöpfer und Geschöpf, d.h. etwas ist entweder geschaffen oder der Schöpfer (Z. 91-93). Avitus lehnt also eventuelle Zwischenstufen ab und kritisiert mit diesem Grundsatz auch die homöische Stufentheologie der jeweils untergeordneten trinitarischen Personen mit je unterschiedlicher göttlicher Qualität[225]. Eine entsprechende These formulierte auch Faustus von Riez, *De spiritu sancto* II 3 (136,18-20): *Duo sunt in caelestibus, qui regit et qui regitur, creator et creatura. nullum in medio horum tertium extitit genus, quod secundis maius et summis esset inferius.*[226] Diese Zweiteilung vorausgesetzt, ist Gottes Geist natürlich auf der Seite des Schöpfers und unser menschlicher Geist auf der Seite der Schöpfung einzuordnen (Z. 93-95). So kann die Beziehung zwischen unserem menschlichen und dem göttlichen Geist keine natürliche (*non natura*) bzw. substanzhafte sein, sondern nur eine der Kraft (*potentia*). Keinesfalls habe sich die Substanz des heiligen Geistes selbst mit dem Menschen verbunden (Z. 97-99), da man sonst sogar zu dem Schluß kommen müßte, daß der heilige Geist im Menschen auch gesündigt habe (Z. 103-109).

Die folgende Passage ab Z. 110 ist etwas unklar, da hier offenbar ein Thema nur kurz angeschnitten wird. Haben sich die Gegner explizit auf den Titel „Paraklet" berufen? Haben sie etwa gemeint, daß die Aussendung des heiligen Geistes an die Gläubigen eine Aufteilung des Geistes impliziere? Steckt das hinter der Formulierung des Avitus *nisi ... numerositas* (Z. 112-114)? Unklar bleibt nämlich der logische Schritt von der Differenzierung zwischen heiligem Geist und Paraklet zu der „reichen Zahl" der göttlichen Geister. Oder will Avitus selbst darauf hinaus, daß der heilige Geist, der in uns lebt, eben nicht der heilige Geist in seiner

---

225 Dazu s.u. S. 154ff.

226 Er fährt fort, daß auch die Engel und Erzengel keine „Zwischenwesen" zwischen Schöpfung und Schöpfer sind. Zu Faustus s.o. S. 170-176. Vgl. auch Didymus, spir. 10; 61; Gregor von Nazianz, or. 31,6.

Natur ist, sondern eine Kraft Gottes, die deswegen auch einen gesonderten Namen trägt, eben „Paraklet"? Da es keine weitere Auslegung des Avitus zu diesem johanneischen Begriff „Paraklet" gibt (er zitiert in Fragment 14 nur Joh 14,26), kann dieser Abschnitt nicht ohne weiteres interpretiert werden[227]. Deutlich ist nur, daß Avitus hinterfragt, den Geist Gottes als Gabe an jeden Menschen zu verstehen, denn dann wäre der heilige Geist durch die Sünden der Menschen quasi kontaminiert.

Auch im folgenden Abschnitt kritisiert Avitus die Vorstellung, daß der göttliche Geist (bei der Schöpfung) bei allen Menschen auf dieselbe Art und Weise eingegossen wird (Z. 118-121). Dagegen spreche nicht nur die Konsequenz, daß der göttliche Geist auch in einem Juden, Häretiker, Heiden oder Verbrecher zugegen sei, sondern auch das Schriftwort, daß der Geist wehe, wo er will (Joh 3,8). Da er aber niemals freiwillig in einem unwürdigen Körper wohne (Sap 1,4), könne er folglich nicht eine Gabe an jeden Menschen sein.

So trifft Avitus im letzten Abschnitt eine Unterscheidung, daß es auf der einen Seite den Geist des Lebens gibt, der dem Menschen bei der Erschaffung gewährt wurde, auf der anderen Seite den heiligenden Geist als zusätzliche Segensgabe. Auch wenn der heilige Geist dann in die Glaubenden eingehe, sei er deswegen nicht selbst ein Geschöpf. Denn auch die Gottheit des Vaters und des Sohnes wohne im Körper der Heiligen und sei deswegen trotzdem nicht als geschaffen vorzustellen (1Kor 3,17). Entsprechendes müsse also auch vom heiligen Geist angenommen werden.

Avitus unterscheidet also zwischen dem Geist des Menschen, der als göttliche Gabe oder Kraft Gottes den Menschen lebendig macht und seine Seele ist, und dem heiligen Geist. Unser Geist ist zwar geschaffen, aber der heilige Geist ist Schöpfer. In uns Menschen ist nicht die Substanz des göttlichen Geistes selbst, sondern seine Kraft. Daher kann von der geschaffenen Natur des menschlichen Geistes nicht auf einen eventuell geschaffenen göttlichen Geist geschlossen werden. Ebenfalls ist zwischen dem lebendigmachenden Geist bei der Schöpfung und dem heiligen Geist, der als Segensgabe dem Gläubigen gewährt werden kann, zu unterscheiden. Aber auch hier geht nicht die Substanz des heiligen Geistes selbst in die Gläubigen ein. Die Gegner scheinen jedoch den heiligen Geist in erster Linie als Gabe an die Menschen verstanden haben, sowohl als lebensspendendes Einhauchen bei der Erschaffung des Menschen als auch als heiligende Gabe an die Christen. Nur als Geschöpf könne sich der Geist selbst mit den Menschen verbinden. So haben sich die *sacerdotes* auf die

---

227 Selbstverständlich ist die Überzeugung, daß der heilige Geist und der Paraklet identisch sind und nicht verschiedene „Geister" angenommen werden dürfen; vgl. Ambr., spir. I 4!

Beteiligung des göttlichen Geistes an der Schöpfung berufen, um dessen Gottheit infrage zu stellen. Der Hinweis auf Sap 15,11 ist somit als eine interessante Weiterentwicklung in der Diskussion um den heiligen Geist zu bewerten.

Schon von Beginn des Streits an wurde nämlich auf die Beteiligung des heiligen Geistes an der Schöpfung verwiesen, aber um damit seine volle Göttlichkeit anzuzeigen, wenn auch mit anderen Schriftstellen. So liest man z.B. bei Athanasius (ep. Serap. II 13,4-14,1):

> Wenn aber der Sohn kein Geschöpf ist, weil er Schöpfer ist wie der Vater, und wenn er nicht zu den Geschöpfen gehört, weil alles durch ihn geschaffen wird, dann ist offenbar auch der Geist kein Geschöpf; denn auch von ihm steht im 103. Psalm geschrieben: „Du wirst ihren Geist wegnehmen, und sie werden vergehen und zu ihrem Staube zurückkehren; du wirst deinen Geist aussenden, und sie werden geschaffen werden, und du wirst das Antlitz der Erde erneuern" (Ps 103,29f.) Nach diesen Zeugnissen der Schrift ist es klar, daß der Geist kein Geschöpf, sondern an der Schöpfung beteiligt ist. Denn der Vater schafft alles durch das Wort im Geiste. Denn wo das Wort ist, dort ist auch der Geist, und was durch das Wort geschaffen wird, hat aus dem Geist vom Wort die Kraft des Seins. So steht nämlich im 32. Psalm geschrieben: „Durch das Wort des Herrn wurden die Himmel befestigt, und durch den Hauch seines Mundes all ihre Kraft" (Ps 32,6). [228]

Auch Basilius verwies auf Ps 32,6, um die lebendigmachende und somit göttliche Kraft des heiligen Geistes zu belegen (spir. 38)[229], ebenso brachte Didymus die schöpferische Kraft des heiligen Geistes, die sich sowohl bei

---

228 Εἰ δέ, κτίστης ὢν ὡς ὁ πατὴρ ὁ υἱός, οὐκ ἔστι κτίσμα καὶ εἰ, ὅτι δι' αὐτοῦ κτίζεται τὰ πάντα, οὐκ ἔστι τῶν κτιζομένων· δηλονότι οὐδὲ τὸ πνεῦμα κτίσμα ἐστίν· ἐπειδὴ καὶ περὶ αὐτοῦ γέγραπται ἐν τῷ ἑκατοστῷ τρίτῳ ψαλμῷ· «ἀντανελεῖς τὸ πνεῦμα αὐτῶν, καὶ ἐκλείψουσι, καὶ εἰς τὸν χοῦν αὐτῶν ἐπιστρέψουσιν· ἐξαποστελεῖς τὸ πνεῦμά σου, καὶ κτισθήσονται, καὶ ἀνακαινιεῖς τὸ πρόσωπον τῆς γῆς.» Τούτου δὲ οὕτως γεγραμμένου, δῆλόν ἐστιν, ὡς οὐκ ἔστι κτίσμα τὸ πνεῦμα, ἀλλ' ἐν τῷ κτίζειν ἐστίν· ὁ γὰρ πατὴρ διὰ τοῦ λόγου ἐν τῷ πνεύματι κτίζει τὰ πάντα, ἐπεὶ ἔνθα ὁ λόγος, ἐκεῖ καὶ τὸ πνεῦμα· καὶ τὰ διὰ τοῦ λόγου κτιζόμενα ἔχει ἐκ τοῦ πνεύματος παρὰ τοῦ λόγου τὴν τοῦ εἶναι ἰσχύν. οὕτω καὶ γέγραπται ἐν τῷ τριακοστῷ δευτέρῳ ψαλμῷ· «Τῷ λόγῳ κυρίου οἱ οὐρανοὶ ἐστερεώθησαν καὶ τῷ πνεύματι τοῦ στόματος αὐτοῦ πᾶσα ἡ δύναμις αὐτῶν» (AW I 4, 557,23-558,7 Wyrwa/ Savvidis). Übersetzung J. Lippl, BKV 13, 466f.

229 Basilius betont in diesem Kapitel, daß der Geist auch an der Schöpfung der Engel beteiligt ist, um durch die Beschreibung der Schöpfung der unsichtbaren Welt die Ansicht zu widerlegen, daß der heilige Geist (als oberster Engel oder anders) hier einzuordnen ist. Vgl. ferner auch Bas., Eun. III 4,1-7; hom. in Psalm 32,4; Gregor von Nazianz, or. 31,29; Ps.-Basilius, Eun. V 131f. 146.155f. Basilius bezieht (spir. 49) Ps 103,30 auf die Auferstehung der Toten.

der Erschaffung der Welt als auch der „Erschaffung" des Erlösers zeige
(spir. 144f.), ins Spiel[230]. Faustus griff in spir. I 6 auf Gen 1,1 (*in principio
fecit deus caelum et terram et spiritus dei ferebatur super aquas*) und Gen 1,26-28
zurück, um die Beteiligung des heiligen Geistes an der Schöpfung der
Welt zu belegen. Im *Liber fidei catholicae* (Victor von Vita, hist. II 83) wurde
ebenfalls in diesem Sinn Ps 103,30 und Hiob 33,4 angeführt.

Hier scheinen jetzt aber die Gegner des Avitus sich gerade auf diese
„Beteiligung" des heiligen Geistes an der Schöpfung berufen zu haben,
um damit umgekehrt dessen Gottheit infrage zu stellen: Der Geist werde
nämlich von Gott eingehaucht; er sei zwar Gottes Geist, weile aber dann
im Menschen durch Einhauchung; da der heilige Geist also in den Menschen eingehe und der Geist im Menschen mit Gottes Geist eine natürliche Einheit bilde, müsse er ein Geschöpf sein. In diesem Sinn wäre der
Geist als Gabe an den Menschen selbst nicht Gott.

IV.2.2 Der heilige Geist – vom Vater und Sohn ausgehend (*filioque*)

Die theologischen Fragmente des Avitus und der oben schon vorgestellte
Traktat des Faustus von Riez[231] bieten einen Einblick in die Diskussionen
um die Entstehung und die Göttlichkeit des heiligen Geistes in der interessanten und wichtigen, aber aufgrund der eher dürftigen Quellenlage
kaum erforschten Phase zwischen dem Wirken des nordafrikanischen
Bischofs Augustinus und dem in dieser Frage so bedeutenden Konzil von
Toledo 589 der Westgoten unter Rekkared[232]. Beachtenswert ist, daß beide
Autoren sich mit dem Ausgang des heiligen Geistes aus dem Vater und
dem Sohn (*filioque*) beschäftigt haben. Sie sind daher wertvolle Zeugen für
diese spezifische lateinische Vorstellung vom heiligen Geist, die schließlich sogar dazu führte, daß in karolingischer Zeit im fränkischen Reich in
der lateinischen Fassung des Bekenntnisses von Konstantinopel (381) der
Ausgang des heiligen Geistes aus dem Vater *und dem Sohn* durch den Zusatz *filioque* beschrieben wurde[233]. Nachdem im 11. Jh. auch in der römischen Liturgie das Nizänokonstantinopolitanum mit dem Zusatz *filioque*
übernommen wurde, war diese lateinische Besonderheit einer der Haupt-
punkte, die zum großen Schisma zwischen Ost- und Westkirche im Jahr
1054 führten, und steht bis heute einer ökumenischen Verständigung im

---

230 Vgl. auch Ambr., spir. II 29-36.
231 S.o. S. 170-176.
232 S.u. S. 190f.
233 Vgl. Oberdorfer, Filioque, 141-150 (Der Beginn der Filioque-Kontroverse im
karolingischen Zeitalter); Gemeinhardt, Filioque-Kontroverse, Kap. B II.

Wege.[234] Ohne Zweifel wurde hier die augustinische Trinitätslehre zum Standard und Referenzrahmen für die spätere lateinische westliche Theologie[235], aber wie und in welchen Schritten und unter welchen Umständen Augustinus rezipiert wurde, wird in der Regel nur in groben Zügen umrissen. So springt Bernd Oberdorfer in seiner ausführlichen Monographie „Filioque. Geschichte und Theologie eines ökumenischen Problems" (2001), worin er sehr detailliert vom Neuen Testament ausgehend den trinitarischen Streit darstellt, von Augustinus und Damasus von Rom über die spanischen Synoden in die karolingische Zeit. Auch die im Jahr 2002 erschienene Monographie von Peter Gemeinhardt „Die Filioque-Kontroverse zwischen Ost- und Westkirche im Frühmittelalter" geht von Augustinus über die spanischen Synoden zur Karolingerzeit über, da sich Gemeinhardt für diese Zeitphase hauptsächlich darauf konzentriert, die lateinische Rezeption der Konzilsakten von Chalcedon (451) und deren Fassungen des Bekenntnisses von Konstantinopel 381 zu sichten. Dem Anliegen von Gemeinhardt, „Solange nicht die geschichtliche Dynamik der Filioque-Kontroverse *in statu nascendi* samt ihrer theologischen Binnenlogik zureichend erhellt ist, scheint es mir unmöglich, den Gegenstand ökumenischer Verständigungsversuche in hinreichender Trennschärfe zu bestimmen und damit eine präzise Zielvorstellung für einschlägige Gespräche zu formulieren"[236], ist jedoch vollends zuzustimmen. Zu diesen Entstehungszeiten gehören unbedingt auch die entscheidenden Jahrzehnte nach Augustins Tod, in denen seine Vorstellungen vom Ausgang des heiligen Geistes aus dem Vater und dem Sohn Gemeingut des lateinischen Westens wurden. Daher sollten die wenigen Texte aus dieser Zeit größere Beachtung finden.

---

234 Vgl. dazu bes. das Einleitungskapitel von Gemeinhardt „Das Filioque im Spannungsfeld der gegenwärtigen Ökumene" (S. 1-40), das die – bis heute fruchtlosen – Verständigungsbemühungen bis hin zur „Vatikanischen Klarstellung" (1995), zu der Studientagung der Stiftung „Pro Oriente" in Wien (1998) und der Stellungnahme der VELKD (1997) behandelt.

235 S.o. S. 160-167.

236 Gemeinhardt, Filioque-Kontroverse, 26f.

Fragment 12: Florus ad Cor. I 12,6[237]

De divinitate spiritus sancti, quem nec factum legimus nec genitum nec creatum, apostolus ait: *deus est, deus qui operatur omnia in omnibus.* (1Kor 12,6) Et eodem loco: *Omnia autem haec operatur unus atque idem spiritus dividens singulis prout vult.* (1Kor 12,11) Et Petrus in actibus apostolorum: *Quid convenit,* inquit, *inter vos mentiri spiritui sancto?* (Apg 5,3/9) et post: *Non es mentitus hominibus, sed deo.* (Apg 5,4) Item alio loco: *Nescitis quia templum dei estis et spiritus dei habitat in vobis?* (1Kor 3,16) Et alibi: *Si quis spiritum Christi non habet, hic non est eius.* (Röm 8,9) Nos vero spiritum sanctum dicimus a filio et patre procedere.[238]

Über die Göttlichkeit des heiligen Geistes, von dem wir lesen, daß er weder gemacht noch gezeugt noch geschaffen worden ist, sagt der Apostel: „Ein Gott ist es, der Gott, der alles in allem wirkt." Und an demselben Ort: „Dies alles aber wirkt ein und derselbe Geist, der den einzelnen zuteilt, wie er will." Und Petrus sagt in der Apostelgeschichte: „Warum habt ihr euch geeinigt, den heiligen Geist zu belügen?", und anschließend: „Du hast nicht die Menschen, sondern Gott belogen." Ebenso an einem anderen Ort: „Wißt ihr nicht, daß ihr ein Tempel Gottes seid und der Geist Gottes in euch wohnt?" Und anderswo: „Wenn jemand den Geist Christi nicht hat, der ist nicht sein." Wir aber sagen, daß der heilige Geist vom Sohn und vom Vater ausgeht.

Dieses Fragment wirkt wie ein Auszug aus einer Schriftstellensammlung zum Thema der Göttlichkeit des heiligen Geistes[239]. Avitus verknüpft durch Stichwortassoziationen jeweils zwei Stellen, wie 1Kor 12,6 mit 1Kor 12,11 (zum Stichwort *operatur*); Apg 5,3.9 mit Apg 5,4 (zum Stichwort *mentiri*) und 1Kor 3,16 mit Röm 8,9 (zum Stichwort *spiritus*), um vergleichbare Aussagen über Gott und den heiligen Geist zu parallelisieren und so die Gottheit des heiligen Geistes zu erweisen. Im 1. Korintherbrief sage Paulus nämlich einmal, daß Gott alles wirke, ein paar Verse weiter jedoch, daß der heilige Geist alles wirke. So könne der heilige Geist nur selbst Gott sein. Auch der Apostel Petrus werfe Hananias nach der Apostelge-

---

237 MGH AA 6,2 6,5-13 Peiper; CChr.CM 193B 366f. Fransen (Frgm. 25). Es ist auch von Baluzius überliefert, mit *Sanctus Avitus in illo libro quem de divinitate spiritus sancti contra Gundobadum Arrianum regem scripsit* eingeleitet (S. Baluzius, Miscellaneorum Liber primus, hoc est collectio veterum monumentorum quae hactenus latuerant in variis codicibus et bibliothecis, Paris 1678, S. 361; Peiper, S. 6 Anm.).

238 Dieser letzte Satz nur bei Baluzius, nicht bei Florus überliefert. Stephanus Baluzius hatte nach einem für Peiper nicht mehr zugänglichen Codex aus St. Gallen offenbar weitere Exzerpte des Florus aus Avitus entdeckt (s. MGH AA 6,2, 6 Anm.). Auch die folgende Fragmente 13 und 14 entstammten Baluzius.

239 Zur Anfrage des Gundobad nach Schriftstellensammlungen s.o. S. 72-79 u. 137.

schichte 5 sowohl vor, er habe den heiligen Geist belogen, als auch, er habe Gott belogen. Schließlich rede Paulus einmal vom Geist Christi, ferner vom Geist Gottes. Der Hintergrund für diese doppelte Bezeichnung als Geist Gottes und Geist Christi sei der Ausgang des heiligen Geistes aus beiden, aus dem Vater und dem Sohn. Deswegen sei also der heilige Geist zugleich Geist Christi als auch Geist Gottes.

Diese Stichwortassoziationen und Schriftstellenkombinationen sind nicht neu. So findet man die Zusammenstellung von 1Kor 12,6 mit 1Kor 12,11 auch bei Didymus, spir. 96; Basilius, Eun. III 4,27-42; spir. 16,37; Ps.-Basilius, Eun. V 135; Ambrosius, spir. II 12,128f.[240]; die Kombination von Apg 5,3.9 mit Apg 5,4 („Lüge gegen heiligen Geist") bei Didymus, spir. 83; Bas., spir. 16,37; Ambr., spir. III 56-58; Aug., c.Max. II 21,1; Faustus, spir. II 8. Auch die Gleichsetzung von „Tempel Gottes" mit „Tempel des heiligen Geistes" (1Kor 3,16) ist ein schon bekannter Hinweis[241], wie man aus Athanasius, ep. Serap. I 24; Didymus, spir. 108; Ps.-Basilius, Eun. V 195; Ambr., spir. III 90; Aug., c.s.Arrian. XX; XIX 27; conl.Max. 14[242]; c.Max. I 11; II 14,1; II 21,1; Faustus, spir. II 8; 12 ersehen kann.

Aus dem Munde des Maximinus ist eine knappe homöische Interpretation dieses letzten Verses überliefert. In conl.Max. (15,21) sagt Maximinus zu 1Kor 3,16, daß der heilige Geist den Tempel, also den Menschen zunächst reinige und heilige, erst dann könne Gott in ihm weilen:

> In der Tat wohnt Gott nur in dem Menschen, den vorher der heilige Geist geheiligt und rein gemacht hat. Auch zu Maria, jener seligen Jungfrau, wurde gesagt: „Der heilige Geist wird über dich kommen" (Lk 1,35), das heißt zum Heiligen und Läutern. Und dann folgt: „und die Kraft des Allerhöchsten wird dich überschatten." (Lk 1,35). Daß Christus ‚die Kraft des Allerhöchsten' ist, hast du selber schon dargetan. [243]

Diese Interpretation steht ganz im Rahmen der Stufentheologie, die dem heiligen Geist eine dienende Funktion zuweist, und dürfte als eine Reakti-

---

240 Im *Liber fidei catholicae* (Victor von Vita, hist. 81) werden die beiden Stellen zitiert, um trotz der verschiedenen Gnadengaben die Einheit des heiligen Geistes zu bewahren. Vgl. auch Faustus, spir. II 10f.

241 Vgl. unten Fragm. 19.

242 Vgl. auch Aug., ep. 238,21.

243 CChr.SL 87A, 455,596-602 Hombert: *Nec enim deus inhabitat in hominem quem non ante spiritus sanctus sanctificaverit atque purgaverit. Denique et ad Mariam illam beatam virginem dicebatur:* Spiritus sanctus superveniet in te, *utique ad sanctificandum et ad purgandum. Deinde sequitur* Et virtus altissimi obumbrabit tibi (Lk 1,35). *Altissimi autem virtus quod Christus sit, iam et ipse protulisti.* Übersetzung Sieben, Antiarianische Schriften, 227.

on auf die von nizänischer Seite vorgebrachte Schriftstellenkombination zu verstehen sein. Der heilige Geist erfüllt die besondere Aufgabe, den Menschen, in dem der Sohn Gottes Wohnung nehmen wird, zuvor zu heiligen und zu reinigen. Der heilige Geist erfüllt diesen Dienst und erweist damit zugleich seine überragende Bedeutung, denn, so Maximinus, seine Äußerungen über den heiligen Geist wollen ihm nicht seine Bedeutung absprechen (*haec enim dicimus, non derogantes spiritui sancto*): *est enim Spiritus sanctus, iam ut superius prosecuti sumus,* sine quo nemo potest dicere Dominum Jesum (1Kor 12,3). ... *Iste est Spiritus sanctus tantus ac talis,* in quem etiam et angeli prospicere concupiscunt (1Petr 1,12) etc.[244] Der Einheit der drei trinitarischen Personen als eine Substanz jedoch, wie Augustinus sie versteht, widerspricht Maximinus und versteht sie als Einheit der Harmonie und der Liebe (conl.Max. 15,22f.).

Interessanterweise findet sich zur Einleitung dieses Fragments 12 von Avitus (*De divinitate spiritus sancti, quem nec factum legimus nec genitum nec creatum*) eine Parallele in dem sogenannten *Athanasianum.* Hier heißt es: *Spiritus sanctus a patre et filio non factus, nec creatus, nec genitus, sed procedens*[245].

Avitus scheint allerdings hier sehr knapp Schriftstellen, in diesem Fall zu *De divinitate spiritus sancti,* zusammengestellt zu haben ohne große Erläuterungen, vergleichbar mit der Schriftstellensammlung des Cerealis. Der letzte Satz *Nos vero spiritum sanctum dicimus a filio et patre procedere* leitet zu dem Thema der folgenden beiden Fragmente über. Es kann vermutet werden, daß diese Fragmente aus einem zusammenhängenden Werk des Avitus stammen. In den folgenden Fragmenten behandelt Avitus etwas genauer das Ausgehen und die Aussendung des heiligen Geistes.

Fragmente 13 und 14: Baluzius[246]

Ipse certe per se dominus spiritum, inquit, veritatis, qui a patre procedit. (Joh 15,26) Enimvero non dicendo processit, sed procedit, non tempus procedentis 5 docuit, sed praeterito futuroque

Der Herr selbst erwähnt gewiß persönlich „den Geist der Wahrheit, der vom Vater ausgeht." Ohne Zweifel, indem er nicht „ausging" sagt, sondern „ausgeht", lehrte er nicht eine Zeit, in der er ausging, sondern zeigt unter Absehung

---

244 CChr.SL 98A, 455,609-614 Hombert.

245 V. 23: Turner, Critical Text, 408; Kelly, 19; vgl. Drecoll, Symbolum. Diese Parallele (bei Drecoll und anderen Autoren nicht erwähnt) weist u.a. auf eine anti-„arianisch"-homöische Ausrichtung dieses Textes hin. Das von Avitus verwendete *legimus* scheint sich aber nicht auf einen Bekenntnistext zu beziehen, aus dem Avitus zitiert, sondern allgemein auf die Schrift, in der man Entsprechendes nicht lesen könne.

246 MGH AA 6,2 6,14-26 Peiper; Baluzius, Miscellaneorum, 361 (s.o. Anm. 237).

submoto sub interminabilis
aeternitate praesentiae virtutem
processionis ostendit; ut sicut est
proprium spiritui sancto a patre   10
filioque procedere, istud catholica fides, etiamsi renuentibus non
persuaserit, in suae tamen disciplinae regula non excedat[247].

von Vergangenheit und Zukunft unter
Bedingung der Ewigkeit der unbegrenz-
ten Gegenwart die Kraft des Ausgangs,
damit, wie es die Besonderheit des
heiligen Geistes ist, vom Vater und vom
Sohn auszugehen, der katholische Glaube, auch wenn er die Widersprechenden
nicht überzeugt, diese Tatsache in dem
Grundsatz seiner eigenen Lehre dennoch nicht verläßt.

Spiritum sanctum aeque patris et   15
filii esse confiteor eumque a patre vel filio similiter mitti. Quod
mecum prolata quoque apostoli
sententia videtur adprobasse.
Nam legimus: *Paraclitus quem*   20
mittet pater in nomine meo. (Joh
14,26) Et in alio loco: *Quem ego*
mittam vobis a patre. (Joh 15,26)
Nec tamen, ut nuper habita
conlocutione tractavimus, scindi-   25
tur una personarum discretione
divinitas. Quia si spiritus, ut adquiescitis, a patre filioque vel
mittitur vel procedit, non potest
missus mittensque misceri et ex   30
quo procedit procedensque
confundi.

Ich bekenne, daß der heilige Geist in
gleichem Maß zum Vater und zum
Sohn gehört, und daß er vom Vater und
Sohn gleichermaßen gesandt wird. Dies
scheint auch die Aussage des Apostels,
die ich angeführt habe, zu bestätigen.
Wir lesen nämlich: „Der Paraklet, den
der Vater in meinem Namen senden
wird." Und an einer anderen Stelle:
„Den ich euch senden werde vom Vater." Dennoch wird nicht, wie wir neu-
lich in einer Unterredung besprochen
haben, die eine Gottheit durch die Unterscheidung von Personen zerteilt.
Denn wenn, wie ihr zugebt, der Geist
vom Vater und vom Sohn gesandt wird
oder ausgeht, können nicht der Sender
und der Gesandte vermischt noch können der, aus dem er ausgeht, und der,
der ausgeht, vermengt werden.

Avitus unterstreicht hier das ewige, immerwährende Ausgehen des heiligen Geistes aus dem Vater und dem Sohn (*sed praeterito futuroque submoto sub*
interminabilis aeternitate praesentiae virtutem processionis ostendit Z. 6-9), so daß
der heilige Geist nicht erst nach einem gewissen Zeitabstand hervorgehe,
was ihn zu einem Geschöpf, das dem Werden und Vergehen unterliege,
machen würde. Dies könne man sehr schnell daran erkennen, daß in Joh
15,26 *procedere* im Präsens und nicht in einer Vergangenheitsform verwendet werde. Das ewige Hervorgehen des heiligen Geistes aus dem Vater
und dem Sohn (*a patre filioque procedere*) sei ein Grundelement der katholischen Lehre, das vom Herrn selbst mit seiner Äußerung in Joh 15,26 festgelegt worden sei und nicht aufgegeben werden dürfe.

---

247 *excedit* Baluzius, *excedat* Peiper.

Im folgenden Absatz beschreibt Avitus die heilsgeschichtliche Sendung des heiligen Geistes (*mittere*) zu den Gläubigen analog zum ewigen Hervorgehen des heiligen Geistes im vorherigen Absatz und in Fragment 12 als Sendung vom Vater und Sohn gleichermaßen (Z. 16f. *a patre vel filio similiter mitti*; Z. 28f. *a patre filioque vel mittitur vel procedit*). Er belegt seine These durch die Kombination von Joh 14,26 (der *Vater* schickt den Parakleten) mit Joh 15,26 (der *Sohn* schickt den Parakleten).

Die folgenden beiden Sätze, die mit *nec tamen* anschließen, bleiben in der Deutung etwas unklar. Sie beziehen sich auf eine vorausgehende Unterhaltung, die nur knapp erwähnt wird, so daß die Hintergründe dunkel bleiben.[248] Deutlich ist wohl, daß Avitus den Vorwurf abwehrt, mit der Unterscheidung von Personen in der Trinität die Gottheit zu zerteilen (*scinditur una personarum discretione divinitas* Z. 25-27). Wie sich aber dieser Vorwurf aus der Beschreibung des heiligen Geistes als vom Vater und Sohn gesandt ergibt, ist nicht offensichtlich, zudem der Begriff „Person" vorher nicht traktiert wurde. Ferner begründet der letzte Satz (*Quia* ... Z. 27) die nicht stattfindende Zerschneidung der Gottheit durch die nicht geschehene Vermischung von Sender (Vater und Sohn) und Gesandtem (heiligem Geist). Vielleicht argumentiert Avitus hier sehr verkürzend oder auch etwas unglücklich. Avitus meint wohl, daß in der Gottheit die Personen, das sind neben dem Vater und dem Sohn auch der heilige Geist, zu unterscheiden seien, wie ja auch Sender und Empfänger nicht vermischt werden dürften. Dies bedeute aber dennoch nicht, daß die Gottheit zerteilt werde in einen Sendenden und einen Gesandten. Sowohl das ewige innertrinitarische Ausgehen des heiligen Geistes aus dem Vater und dem Sohn als auch die heilsgeschichtliche Sendung des heiligen Geistes ebenfalls vom Vater und Sohn zeige zugleich die eine Gottheit und die jeweiligen zu unterscheidenden Personen.

Avitus greift hier auf die beiden klassischen Schriftstellen aus dem Johannesevangelium zurück, die den doppelten Ausgang des heiligen Geistes aus dem Vater und dem Sohn bezeugen sollen. Die Frage nach zeitlichen Aspekten des Hervorgehens des heiligen Geistes aus dem Sohn diskutierte auch Faustus von Riez (spir. I 11: *sed interrogas, utrum semper spiritus ex patre procedat*; I 13: *si requiras, quid inter nascentem distet et procedentem*), der in diesem Zusammenhang ebenfalls den doppelten Ausgang des heiligen Geistes aus dem Vater und dem Sohn verteidigte, um keinerlei zeitlichen Zwischenraum annehmen zu müssen. Avitus scheint

---

248 Vgl. zu den Dialogen und Religionsgesprächen oben S. 72-79.

die Ausführungen des Faustus gekannt zu haben, da diese Fragmente sich sehr eng damit berühren.[249]

Faustus von Riez, *De spiritu sancto*

In dem Exkurs zu den Schriftargumenten wurde bereits die Schrift *De spiritu sancto* des Faustus von Riez in ihrem Aufbau und Argumentationsgang vorgestellt.[250] Am Schluß des ersten Buches behandelt Faustus ausführlicher den Ausgang des heiligen Geistes aus dem Vater und dem Sohn. Die Ausgangsfrage ist in spir. I 9, was denn das Eigentümliche des heiligen Geistes als göttliche Person sei, ungezeugt zu sein wie der Vater oder gezeugt wie der Sohn (*utrum spiritus sanctus ingenitus an genitus an quid aliud confitendus sit*[251]). Faustus bezieht sich nun auf Joh 15,26 und beschreibt den heiligen Geist als „hervorgehend": ... *sed ad essentiae distinctionem procedere eum ex patre testatus est.*[252] So gebe es also noch eine dritte Möglichkeit (*praeter duos esse tertium probat diversitas nominis*), was ihn aber nicht als drittrangig erweise (*non esse ordine vel gradu tertium monstrat*).[253] Und was aus dem Inneren Gottes ausgehe, erweise sich nicht als Geschöpf, sondern als Substanz Gottes (*qui enim de interioribus dei progreditur, non dei creatura, sed dei probatur esse substantia*[254]). Darüberhinausgehende Fragen könne der Mensch nicht beantworten (*quod deus scripturis suis indicandum esse non credidit, interrogare te vel scire superflua curiositate noluit*)[255]. Aber die Werke des heiligen Geistes erweisen ihn zweifellos als Gott (spir. I 10f.).[256] So folgert Faustus mit einer Zusammenstellung von Joh 14,10; 1Kor 2,10 und Joh 15,26: *nisi hic spiritus sanctus ex patre esset et in eo naturaliter in patris interna infusus habitaret, procedere ex patre non posset.*[257]

---

249 Vgl. ep. 4 (s.o. S. 67), worin sich Avitus in einer anderen Gelegenheit mit Faustus von Riez beschäftigt.

250 S.o. S. 170-176.

251 CSEL 21, 115,10f. Engelbrecht.

252 CSEL 21, 115,17f. Engelbrecht.

253 CSEL 21, 115,20.22 Engelbrecht.

254 CSEL 21, 115,22f. Engelbrecht.

255 CSEL 21, 116,6-8 Engelbrecht.

256 *Adverte personam spiritus sancti non tam cognatis, ut adseris, creaturis adsociari, sed per omnia trinitati operibus adiungi et virtutibus exaequari* (CSEL 21, 120,15-17 Engelbrecht).

257 CSEL 21, 122,16-18 Engelbrecht. Faustus beschreibt hier also eine innergöttliche „Infusion" des heiligen Geistes – im zweiten Buch wird er das Eingießen des heiligen Geistes in Geschöpfe darstellen (II 1) als Hinweis auf seine zweifellos göttliche Qualität (*sola ergo se divina potentia, quae et in spiritu sancto est rationabilibus creaturis infusa et circumfusa ...* 133,10f. Engelbrecht).

Wie habe man sich dieses Hervorgehen vorzustellen? Faustus läßt nachfragen: *Sed interrogas, utrum semper spiritus ex patre procedat,* und antwortet, der heilige Geist sei immer beim Vater und gehe zugleich immer aus ihm hervor (*semper cum illo, semper ex illo*)[258]. Dies bedeute aber keine Vermischung oder Verwischung der Unterschiede der drei trinitarischen Personen. Beim heiligen Geist handele es sich nämlich um eine *infusio,* aber nicht um *permixtio*[259]. Daher gelte: *Ad substantiam pertinet, quod subsistit, ad personas pertinet, quod proprie sibi unaquaeque subsistit*[260]. Faustus zitiert nun Röm 8,9.11 und beschreibt genauer das *procedere* als Hervorgehen aus dem Vater und dem Sohn:

> ... *ecce hic spiritus sanctus per unitatem substantiae et patris et filii esse spiritus declaratur et merito procedere ex utroque dinoscitur et in vinculo trinitatis distinctam personam habere perspicitur et, qui spiritum sanctum non habet, nec Christum habere monstratur.*[261]

Genau dieses *procedere ex utroque* führt Faustus in dem längeren Schlußkapitel 13 des ersten Buches genauer aus. Der heilige Geist sei Gott und keinen zeitlichen oder örtlichen Beschränkungen wie in der geschöpflichen Welt unterworfen (*spiritus sanctus nullis terminis tamquam factura concluditur*[262]). Der heilige Geist verbreite sich wie Feuer und bleibe zugleich integer. Ebenfalls dürfe man nicht irrtümlich aufgrund der diversen Geistesgaben die Singularität des heiligen Geistes infrage stellen – *ubique idem spiritus unus et plenus operatur* – oder eine Trennung vom Vater annehmen – *vides quod a patre egreditur nec tamen a patre separatur, emittitur et non amittitur* ...[263]. Nur so sei es möglich, daß nichts vor ihm verborgen bleibe. So resümiert Faustus:

> *Mitti a patre et filio dicitur et de ipsorum substantia procedere et unum cum eis opus agere dinoscitur et propterea filius de deo dicit:* paracletus, qui a patre procedit (Joh 15,26).[264]

Der heilige Geist werde also nicht vom Vater geschaffen, sondern gehe aus ihm hervor. Dieses *procedere* aus dem Vater weise darauf hin, daß der heilige Geist wie der Vater keinen Anfang habe und *sine ullo spatio temporis permanere* bzw. *initio et fine carere*[265]. Und falls man sich die Frage stelle (*si requiras*), wodurch sich Geborenwerden und Hervorgehen unterscheiden, dann nur dadurch, daß der Sohn aus einem geboren werde, der heilige

---

258 CSEL 21, 122,19f. Engelbrecht.
259 CSEL 21, 122,25f. Engelbrecht.
260 CSEL 21, 123,1f. Engelbrecht.
261 CSEL 21, 123,23-28 Engelbrecht.
262 CSEL 21, 125,21f. Engelbrecht.
263 CSEL 21, 127,3.11f. Engelbrecht.
264 CSEL 21, 128,1-3 Engelbrecht.
265 CSEL 21, 128,13.16 Engelbrecht.

Geist aber aus beiden hervorgehe (*quid inter nascentem distet et procedentem, evidenter hoc interest, quia iste ex uno nascitur, ille ex utroque progreditur*[266]). Zwischen der Zeugung des Sohnes und dem Hervorgehen des heiligen Geistes sei also kein zeitlicher oder räumlicher Abstand zu denken, da die Bezeichnungen wechselseitig die Beziehungen zueinander beschreiben und nicht nur die Herkunft und Entstehung des Sohnes und des heiligen Geistes. *Ergo ipsa processio nec prima nec extrema contingens nulli vel principio intellegitur subiacere vel termino.*[267]

Diese Lehre über den doppelten Ausgang des heiligen Geistes aus dem Vater und dem Sohn ist ein von Augustinus übernommenes trinitarisches Denkmodell, wie er es in *De trinitate* entwickelt hatte. Für Augustinus waren die Vorstellung der Gemeinschaft der trinitarischen Personen und deren wechselseitigen Bezüge zueinander konstitutiv, so daß er den heiligen Geist als Band der Gemeinschaft und als hypostasierte Liebe beschrieb. Da der Vater den Sohn liebt und auch der Sohn den Vater, gehe der heilige Geist aus beiden hervor. Augustinus übertrug die Beschreibung der ökonomischen Sendung des heiligen Geistes durch den Sohn auf das innertrinitarische Verhältnis, so daß der Geist des Vaters auch der Geist des Sohnes ist und aus beiden hervorgeht.[268] Im Unterschied zu den Diskussionen im griechischen Sprachraum problematisiert Augustinus z.B. weniger den Ursprung und die Entstehung des heiligen Geistes an sich und die ontologischen Implikationen. Er entwarf sein Modell losgelöst von den theologischen und philosophischen Diskussionen im Osten, was ihn unbefangener formulieren ließ, aber auch zu Schlußfolgerungen führte, die im Osten nicht denkbar waren. So lehnte es z.B. schon Athanasius ab, irgendetwas Vermittelndes zwischen dem Vater und dem Sohn annehmen zu müssen, da deren Verhältnis in jeder Hinsicht ohne Diastase zu verstehen sei, so daß in der Tradition des Athanasius kaum jemand den heiligen Geist als Band der Gemeinschaft zwischen dem Vater und dem Sohn beschreiben würde[269]. Auch die Kappadokier bewahrten dies, indem sie den Vater als alleinigen Ursprung des Sohnes und auch des heiligen Geistes bezeichneten und in diese unmittelbare Ursprungsrelation nichts einfügten.

Die Ausführungen bei Faustus sind insofern bemerkenswert, als hier eine Auseinandersetzung um das *procedere* des heiligen Geistes sichtbar wird, in der Faustus den doppelten Ausgang des heiligen Geistes aus dem Vater und dem Sohn festhält und verteidigt. Er wendet sich hauptsächlich

---

266 CSEL 21, 128,9-11 Engelbrecht.
267 CSEL 21, 128, 19-21 Engelbrecht.
268 Vgl. dazu besonders Oberdorfer, Filioque, 107-128 und oben S. 161-163.
269 Vgl. L. Abramowski, Der Geist als „Band" zwischen Vater und Sohn.

gegen die Vorstellung des heiligen Geistes als Geschöpf, was ein Haupt-
element der homöischen Theologie seiner Zeit war[270]. Die Göttlichkeit
des heiligen Geistes kann für Faustus nur bewahrt werden, wenn auch er
ewig, ohne Beginn oder Ende gedacht wird, so daß sein Hervorgehen
nicht einen zeitlichen Anfang impliziere. Der heilige Geist sei also nicht
das erste Geschöpf des Sohnes, sondern gehe schon selbst auch aus dem
Vater bzw. aus dem Vater und dem Sohn hervor. *Esse enim et procedere unius
sempiternitatis expressio est. Ergo ipsa processio nec prima nec extrema contingens nulli
vel principio intellegitur subiacere vel termino*[271]. Faustus will mit dem doppelten
Ausgang des heiligen Geistes diesen an Gott, den Vater, zurückbinden im
Gegensatz zu der homöischen Ansicht, der heilige Geist sei das erste Geschöpf des Sohnes[272]. Durch diese Schrift des Faustus bekommt man
demnach einen Einblick in die Fortsetzung des Streits um den heiligen
Geist in Gallien im fünften Jahrhundert, was in der weiteren Entwicklung
zur Zufügung des *filioque* in das *Nizänokonstantinopolitanum* geführt haben
dürfte. Bei Faustus kann man erahnen, wie sich die „katholische" Theologie „verdichtet" auf das Stichwort *ex utroque progreditur* hin; schon eine
Generation später steht bei Avitus diese Vorstellung im Zentrum seiner
Ausführungen über den heiligen Geist, sofern das durch die Fragmente
sichtbar werden kann[273]. Schon Didymus betonte zwar, daß das „Aussen-
den" des heiligen Geistes keinen Ortswechsel impliziere (spir. 112)[274] und
auch Ambrosius sicherte sich entsprechend ab (spir. I 99; I 116-120[275]).
Aber hier wird eine Diskussion sichtbar, bei der diese zeitlichen und örtlichen Implikationen der Aussendung des heiligen Geistes auf der Basis der
augustinischen Trinitätstheologie[276] zurückgewiesen werden und der doppelte Ausgang des heiligen Geistes aus dem Vater und dem Sohn in einem
neuen Kontext relevant wird, der ebenfalls bei Avitus zu erkennen ist.
Dies bestätigt auch das bekannte Anathema der Synode von Toledo 589,

---

270 S.o. S. 154-160.

271 CSEL 21, 128,18-21 Engelbrecht.

272 Diese Argumentationsabsicht wurde schon bei Augustinus sichtbar (s.o. S. 163).
Anders dagegen in dem *Liber fidei catholicae* (s.o. S. 169).

273 S.o. S. 182-185.

274 Vgl. auch Basilius, spir. 22f.

275 I 120: *Neque cum de patre exit, de loco recedit et quasi corpus a corpore separatur, neque cum
in patre est, quasi in corpore tamquam corpus includitur. Spiritus quoque sanctus, cum procedit
a patre et a filio, non separatur. Non separatur a patre, non separatur a filio.*

276 Faustus greift dabei nur auf die Vorstellung des doppelten Ausgangs an sich
zurück, ohne im Detail die augustinische Trinitätstheologie auszuführen. Allein
die Möglichkeit, den doppelten Ausgang anzunehmen, wird aufgegriffen, nicht
die spezielle Beschreibung der relationalen Trinitätstheologie oder auch die psy-
chologischen Analogien. Vgl. zu Augustin ferner die Literatur in Anm. 146.

auf der Rekkared seinen Übertritt zum „katholischen" Glauben dokumentiert und bisherige Irrtümer verurteilt. Hier heißt es:

> Bekannt wird: *Spiritus aeque sanctus confitendus a nobis et praedicandus est a Patre et Filio procedere et cum Patre et Filio unius esse substantia.* Verdammt wird: *quicumque Spiritum sanctum non credet aut non crediderit a Patre et Filio procedere, eum non dixerit coaeternum esse Patri et Filio et quoessentialem.*[277]

In dem Anathema wird der doppelte Ausgang des heiligen Geistes (*filioque*) kombiniert mit der Betonung der Gleichewigkeit (*coaeternum*) mit dem Vater und dem Sohn, was den Diskussionszusammenhang bestätigt, wie er bei Faustus aufscheint. Insofern füllen die Texte des Faustus und Avitus ein wenig die Lücke zwischen der Ausformung der lateinischen neunizänischen Theologie bis Augustinus und der späteren Einfügung des *filioque* in das *Nizänokonstantinopolitanum*. Hintergrund sind tatsächlich anti-„arianische", d.h. anti-homöische Diskussionen, konzentriert auf die Frage nach dem heiligen Geist[278]. Ohne Zweifel wird also aus diesen Fragmenten des Avitus eine Diskussion sichtbar, die sich um den heiligen Geist gedreht hat und intensiv geführt worden zu sein scheint. Wie schon Faustus von Riez eine Generation vor ihm argumentiert Avitus selbstver-

---

277 Con.Tolet. III (Colección canónica Hispana V 55,71-73; 79,350-352 Martinez Díez/Rodríguez); vgl. J. Orlandis/D. Ramos-Lisson, Die Synoden auf der Iberischen Halbinsel bis zum Einbruch des Islam (711), Paderborn u.a. 1981, 105-111. Nach der neuen Edition von Martinez Díez und Rodríguez wird in den Konzilsakten zu diesem Zeitpunkt noch nicht das *filioque* in das *Nizänokonstantinopolitanum* eingefügt (s. S. 67,198f.; 90,476 Martinez Díez/Rodríguez). Es taucht aber in dem Bekenntnis von Rekkared selbst und in dem dritten Anathema auf (s. obiges Zitat). Es bildet seiner Zeit also ein wichtiges Element katholischer Theologie im Unterschied zu der homöischen. Vgl. zu Toledo Gemeinhardt, Filioque, 53-56. Vgl. ferner allg. auch Kelly, Glaubensbekenntnisse, 352-361, ferner Schäferdiek, Kirche; Thompson, Conversion.

278 Vgl. die kritische Anfrage bei Hanson, The filioque clause, 281f., der die Einfügung des *filioque* als eigentlich nutzlos im anti-arianischen Sinn bezeichnet („I do not see how the doctrine that the Holy Spirit proceeds from the Father and the Son could have been either relevant or helpful here", S. 282). Vgl. dagegen aber Gemeinhardt, Filioque, 53-55, der einen ähnlichen Zusammenhang sieht, aber weder Faustus von Riez noch Avitus von Vienne berücksichtigt. Eher einen Zusammenhang mit dem Priscillianismus sieht Ramos-Lisson (Synodale Ursprünge), der aber nur eine indirekte Argumentation beschreiben kann („So versteht man, daß ... eine Unterscheidung der Personen in divinis hervorgehoben wurde, indem man durch die Formulierung vom doppelten Hervorgehen des Heiligen Geistes indirekt die Göttlichkeit des Sohnes hervorhob" [291] – aber damit ist man bei einem anti-arianischen Argument angekommen!) und dann das *filioque* doch gemeinhin „als Folge des Einflusses der augustinischen Theologie" (295) charakterisiert.

ständlich mit dem doppelten Ausgang des heiligen Geistes aus dem Vater und dem Sohn als katholischem Glauben.

Die Fragmente und dieser Brief des Avitus bestätigen also die nach wie vor lebendige Diskussion um den heiligen Geist im Reich der Burgunder. Avitus hat sich verschiedentlich dazu geäußert und äußern müssen. So hat er eine Schriftstellensammlung zu dem Thema zusammengestellt; es gab eine Diskussion, wohl mit Gundobad, zu diesem Thema; Avitus hat die Gelegenheit einer Rede oder Predigt für dieses Thema genutzt, in der er weitaus polemischer ist als in den anderen Texten, und er hat auf eine Anfrage hin einen Brief an Gundobad zu diesem Thema formuliert. Theologisch bewegt sich Avitus hier ganz in den traditionellen Bahnen und belegt so durch seine Äußerungen ein Fortwirken und eine Rezeption der Schriften sowohl des Ambrosius als auch natürlich des Augustinus.

Dennoch gibt es darüberhinaus neue Entwicklungen, die vornehmlich um die Art und Weise des *procedere* des heiligen Geistes kreisen. Avitus wie auch Faustus formulieren Aussagen, welche die Trinitätstheologie des Augustinus voraussetzen, und verteidigen den doppelten Ausgang des heiligen Geistes aus dem Vater und dem Sohn. Das Herausgehen des heiligen Geistes aus dem Vater und dem Sohn sei frei von zeitlichen oder räumlichen Aspekten. Der heilige Geist „entsteht" also nicht erst nach der Zeugung des Sohnes und ist diesem nicht untergeordnet, sondern hat seinen Ursprung schon im Vater selbst und aufgrund des Zusammenwirkens der drei trinitarischen Personen auch im Sohn.

Dem scheinen die Geistlichen im Umkreis des Gundobad mit Sap 15,11 entgegnet zu haben, daß Gott den Geist dem Menschen eingehaucht habe, was sowohl räumliche als auch zeitliche Umstände voraussetze. Und die natürliche Verbindung zwischen dem Geist im Menschen, der zweifellos geschöpflich ist, und Gottes Geist könne nur so zu verstehen sein, daß der Geist selbst eben auch Geschöpf sei.

IV.3 Gloria patri et filio et spiritui sancto

Neben diesen schon behandelten Fragmenten zum heiligen Geist gibt es vier weitere Textausschnitte von Avitus, in denen er die Göttlichkeit des heiligen Geistes unter einem anderen Aspekt behandelt: Ist der heilige Geist im gleichen Maße wie der Vater und der Sohn zu verehren? Hinter dieser doxologischen Frage steckt u.a. eine Variante in der gottesdienstlichen Liturgie im sogenannten kleinen Gloria, wie unten gezeigt werden wird. Der hier offenbar werdende kleine Unterschied in der Liturgie zwischen den Homöern und Katholiken bildete wahrscheinlich auch den

Hintergrund, warum noch immer besonders über den heiligen Geist gestritten wurde.

Fragment 6: Florus ad Rom. 11,33[279]

O, inquit, *altitudo divitiarum sapientiae et scientiae dei! Quam incomprehensibilia sunt iudicia eius et investigabiles viae ipsius! Quis enim cognovit sensum domini aut quis* 5 *consiliarius eius fuit aut quis prior dedit ei, ut retribuatur illi? Quoniam ex ipso et per ipsum et in ipso sunt omnia: ipsi gloria in saecula saeculorum.* (Röm 11,33-36) 10
Non ergo altitudo sapientiae et scientiae solius patris, sed dei, in quo et filii adnuitis esse personam[280], cuius nec consiliarius quisquam fuit nec sensum ullus 15 scrutator agnovit – quanto minus, qui summo nec augmentum recipienti convicium etiam minorationis intendit, cum ipse apostolus inscrutabilem dei altitudinem 20 pro corporea infirmitate suspiret? Quis autem prior dat deo, ut retribuatur illi, nisi qui dat initium creatori, ut et ipse quasi ab inchoata substantia dei inchoa- 25 tionem sui recuperasse videatur?

Unus hic nempe nominatur, unus exponitur deus. Certe si secus quam[281] ex ipso et per ipsum et in ipso sunt omnia, si 30 haec, ut vultis, trium sunt, dicite nunc, cui ipsi gloria in saecula

Er sagt: „O welche Tiefe des Reichtums an Weisheit und Kenntnis Gottes! Wie unbegreiflich sind seine Richtsprüche und wie unerforschlich seine Wege! Denn wer kennt den Sinn des Herrn oder wer ist sein Ratgeber gewesen oder wer hat ihm vorher gegeben, daß es ihm rückerstattet werde? Da aus ihm und durch ihn und in ihm alles ist, sei ihm Ruhm in alle Ewigkeit".
Es ist also nicht die Tiefe der Weisheit und Kenntnis des Vaters allein, sondern Gottes, in dem, wie ihr zustimmt, auch die Person des Sohnes ist und dessen Ratgeber nie jemand gewesen ist und dessen Sinn kein Forscher kennt, – wieviel weniger einer, der beim Höchsten, der nicht einmal eine Steigerung erfahren kann, sogar die Schmach einer Verminderung anstrebt, während doch der Apostel selbst über die unerforschliche Tiefe Gottes aufgrund seiner körperlichen Schwachheit seufzt? Wer aber gibt Gott zuerst, damit es ihm wiedererstattet werde, es sei denn jener, der dem Schöpfer einen Anfang gibt, damit auch er gleichsam von der mit einem Anfang versehenen Substanz Gottes einen Anfang für sich zurückerhalten zu haben scheint?
Dieser wird doch wohl „einer" genannt, ein Gott wird vorgestellt. Sicher, wenn alle Dinge anders als aus ihm und durch ihn und in ihm sind, wenn diese, wie ihr wollt, dreien gehören, dann sagt jetzt, welchem „ihm" Ruhm in alle Ewigkei-

---

279 MGH AA 6,2 4,1-20 Peiper; CChr.CM 193B, 356 Fransen (Frgm. 9).
280 Peiper und Fransen setzen hier einen Punkt.
281 Fransen löst überstrichenes „qm" in *quoniam* auf.

saeculorum? Si tribus, quare non ipsis? Si ipsi, cui de tribus? Certe si, ut vultis, tripartita est sub- 35 stantia maiestatis, cur non dixit: ex ipso per alterum in tertio, nisi quatenus nominatus ipse unus in tribus est? De quo et apostolus alio loco: *Et ipse est,* inquit, *ante* 40 *omnia et omnia in ipso.* (Kol 1,17) Porro autem si, ut dixistis, omnia in spiritu sancto constant et ipse est ante omnia, ne post multa esse incipiat, non erit creatura et 45 cum creatura non fuerit, servi- tium non debebit; restatque, ut sit dominus[282], si non est servus, et qui famulari[283] ratione non colligitur, dominari veritate cre- 50 datur.

ten gehört? Wenn drei, warum nicht ihnen? Wenn „ihm", welchem von den dreien? Sicherlich, wenn, wie ihr wollt, die Substanz des Höchsten dreigeteilt ist, warum sagte er nicht: „aus ihm durch einen anderen in einem dritten", wenn nicht, weil „er" Einer in Dreien genannt ist? Über ihn sagt der Apostel an einem anderen Ort: „Und er ist vor allem und alles ist in ihm." Wenn aber ferner, wie ihr gesagt habt, alles im heiligen Geist besteht und er selbst vor allem ist, damit er nicht nach vielen Dingen beginne, wird er kein Geschöpf sein, und wenn er kein Geschöpf ist, wird er keinen Gehorsam schulden; und es ergibt sich, daß er Herr ist, wenn er nicht Knecht ist; und der durch die Vernunft nicht als dienend erschlossen wird, der wird in Wahrheit als herr- schend geglaubt.

Bei diesem Fragment handelt es sich um eine Exegese von Röm 11,33-36. Aus dem Textstück ist nicht ersichtlich, ob diese Schriftstelle von der gegnerischen Seite vorgebracht worden ist, um die exponierte Stellung Gottes, des Vaters, zu belegen und die dreifache Stufung der trinitarischen Personen zu beschreiben, oder ob Avitus selbst auf Röm 11,33-36 verwie- sen hat. Zentral war die Aussage *quoniam ex ipso et per ipsum et in ipso sunt omnia* (Z. 7-9), die offensichtlich, wie es dieser Abschnitt nahelegt, bei den von Avitus angesprochenen Gegnern den jeweiligen trinitarischen Perso- nen zugewiesen wurde: Alles ist aus Gott, alles ist durch den Sohn und alles besteht im heiligen Geist. Aus der Sicht des Avitus werden dadurch die trinitarischen Personen zu sehr unterschieden und voneinander ge- trennt. So zitiert Avitus auch: *si haec, ut vultis, trium sunt* (Z. 30f.), und: *si, ut vultis, tripartita est substantia maiestatis* (Z. 35f.)[284]. In dieser Stufung be-

---

282 Hss überliefern *deus,* was Fransen übernimmt; Peiper ändert in *dominus* (vgl. *servus, dominari* in diesem Satz).

283 Hss überliefern *familiari,* was Fransen übernimmt; Peiper und Sirmond ändern in *famulari* (dienen; wegen paralleler Infinitivkonstruktion).

284 Es ist nicht ganz eindeutig, ob Avitus hier seine Gegner wörtlich zitiert, auch wenn er zweimal mit *ut vultis* (Z. 31.35) einleitet, oder ob er nur eine Konsequenz aus der seiner Meinung nach fehlerhaften Ansicht seiner Gegner zieht. Es ist je- doch unwahrscheinlich, daß seine Gegner wirklich Gottes Wesen „dritteln", auch wenn sie drei Personen eindeutig dem Wesen nach unterscheiden wollten.

kommt der heilige Geist entsprechend eine doppelt untergeordnete Stellung, hier von Avitus als Geschöpf und Diener zitiert (Z. 45-47). Avitus argumentiert dagegen, daß Paulus dann formuliert haben müßte: *ex ipso per alterum in tertio* (Z. 37) anstelle des dreimaligen *ipse*. So aber weise dieses *ipse* darauf hin, daß hier einer in dreien beschrieben sei *(unus in tribus* Z. 38f.).

Ferner dürfte die Gegenseite auf das Detail hingewiesen haben, daß es in Röm 11,33 heiße *O, inquit, altitudo divitiarum sapientiae et scientiae dei!* Somit preise Paulus hier nur die Größe Gottes, des Vaters, nicht auch des Sohnes und des heiligen Geistes gleichermaßen. Wieder weist Avitus diese Interpretation damit zurück, daß die Schriftstelle dann lauten müsse: *solius patris* (Z. 12). Er fügt außerdem eine Polemik an, daß die „Arianer" nichts über die Größe und Erhabenheit Gottes sagen könnten, insbesondere da sie diese ja mit ihrer Theologie herabminderten (Z. 18f.). In diesem Zusammenhang zitiert Avitus, daß auch seine Gegner ja zugestehen würden, daß die Person des Sohnes im Vater sei (Z. 12-14). Unklar bleibt der Zusammenhang dieser Zuschreibung, aber es könnte eventuell eine Interpretation von Joh 14,10f. („Ich bin im Vater und der Vater ist in mir") vermutet werden. Auch wenn die Gegner sicherlich die Art und Weise des Seins des Sohnes im Vater anders interpretieren würden als Avitus, wurde diese Aussage von Avitus für seine Absichten herangezogen, um innerhalb der „Arianer" Widersprüche nachzuweisen[285].

Schwieriger zu verstehen bleibt die Stelle: *Quis autem prior dat deo, ut retribuatur illi, nisi qui dat initium creatori, ut et ipse quasi ab inchoata substantia dei inchoationem sui recuperasse videatur?* (Z. 22-26). Avitus bezieht sich hier ohne Zweifel auf die Römerbriefstelle 11,35: *quis prior dedit ei, ut retribuatur illi.* Ein akzeptables Verständnis dieses Satzes ergibt sich, wenn man, wie schon im vorhergehenden Satz, den Relativsatz *qui dat initium creatori* auf einen gedachten Gegner bezieht und davon ausgeht, daß Avitus hier eine negative, abzulehnende Aussage formuliert, parallel zu der angespielten Bibelstelle: Nur jener könnte auf den Gedanken verfallen, Gott, dem Schöpfer, einen Anfang zuzuweisen, damit er einen Anfang seines Seins/Lebens von ihm zurückerhalte. Es handelt sich wohl um eine Ironisierung der Ansichten seiner Gegner, da auch die beiden rhetorischen Fragen aus Röm 11,34f. natürlich nur in der Weise zu beantworten sind, daß Gott weder eines Ratgebers bedarf noch sonst in irgendeiner Hinsicht bedürftig ist. Kein Geschöpf Gottes, welches doch sein Dasein Gott, dem

---

tripartita est substantia maiestatis scheint daher eine aus Avitus' Perspektive gezogene Folgerung aus den Thesen seiner Gegner zu sein. Dafür spricht auch die Formulierung im Sermo Arrianorum: *trium substantiarum*; dazu s.o. S. 161f.

285 Immerhin unterstellt Avitus hier seinen Gegnern nicht die Standard-These des „Arianismus": Der Sohn ist ein Geschöpf.

Schöpfer verdankt, verleihe dem Schöpfer einen Beginn des Seins. In gewisser Weise scheint Avitus die Vorstellung zu kritisieren, daß der Sohn als Schöpfungsmittler erst wurde und einen Anfang des Seins habe, da er sein Sein erst vom Vater empfangen habe und nicht wie der Vater anfangslos und ursprungslos sei. Da für Avitus in der Substanz Gottes auch der Sohn vereint ist, betrifft diese „Schmach der Minderung" des Sohnes auch den Vater; die Substanz des Vaters hat aber keinen Anfang – wer sollte über ihm stehen und ihm einen Anfang zuweisen?

Der Beschreibung der dritten trinitarischen Person, dem heiligen Geist, dem die „Arianer" die Aussage „in ihm" zuwiesen, begegnet Avitus mit einer durch Stichwortverknüpfung gefundenen weiteren Schriftstelle und ergänzt Kol 1,17: *et ipse est ante omnia et omnia in ipso* (Z. 40f.). Avitus erreicht durch diese Kombination der Schriftstellen, daß über den heiligen Geist offenbar nicht nur gesagt werde, alles sei in ihm, sondern er sei auch vor allem. Somit könne er kein Geschöpf sein (*non erit creatura* Z. 45), das jemandem Gehorsam schulde, sondern sei selbst „Herr"[286].

Hintergrund dieser Diskussion ist die homöische Theologie, in der die drei trinitarischen Personen voneinander unterschieden und einander stufenweise untergeordnet werden, wie es oben schon in einem Überblick dargestellt wurde[287]. Charakteristischen Ausdruck findet dieser Glaube in den Aussagen des Palladius und Secundianus während der Verhandlungen mit Ambrosius in Aquileia (besonders *Gesta* 33-40[288]). Ausgehend von den Schriftversen Joh 14,28 („der Vater ist größer als ich") und Joh 6,44 („... der Vater, der mich gesandt hat ...") beharrt Palladius darauf, daß der Vater größer als der Sohn zu denken ist (*Pater maior est filio*)[289], denn der Vater erzeugte den Sohn und sandte den Sohn (*Pater genuit filium, pater misit filium*; Gesta 39). Umgekehrt sei der Sohn daher dem Vater untergeordnet und führe dessen Befehle aus (*Filius subiectus patri, filius praecepta patris*

---

286 Zum Titel „Herr" s.u. S. 222-225.

287 S. dazu oben den Exkurs S. 139-176. Vgl. zu den Homöer s.o. S. 118-122 und ferner allg. Brennecke, Studien; ders., Homéens; Löhr, Entstehung.

288 *Gesta concilii Aquileiensis* 33-40 (CChr.SL 82,3 346,420-351,537 Zelzer).

289 Dies war schon in der Formel von Sirmium 357, die am Beginn der „homöischen Bewegung" steht, zentral: *nulla ambuigitas est, maiorem esse Patrem. nulli potest dubium esse, Patrem honore, dignitate, claritate, maiestate et ipso nomine Patris maiorem esse Filio, ipso testante:* qui me misit, major me est. *et hoc catholicum esse nemo ignorat, duas personas esse Patris et Filii, maiorem Patrem, Filium subiectum cum omnibus his, quae ipsi Pater subiecit* (Hil., syn. 11 [PL 10, 489]). Diese Betonung der „Größe" des Vaters richtete sich gegen die theologische Erklärung der westlichen Teilsynode von Serdica 343, die beschrieb, daß der Vater nur dem Namen nach größer als der Sohn sei (AW III, Dok. 43.2, 7).

custodit; Gesta 39)[290]. Das ist auch in der Sicht des Ambrosius eine entscheidende Differenz zwischen ihm und den Homöern, wie er es in dem Synodalbrief an die Kaiser darstellt (ep. extra collationem 4 = *Gesta* ep. 2 = ep. 10 Mauriner)[291]: Sie würden die Schrift falsch auslegen und daher auf Joh 14,28 verweisen, auch wenn der Kontext der Stelle eine andere Auslegung nahelege (*ibi tum evangeli scripta falsantes proposuerunt nobis dixisse dominum: „Qui me misit maior me est"* (Joh 14,28; 6,44)*, cum aliter scriptum doceat series scriptuarum*). Obwohl ihnen der Irrtum aufgezeigt wurde, wären sie jedoch bei ihrer Meinung geblieben (*redarguti de falsitate sunt ut faterentur nec tamen ratione correcti*). Nachdem er nämlich beschrieben hätte, daß der Sohn nur als Menschgewordener geringer als der Vater sei, seiner Gottheit nach jedoch dem Vater gleich bleibe nach dem Zeugnis der Schrift, und daß es keinen Rangunterschied zwischen ihnen gebe (*nam cum diceremus secundum carnis susceptionem minorem patre suo filium dici, secundum divinitatem autem pro testimoniis scripturarum patri aequalem probari nec posse ibi discretionem esse gradus alicuius aut magnitudinis ubi esset unitas potestatis*), verharrten sie um so mehr in ihrem Irrtum und sagten, daß der Sohn auch der Gottheit nach dem Vater untergeordnet sei, als ob es in Gott eine Unterordnung gebe (*non solum illi noluerunt emendare errorem sed etiam vesaniam augere coeperunt, ut et subiectum secundum divinitatem dicerent, quasi ulla dei secundum divinitatem suam possit esse subiectio*).

Eindeutig formuliert findet man diese Subordination auch im Bekenntnis des Wulfila, in dem er zum Schluß herausstreicht, daß der Sohn dem Vater und der heilige Geist selbst wiederum dem Sohn untergeordnet ist (*… sed ministrum Cristi … subditum et oboedientem in omnibus Filio, et Filium subditum et oboedientem et in omnibus Deo Patri …*[292]). Diese dreifache Stufung bleibt innerhalb der westlichen Homöer eine Konstante, die stets im Zentrum von deren Theologie steht. Zeugnis dafür sind auch die fragm. theol.arr. 16 und 17. So heißt es in Fragment 17[293] eindeutig, daß Vater und Sohn nicht einer seien (*non est igitur unus et ipse pater et filius*), da es neben dem Befehlsgeber den Befehlsempfänger und neben dem Sender den Gesandten gebe (*qui circumtenet et qui circumtenetur, ingenitus et unigenitus, genitor et qui genitus est, qui mandat et qui mandatum accepit et obtemperat, qui dat et qui*

---

290 Vgl. auch aus den Fragmenten des Palladius die Aussage in Scholia 108 und besonders 136.

291 Gesta, ep. 2,6f. (CSEL 82,3, 320,76-321,89 Zelzer). Vgl. zu dieser hier angesprochenen Hermeneutik unten Kap. IV.5.

292 Scholia 63, fol. 308r, 26-34 (SChr 267, 250 Gryson). Vgl. auch die gute theologische Analyse dieses Textes bei Schäferdiek, Wulfila, 25-36. Vgl. auch *Dissertatio Maximini* 51.

293 CChr.SL 87, 252-257 Gryson, hier: frgm.theol.arr. 17 (CChr.SL 87, 255; fol. V 71,25-38).

datum suscipit, qui iubet et qui iussionem obtemperat, qui mittit et qui mittitur … .).
In frgm.theol.arr. 21 findet man eine Zusammenfassung der dreifachen
Stufung mit den jeweiligen Aufgaben, wie sie den drei trinitarischen Personen zugewiesen werden, worauf schon oben verwiesen wurde.[294]
Ein deutliches Zeugnis dafür ist auch der schon erwähnte *Sermo
Arrianorum*, der innerhalb der Werke des Augustinus überliefert ist. Dieser
Text kreist um die Aussage, daß der Sohn dem Willen des Vaters untergeordnet ist und in allem nach dem Willen des Vaters handelt.[295] In der Mitte des Textes findet sich eine Kette von ähnlichen Aussagen allein mit
dem Ziel, die dreistufige Unterordnung von Vater, Sohn und heiligem
Geist mit immer neuen Worten zu beschreiben[296]. Der Autor dieses theologischen Traktats formuliert anschließend folgende interessante Schlußfolgerung[297]: … *Ergo haec trium substantiarum, patris et filii et spiritus sancti
distinctio, et trium rerum, Dei ingeniti et Dei unigeniti et Spiritus advocati differentia*
(serm.Arr. 27). Die drei zu unterscheidenden Personen seien also wie drei
Substanzen oder drei Sachen (*trium substantiarum … distinctio; trium rerum …
differentia*), eine eindeutig antinizänische Aussage[298]. Der zitierte Satz aus
dem *Sermo Arrianorum* ist insofern bemerkenswert, als trinitätstheologische
Aussagen aus homöischer Feder unter Verwendung der mit der Synode

---

294 CChr.SL 87, 262; fol. A 32,1-21 Gryson: *Hic spiritus sanctus non deus neque dominus,
    non creator neque factor, non colendus neque adorandus per divinas adnuntiatus agnoscitur
    scripturas, sed spiritus sanctus qui que sunt et facta sunt per filium sanctificat et inluminat et
    consolatur, et interpellat gemitibus inenarrabilibus pro nobis et adiuvat infirmitatem orationis
    nostrae, et adducit ad filium dei per ducendos ad patrem.* Auch in Fragm. 23 deutlich:
    *Nam spiritum sanctum deum non dicimus, quia nec scriptura dicit, sed subditum deo filio et
    mandatis illius fili in omnibus obtemperantem, sicuti filius patri* (S. 265; fol. V 208,8-16).
295 Damit wird eine Intention der Homöer aufgegriffen, wie sie sich schon in den
    frühen Texten aus Sirmium zeigt; vgl. die sogenannte vierte sirmische Formel von
    359 (AW III Dok. 58.2,4).
296 10. *Ergo filius a patre est genitus. Spiritus sanctus per filium est factus.* 11. *Filius patrem
    praedicat. Spiritus sanctus filium adnuntiat.* … 14. *Filius mittitur a patre. Spiritus mittitur a
    filio.* 15. *Filius minister est Patris: Spiritus sanctus minister est Filii.* … 17. *Filius subditus
    est patri. Spiritus sanctus subditus est filio.* … 23. *Non est pars nec portio patris filius, sed
    proprius et dilectissimus, perfectus et plenus unigenitus filius. Non est pars nec portio filii spiri-
    tus, sed primum et praecipuum opus unigeniti Dei prae ceteris universis.* 24. *Pater maior est fi-
    lio suo. Filius incomparabiliter maior et melior est spiritu* (CChr.SL 87A 165,80-168,116
    Hombert).
297 CChr.SL 87A 169,127-130 Hombert.
298 Dies ist eindeutig die Stoßrichtung, wie es auch der Schlußabschnitt (34) gegen
    die *Homousiani* belegt. Diese Formulierung bestätigt, daß die Aussage von Avitus
    in Fragment 6, seine Gegner würden von einer dreigeteilten Substanz Gottes
    (Z. 35f.) reden, eigentlich eine polemisch unterstellte Konsequenz ist. S.o. S. 194.

von Rimini eigentlich abgelehnten Substanzterminologie selten sind. In diesem *Sermo* ist das die einzige Ausnahme.[299] *Substantia* meint hier wohl, im Unterschied zu Augustinus, der *substantia* synonym zu *natura* verwendet[300], das besondere Dasein oder die Existenzweise des Vaters, Sohnes und heiligen Geistes, zudem der Begriff mit *rerum* parallelisiert wird. Diese Aussagen könnten den Hintergrund beschreiben, der auch bei Avitus aufscheint und ihn veranlaßt, den heiligen Geist in der Ansicht seiner Gegner als Geschöpf und Knecht zu bezeichnen und ihnen vorzuwerfen, daß die Substanz Gottes bei ihnen dreigeteilt sei (*tripartita est substantia maiestatis* Z. 37f.)[301] – seine Gegner selbst meinten natürlich eher eine Unterscheidung von drei verschiedenen Substanzen oder Existenzweisen (*trium substantiarum*), und nicht eine Zerteilung des einen Seins Gottes in drei Teile.

Avitus wendet sich hier also gegen eine homöische „Drei-Stufen-Theologie". So stellt sich darüber hinaus die Frage, ob es eine spezielle Diskussion über die Exegese von Röm 11,33-36 gibt bzw. ob diese Textstelle gelegentlich von homöischer Seite herangezogen worden ist. Eine interessante Parallele findet sich bei Ambrosius in seinen langen Ausführungen über den heiligen Geist in *De spiritu sancto*.[302] Während er mit immer neuen Argumenten den gleichen Rang des heiligen Geistes mit dem Vater und dem Sohn beschreibt und darauf hinweist, daß in der Schrift diverse göttliche Attribute und Namen gleichermaßen für den Vater wie auch für den Sohn und den heiligen Geist gebraucht werden, geht er in einem Abschnitt darauf ein, daß seine (homöischen) Gegner spezielle Präpositionen je dem Vater, dem Sohn und dem heiligen Geist zuweisen (spir. II 70-100). So sei Gott in und nicht mit dem heiligen Geist anzubeten – der heilige Geist vermittele also dienend die Anbetung an den Vater und werde nicht selbst angebetet –, was Ambrosius entschieden zurückweist: Auch diese Präpositionen können von allen trinitarischen Personen

---

299 Auch in conl.Max. hält sich Maximinus mit dieser Terminologie zurück; in conl.Max. 15,5 beschreibt er den Sohn als vom Vater geboren *secundum divinitatis suae substantiam illam beatam* (CChr.SL 87A 425,90f. Hombert) und in 15,9 den Sohn als unsichtbar für die Menschen und die Engel *secundum divinitatis suae substantiam* (430,174f. Hombert). In den frgm.theol.arr. heißt es nur einmal in Nr. 17 in Bezug auf Joh 14,10: *non unum substantiam, sed duo significat, patris ingenitam et filii unigenitam* (CChr.SL 87, 254 Gryson). Und in Nr. 22 wird mal auf die unvergleichliche Substanz des Vaters verwiesen.

300 Vgl. dazu z.B. conl.Max. 14.

301 Ähnlich auch in hom. 12 (s. S. 129). Eine Teilung und Zertrennung der Gottheit werfen sich bekanntlich regelmäßig alle Seiten im trinitätstheologischen Streit vor.

302 Vgl. dazu auch schon oben S. 149 im Exkurs.

wechselseitig ausgesagt werden und belegen eher deren engen Zusammenhang als eine Differenz. Nach spir. II 85 haben seine Gegner auf 1Kor 8,6 verwiesen[303] (*denique simile et illud est, quod aiunt discretionem esse, quia scriptum est:* Nobis autem unus deus pater, ex quo omnia et nos in illum, et unus dominus Iesus, per quem omnia et nos per ipsum [1Kor 8,6]) und wollen darauf hinaus: Die Schöpfung sei aus Gott durch den Sohn als Handwerker und Diener entstanden, und weisen den Präpositionen spezifische räumliche und zeitliche materielle Aspekte zu[304]. Für Ambrosius ist dagegen in der Parallele Röm 11,36 eindeutig vom Sohn die Rede (spir. II 90), aber diese Aussage könne genauso gut auch über den Vater oder den heiligen Geist gemacht werden, was er mit mehreren Schriftstellen zu belegen versucht. Und wenn Röm 11,36 vom Vater ausgesagt sei, dann sei doch sowohl *ex* als auch *per* und *in* ihm alles. So könnten Präpositionen nicht dazu herangezogen werden, eine substantielle Differenz der trinitarischen Personen zu beschreiben oder zu erweisen, sondern zeigen nur, daß der Vater nicht der Sohn ist.[305]

Beachtenswert ist auch eine Passage in Augustinus' Entgegnung auf Maximinus nach seiner Diskussion mit ihm (*Contra Maximinum Arrianorum*). Augustinus versucht darzulegen, daß viele Schriftstellen, die von einem Gott reden (wie Dt 6,4; 32,29), auf die Trinität insgesamt und nicht auf eine einzelne Person, den Vater, zu beziehen sind (II 23,3), und geht daraufhin genauer auf die von Maximinus angeführte (conl.Max. 15,23) Stelle 1Kor 8,6 ein (II 23,4). Nach Maximinus bezeuge dieser Vers, daß alle Dinge *aus* dem Vater allein *durch* den Sohn allein seien (*Si autem ita distinguis, ut non sint per patrem omnia, sed ex Patre, nec omnia sint ex Filio, sed per Filium*[306]). Aber, so fragt Augustinus weiter, von wem sei dann in Röm 11,33-36 die Rede, wo es auch zum Schluß heiße, daß alles aus ihm und

---

303 Schon in spir. I 32 ging er auf 1Kor 8,6 ein, da seine Gegner die Schöpfungsmacht des heiligen Geistes offenbar deswegen infrage stellten, da in dieser Schriftstelle von der Schöpfung nur aus dem Vater durch den Sohn die Rede sei, der heilige Geist aber fehle.

304 *Volunt enim, cum dicitur „ex illo", materiam designari, et cum dicitur „per filium", quoddam vel instrumentum operis vel ministerium declarari, cum dicitur autem „in illo", quod aut locus significetur aut tempus, in quo omnia facta videantur* (II 85). CSEL 79, 120,4-8 Faller.

305 *Nam istae syllabae, sicut illae, de quibus superius diximus, se invicem signant. Non enim ita dixit apostolus ex deo omnia et per filium omnia, ut separabilem substantiam patris filiique signaret, sed ut inconfusibili distinctione, quod alius pater, alius sit filius edoceret. Non igitur tamquam conpugnantes syllabae istae, sed tamquam sociae adque concordes sunt, ut etiam uni saepe conveniant, sicut scriptum est quia ex ipso et per ipsum et in ipsum omnia* (II 89). CSEL 79, 121,29-122,37 Faller. Vgl. auch Ambr., spir. I 27-43; II 84; fid. V 2,34.

306 CChr.SL 87A 650,198f. Hombert.

durch ihn und in ihm sei? Für Augustinus lautet die Antwort selbstverständlich, daß hier die Trinität gemeint sei, die aufgrund ihrer Substanzgleichheit mal als Gott, dann als Herr angeredet werde. Auch hier bringt Augustinus Röm 11,33-36 ins Spiel gegen 1Kor 8,6, und seine Entgegnung auf die verwandte Stelle 1Kor 8,6 ergibt, daß innerhalb der Homöer die trinitarischen Personen auch zur Zeit des Augustinus mit Hilfe dieser Präpositionen unterschieden worden sind. Dies wird zusätzlich bestätigt durch den Brief ep. 238,19 von Augustinus an Pascentius[307]: (nach einem Zitat von 1Kor 8,5f.) ... *sed pater solus, ex quo omnia, et filius solus, per quem omnia?* Auch hier stellt Augustinus diesem die Passage Röm 11,36 gegenüber.

Ähnliches kann man schon in dem Brief des Auxentius über Wulfila finden: Der heilige Geist ist *a patre per filium ante omnia factus*[308] (anschließend wird auch 1Kor 8,6 zitiert). Und auch Palladius bezieht sich auf 1Kor 8,6, um einen Unterschied zwischen dem verursachenden Vater und ausführenden Sohn zu beschreiben (*unum auctorem et unum opificem rettulit*)[309]. Dasselbe Thema spricht auch schon Hilarius in trin. VIII 38 an mit Bezug auf 1Kor 8,6, der zwar zugesteht, daß die Aussagen je auf den Vater und den Sohn bezogen werden können, aber fortfährt, daß mit beiden Ausdrücken dasselbe gemeint sei:

> Wie aber „Herr" und „Gott" jedem von ihnen zugeschrieben wird, um es wechselseitig sein zu lassen, so ist auch „aus dem" und „durch den" auf beide bezogen, und zwar zum Aufweis der Einheit beider, nicht aber zur Auslegung als Vereinzelung. [310]

So sei gerade dieser Vers ebenfalls wie auch Röm 11,33-36 ein guter Beleg für die Einheit der Natur (*unius naturae* 352,35.36). Es ist also offensichtlich, daß die Auslegung von 1Kor 8,6 und Röm 11,36 bereits eine längere Tradition im „arianischen Streit" hatte und Avitus in diesem Fragment ein schon oft behandeltes Thema anschneidet. Standen zunächst nur der Vater und der Sohn im Mittelpunkt, so trat im späteren Verlauf des Streits der heilige Geist hinzu. Da sich also bei Hilarius, Ambrosius und Augustinus verwandte Diskussionen über diese Schriftstelle finden, scheinen auch die aus diesem Fragment erkennbaren Gegner des Avitus in der

---

307 CSEL 57, 547,25f. Faller. Zu Pascentius vgl. PLRE 2, 834f. Zu den Briefen s.o. S. 125 u. 167.

308 Scholia 50, fol. 305v 30-32 (SChr 267, 240 Gryson).

309 Scholia 130; fol. 346r 14-17 (SChr 267, 312 Gryson); vgl. auch Scholia 138.

310 CChr.SL 62A 351,15-18 Smulders: *Sed quemadmodum* Dominum *et* Deum *utrique eorum, ut mutuum est, et ad demonstrationem unitatis utrisque, nec ad intelligentiam singularis.* Übersetzung von A. Antweiler aus BKV² 2, 45f.

homöischen Tradition zu stehen so wie auch Avitus selbst ganz in die Fußstapfen seiner Vorgänger im Westen tritt.

Darüberhinaus ist zu beachten, daß diese Fragen anscheinend zur Zeit des Avitus erneut diskutiert wurden, weil sich die burgundisch-homöische Kirche in der gottesdienstlichen Liturgie in einem Detail von der katholischen Liturgie unterschied, nämlich durch den Gebrauch der sogenannten präpositionalen Doxologie im kleinen Gloria: „Ehre sei dem Vater durch den Sohn im heiligen Geist." Kombiniert mit der Vorstellung einer gestuften Trinität konfrontiert Avitus seine Gegner deswegen mit dem Vorwurf, keinem der drei göttlichen Personen die Gott gleiche und damit gebührende Ehre zu erweisen. Deswegen fragt Avitus hier in Fragment 6, welcher der drei Personen denn nun Ehre von Ewigkeit zu Ewigkeit entgegenzubringen sei. Das gleiche Thema behandelt Avitus auch in den kürzeren Fragmenten 11, 25 und 2.

Fragment 11: Florus ad Corinth. I 12,6[311]

Cum apparuissent angeli in terra, clamaverunt: *Gloria in excelsis deo* (Lk 2,14). Si pater et filius et spiritus sanctus in excelsis est, bene dicimus: gloria patri et filio 5 et spiritui sancto. nec possumus patri sine filio gloriam honoremque dare, cum ipse in evangelio iubeat, *ut omnes sic honorificent filium, sicut honorificant patrem* (Joh 10 2,35). Et apostolus dicit, quod *nemo honorat dominum Iesum nisi in spiritu sancto* (1Kor 12,3).

Als die Engel auf Erden erschienen waren, riefen sie: „Ehre sei Gott in der Höhe!" Wenn der Vater und der Sohn und der heilige Geist in der Höhe sind, dann sagen wir richtig: „Ehre sei dem Vater und dem Sohn und dem heiligen Geist." Aber wir können nicht dem Vater ohne den Sohn Ehre und Verehrung gewähren, weil er selbst im Evangelium befiehlt, „daß alle den Sohn so ehren, wie sie den Vater ehren." Und der Apostel sagt, daß „niemand den Herrn Jesus ehrt außer im heiligen Geist".

Avitus führt in diesem Fragment aus, daß trotz des Schriftverses Lk 2,14 *Gloria in excelsis deo* allen drei trinitarischen Personen gleichermaßen die Ehre zu erweisen ist, auch wenn dort nur „Gott" genannt wird. So sei die Aussage *Gloria patri et filio et spiritui sancto* richtig, da eben *in excelsis* der Vater wie auch der Sohn und der heilige Geist seien. Dies wird bestätigt durch die ergänzenden Schriftverse Joh 2,35 und 1Kor 12,3.

---

311 MGH AA 6,2 5,29-6,4 Peiper; CChr.CM 193B, 366 Fransen (Frgm. 24).

Fragment 25: Florus ad Philipp. 2,11[312]

Dixi cum patre filio aequalem gloriam honoremque nos dicere[313], quia legimus: *ut omnis lingua confiteatur, quod dominus Iesus Christus in gloria est dei patris* (Phil 2,11). Si tantummodo dixisset in dei, forte putaretur: esto, in dei certe minoris; at cum in patris gloria, quid inaequale, quid exiguum, quid divisum? Non enim in angelica, vel humana, sed in gloria est dei patris. Alias autem, nisi aequalis gloria ista credatur, contra ipsius domini iussionem, non *omnes sic honorificabunt filium, sicut honorificant patrem* (Joh 5,23). Nulla enim ratione sic honorari poterit maior ut minor. Sed quicumque non sic honorificaverit filium, sicut honorificat patrem, quidquid gloriae dempserit, contumeliae deputavit.

Ich sagte, daß wir eine gleiche Ehre und Verehrung für den Sohn zusammen mit dem Vater festsetzen, da wir lesen: „daß jede Zunge bekennen solle, daß Jesus Christus der Herr ist in der Ehre Gottes, des Vaters." Wenn er nur gesagt hätte „in Gott", könnte man vielleicht meinen: in Ordnung, in [der Ehre] eines Gottes, (aber) gewiß in der eines niedrigeren; aber da (er sagte) „in der Ehre des Vaters", was kann da ungleich, was unbedeutend, was geteilt sein? Er ist nämlich nicht in einer engelgleichen oder menschlichen, sondern in der Ehre Gottes, des Vaters. Ferner aber, wenn nicht diese gleiche Ehre geglaubt wird, werden gegen den Befehl des Herrn selbst nicht alle „den Sohn so ehren, wie sie den Vater ehren". Auf keinen Fall nämlich kann der Größere genauso wie der Niedrigere geehrt werden. Aber wer auch immer den Sohn nicht so ehrt, wie er den Vater ehrt, der nimmt etwas von der Ehre weg und fügt etwas an Schmach hinzu.

In diesem Fragment wird die Ehre des Sohnes im Vergleich zu der des Vaters beschrieben. Natürlich sei der Sohn mehr als die Menschen oder auch die Engel zu verehren. Da der Sohn jedoch nicht vom Vater zu trennen und die Gottheit nicht zu teilen sei, und da der Sohn nicht in der Ehre eines niedrigeren Gottes als Gott, dem Vater, stehe, so sei entsprechend auch die Gleichheit (*aequalitas*) in der Ehre beim Sohn wie beim Vater zu lehren. Nur so sei auch der Befehl in Joh 5,23 erfüllt, den Sohn genauso wie den Vater zu ehren.

---

312 MGH AA 6,2 10,1-9 Peiper; CChr.CM 193B, 380f. Fransen (Frgm. 49).
313 Hss *dicere*, was Fransen übernimmt, Peiper in *docere* ändert.

Fragment 2: Agobard von Lyon,
Liber de imaginibus sanctorum 9[314]

His ita se habentibus, est modus divinae sive angelicae vel etiam humanae gloriae, sicut Alcimus Avitus episcopus Viennensis in dialogo, ubi cum Gundobado rege loquitur, dicit: Illud tamen, quod ab aequalitate caelestis gloriae patrem et filium perinde ut creaturam angelicam secludentes quandam mihi invidiam illicite supernis virtutibus delati honoris obtenditis dicentes: Ergo et angelis atque archangelis et quaecumque in excelsis sunt, gloriam ferre debemus: licet minime pertineat ad causam, etiam ad praesens non omnino sic renuo, quasi creaturae sublimi atque praestanti gloriam ferre timeamus. Est quippe divinae, est angelicae, est etiam humanae gloriae modus, quem in multis scripturarum locis inveniamus et sanctorum meritis et apicibus regum sine vitio adsentationis adscribi. Quae enim inter homines prima gloria[315], haec est omnibus sanctis eius et in evangelio dominus dicit, quod *nec Salomon in omni gloria sua sic vestitus est, sicut lilii flosculus* specie naturali (Mt 6,29).

Da dies der Fall ist, gibt es einen Grad der göttlichen, der engelgleichen und einen der menschlichen Ehre, wie es Alcimus Avitus, der Bischof von Vienne, in einem Dialog, in dem er mit dem König Gundobad geredet hat, ausführt: Dennoch weise ich die Tatsache, daß Ihr von der Gleichheit der himmlischen Ehre den Sohn und den Vater genauso wie die engelgleiche Schöpfung ausschließt und mir Vorhaltungen macht, unerlaubterweise auf die überirdischen Kräfte Ehre zu übertragen, indem ihr sagt: „So müssen wir also auch den Engeln und Erzengeln und allem, was in der Höhe ist, Ruhm entgegenbringen!", auch wenn das keineswegs zur Sache gehört, auch jetzt nicht gänzlich so ab, als würden wir davor zurückschrecken, einem erhabenen und hervorragenden Geschöpf Ehre zu erweisen. Denn die Ehre Gottes, der Engel und auch der Menschen hat jede ihr besonderes Maß, über das wir an vielen Stellen der Schriften finden, daß es sowohl den Verdiensten der Heiligen als auch den Kronen der Könige ohne das Laster der Schmeichelei zugewiesen wird. Denn der höchste Ruhm, der unter Menschen erreichbar ist, der wird allen seinen Heiligen zuteil, und im Evangelium sagt der Herr, daß auch Salomo in all seiner Ehre nicht so gekleidet gewesen sei, wie die Lilienblüte durch ihr natürliches Aussehen.

In dem letzten Fragment zu diesem Thema liegt ein Zitat aus einem wohl tatsächlich stattgefundenen Dialog vor[316]. Avitus hat mit dem Burgunderkönig Gundobad eine Auseinandersetzung über die Unterschiede in der

---

314 MGH AA 6,2 2,7-19 Peiper; CChr.CM 52, 159,24-160,15 van Acker (= *De picturis et imaginibus*).
315 *gloria* add. van Acker
316 Zu eventuellen Dialogen s.o. S. 72-79.

Doxologie geführt und versucht, das damit verbundene theologische Verständnis zu erläutern. Deutlich wird das Argument der Gegenseite: Wenn tatsächlich allen drei trinitarischen Personen die gleiche Ehre erwiesen werden soll, dann müsse man auch den übrigen himmlischen Wesen wie den Engeln diese Ehre erweisen, was aber selbstverständlich abgelehnt wird. Allein Gott, dem Vater, könne diese Ehre zustehen. Etwas überraschend ist die Beschreibung der gegnerischen These zu Beginn dieses Zitats: Sie würden von der Gleichheit der himmlischen Ehre sowohl den Sohn als auch den Vater ausschließen (Z. 6-8). Dahinter steht wahrscheinlich die Berufung seiner Gegner auf den schon in Fragment 11 erwähnten Schriftvers Lk 2,14 *Gloria in excelsis deo.* Avitus interpretiert weiter, wenn seine Gegner dies nicht trinitarisch verstehen wollen, so sei mit dem Wort *deo* eigentlich auch der „Vater" ausgeschlossen. Natürlich wollten seine Gegner gerade der ersten trinitarischen Person die besondere Ehre erweisen und schließen den Vater nicht von der „himmlischen Ehre" aus, aber, so Avitus, mit ihrem Beharren auf dem Wortlaut von Lk 2,14 trennen sie dennoch den Vater des Sohnes wie auch den Sohn selbst von der Gleichheit der himmlischen Ehre ab[317].

Bei dieser umstrittenen Doxologie, dem sogenannten *Gloria Patri:* „Ehre sei dem Vater durch den Sohn im heiligen Geist", handelt es sich um die ursprüngliche, im Osten übliche Form[318], die erst später antiarianisch umformuliert wurde zu „Ehre sei dem Vater und dem Sohn und dem heiligen Geist" oder „Ehre sei dem Vater mit dem Sohn und mit dem heiligen Geist"[319]. Athanasius selbst noch argumentiert mit Hilfe der

---

317 Zum Begriff *aequalitas* s.u. S. 214-220.

318 Vgl. Origenes, *De oratione* 33,1 (GCS Orig. 2, 401,15-25 Koetschau): κατὰ δύναμιν δοξολογίας ἐν τῇ ἀρχῇ καὶ τῷ προοιμίῳ τῆς εὐχῆς λεκτέον τοῦ θεοῦ διὰ Χριστοῦ συνδοξολογουμένου ἐν τῷ ἁγίῳ πνεύματι συνυμνουμένῳ. ... καὶ ἐπὶ πᾶσι τὴν εὐχὴν εἰς δοξολογίαν θεοῦ διὰ Χριστοῦ ἐν ἁγίῳ πνεύματι καταπαυστέον. Justin, 1 apol. 65; Clemens, *Quis dives salvetur* 42,20 (GCS Clem. 3, 191,10 Stählin). Diese Doxologie kommt in der gottesdienstlichen Liturgie mehrmals vor zum Abschluß von Hymnen und Psalmen.

319 Dazu Leclercq, DACL 4, 1525-1528; Stuiber, Art. Doxologie, 221-225; Jungmann, Die Stellung Christi im liturgischen Gebet, 1925, ²1962; ders., Beiträge zur Geschichte der Gebetsliturgie V; Ritter, Art. Doxologie; Luislampe, Spiritus vivificans, 41-49; Hauschild, Pneumatomachen, 50-52; Dörries, De spiritu sancto, 154-156. Crouzel, Art. Geist (Heiliger Geist) ist darüber (S. 540-542) nur sehr knapp.

Auch später wird es noch eine weitere liturgische Neuerung beim großen Gloria geben mit antiarianischer Spitze: *Et quia non solum in sede apostolica, sed etiam per totam Orientem et totam Africam vel Italiam propter hereticorum astutiam, qui Dei filium non semper cum patre fuisse, sed a tempore coepisse blasphemat, in omnibus clausulis post Gloriam „sicut erat in principio" dicatur, etiam et nos in universis ecclesiis nostris hoc ita dicendum esse*

unterschiedlichen Präpositionen für die trinitarische Gleichwertigkeit der drei Personen in ep. Serap. I 28f. Er will hier anhand von Röm 11,36 die Gottheit des heiligen Geistes bzw. die göttliche Trinität belegen, da gerade die drei Präpositionen den drei trinitarischen Personen zuzuweisen seien, die damit gleichermaßen als göttlich beschrieben werden[320]. Erstmals greifbar wird ein anders akzentuierter Umgang mit diesem Thema im Jahr 375 mit Basilius, *De spiritu sancto* 3[321]:

> Als ich kürzlich mit der Gemeinde betete und auf zweierlei Weise Gott, dem Vater, die Doxologie darbrachte, nämlich einmal mit dem Sohn und mit dem heiligen Geist, das andere Mal durch den Sohn im heiligen Geist, erhoben einige der Anwesenden Einspruch und warfen mit vor, fremde und miteinander in Widerspruch stehende Wörter verwendet zu haben.[322]

---

decrevemus. „Da nicht nur in der Kirche Roms, sondern auch im gesamten Orient, in ganz Afrika und Italien wegen der Irrlehre der Häretiker, der Sohn Gottes habe nicht immer mit dem Vater existiert, sondern habe erst in der Zeit angefangen zu leben, nach dem Gloria „wie es war im Anfang, so ..." gesungen wird, haben auch wir den Beschluß gefaßt, daß dieser Zusatz in allen unseren Kirchen eingeführt wird." (can. 5 der Synode von Vaison, 529 n.Chr., MGH Concilia I, 57, 10-14 Maasen; Übersetzung Limmer, Konzilien, 201).

320 καὶ οὕτως ἡ ἑνότης τῆς ἁγίας τριάδος σώζεται, καὶ οὕτως εἷς θεὸς ἐν τῇ ἐκκλησίᾳ κηρύττεται, «ὁ ἐπὶ πάντων καὶ διὰ πάντων καὶ ἐν πᾶσιν.» «ἐπὶ πάντων» μὲν ὡς πατήρ, ὡς ἀρχὴ καὶ πηγή· «διὰ πάντων» δὲ διὰ τοῦ λόγου, «ἐν πᾶσι» δὲ ἐν τῷ πνεύματι τῷ ἁγίῳ. ... εἰ μὲν οὖν δυάς ἐστι, συναριθμείσθω παρ' ὑμῶν τοῖς κτίσμασι τὸ πνεῦμα. οὐκ ἔστι μὲν τὸ τοιοῦτον ὑμῶν φρόνημα εἰς ἕνα θεόν, τὸν «ἐπὶ πάντων καὶ διὰ πάντων, καὶ ἐν πᾶσι.» τὸ γὰρ «ἐν πᾶσιν» οὐκ ἔχετε, διαιροῦντες καὶ ἀποξενίζοντες ἀπὸ τῆς θεότητος τὸ πνεῦμα (AW I 4, 520,10-14; 521,2-6 Wyrwa/Savvidis). „So wird die Einheit der heiligen Trinität bewahrt, so wird in der Kirche ein Gott verkündet, der ,über allem, durch alles und in allem' ist; ,über allem' nämlich als Vater, als Anfang und Quelle, ,durch alles' aber durch das Wort und ,in allem' im Heiligen Geist. ... Gibt es nun eine Zweiheit, so mag der Geist von euch zu den Geschöpfen gezählt werden. Dann geht aber eure Glaubensüberzeugung nicht mehr auf einen Gott, der ,über allem, durch alles und in allem' ist; denn das ,in allem' habt ihr nicht, wenn ihr den Geist von der Gottheit trennt und ausschließt." Übersetzung J. Lippl in BKV 13, 443f. So auch Ps.-Basilius, Eun. V 166.

321 FChr 12, 78f. Sieben: προσευχομένῳ μοι πρῴην μετὰ τοῦ λαοῦ, καὶ ἀμφοτέρως τὴν δοξολογίαν ἀποπληροῦντι τῷ θεῷ καὶ πατρί, νῦν μὲν μετὰ τοῦ υἱοῦ σὺν τῷ πνεύματι τῷ ἁγίῳ, νῦν δὲ διὰ τοῦ υἱοῦ ἐν τῷ ἁγίῳ πνεύματι, ἐπέσκηψάν τινες τῶν παρόντων, ξενιζούσαις ἡμᾶς φωναῖς κεχρῆσθαι λέγοντες, καὶ ἅμα πρὸς ἀλλήλας ὑπεναντίως ἐχούσαις.

322 Vgl. auch spir. 13; 58. Basilius wurde von Amphilochius von Ikonium befragt, sich dazu zu äußern, da jener von dieser Kritik an Basilius gehört hatte und ihn um Information bat. Vgl. dazu Sieben, FChr, 25-34.

Basilius richtet sich hier speziell gegen Aetius, der spezifische Präpositionen den jeweiligen trinitarischen Personen zugewiesen hatte: Die Präpositionen, die metaphysische Bedeutung haben, seien Ausdrücke für die spezifische Natur der jeweiligen trinitarischen Personen. Auch von Aetius ist seinerzeit 1Kor 8,6 als Beleg für die Differenz zwischen dem Vater und dem Sohn der Natur nach herangezogen worden, wie es Basilius von Cäsarea, spir. 4, berichtet: „Was in seiner Natur ungleich ist, muß auch ungleich ausgedrückt werden; … das ungleich Ausgedrückte ist auch in der Natur ungleich", so Aetius. Er habe 1Kor 8,6 herangezogen: „Ungleich in der Tat sind das aus ihm und das durch ihn, ungleich ist also der Sohn im Vergleich zum Vater."[323] Hier ist es Basilius, der Röm 11,36 ins Spiel bringt, um darauf hinzuweisen, daß drei verschiedene Präpositionen für ein und dasselbe Subjekt, nämlich den Sohn, verwendet werden. Im folgenden überschüttet er den Leser mit Schriftstellen, die Präpositionen enthalten, so daß für jede trinitarische Person jede Präposition zutreffe[324]. So verteidigt Basilius die „neuartige" Doxologie und will sogar nachweisen (spir. 71-75), daß sie eigentlich gar nicht neu sei, sondern auch schon früher im Gebrauch war[325].

Dieser Streit um die Präpositionen, verbunden mit der beibehaltenen alten präpositionalen Doxologie in der gottesdienstlichen Liturgie, hat sich offenbar in den Kreisen der Homöer bis zur Zeit des Avitus weitergetragen. Er begegnet kurz in dem Auxentiusbrief über das Leben des Wulfila: Wulfila habe erklärt, daß diejenigen Christen sind, die Christus im Geist und in der Wahrheit verehren und verherrlichen (vgl. Joh 4,23) und Dank

---

323 FC 12, 80f. Sieben: τὰ ἀνόμοια κατὰ τὴν φύσιν, ἀνομοίως προφέρεσθαι; … τὰ ἀνομοίως προφερόμενα, ἀνόμοια εἶναι κατὰ τὴν φύσιν. … ἀνόμοιον δὲ τῷ ἐξ οὗ τὸ δι᾽ οὗ· ἀνόμοιος ἄρα καὶ τῷ πατρὶ ὁ υἱός. Vgl. auch Eunomius, apol. 26 (70,17-19 Vaggione) und apol. 28. Vgl. dazu Drecoll, Basilius, 212-217.

324 Vgl. Drecoll, Basilius, 212-218.

325 Als alte Zeugen nennt er: Briefgrüße aus Dionys von Alexandrien („mit"); Clemens von Rom („und"); Irenäus („göttlicher Geist"); Euseb von Cäsarea („mit"); Origenes („Göttlichkeit"); Julius Africanus („mit"); Hymnus („und"); Gregor Thaumaturgos; Firmilian von Cäsarea; Meletius von Pontus – sie seien Zeugen für diese Doxologie und sie sei allgemein üblich im Osten im syrischsprachigen Raum (vgl. dazu Stuiber, Doxologie, 223). Man vergleiche dazu Apostol. Konstit. 8,12,50 (… ὅτι σοὶ δι᾽ αὐτοῦ πᾶσα ἡ δόξα, σέβας καὶ εὐχαριστία· καὶ διὰ σὲ καὶ μετά σε αὐτῷ τιμὴ καὶ προσκύνησις ἐν ἁγίῳ πνεύματι … [SChr 336, 204,321-323]); vgl. auch 7,43,3f. und 8,15,9; (Hipp.), trad. apostol. 3; 4; 6; 7; 8; 21; 25; 31 (hier in der Regel *per* beim Sohn, Jesus Christus, und *cum* beim heiligen Geist). Zum problematischen Text der *Traditio apostolica*, der es nicht erlaubt, das Überlieferte eindeutig zu datieren, vgl. jetzt Markschies, Traditio apostolica. In den überlieferten frühchristlichen Liturgien findet sich diese frühe präpositionale Form kaum mehr (vgl. Stuiber, Doxologie, 222).

sagen *durch* Christus mit Liebe zu Gott, dem Vater (*ergo hi sunt cristiani, qui in spiritu et veritate cristum adorant et glorificant et per cristum cum dilectione Deo patri gratias agunt*[326]).

Ein weiterer Zeuge[327] für diese Diskussion ist Ambrosius, wie man an den oben genannten Stellen erkennt. Auch in seiner Schrift *De sacramentis* wird dieser Streit sichtbar, insofern er sowohl die ältere Formulierung mit *per* bezeugt als auch die Doxologie ausbaut und mit *cum* ergänzt[328]:

> sacr. 4,6,29: Der Herr, unser Gott, bewahre euch die Gnade, die er gegeben hat, und er würdige euch, die Augen, die er euch geöffnet hat, voller zu erleuchten durch seinen eingeborenen Sohn, den König und Erlöser, unseren Herrn und Gott, durch den und mit dem ihm Lobpreis, Ehre, Verherrlichung, Hoheit und Macht mit dem Heiligen Geist von Anfang an, jetzt und immer und in alle Ewigkeit zuteil werden.

> sacr. 6,5,24 Höre, was der Bischof sagt: Durch unseren Herrn Jesus Christus, in dem dir und mit dir Ehre, Lob und Verherrlichung, Hoheit und Macht mit dem Heiligen Geist von Anfang an, jetzt und immer und in alle Ewigkeit zuteil werden.[329]

Die Fragmente des Avitus belegen die Fortwirkung dieses Themas, das ein „Dauerbrenner" gewesen zu sein scheint und ein bis in die gottesdienstliche Praxis sich durchsetzendes Unterscheidungsmerkmal noch im Reich der Burgunder geblieben ist. Aus diesem Grund formuliert Avitus in frgm. 11: … dann sagen wir richtig: „Ehre sei dem Vater und dem Sohn und dem heiligen Geist" (*bene dicimus: gloria patri et filio et spiritui sancto*), was sich auf diesen liturgischen Unterschied zu beziehen scheint.[330] So verwundert es nicht, daß sich sogar zwei Anathematismen auf dem dritten Konzil von Toledo 589 (im Reich der Westgoten) mit diesem Thema beschäftigen:

---

326 Scholia 52; fol. 306r,19-26 (SChr 267, 242 Gryson).

327 Vgl. auch fragm.theol.arr. 6 (CChr.SL 87, hg.v. R. Gryson, 237f.): *per filium* wird redundant mit vielen Beispielen ausgeführt.

328 *De sacramentis*, hg.v. O. Faller, CSEL 73, Wien 1955, 18-85; Übersetzung von J. Schmitz in FC 3, Freiburg 1990, 75-203 (Über die Sakramente). Vgl. Stuiber, Doxologie, 224.

329 CSEL 73, 58,24-27: *Dominus deus noster conservet vobis gratiam, quam dedit, et oculos, quos vobis aperuit, plenius inluminare dignetur per unigenitum filium suum, regem ac salvatorem, dominum deum nostrum, per quem sibi et cum quo sibi est laus, honor, gloria, magnificentia, potestas cum spiritu sancto a saeculis et nunc et semper et in omnia saecula saeculorum*; 83,54-57: *Audi, quid dicat sacerdos: per dominum nostrum Iesum Christum, in quo tibi est, cum quo tibi est honor, laus, gloria, magnificentia, potestas cum spiritu sancto a saeculis et nunc et semper et in omnia saecula saeculorum.* Text mit Übersetzung auch in FC 3, 154f.; 198-201 Schmitz.

330 Z. 5f. Vgl. auch den Beginn von frgm. 25: *Dixi cum patre filio aequalem gloriam honoremque nos dicere.*

Wer auch immer nicht glaubt, der Sohn Gottes und der heilige Geist seien mit dem Vater zu verherrlichen und zu verehren, der sei verdammt. *Quicumque filium dei et spiritum sanctum cum patre non crediderit esse glorificandos et honorandos, anathema sit.*

Wer auch immer nicht sagt: „Ehre sei dem Vater und dem Sohn und dem heiligen Geist, der sei verdammt. *Quicumque non dixerit: Gloria patri et filio et spiritui sancto, anathema sit.* [331]

Die Frage der Doxologie und die Interpretation der Präpositionen hängen natürlich unmittelbar mit der schon behandelten Lehre vom heiligen Geist zusammen. Die liturgischen Unterschiede scheinen der Anlaß für die Fortsetzung dieser Diskussion im Reich der Burgunder gewesen zu sein. Besonders König Gundobad war offenbar daran interessiert, diese liturgischen Unterschiede auch theologisch zu verstehen, so daß sich Avitus mehrmals dazu herausgefordert sah, die „katholische" Position zu rechtfertigen. Seine Gegner verwiesen offenbar auf Schriftverse wie „Ehre sei Gott in der Höhe" (Lk 2,14) – dies schließe den heiligen Geist von dieser Ehre Gottes aus; ferner auf Phil 2,11 – nur Jesus Christus sei in der Ehre Gottes, des Vaters. Sie machten geltend, daß man sonst auch den Engeln gleiche Ehre entgegenbringen müsse.

Avitus selbst bewegt sich bei seiner Widerlegung in den Bahnen, die ihm vorgegeben waren, und verwendet Argumente, die seit Basilius über Ambrosius zur Verfügung standen.

IV.4 Una substantia in trinitate

In den vier Fragmenten, die unter diesem Titel zusammengestellt sind, äußert sich Avitus zur Einheit der Trinität bzw. Einheit der drei trinitarischen Personen als Trinität. Neben *trinitas* ist *una substantia* ein zentrales Schlagwort, wie es in den obigen Fragmenten zum heiligen Geist schon anklang[332], ebenso auch der schon mehrmals vorgekommene Begriff *aequalitas*[333]. Gerade *aequalitas / aequalis* scheint inzwischen zu einem Schlagwort für katholisch-nizänische Rechtgläubigkeit geworden zu sein. Avitus betont die feststehende Einheit der drei trinitarischen Personen, die daher auch denselben Namen tragen (*unum nomen;* frgm. 18; 24; 19).

---

331 Diez/Rodriguez, S. 82. So schreibt auch Gregor von Tours über die „Arianer" (VI 40).

332 So oben zu frgm. 6 und hom. 12.

333 Dieser Begriff taucht schon oben in frgm. 2; 9 und 25 und in hom. 12 auf. Vgl. zu diesem Begriff unten S. 214-220.

Fragment 22: Florus ad Eph 5,31[334]

Consultus in evangelio dominus quid de vinculi matrimonialis soliditate decerneret: *Non sunt,* inquit, *iam duo, sed una caro. Propter quod dico vobis: quod deus iunxit,* 5 *homo non separet* (Mt 19,6). Ecce quod ait apostolus de coniugio: *Sacramentum hoc magnum; ego autem dico vobis: in Christo et in ecclesia* (Eph 5,32). Nascitur nempe ab 10 humilitate exempli altitudo mysterii. Si ex duobus dicitur unum facere copula corporalis, quare totam trinitatem non solidaverit una substantia? Aut cum dica- 15 mus in terrenis separari non licere, quod deus iunxit per concordiam, quanto periculo in supernis separare[335] velimus, quod deus iunctus est per naturam – 20 iam ut illud taceam, quod scriptum est, quod *multitudinis credentium erat anima una et cor unum* (Apg 4,32). Quorum singula corda unum cor reddebat unanimi- 25 tas, sicut proprias in trinitate personas solidat et exunat aequalitas.

Als der Herr im Evangelium gefragt worden ist, was er über die Festigkeit des Ehebundes bestimme, sagte er: „Sie sind nicht mehr zwei, sondern ein Fleisch. Deswegen sage ich euch: Was Gott verbunden hat, soll der Mensch nicht trennen." Siehe, was der Apostel über die eheliche Verbindung sagt: „Dies ist ein großes Geheimnis. Ich sage euch aber: (Dies Geheimnis ist) in Christus und in der Kirche." Offenbar erwächst aus der Kleinigkeit des Beispiels die Größe des Geheimnisses. Wenn, wie gesagt, die körperliche Verbindung aus zweien eins macht, warum sollte nicht eine Substanz die ganze Trinität zusammenfügen? Aber wo wir doch sagen, daß man auf Erden nicht trennen darf, was Gott durch Eintracht verbunden hat, mit welch großem Risiko wollen wir in der Höhe trennen, was ein durch Natur verbundener Gott ist – insbesondere falls ich verschweige, was geschrieben steht: „Die Menge der Gläubigen war ein Herz und eine Seele." Deren einzelne Herzen machte die Einmütigkeit zu einem Herzen, so wie die Gleichheit die besonderen Personen in der Trinität zusammenfügt und verbindet.

In diesem Fragment wird der Ehebund als Beispiel (Z. 2) für die eine Substanz der Trinität (Z. 13-15) genutzt. Mit der Schlußfolgerung *a minore ad maius* wird auf die Größe des Geheimnisses der Trinität verwiesen, die man um so weniger zertrennen dürfe, als sogar schon der Ehebund, eine fleischliche Vereinigung, nicht getrennt werden sollte, der doch nur auf Erden durch Eintracht geschlossen wurde. Die Trinität sei dagegen eine natürliche Einheit (Z. 19f. *quod deus iunctus est per naturam*) auf einer höheren, göttlichen Ebene (*in supernis* Z. 18f.). Das oben schon[336] vorkommen-

---

334 MGH AA 6,2 9,10-20 Peiper; CChr.CM 193B 378 Fransen (Frgm. 44).
335 Hss überliefern *separare*, übernimmt Fransen, Peiper ändert in *separari.*
336 S.o. S. 194-199.

de Verständnis von *substantia* als *natura* (Z. 15.21) begegnet auch hier. Fortgeführt werden diese Überlegungen mit einem Verweis auf die Eintracht der urchristlichen Gemeinde (Apg 4,32): Diese Eintracht führe die Christen zu einem Herzen (Z. 25 *cor unum*) zusammen. Genauso führe die Gleichheit (*aequalitas*) der einzelnen trinitarischen Personen diese zu der einen Trinität zusammen. Die untrennbare Einheit und die dauerhafte Festigkeit der Trinität stehen im Mittelpunkt des Interesses (vgl. *soliditate* Z. 3; *solidaverit* Z. 14; *solidat* Z. 27).

Avitus greift hier auf Überlegungen zurück, die schon bei Ambrosius und dann besonders bei Augustinus zu finden sind. Ambrosius schreibt z.B. in fid. I 2,18:

> Denn wenn alle Glaubenden, wie geschrieben steht, „ein Herz und eine Seele waren", wenn alle, die dem Herrn anhängen, „einen Geist haben", wie der Apostel sagte (Apg 4,32), wenn Mann und Frau ein Fleisch sind, wenn wir Menschen alle, soviel die Natur anlangt, einer Substanz sind, wenn die Schrift aber über menschliche Angelegenheiten sagt, daß viele eins sind, die mit Göttlichem nicht verglichen werden können, um wieviel mehr sind der Vater und der Sohn hinsichtlich der Gottheit eins, wo es weder in der Substanz noch im Willen irgendeinen Unterschied gibt?[337]

Dies scheint doch eine sehr enge gedankliche Parallele zu dem Fragment bei Avitus zu sein, sowohl in Bezug auf die Argumentation als auch auf die zitierten Schriftstellen. Auch Augustinus greift auf diese Vergleiche in seiner Auseinandersetzung mit den „Arianern" bzw. Homöern zurück. So beschreibt er in conl.Max. 12, wie der heilige Geist bzw. wie die Liebe des heiligen Geistes aus den Gläubigen eine gute Gemeinschaft mache, zitiert dafür Apg 4,32 und fährt fort:

> ... die Liebe des heiligen Geistes machte so viele Herzen, machte so viele tausend Herzen zu einem Herzen; so viele tausend Seelen, die der heilige Geist selber zu einer Seele gemacht hat, nannte er eine Seele, um wieviel mehr nennen wir die auf ewig wechselseitig und untrennbar und in unaussprechlicher Liebe zusammenhängenden Vater, Sohn und heiligen Geist einen einzigen Gott![338]

---

337 *Etenim si omnium credentium, sicut scriptum est, erat anima una et cor unum, si omnis, qui adhaeret domino, unus spiritus est, ut apostolus dixit, si vir et uxor in carne una sunt, si omnes homines, quantum ad naturam pertinet, unius substantiae sumus, si hoc de humanis scriptura dicit, quia multi unum sunt, quorum nulla potest esse cum divinis comparatio, quanto magis pater et filius divinitate unum sunt, ubi nec substantiae nec voluntatis ulla est differentia?* Übersetzung und Text FC 47,1, 152f. Markschies.

338 *... tot corda, tot milia cordium unum cor fecit caritas Spiritus sancti; tot millia animarum unam animam dixit Spiritus sanctus, quam ipse unam animam fecit -, quanto magis nos unum Deum dicimus, semper sibi invicem et inseparabiliter et ineffabili caritate cohaerentes Patrem et*

Nach Augustinus ist der heilige Geist sowohl eine der drei Personen, die in wechselseitiger Liebe einander verbunden sind, als auch die verbindende Liebe selbst. Maximinus dagegen akzeptiert die Verwendung dieses Schriftverses Apg 4,32 zur Beschreibung der Gleichheit von Vater, Sohn und heiligem Geist nicht. In seiner Erwiderung gegen Maximinus geht Augustinus noch einmal darauf ein (c.Max. II 20,1) und erläutert, wie unterschiedlich in der Schrift „eins" verwendet werde: Wenn der Begriff „Einheit" mit einem Zusatz näher qualifiziert werde, könne er Dinge mit derselben (vgl. „ein Herz und eine Seele" Apg 4,32) oder auch unterschiedlicher Substanz (vgl. „ein Geist" aus 1Kor 6,17) beschreiben; wenn er aber absolut gebraucht werde wie in Joh 10,30, dann liege dieselbe Substanz zugrunde (*ubi autem dicitur de duobus aut pluribus unum sunt, nec additur quid unum sint, non diversae intelleguntur, sed unius esse substantiae*)[339].

Augustinus zieht ebenfalls den Vergleich mit der geschlechtlichen Vereinigung zweier Menschen, so z.B. in seinem Brief an Pascentius (ep. 238,11):

> Wenn die Schrift schon vom Leib in seinem getrennten Geschlecht aussagt, wer einer Prostituierten anhängt, ist ein Leib mit ihr (1Kor 6,16), und vom menschlichen Geist, der nicht der Herr ist, wer dem Herrn anhängt, ist ein Geist mit ihm (1Kor 6,17), um wieviel mehr ist Gott, der Vater, im Sohn, und Gott, der Sohn, im Vater, und der Geist mit dem Vater und Sohn ein Gott, wo es keinen Unterschied der Natur gibt, da es von unterschiedlichen Elementen heißt, daß sie einander anhängen und einen Geist oder Leib bilden.[340]

Dies ist aber ein besonderes Element der späteren westlichen neunizänischen, insbesondere der augustinischen Theologie und zeigt, wie sehr Avitus in seiner Argumentation gerade von Ambrosius und Augustinus beeinflußt ist. Eine Generation vor Ambrosius lehnte noch Hilarius von Poitiers Apg 4,32 als Beleg für die nur willentliche Einheit eindeutig ab; diese Stelle ist für ihn sogar ein Beleg der zu kritisierenden „arianischen" Gegner:

Filium et Spiritum sanctum. CChr.SL 87A 397,24-29 Hombert; Übersetzung aus Sieben, Antiarianische Schriften, 171.

339 CChr.SL 87A, 619,24-26 Hombert. Das entspricht in etwa seinen Ausführungen in trin. VI 3,4.

340 CSEL 57, 541,4-11 Goldbacher: *Si enim de carne diversi sexus dictum est* Qui adhaeret meretrici, unum corpus est (1Kor 6,16) *et de spiritu hominis, qui non est, quod dominus, consequenter scriptum est* Qui autem adhaeret domino, unus spiritus est (1Kor 6,17), *quanto magis deus pater in filio et deus filius in patre et spiritus patris et filii unus deus est, ubi nulla est diversa natura, cum ex diversis modo quodam sibi cohaerentibus dicatur vel spiritus unus vel corpus unum.* In diesem Brief, ep. 238,13, verwendet Augustin auch den Vergleich mit Apg 4,32 (ein Herz und eine Seele der Gläubigen).

Weil also die Irrlehrer dies nicht abstreiten können, da es ja so eindeutig gesagt und verstanden wird, so versuchen sie doch durch die völlig törichte Lügenlehre ihres Unglaubens dasjenige zu verderben, was nun einmal abgestritten werden soll. Denn sein Wort „Ich und der Vater sind eins" (Joh 10,30) versuchen sie auf das Zusammenstimmen einer Gesinnungsgleichheit zu beziehen; daß also in ihnen die Einheit des Wollens bestehe, nicht der Natur, d.h., daß sie nicht durch das, was sie sind, sondern durch ihr gleichgerichtetes Wollen eins sind. Auch jenes Wort in der Apostelgeschichte machen sie zu ihrer Verteidigung zunutze: „Die Menge der Gläubigen aber hatten ein Herz und eine Seele" (Apg 4,32), daß nämlich die Verschiedenheit der Seelen und Herzen durch das Zusammenstimmen desselben Wollens als Einheit in einem Herzen und in einer Seele bestehe.[341]

Das gemeinsame Handeln und Wollen, eine Gesinnungsgleichheit, ist für Hilarius also ein zu schwacher Hinweis auf die Trinität. Es müsse dagegen festgehalten werden, daß die Einheit in der Natur bestehe.[342] Hintergrund ist die schon im vierten Jahrhundert sehr intensiv geführte Diskussion über die Einheit zwischen dem Vater und dem Sohn, ob sie als Willenseinheit (zweier getrennter Hypostasen) zu verstehen ist oder als natürliche Einheit. Ihren Höhepunkt findet dieser Streit in der gegenseitigen scharfen Verurteilung auf der westlichen und östlichen Teilsynode von Serdica 343. Gerade in der theologischen Erklärung der westlichen Teilsynode von Serdica wird mit scharfen Worten verurteilt, die Einheit zwischen den trinitarischen Personen in Analogie zu der möglichen Einheit zwischen einzelnen Menschen zu beschreiben[343].

---

341 Hil., trin. VIII 5 (CChr.SL 62A 317,32-318,11 Smulders): *Haec igitur quia heretici negare non possunt, quippe cum sint tam absolute dicta atque intellecta, tamen stultissimo inpietatis suae mendacio neganda corrumpunt. Id enim quod:* Ego et Pater unum sumus, *temptant ad unanimitatis referre consensum, ut voluntatis in his unitas sit, non naturae, id est ut non per id quod sunt, sed per id quod idem volunt, unum sint. Et illud quod est in Actibus Apostolorum huic defensioni suae aptant:* Multitudines autem credentium erat anima et cor unum, *ut animarum et cordium diversitas in cor unum adque animam per convenientiam eiusdem voluntatis unitas sit.* Vgl. auch I 28. Übersetzung Antweiler, BKV 6, 14.

342 Hilarius führt in trin. VIII 7 aus, daß eigentlich auch die Einheit der Wiedergeborenen aus Apg 4,32 eine des gemeinsamen Wesens ist. Auch sein Zeitgenosse Markell von Ankyra geht in seiner Auseinandersetzung mit Asterius kritisch auf Apg 4,32 ein, um die Einheit zwischen dem Vater und dem Sohn nicht als einen „gemeinsamen Besitz" zu verstehen (fr. 75 Seibt/Vinzent). Das Verhältnis zwischen Vater und Sohn sei nicht analog zur Gütergemeinschaft aus Apg 4,32 als συμφωνία zu verstehen, da sie nicht zwei getrennte Hypostasen seien und sonst Verse wie Joh 16,15 eine unrechtmäßige Bereicherung des Sohnes ausdrücken würden. Vgl. Seibt, Markell, 369-379.

343 Vgl. AW III, Dok. 43.2,8 und 10 und Ath., Ar. III 20.

Bei Avitus wird also, wie bei Augustinus, mit einer Schlußfolgerung *a minore ad maius* etwas verbunden, was früher im trinitarischen Streit antithetisch gegenübergestellt wurde. So reichte es damals auch nicht aus, das gemeinsame Wollen als Beweis für die gemeinsame Natur zu verstehen, wie es jetzt im Westen üblich wurde. Hintergrund ist die spezielle Beschreibung der Trinität bei Augustinus. Er verstand den heiligen Geist als Gemeinschaft zwischen dem Vater und dem Sohn, wie er überhaupt die Trinität als Gemeinschaftsverhältnis beschrieb (s.o. S. 189). Aufgrund der Sendung des Geistes verstand er die geistliche Gemeinschaft der Christen als Abbild der trinitarischen Gemeinschaft, so daß er, anders als die östlichen Theologen, ökonomische Aspekte auf innertrinitarische Verhältnisse problemloser übertragen konnte.

Exkurs: *aequalitas*

Ein zentraler Begriff für die westliche neunizänische Theologie ist *aequalitas* bzw. die adjektivische Form *aequalis*[344]. Dieser Begriff begegnete schon in dem Kurzreferat über die Auseinandersetzungen zwischen Avitus und Gundobad bei Gregor von Tours[345], was belegt, wie sehr dieser Begriff zu einem Schlagwort der „Orthodoxie" geworden war. Auch in dem obigen Fragment 25 und 2 über die unterschiedslose Ehre von Vater, Sohn und heiligem Geist kommt dieses Stichwort gehäuft vor (*aequalem honorem; aequalis gloria; quid inaequale* und *ab aequalitate caelestis gloriae*), wie auch am Schluß von Fragment 22 (*sicut proprias in trinitate personas solidat et exunat aequalitas*)[346]. Und schon in hom. 12 schrieb Avitus von *claritas aequalitatis* und formulierte in frgm. 9: *utrum aequalis sit patri filio spiritus sanctus.*[347] So liest man auch in den unten vorgestellten Fragmenten 23: *aequalitatem filii dei* und 15: *restat dantis et accipientis aequalitas.*[348]

Bei den frühen westlichen lateinischen Autoren sucht man danach jedoch vergeblich wie z.B. bei Tertullian. Auch für Phoebadius von Agen ist dieser Begriff in seiner Schrift *Contra Arianos* nicht zentral. Er beschreibt nur einmal nebenbei, daß der Sohn dem Vater nicht ungleich sei (*inaequalis*

---

344 Vgl. Mayer/Studer, Aequalitas; Thraede, Gleichheit.
345 S.o. S. 47.
346 S.o. S. 203; 204; 210.
347 S. S. 127; 130.
348 S.u. S. 229; 235.

12,8), ansonsten verwendet er aber stets *una substantia* oder *unitas* (12,5)[349].
Substantia wird der lateinischen Tradition gemäß, äquivalent zu *natura*, als
Entsprechung zur griechischen Usia gebraucht, so daß den drei trinitarischen Personen (*persona* ist der übliche Begriff) *unitas naturae* oder
unius/eiusdem substantiae zukomme. Hilarius spricht darüberhinaus auch
von *essentia*. Dieses Bild zeigt sich auch bei Damasus von Rom in seinem
Brief *Confidimus quidem* (ep. 1: *ut patrem filium spiritumque sanctum unius
deitatis, unius virtutis, unius figurae, unius credere oporteret substantiae*[350]). Aber in
dem 12. Anathema des *Tomus Damasi* heißt es interessanterweise: *Si quis
non dixerit verum Deum Filium Dei, sicut verum Deum Patrem eius, et omnia posse
et omnia nosse et Patri aequalem: hereticus est*[351]. Deutlich wird also die Gleichheit der drei trinitarischen Personen mit *aequalitas* eingefordert. Hier wird
damit schon eine zentrale Fragestellung aus den Verhandlungen zwischen
Ambrosius und Palladius in Aquileia aufgenommen (s.u.).

Hilarius von Poitiers übernimmt zwar ebenfalls die übliche lateinische
Terminologie, bei ihm finden sich aber darüberhinaus nähere Ausführungen zu diesem Begriff *aequalitas*. Bemerkenswert sind nämlich seine Erläuterungen in syn. 67f., in denen er die (serdicensische) Fehlinterpretation
von *una substantia* ablehnt, die Gefahr einer Aufhebung der einzelnen Personen sieht und deswegen nun den Begriff *aequalitas* empfiehlt:

> Wir lehren auf fromme Weise *eine* Substanz, sofern wir bei der einen Sub-
> stanz die eigentümliche Ähnlichkeit mitdenken, so daß die Aussage, daß sie
> einer sind, nicht eine Singularität, sondern ein Gleiches bedeutet. Gleichheit
> sage ich, das heißt, eine Nichtverschiedenheit der Ähnlichkeit, so daß
> Gleichheit als Ähnlichkeit im Gebrauch ist; die Gleichheit aber werde deswe-
> gen *einer* genannt, weil sie sich selbst gleich ist; *einer* aber, wodurch etwas
> Gleiches ausgedrückt wird, aber nicht auf einen Einzigen beschränkt wer-
> de.[352]

Una substantia habe also nur eine korrekte Bedeutung, wenn damit eine
besondere Gleichheit der trinitarischen Personen ausgesagt werde, ohne

---

349 Vgl. *unam in duabus personis substantiam* 27,3 und die Ausführungen in 14,3; 25,3;
   27,3-6. In 7,2 beschreibt Phoebadius *substantia* mit *quod semper ex sese est*. Vgl. zu
   Phoebadius die Einleitung von Jörg Ulrich, FChr 38, 7-85.

350 19,23-25 Schwartz. Vgl. auch ep. 2 *Ea gratia* (20,25-21,1) und *Non nobis* (22,29-32
   Schwartz).

351 EOMIA I 2,1, 288,81-84 Turner. In der griechischen Fassung (nach Thdt., h.e. V
   11) wird ἴσον verwendet.

352 Hil., syn. 67 (PL 10, 525): *religiose unam substantiam praedicamus, dummodo unam substantiam proprietatis similitudinem intelligamus, ut quod unum sunt, non singularem significet,
   sed aequales. aequalitatem dico, id est indifferentiam similitudinis, ut similitudo habeatur aequalitas; aequalitas vero unum idcirco dicatur esse, quia par si, unum autem, in quo par significatur, non ad unicum vendicetur.*

das eigene Dasein der Personen aufzuheben (*si non personam subsistentem perimat*). Erkennbar ist eine Präferenz des Hilarius für *aequalitas*, aber der Begriff wird hier mit *similitudo* gleichgesetzt. Noch deutlicher plädiert Hilarius in den späteren Kapiteln syn. 72-75 für die Bezeichnung *aequalitas* gegen eine bloße *similitudo*[353]. Hilarius fragt zunächst, was Gleichheit (*aequalitas*) im Kontext von Ähnlichkeit und Einheit besagt (*inter similem et unum quaero quem locum habeat aequalis*) und wodurch sich „gleich" und „ähnlich" voneinander unterscheiden (*aut quid differunt similes et aequales*).[354] Schließlich beschreibt er die Ähnlichkeit als perfekte Gleichheit (*perfectae aequalitatis significantiam habet similitudo*), weil sie in der Gleichheit der Natur bestehe, da der Sohn aus dem Vater geboren ist.[355] Und gegen eine Gruppe, die die Gleichheit leugnet und nur die Ähnlichkeit bekennt[356], wirbt Hilarius mit Joh 5,18 für *aequalitas*, da eigentlich die Ähnlichkeit eine Gleichheit voraussetze. Als Zusammenfassung kann man lesen in trin. VII 15[357]:

> An Gleichheit kann man aber da niemals glauben, wo Einheit vorliegt; noch auch könnte man sie dort finden, wo Verschiedenheit herrscht. So kennt also die Gleichheit der Ähnlichkeit keine Einzigkeit noch auch eine Verschiedenheit, weil alle Gleichheit weder verschieden noch einzig ist.[358]

Hilarius entwickelt hier eine Terminologie, die Nachfolger findet und später zum selbstverständlichen Vokabular des westlichen Neunizänismus gehören wird. So wurde auch im Verlauf des Religionsgesprächs in Aquileia 381 dieses Stichwort länger thematisiert (Gesta 33-41). Palladius wird gefragt, ob er auch zustimme, den Sohn als *aequalis* zu Gott zu beschreiben (Gesta 34f.), und zwar (neben Phil 2,6-8) ebenfalls mit Verweis auf Joh 5,18: „… nicht allein, weil er den Sabbat brach, sondern auch Gott seinen Vater nannte und sich Gott gleich machte." Palladius beharrt da-

---

353 Das ist natürlich auch gegen die homöische Beschreibung des Sohnes als dem Vater gleich (*similes*), ohne nähere Qualifizierung, gerichtet.

354 Hil., syn. 72 (PL 10, 527).

355 Hil., syn. 73 (PL 10, 528).

356 Hil., syn. 74 (Pl 10, 528f.): *Nec me fallit, fratres charissimi, quosdam esse, qui similitudinem confitentes, negant aequalitatem. … si inter similitudinem et aequalitatem differre dicunt, quaero unde comparetur aequalitas.* Auch Hilarius unterscheidet natürlich diese Begriffe, plädiert aber anders als seine Gegner für *aequalitas* als die bessere und genauere Beschreibung einer *similitudo*.

357 Vgl. auch trin. VIII 45, wo die Gleichheit aus Phil 2,6f. abgeleitet wird.

358 CChr.SL 61, 276,20.23 Smulders: *Aequalitas vero nusquam ibi esse credatur, ubi unio est; nec tamen illic repperietur, ubi differt. Ita similitudinis aequalitas nec solitudinem habet nec diversitatem, quia omnis aequalitas nec diversa nec sola est.* Übersetzung Antweiler, BKV 5, 349.

rauf, den Vater größer als den Sohn zu bezeichnen (*pater maior est filio*); Ambrosius entgegnet dem, daß der Sohn nur *secundum carnem* niedriger als der Vater sei, *secundum divinitatem* aber *aequalis* (Gesta 37)[359]. Es kommt sogar zu einer Verurteilung der Leugner der Gleichheit: *anathema ei qui negat secundum divinitatem filium aequalem patri* (Gesta 39).

Eine Entgegnung darauf findet sich in den überlieferten Fragmenten aus der Apologie, in denen Palladius die Verhandlungen von Aquileia kommentiert. Er beharrt darauf, daß die Schrift die Unterordnung des Sohnes unter den Vater bestätige (Joh 14,28) und den besonderen Auftrag des Vaters an den Sohn (*officium*) beschreibe, so daß man nicht von einer *aequalitas* reden könne (Scholia 108)[360].

Interessant ist auch die kurze homöische Predigt *Contra hereticos*[361]: Hier wird betont, daß die „Häretiker" widersprüchlich sagen, Vater, Sohn und heiliger Geist seien sowohl *unus* als auch *aequales*, was sich eigentlich gegenseitig ausschließe: *Quod utique si aequales sunt, unus esse non possunt, quia aequalitas socio conparatur; nam unus est solus* ... (133v,5-7). Der Verfasser lehnt im folgenden natürlich beide Begriffe ab, auch *aequalis*: Wie könne der Gezeugte dem Ungezeugten gleich sein?[362]

In dem homöischen frgm.theol.arr. 7 liest man ähnlich, daß es ein großes Anliegen ist, gegen die sogenannten „Orthodoxen" vorzugehen, die die Kirchen tyrannisch beherrschen und sagen, der Sohn sei dem Vater in allem gleich und der heilige Geist dem Sohn und dem Vater in allem gleich (*causa nobis maxime est adversus eos qui se dicunt orthodoxos, qui eclesias nostras invaserunt et more tyrannico obtinent, dicentes aequalem esse filium per omnia et in omnibus deo patri, et spiritum sanctum aequalem esse per omnia et in omnibus deo patri et deo filio*[363]).

---

359 Zu dieser Hermeneutik vgl. das folgende Kapitel IV.5. In seiner Schrift *De fide* hatte er noch zu Beginn recht unbefangen das unspezifische *similis* verwendet (fid. I 7,48), während er im Verlauf des Schreibens offenbar die Begrifflichkeit für sich klarer definierte und *aequalitas* einbaute (vgl. fid. IV 10,127 und V 1,27). Vgl. dazu auch Markschies, Ambrosius, 181.

360 Vgl. auch Scholia 132-134: Palladius zitiert hier Schriftstellen, die die unvergleichliche Größe Gottes beschreiben wie Ps 88,7 (*quis in nubibus aequabitur Domino?*), und verteidigt die Überordnung des Vaters über den Sohn; Gemeinsamkeiten bestünden nur in der Kooperation.

361 Codex Veronensis 51, fol. 133r-136r; in: Scripta Arriana Latina, hg.v. R. Gryson, CChr.SL 87, 142-145.

362 *quomodo autem potest esse aequalis genitus ingenito, visibilis invisibili, et minister preceptori, et suplex adque advocatus superiori?* (fol. 133v,10-14).

363 Codex Vaticanus 5750, fol. 193, 14-28 (CChr.SL 87, 239 Gryson). Vgl. auch Frgm. 8; 9; 17 (*non est unus et ipse pater et filius, neque duo aequales, secundum alii erroris adsertionem, sed unus et unus ... non sunt duo sine initium dii aut duo aequales aut duo patres* ...).

Auch in dem *Sermo Arrianorum* findet sich Kritik an dem Begriff *aequalitas*: Der Sohn ehre zwar den Vater, der auch von allen als Schöpfer verehrt werde; der Vater selbst aber verehre niemanden, da es niemanden gebe, der größer oder ihm gleich (*aequalem*) sei (s.Arrian. 27). Augustinus selbst verteidigt die *aequalitas* in c.s.Arrian. VIII mit Phil 2,6f. und folgert, daß Christus zwei Naturen habe und nach der einen, menschlichen, gehorsam sei, nach der göttlichen jedoch Gott gleich sei. ...[364]. Auch im Streitgespräch mit Maximinus spielt dies eine Rolle, da Maximinus den Begriff *aequalitas* als sabellianisch kritisiert (*et ipse pares atque aequales profiteris tres, Patrem et Filium et Spiritum sanctum*[365]) und Augustinus' Schriftbelege ablehnt, da sie sich nur auf den allmächtigen Gott allein beziehen würden (conl.Max. 11; 13). Augustinus beharrt dagegen auf der Beschreibung mit *aequalis*[366], das er nicht nur in diesen antiarianischen Werken behandelt, sondern auch in anderen Texten, insbesondere in dem großen Werk trin.[367]

---

364 *Apparet tamen idem ipse Christus geminae gigans substantiae, secundum quid oboediens, secundum quid aequalis Deo, secundum quid filius hominis, secundum quid filius Dei* CChr.SL 87A 198,50-53 Hombert. In c.s.Arrian. XI schreibt er wie Ambrosius, daß der Sohn als Mensch den Menschen ähnlich (*similis*) sei, als Gott aber der Natur nach dem Vater gleich (*aequalis*). In c.s.Arrian. XVIII fordert er seine Gegner etwas unrealistisch auf, daß sie doch, auch wenn sie für den Vater und den Sohn und den heiligen Geist ungleiche Kräfte annehmen, wenigstens die gleiche Natur akzeptieren sollen. Vgl. ferner c.s.Arrian. XXVII; XXIX (… *sed aequalitatem suam nulli dedit nisi filio, qui natus est de illo, et spiritui sancto, qui procedit de illo. … quia indifferens in trinitate natura, indifferens in trinitate potentia est*; CChr.SL 87A 239,3-240,7 Hombert); XXXIII.

365 Conl.Max. 11 (CChr.SL 87A 395,37-39 Hombert).

366 Vgl. conl.Max. 13 (CChr.SL 87A 400,9-13): *Aequalitatem autem ostendit dicendo …* (Joh 5,26). *Vitam in semetipso habet Pater; aequalem vitae Patris vitam in se habet Filius*; 14 (CChr.SL 87A 409,23-410,26 Hombert): *quanto ergo adtinet ad illam naturam in qua aequalis est Patri, pariter est Deus, pariter omnipotens, pariter invisibilis, pariter immortalis*; u.ö. Vgl. Mayer/Studer, Art. Aequalitas im Augustinus-Lexikon, 141-150. In doctr. I 5 führt er aus, daß der Vater *unitas* ist, der Sohn *aequalitas*, der heilige Geist die Harmonie von *unitas* und *aequalitas*, alle drei aber alles gleichermaßen sind wegen der *aequalitas* des Sohnes.

367 „Diese grundlegende Lehre von der ae. der Personen beherrscht namentlich das theologische Hauptwerk trin." (Studer, Art. aequalitas, 146). Allerdings präzisiert Augustinus in den späteren anti-arianischen Texten seine Terminologie genauer; in trin. XV 14,23 steht noch *aequalis* ohne Unterschied direkt neben *similis*: *Verbum ergo dei patris unigenitus filius per omnia patri similis et aequalis, deus de deo, lumen de lumine, sapientia de sapientia, essentia de essentia, est hoc omnino quod pater, non tamen pater quia iste filius, ille pater* (CChr.SL 50A, 496,1-4 Mountain). *similis* wird aber zunehmend zum Stichwort der homöischen Theologie als lateinische Übersetzung des homöischen Stichworts ὅμοιος (vgl. die lat. Fassung der Formel von Rimini bei

Wie sehr der Begriff *aequalitas* zum Stichwort der nizänisch-katholischen Rechtgläubigkeit wurde, belegen spätere Texte wie Cerealis, c.Max., der gleich zu Beginn Schriftstellen sammelt zu der Frage, *quia aequalis est patri filius*[368], und die Thesen 5 und 6 des Vandalenkönigs Thrasamund[369], die Fulgentius von Ruspe zu widerlegen hatte[370]. Und bei den Anathematismen, die von Rekkared 589 auf dem Konzil von Toledo formuliert wurden, spielt dies eine herausragende Rolle. Gleich nach der Aufnahme der katholisch-nizänischen Bekenntnisse und der generellen Verurteilung alles „Arianischen" wird im zweiten Anathema formuliert: Wer immer leugnet, daß der Sohn Gottes, der Herr, Jesus Christus, von der Substanz des Vaters ohne Anfang gezeugt wurde und dem Vater gleich ist und wesenseins, der sei verdammt.[371]

Dieser Begriff *aequalitas* bekommt also im Westen im Verlauf der Zeit eine ähnliche Bedeutung wie im vierten Jahrhundert das griechische ὁμοούσιος aus dem Nizänum im Osten. In Abgrenzung zum homöischen *similis* wird die *aequalitas* betont und ein Bedeutungsunterschied entwickelt. Nur *aequalitas* beschreibe die absolute Gleichheit zwischen den trinitarischen Personen und schließe jede Form der Subordination aus. Und in den überlieferten homöischen Texten wird zunehmend die Kritik an der nizänisch-katholischen Position als Kritik an *aequalitas* ausgedrückt und es werden alte anti-sabellianische Vorwürfe wiederholt. So verwundert es nicht, daß Avitus selbstverständlich diese Begrifflichkeit verwendet, wie es in den Fragmenten sichtbar wird. Er steht damit ganz in der lateinischen

---

Hier., c.Lucif. 17f. [AW III Dok. 60.12]: *credimus in unigenitum dei filium, qui ante omnia saecula et ante omne principium natus est ex deo, natum autem unigenitum solum ex solo patre, deum ex deo, similem genitori suo patri secundum scripturas…*; Wulfila: *et filium similem esse patri suo … secundum divinas scribturas et traditionem* [Scholia 48; SChr 267, 238 Gryson]; und Aug., conl.Max. 15,15: *filius natus est, ut diximus. nos verum filium profitemur et similem patri non denegamus, praeterea de divinis scripturis instructi* [CChr.SL 87A 445,437-439 Hombert]).

368 PL 58, 757f.

369 CChr.SL 91, 68: 5. *… ob hoc quod absurdum sit dicere vel credere patrem et filium ingenitos esse. qui sibi suadet ista excogitare, ipse se vult fraude decipere, quam quidem exigit illis hoc dici qui patrem et filium aequales asserunt esse. 6. … aequalis esse non posse.*

370 Vgl. auch den lateinischen Kommentar zum Nizänum (*Commentarius in Symbolum anonymus*; EOMIA I 2,1, 354-363: 359 Turner): *Nihil ergo inperfectum in Filio Dei, nihil inaequale … omnia aequalia … vides aequalitatem Filii ad Patrem … aequalis igitur Deo est Filius deitate, dicente Apostolo …* (Phil 2,6-8).

371 *Quicumque filium dei dominum Iesum Christum negaverit a paterna substantia sine initio genitum et aequalem patri esse vel consubstantialem, anathema sit* (79,347-349 Diez/Rodgiguez). Vgl. auch die Auseinandersetzung mit Leogivild, 580 n.Chr. (Gregor, V 43) und z.B. den Traktat *De myterio sanctae Trinitatis* des Caesarius von Arles (Morin, Caesarii opera omnia II 165-180 = PLS 4, 5322-545), bes. § 3 und 10-13.

theologischen Traditon des Westens, wie sie seit Hilarius von Poitiers entwickelt und von Ambrosius und Augustinus ausgebaut wurde.

Fragment 18: Florus ad Ephes. 4,30[372]

Unum nomen est trinitatis. *Neque est enim aliud nomen*, ut in actibus apostolorum legimus, *in quo oporteat salvos fieri* (Apg 4,12). Si sequestrato filio de solo istud nomine patris creditur, dicendus est non salvare salvator; rursusque si patre secluso in solius redemptoris nomine adquirimur, cessavit ab hac redemptione pater, de quo scriptum est: *quod redemptionem miserit populo suo* (Ps 110,9). Cum et de spiritu sancto apostolus dicat: *In quo signati estis in die redemptionis vestrae* (Eph 4,30).

Es gibt (nur) eine Bezeichnung für die Trinität. „Es gibt nämlich keinen anderen Namen", wie wir in der Apostelgeschichte lesen, „in dem wir erlöst werden sollen." Wenn dies unter Absonderung des Sohnes alleine vom Namen des Vaters geglaubt wird, dann müßte man auch sagen, daß der Erlöser nicht erlöst; ebenfalls umgekehrt, wenn der Vater ausgeschlossen wird und wir allein im Namen des Erlösers gewonnen werden, dann war der Vater an dieser Erlösung nicht beteiligt, über den geschrieben steht: „denn er schickt seinem Volk Erlösung" – wo der Apostel doch auch über den heiligen Geist sagt: „In dem ihr gezeichnet seid am Tag eurer Erlösung".

Dieses Fragment bricht den Gedanken ab, da sicher noch eine Argumentation in Bezug auf den heiligen Geist gefolgt war, aber der Duktus ist dennoch ersichtlich: Es gibt nur einen gemeinsamen Namen für die Trinität bzw. es werden keine spezifischen Namen den jeweiligen Personen der Trinität zugewiesen. Hier wird das am Beispiel des Titels „Erlöser" (*redemptor* synonym zu *salvator*) vorgeführt. „Erlöser" ist nicht nur der Sohn, sondern auch der Vater wie auch der heilige Geist. Hintergrund ist die schon beschriebene homöische Stufentheologie, die den jeweiligen trinitarischen Personen auch verschiedene Titel und Aufgaben zuwies. Avitus will dagegen darauf hinaus, daß sich die Einheit der Trinität auch in den wechselseitig zuschreibbaren Titeln zeige, wieder belegt mit Schriftzitaten.

Erneut zeigt sich Avitus seiner theologischen Traditon verpflichtet. Auch Ambrosius beschreibt in spir. I 132-166, daß nur von *unum nomen* auszugehen ist, wie es auch im Taufbefehl Mt 28,19 formuliert sei: ... *in nomine* sei doch zu taufen, und nicht *in nominibus*. Ähnlich wie Avitus formuliert er: *Unum sunt ergo filius et spiritus, unum nomen est trinitatis et una*

---

372 MGH AA 6,2 7,22-27 Peiper; CChr.CM 193B 374 Fransen (Frgm. 40).

inseparabilisque praesentia (spir. I 138)[373]. Das zeigt Ambrosius schließlich anhand von mehreren Beispielen und ist das Hauptthema und die grundlegende Aussage von seinem Werk spir. überhaupt. Schon vorher formulierte er in Auseinandersetzung mit der homöischen Auslegung von 1Kor 8,6, daß immer die anderen trinitarischen Personen mitzudenken sind, auch wenn nur eine genannt wird, denn es sei ein Name, eine Kraft, auch wenn in einer Schriftstelle nur eine Person genannt sei.[374] Das gemeinsame Wirken von Vater, Sohn und heiligem Geist sei also immer vorauszusetzen. Um dies zu beschreiben, gebe es Namen, die diese Einheit und das gemeinsame Wirken ausdrücken könnten[375] und die deswegen dem Vater, Sohn und heiligen Geist gleichermaßen zuzuweisen seien. In spir. I 133 fährt er fort, daß es nur eine Gottheit (*una divinitas*) gebe, so daß der Sohn auch nicht im Namen eines anderen wirke. Nach Joh 5,43 komme der Sohn im Namen seines Vaters; nach Joh 14,26 schicke der Vater den heiligen Geist aber im Namen des Sohnes. So folgert Ambrosius in I 134: Wer im Namen des Sohnes komme, komme auf jeden Fall auch im Namen des Vaters, weil es einen Namen des Vaters und des Sohnes gebe; und nur so, wenn es einen Namen des Vaters und Sohnes und heiligen Geistes gebe, dann „gibt es keinen anderen Namen, in dem wir erlöst werden" (Apg 4,12).[376] Ambrosius verwendet hier die Schriftstelle Apg 4,12 in dem gleichen Zusammenhang wie Avitus[377].

---

373 So begann Ambrosius auch sein Werk *De fide*. In seiner *Expositio fidei* (I 1,6-9) heißt es nach einem Bekenntnis zum Monotheismus: *Si ergo unus deus, unum nomen, potestas una est trinitatis.* Es folgt der Taufbefehl Mt 28,19 und noch Joh 10,30 („ich und der Vater sind eins"). Ziel ist es, keine Unterschiede in der Macht anzunehmen (*ne fiat discretio potestatis*) und die Einheit nicht als Vermischung, sondern als Einheit der Natur zu akzeptieren (*non confusione, sed unitate naturae*).

374 Ambr., spir. I 40 (CSEL 79, 31,18-22 Faller): ... *quia unum nomen est, potestas una, ita etiam, ubi operatio aliqua divina aut patris aut filii aut spiritus designatur, non solum ad sanctum spiritum, sed etiam ad patrem refertur, nec solum ad patrem, sed etiam ad filium refertur et spiritum.* Vgl. I 44: ... *quia qui unum dixerit, trinitatem signavit. Si Christum dicas, et deum patrem, a quo unctus est filius, et ipsum, qui unctus est, filium et spiritum, quo unctus est, designasti* (33,62-65). Vgl. ferner oben im Überblick über den Streit gegen die Göttlichkeit des heiligen Geists, S. 149 u. 199f.

375 Dies wird von Ambrosius mit mehreren Begriffen durchgespielt: *pax, gratia, caritas, communicator, maiestas, creator, dominus, lux, vita, fons vitae, flumen, virtus, consilium, vita.*

376 Spir. I 134 (CSEL 79, 73,23-27 Faller): *Qui autem venit in nomine filii, utique in nomine etiam patris venit, quia unum patris nomen et fili est. Sic fit, ut unum et patris nomen et fili sit et spiritus sancti.* nec aliud est enim nomen sub caelo ullum, in quo oportet salvos fieri (Apg 4,12).

377 Vgl. auch fid. V 2,39, wo Ambrosius sowohl den Vater als auch den Sohn als „Erlöser" qualifiziert. Bei Augustin ist die Rede von dem „einen Namen" nicht

Im Hintergrund stehen ähnliche Überlegungen, wie sie oben schon zu den Präpositionen ausgeführt wurden[378]. Ein wesentliches Element der homöischen Stufentheologie war es, den einzelnen trinitarischen Personen aufgrund ihrer Unterordnung auch spezifische Aufgaben zuzuweisen. Die Verbindung zwischen ihnen bestehe darin, daß der Sohn und der heilige Geist vom Vater die Fähigkeiten dazu verliehen bekommen haben, der einzig allein *solus verus deus* ist[379]. So faßt auch Maximinus während seines Gesprächs mit Augustinus zusammen, daß Gott als *auctor*, der Sohn als *creator*, der heilige Geist als *illuminator* anzusehen sei[380]. Nur der Vater sei z.B. eigentlich der Herr (*dominus*) über allem[381]; der Sohn ist nur *dominus et deus* (nicht *verus deus*) über alle Kreatur, weil er vom Vater dazu ermächtigt wurde[382]. Aber der heilige Geist ist nicht *dominus*, da er selbst kein Schöpfer sei[383]. Gegen eine solche Aufteilung argumentiert Avitus im folgenden Fragment:

Fragment 24: Florus ad Philipp. 2,9f.[384]

An forte solus pater dicendus est dominus? In evangelio Christus discipulis ait: *Vocatis me magistrum et dominum: bene dicitis, sum enim* (Joh 13,13). Et apostolus ait, quod post mortem Christi, *mortem autem crucis, exaltaverit eum* pater *et dederit ei nomen, ut in nomine Iesu omne genu flectat caelestium,*	Oder soll etwa nur der Vater Herr genannt werden? Im Evangelium sagt Christus zu den Jüngern: „Ihr nennt mich Meister und Herr, recht redet ihr, denn ich bin es." Und der Apostel sagt, daß nach dem Tod Christi, „dem Tod aber am Kreuz, der Vater ihn erhöht und ihm einen Namen gegeben hat, daß im Namen Jesu sich jedes Knie beuge,

(Zeile 5 markiert zwischen den Spalten)

---

so präsent wie bei Ambrosius, auch wenn er natürlich de facto gleiche Aussagen über die drei trinitarischen Personen macht (vgl. trin. V 9; VIII 1).

378 S.o. S. 199-209.

379 Vgl. Ambr., spir. II 3,27. In fid. V 1,20f. und auch spir. II 26-28 läßt Ambrosius erkennen, daß sich seine Gegner bes. auf Joh 17,3 (..., daß sie dich als *allein wahren* Gott erkennen ...") berufen haben dürften. Vgl. auch die Diskussion auf der Synode von Aquileia 381, die eigentlich – soweit es das nicht vollständige Protokoll erkennen läßt - hauptsächlich darum kreist, ob nur der Vater (*verus*) *deus* (Gesta 17-21), *sempiternus* (Gesta 12), *immortalis* (Gesta 22-26), *sapiens* (Gesta 27), *bonus* (Gesta 28-30) sei oder auch der Sohn im gleichen Maße.

380 Conl.Max. 15,5 (PL 42, 725). Vgl. s.Ar. 30.

381 Frgm.theol.arr. 14: *unus deus verus, unus rex, unus dominus, unus creator et opifex universitatis ...* (CChr.SL 87, 250 Gryson).

382 Frgm.theol.arr. 17.

383 Frgm.theol.arr. 19 (CChr.SL 87, 259 Gryson): *Hic spiritus non est deus nec dominus, quoniam nec creator.*

384 MGH AA 6,2 9,26-31 Peiper; CChr.CM 193B 380 Fransen (Frgm. 47).

terrestrium et infernorum (Phil 2,8-10), id est adoret, dicente alibi ipso domino: *dominum deum tuum adorabis et illi soli servies* (Dt 6,13; Mt 4,10).	10	derer im Himmel, auf Erden und unter der Erde", d.h. anbete, wie der Herr selbst anderswo sagte: „Du sollst den Herrn, deinen Gott, anbeten und ihm allein dienen."

Avitus stellt hier drei Schriftstellen zusammen, die belegen, daß auch der Sohn selbst „Herr" genannt wird und nicht nur der Vater[385]. Dies war auch schon ein Stichwort bei Ambrosius[386], der ferner in spir. III 95 thematisiert, ob auch der heilige Geist „Herr" ist, und in spir. III 104, ob es drei Herren gebe. Auch er zitiert hier Joh 13,13 und faßt in spir. III 107 zusammen, daß weder von zwei Herren die Rede sein könne in Bezug auf den Vater und den Sohn noch von drei Herren, wenn man auch den heiligen Geist Herr nenne; beides sei ein Sakrileg, da es nur einen Gott und Herrn gebe, und Gott sei Herr und der Herr sei Gott; die Gottheit bestehe also im Herr-Sein und das Herr-Sein in der Gottheit.[387]

Auch Augustinus betont natürlich, daß es nicht „drei Herren" gebe, sondern nur einen, daß aber zugleich sowohl der Vater als auch der Sohn und der heilige Geist selbst „Herr" sind und genannt werden[388]. Und im Athanasianum wird dies ebenfalls betont: *ita dominus pater, dominus filius, dominus spiritus sanctus, et tamen non tres domini, sed unus dominus*[389].

Diese Einheit in der Dreiheit beschreibt Avitus auch in dem folgenden Fragment:

Fragment 19: Florus ad Eph. 4,5[390]

Ubi plurale aliquid in divinitate subresonat, non dualitas videtur	Wo etwas in der Gottheit wie eine Vielheit anklingt, so ist offensichtlich nicht

---

385 Vgl. auch Fragment 6 (auch der heilige Geist ist „Herr"), s.o. S. 194.

386 Ambr., fid. I 3,26; spir. I 14 133-135: *dominus ergo et patri est nomen et filio* (133); dies wird in spir. II 1,17f. auf den heiligen Geist erweitert: *Habes ergo dominum dici etiam spiritum sanctum.* Vgl. schon Bas., spir. 21.

387 CSEL 79, 195,35-196,42 Faller: *Ergo quemadmodum duos non dicimus dominos, cum et patrem et filium designamus, ita nec tres dominos dicimus, cum dominum spiritum confitemur. Sicut enim tres sacrilegum est dominos aut deos dicere, ita etiam hoc plenum sacrilegii est duos dominos aut deos dicere, quia unus deus, unus est dominus, unus est spiritus sanctus, et qui deus, dominus, et qui dominus, deus, quia in dominatione divinitas et in divinitate dominatus est.*

388 Vgl., als Zusammenfassung lesbar, ep. 238,18-20 (im Zusammenhang mit seiner Auslegung von 1Kor 8,6). Vgl. oben S. 201.

389 V. 17f.: Turner, Critical Text, 408; Kelly, 18. Wieder bestätigt sich eine antihomöische Tendenz des Athanasianum (s.o. S. 184).

390 MGH AA 6,2 8,1-30 Peiper; CChr.SL 193B 374f. Fransen (Frgm. 41).

intellegenda[391], sed trinitas, sicut
in ipso Sodomiticae urbis refertur exitio. *Apparuit, inquit, domi-* 5
nus Abrahae sedenti in ostio taberna-
culi in ipso fervore diei. Cumque
levasset oculos, apparuerunt ei tres viri.
Quos cum vidisset, cucurrit in occur-
sum eorum et adoravit in terram et 10
dixit: Domine, si inveni gratiam in
oculis tuis, ne transeas[392] *servum*
tuum. (Gen 18,1-3) Certo non in
aliquo horum trium aut cultior
habitus aut eminentior forma 15
praestabat. Et tamen Abraham
sacramentum indivisae divinitatis
intellegens[393] uno nomine tres
precatur, quia trina in unitate
persona et una est in trinitate 20
substantia. De qua et apostolus
dicit: *unus deus*[394]*, una fides, unum*
baptisma. (Eph 4,5) Quis praesu-
mat contra vas electionis unitatem istam pluralitate confun- 25
dere? Noverat namque cum
patre vel filio dominari spiritum
sanctum, cui quasi domum corpora nostra sacrabat dicens:
Nescitis, quia templum dei estis et 30
spiritus dei habitat in vobis? (1Kor
3,16) Quo umquam magis testimonio deus probabitur spiritus
sanctus, quam quod habitaculum
ipsius sumus et deus habitat in 35
nobis? Sed iam dudum huiusmodi credulitatem divinae voca-
tioni Paulus debebat. Sic quippe
in apostolorum actibus scribitur:
Deservientibus autem illis et ieiunanti- 40
bus dixit spiritus sanctus: Sequestrate
mihi Paulum et Barnabam ad opus,

eine Zweiheit, sondern eine Dreiheit zu
denken, wie gerade auch vom Untergang der Stadt Sodom überliefert ist:
„Und der Herr", heißt es, „erschien
Abraham, während er am Eingang seines Zeltes saß, gerade als der Tag am
heißesten war. Und als er seine Augen
aufhob, da erschienen drei Männer vor
ihm. Als er sie sah, lief er ihnen entgegen, neigte sich anbetend zur Erde hin
und sagte: Herr, habe ich Gnade gefunden vor deinen Augen, so gehe nicht an
deinem Knecht vorüber." Selbstverständlich sticht bei keinem dieser drei
eine kultiviertere Haltung oder glänzen-
dere Erscheinung hervor. Und dennoch
flehte Abraham, weil er das Geheimnis
der ungeteilten Gottheit durchschaute,
die drei in einem Namen an, weil drei
Personen zusammen in der Einheit sind
und eine Substanz in der Dreiheit ist.
Über diese sagte der Apostel: „ein Gott,
ein Glaube, eine Taufe". Wer gedenkt
gegen das erwählte Gefäß (Paulus) diese
Einheit durch Vielheit zu zerstören? Er
(Paulus) hatte nämlich begriffen, daß
mit dem Vater und dem Sohn der heilige Geist herrscht, für den er unsere
Körper gleichsam als (sein) Haus heilig-
te, und sagte: „Wißt ihr nicht, daß ihr
ein Tempel Gottes seid und Gottes
Geist in euch wohnt?" Durch welches
Zeugnis wird der heilige Geist jemals
besser als Gott erwiesen werden, als
dadurch, daß wir seine eigene Wohnstatt sind und Gott in uns wohnt? Aber
schon länger verdankte Paulus solchen
Glauben der göttlichen Berufung. So
heißt es ja in der Apostelgeschichte:
„Als sie aber dem Herrn dienten und

---

391 *intelligenda* liest Fransen in der Hs.
392 *transeat* liest Fransen in der Hs.
393 *intelligens* liest Fransen in der Hs.
394 *dominus* liest Fransen in der Hs.

ad quod vocavi eos. (Apg 13,2) Non ex superioris praecepto, sed spontanea est, ut opinor, ista vocatio. Sibi sequestrari praecipit, sibi dicit adsumi. Deus est sine ambiguo, qui inspirat, eligit vel mittit apostolos. Et tamen idem sanctus Paulus, cum distincte aliquotiens patrem, filium vel spiritum sanctum dominum esse doceat, fidei culmen ea qua supra dixi definitione consummat: *Unus dominus, una fides, unum baptisma.*

Sic ergo non possumus duos deos sicut nec duas fides nec duo baptismata dicere. Deos nominare gentilitas appetit, crebro se lavacro a peccatis ablui Iudaeus credit, fides plurali numero quasi multas dici veritas prohibet nec Latinitas sinit. Unus Dominus est, non dividimus; una fides, non scindimus; unum baptisma, non iteramus. Cui honorem suum etiam in Bonosiacorum aliorumque receptione servantes si se *in nomine patris et filii et spiritus sancti* (Mt 28,19) baptizatos esse respondeant. Quod bene confessi sunt, servando recipimus, quod perperam crediderant, benedicendo sanamus et quod minus fuerat nominatione praemissa, suppletur credulitate firmata.

fasteten, sprach der heilige Geist: Sondert mir Paulus und Barnabas aus zu dem Werk, zu dem ich sie berufen habe." Diese Berufung geschieht nicht durch den Befehl eines Vorgesetzten, sondern freiwillig, wie ich glaube. Er befahl (ihnen), dass sie für ihn ausgesondert werden, und er sagte zu, dass sie bei ihm aufgenommen werden. Gott ist es ohne Zweifel, der die Apostel begeistert, erwählt und sendet. Und dennoch faßt eben dieser heilige Paulus, obwohl er mehrmals lehrt, Vater, Sohn und heiliger Geist seien der Herr, den Gipfel des Glaubens in jener Definition, die ich oben nannte, zusammen: „Ein Herr, ein Glaube, eine Taufe."

So können wir also nicht von zwei Göttern reden wie auch nicht von zwei Glauben oder zwei Taufen. Die Heiden verlangen, Götter zu benennen, der Jude glaubt, sich durch häufiges Waschen von den Sünden zu reinigen, die Wahrheit aber verbietet und die Latinität läßt nicht zu, von einem Glauben im Plural – als ob es viele Glauben gebe – zu reden. Einer ist der Herr, wir zerteilen ihn nicht; einer ist der Glaube, wir spalten ihn nicht; eine ist die Taufe, wir wiederholen sie nicht. Ihr (der Taufe) wahren wir ihre Würde auch bei der Aufnahme von Bonosiakern und anderen, sofern sie bekunden, im Namen des Vaters und des Sohnes und des heiligen Geistes getauft zu sein. Was sie korrekt bekannt haben, nehmen und bewahren wir, was sie fehlerhaft glauben, heilen wir mit Segen, und was ohne Erwähnung blieb, wird ergänzt, wenn der Glaube gefestigt ist.

Avitus erklärt mit mehreren Beispielen das Geheimnis der ungeteilten Gottheit (Z. 17 *sacramentum indivisae divinitatis*), also der Trinität, die nicht als Dualität oder Vielheit mißzuverstehen ist. Dieser Text hängt inhaltlich mit den vorhergehenden Fragmenten zusammen, da Avitus hier mit Eph

4,5 ausdrücklich betont, nur an „einen Herrn" zu glauben. Wie im vorigen Fragment ausgedrückt, sind die drei trinitarischen Personen „Herr", aber es gibt deswegen nicht drei verschiedene „Herren", sondern sie sind zusammen „ein Herr". Die Christen hätten ja auch einen Glauben an den einen Gott, vermittelt durch die eine Taufe. Drei einzelne, auch aus anderen Texten schon bekannte Argumente stellt Avitus zusammen:

1. der Besuch der drei Männer bei Abraham (Gen 18,1-3)[395];
2. die Lehre des Apostels Paulus, zusammengefaßt in Eph 4,5 und erläutert mit 1Kor 3,16 (Tempel des heiligen Geistes/Gottes)[396];
3. die Berufung des Apostels Paulus (durch den heiligen Geist und Gott; der heilige Geist folge keinem Befehl eines Vorgesetzten)[397].

Die Tendenz und das Argumentationsziel in diesem Fragment scheinen aber darüber hinaus zu gehen. Mehrmals betont Avitus hier, daß in Bezug auf Gott nicht eine „Zweiheit", sondern eine „Dreiheit" zu erkennen sei (*non dualitas ... sed trinitas* Z. 2f.), wie die Christen ja auch nicht von zwei Göttern, Glauben oder Taufen reden (*non possumus duos deos sicut nec duas fides nec duo baptismata dicere* Z. 57-59)[398]. So betont Avitus auch bei der Erwähnung des Besuchs der drei Männer bei Abraham, daß es eben drei gewesen sind (Z. 17-21) und schlußfolgert: ... *quia trina in unitate persona et una est in trinitate substantia* (Z. 19-21). Zu beachten ist auch, wie Avitus im folgenden mit Paulus belegen will, daß der heilige Geist Gott ist, einmal durch 1Kor 3,16 („Tempel Gottes") und ferner mit seiner Berufung, die durch den heiligen Geist geschehen sei, so daß Paulus selbst von Beginn an gewußt habe, daß dieser Gott sei. Insofern gehört dieses Fragment thematisch auch in den Kontext der übrigen Fragmente, die unter dem

---

395 Vgl. Ambr., fid. I 13,80; spir. I 55; II prol. 4 (*sed nec Abraham ignoravit spiritum sanctum; denique tres vidit et unum adoravit, quia unus deus, unus est dominus et unus spiritus*); Faustus, spir. I 6 (109,15-17). In conl.Max. 15,26 betont Maximinus ausdrücklich, daß nur der Sohn dem Abraham erschienen sei, wie auch schon Palladius in seiner Apologie (*denique cum filius dei qui in figura viri et Abrahe apparuit* ... [Scholia 134; SChr 267, 316 Gryson]). Vgl. dazu die Entgegnung Augustinus' in c.Max. II 26,5-8; auch Mayer, Abraham und Thunberg, Early Christian Interpretation of the Three Angels in Gen 18.

396 S.o. S. 182. Vgl. bes. Faustus, spir. II 8; Aug., ep. 238,20f. (er zitiert Eph 4,5 nicht in trin. und in den anderen antiarianischen Schriften); Ambr., spir. I 42; III 28.

397 Das ist gegen das Verständnis des heiligen Geistes als Diener, der nur die Befehle Gottes ausrichtet, gerichtet. Auf die Berufungserzählung wird mehrfach zurückgegriffen, vgl. Faustus, spir. II 4; Bas., spir. 49; Ps.-Bas., Eun. V 138; Didym., spir. 23.

398 Das wird auch im Athanasianum betont: *ita tres deos aut dominos dicere catholica religione prohibemur* (V. 20 [408 Turner]).

Stichwort *De divinitate spiritus sancti* zusammengestellt wurden[399]. Wenn der heilige Geist nicht auch als Gott anerkannt werde, habe man nur eine *dualitas*, keine *trinitas*. Selbstverständlich fährt Avitus dann fort, daß diese Dreiheit nicht als Vielheit zu verstehen ist – wie bei den Heiden, die eine Vielzahl an Göttern haben[400], oder bei den Juden, die ein wiederholtes Tauchbad praktizieren im Unterschied zu der einen Taufe der Christen; diese geschehe einmalig, weil auch die Trinität als Einheit zu verstehen ist.

Zum Schluß dieses Fragments geht Avitus noch einmal auf die Taufe ein: *unum baptisma, non scindimus*. Hintergrund ist die praktizierte Konvertitentaufe bei den „Arianern", wie sie mehrfach bezeugt ist[401]. Avitus lehnt hier explizit ab, zur katholischen Kirche konvertierende Bonosiaker noch einmal zu taufen, da sie im Prinzip trinitarisch im Namen des Vaters, des Sohnes und des heiligen Geistes getauft wurden, auch wenn ihr Glaube fehlerhaft oder ergänzungsbedürftig sei[402]. Dies könne aber korrigiert oder ergänzt werden und erfordere keine zweite Taufe.

Es stellt sich die Frage, ob Avitus hier auf die Bonosiaker zu sprechen kommt, weil er zuvor die Einmaligkeit der Taufe erwähnt hatte, die eben auch bei der Aufnahme der Bonosiaker zu beachten sei, oder ob er schon vorher im Fragment auch die Bonosiaker als Häretiker im Blick hatte, als er die *dualitas* zur *trinitas* erweitern wollte. Da der Kontext dieses Fragments nicht überliefert ist, läßt sich das nicht eindeutig entscheiden. Einige Beobachtungen könnten für die zweite Möglichkeit sprechen. Wenn Avitus prinzipiell die Wiedertaufe ablehnen wollte, läge es eigentlich näher, die „Arianer" zu erwähnen, die sicher bedeutender als die Gruppe der Bonosiaker gewesen sein dürften und die Hauptgegner des Avitus in Burgund gewesen sind. Ferner könnte die Beschreibung des Glaubens der Bonosiaker als fehlerhaft und mangelhaft zu den vorangehenden Überlegungen passen, daß Gott nicht als *dualitas* zu denken ist. Dann würde Avitus hier den Bonosiakern vorwerfen, sie erkennten den heiligen Geist nicht als Gott an. Da die Quellen über die Bonosiaker sehr spärlich sind, läßt sich diese theologische Ansicht in den sonstigen Aussagen über sie nicht finden. In der Regel werden die Bonosiaker mit den Photinianern verglichen, die auf Photinus, einen Schüler des Markell von Ankyra, zurückgehen, der mehrfach verurteilt wurde wegen seiner Lehren über den Sohn Gottes, dem er keine Eigenexistenz zuweisen wollte und dessen

---

399 S.o. Kap. IV.2.
400 Der Vergleich mit den Heiden auch bei Ambr., fid. I 13,85.
401 Vgl. K. Schäferdiek, Germanenmission, 522. S.o. S. 91 zur „Wiedertaufe"; zu Kanones über die Wiedereingliederung von Häretikern s.o. S. 87-91.
402 Zu den Bonosiakern s.o. S. 84.

Sohnschaft erst mit der Inkarnation beginne[403]. Aussagen über den heiligen Geist finden sich unter den Texten zu den Bonosiakern nicht. Falls aber die Einschätzung von Schäferdiek zutrifft, daß der „Häresiarch" der Bonosiaker, Bonosus von Serdica, verurteilt wurde, weil er „volkstümliche, außer- und unterhalb der offiziellen trinitarisch-christologischen Lehrbildung fortlebende und -wirkende Anschauungen" vertrat[404], so könnte dies auch in Hinblick auf den heiligen Geist zutreffen[405]. Über das Eindringen der Bonosiaker beklagte sich Avitus bei Sigismund in einem Brief, der oben schon behandelt wurde[406]. Er stellte darin in Aussicht, daß sich „Arianer" und „Bonosiaker" vermischen könnten, was die Anzahl der Häresien verringern würde, und forderte von Sigismund, die Situation im Auge zu behalten. „Arianer" und „Bonosiaker" könnten sich eventuell in ihrer Kritik an der gleichwertigen Göttlichkeit des heiligen Geistes getroffen haben, was die Diskussion über dieses Thema verschärft haben dürfte.

Avitus verteidigt in diesen vier Fragmenten die *una substantia* der *trinitas*. Diese natürliche (*per naturam*) substanzielle Einheit der Trinität zeige sich nicht nur in der gemeinsamen Eintracht und Einmütigkeit (*concordia*, *unanimitas* in frgm. 22), sondern auch in den gemeinsamen Namen wie „Herr" und „Erlöser". Nur so sei die Trinität nicht als Vielheit oder Vielgötterei mißzuverstehen und bleibe die Einheit Gottes und unseres Glaubens an ihn gewahrt. Avitus bewegt sich mit seinen Argumenten und mit seinen referierten Schriftstellen in den Bahnen von Ambrosius und Augustinus. Deutlich wird an seinen Aussagen, wie sehr *aequalitas* inzwischen zu einem selbstverständlichen Stichwort der „katholisch"nizänischen Lehre geworden ist[407]. Die Fragmente fallen leider so kurz aus, daß nicht mehr erkennbar ist, ob sie aus einer Predigt, einem längeren Traktat oder auch einem kurzen Brief stammen. Es ist auch nicht mehr erkennbar, ob Avitus hier auf kritische Fragen reagiert; eventuelle Gegenargumente referiert er nicht bzw. werden in den kurzen Textpassagen nicht mitgeteilt.

---

403 Vgl. Schäferdiek, Bonosus und oben S. 84. Vgl. zu Photin ferner AW III, Dok. 45; 47.

404 Schäferdiek, Bonosus, 301.

405 Bekanntlich beschrieb auch Markell den heiligen Geist nicht als eigene Hypostase, sondern als göttliche Macht oder Kraft oder setzte ihn mit Gott gleich („Gott ist Geist"); vgl. Markell, fr. 47; 48; 61; 64; 67; 73 Seibt/Vinzent.

406 S.o. S. 82.

407 Erwähnt in frgm. 2; 9; 15; 23; 25 und hom. 12 (s.o. S. 214).

IV.5 In creatura patre minor

Diese hier zusammengestellte Gruppe der trinitätstheologisch relevanten Fragmente betrifft die besondere hermeneutische Frage, wie mit den Schriftstellen umzugehen ist, die eine Unterordnung des Sohnes unter den Vater aussprechen. Die Frage wurde schon im vierten Jahrhundert vom Beginn des Streits um die Trinitätstheologie an diskutiert und die Auseinandersetzungen dauern an bis in die Zeit des Avitus. Die ursprünglich wohl von Markell von Ankyra entwickelte grundlegende hermeneutische Entscheidung der Nizäner, entsprechende Aussagen auf den „Menschensohn", d.h. die menschliche Natur des Inkarnierten zu beziehen[408], findet sich später sogar im Athanasianum (*aequalis Patri secundum divinitatem, minor Patre secundum humanitatem*[409]), und sie wird hier auch von Avitus angewandt. Er bespricht Aussagen über den Gehorsam des Sohnes (*oboedientia*, Frgm. 23), seine Niedrigkeit (*minor*, Frgm. 27, 15) und seine Unterordnung (*subiectus*, Frgm. 16), die er allesamt entsprechend auslegt, um die *aequalitas* (Frgm. 23, Z. 1f.; Frgm. 15, Z. 22) des Gottessohnes mit dem Vater zu bewahren[410]. Die begegnenden Schriftstellen haben schon eine Diskussionsgeschichte hinter sich. In diesen Fragmenten bewegt sich Avitus in traditionellen Bahnen und wiederholt alte Argumente, die im Kontext der homöischen Stufentheologie wieder hervorgeholt werden.

Fragment 23: Florus ad Philipp. 2,8[411]

Non per hoc minuit[412] aequalitatem filii dei, quod filius hominis oboedivit. Quomodo enim non oboediret patri, qui subditus erat matri dicente evangelista de pa-

5

Man verringert die Gleichheit des Gottessohnes nicht dadurch, daß er als Menschensohn gehorchte. Wie sollte er nämlich dem Vater nicht gehorchen, der einer Mutter unterworfen war, wie es

---

408 Dies war ursprünglich eine hermeneutische These, die im Rahmen der Diskussion über die Auslegung von Prov 8,22 („der Herr schuf mich am Anfang seines Weges zu seinen Werken") bzw. auf die Verwendung von „schaffen" beim Sohn entwickelt wurde: Als Sohn Gottes wurde er gezeugt, aber seine menschliche Natur wurde geschaffen. Vgl. Markell, fr. 26; 28; 29; 46 (Seibt/Vinzen); Ath., Ar. I 41; 44-47; 53f.; II 9; II 27; 33; hom. in Mt 11,27, 1f.; ep.Aeg.Lib. 17; Dion. 9,2-10,2.

409 V. 33: Turner, Critical Text, 409; Kelly, 19. Von Augustin auch angesprochen in ep. 238,14;17; von Faustus von Riez, spir. I 10.

410 Vgl. eine ähnliche Diskussion über das Wissen oder Nichtwissen des Inkarnierten über den Termin des Endgerichts, beschrieben von Madigan, *Christus Nesciens*.

411 MGH AA 6,2 9,21-25 Peiper; CChr.CM 193B 379f. Fransen (Frgm. 46).

412 *minui* liest Fransen in den Hss.

rentibus eius: *Et venit Nazareth et subditus erat illis* (Lk 2,51)? Sic enim *factus est,* dicente apostolo: *oboediens usque ad mortem* (Phil 2,8), sicut ipse dominus dixit: *Tristis est anima mea usque ad mortem* (Mt 26,38).

10   der Evangelist von seinen Eltern berichtet: „und er kam nach Nazareth und war ihnen untertan"? So wurde er nämlich, wie es der Apostel sagt, „gehorsam bis zum Tode", wie es auch der Herr selbst sagte: „Betrübt ist meine Seele bis zum Tode."

Avitus betont, daß die Aussagen über den Gehorsam des Sohnes nicht seine volle Gleichheit – mit Gott, dem Vater – widerlegen. Er bezieht sich nicht direkt auf gegnerische Einwände; das Fragment bietet nur eine kurze Diskussion der umstrittenen Schriftstellen. Vielleicht hat Avitus sich hier an Ambrosius orientiert, der eine ähnliche Zusammenstellung von Schriftstellen zu diesem Thema bietet. In fid. V 148-187 behandelt er insgesamt die Frage der „Unterwerfung" bzw. „Unterordnung" des Sohnes unter dem Vater und schreibt in fid. V 172f.:

> Wir wollen daher seine Unterwerfung betrachten. Er sagt: „Mein Vater, wenn du willst, laß diesen Kelch an mir vorübergehen, aber nicht mein, sondern dein Wille geschehe" (Lk 22,42). Also wird jene Unterwerfung entsprechend der Annahme der menschlichen Natur geschehen, weil „er", wie wir lesen, „der Gestalt nach wie ein Mensch erfunden wurde, sich selbst erniedrigt hat und gehorsam bis zum Tode war" (Phil 2,7f.). Die Unterwerfung gehört somit zum Gehorsam, der Gehorsam zum Tod, der Tod aber zur Annahme des Menschen. Diese Unterwerfung wird also zur Annahme der menschlichen Natur gehören. Keineswegs ist sie demnach eine Schwäche der Gottheit, sondern der Heilsplan der göttlichen Güte. Sieh', wie wenig ich ihre Thesen fürchte! Jene (Arianer) entgegnen, daß er Gott, seinem Vater, unterworfen werden muß. Ich lese, daß er Maria, seiner Mutter, untergeben war, weil über Josef und Maria geschrieben steht: „Er war ihnen untergeben" (Lk 2,51)[413]. Aber wenn sie dies meinen, sollen sie sagen, daß die Gottheit Menschen unterworfen war![414]

---

413 Auf Lk 2,51 verweist auch Aug., c.s. Arrian. XXII 17.

414 *Consideremus itaque eius subiectionem: „Pater",* inquit, *„meus, si vis, transfer calicem hunc a me, verum non mea voluntas, sed tua fiat." Ergo secundum humanae naturae adsumptionem erit illa subiectio, quia, sicut legimus, „specie inventus ut homo humilitavit semet ipsum factus oboediens usque ad mortem." Subiectio itaque oboedientiae est, oboedientia mortis, mors adsumptionis humanae. Adsumptionis ergo humanae erit illa subiectio. Nequaquam igitur divinitatis infirmitas, sed dispensatio ista pietatis est. Vide, quam non timeam eorum propositiones. Illi obiciunt subiciendum patri deo. Ego lego Mariae subditum matri, quia scriptum est de Ioseph et Maria: „Erat subditus illis." Aut si hoc putant, dicant quia hominibus erat subiecta divinitas!* Übersetzung und Text aus FC 47/3 716-719 Markschies. Vgl. oben das Zitat aus Gesta, ep. 2 (S. 197).

Ambrosius wiederholt hier nicht nur altbekannte Argumente, sondern steht mitten in einer aktuellen Diskussion darüber, wie es die Konzilsakten der Synode von Aquileia belegen. Palladius und Ambrosius streiten hier (Gesta 33-41) u.a. auch darüber, inwiefern der Vater größer als der Sohn (Joh 14,28) und der Sohn dem Vater unterworfen ist. Natürlich sagt Ambrosius, daß der Vater nur in Bezug auf den Inkarnierten größer sei, nicht in Bezug auf die Gottheit des Sohnes (*ego dico patrem maiorem esse secundum carnis assumptionem quam suscepit filius dei, non secundum divinitatem;* Gesta 40[415]). Palladius dagegen, so läßt sich in den Gesta 40 ungefähr erkennen, betont, daß es doch trotzdem der Sohn Gottes bleibe, der dies von sich aussage, so daß der Sohn zwar die menschliche Natur angenommen habe (*carnem suscepit*), aber doch als Sohn Gottes spreche. Hier wird also die hermeneutische Grundentscheidung infrage gestellt, daß man einfach die Schriftaussagen aufteilen könne in Aussagen des Menschensohnes und Aussagen des Gottessohnes. Der Sohn Gottes bleibe ein Subjekt, auch als Menschgewordener. Ambrosius beharrt dagegen einfach auf seiner Aussage, und sein Mitstreiter Eusebius sagt analog: *Deus loquebatur in carne secundum carnem quando dicebat:* Quid me persequimini hominem (Joh 8,40)[416].

Eine weitere ausgefeilte Kritik an dieser hermeneutischen These findet sich in dem bei Augustinus überlieferten *Sermo Arrianorum* 34[417]. Hier heißt es, daß der Sohn Gottes doch wohl nicht gelogen habe, wenn er sagt, er gehorche dem Willen des Vaters (Joh 8,29): *Si autem se humiliavit et mentitus est, quod absit, et si veritas mentitur, quod impossibile est, ubi quis quaerat veritatem?*[418] Und wenn sie, die Homouosier, meinen, daß er entsprechende Aussagen nur in Bezug auf seine Erniedrigung und Menschwerdung gesagt habe (*quia propter incarnationem suam humilians se super terram, propter homines haec loquebatur*[419]), warum habe der Sohn dann dem Vater gehorcht, schon bevor er Mensch wurde? Er gehorchte dem Vater damit, Mensch zu werden, und dieser Gehorsam ist der des Gottessohnes. Und auch nach der Phase der Menschwerdung gehorche gerade der Sohn dem Vater, wenn er zu seiner Rechten sitzt und für uns spricht (Röm 8,34) und den Vater um einen Tröster für die Menschen bittet (Joh 14,16). Schlußendlich bezeugt die Schrift, daß der Sohn sogar nach dem Ende der Welt in dieser Unterordnung verbleiben werde (1Kor 15,28): ... *post*

---

415 CSEL 82,3, 350,521f. Zelzer.

416 CSEL 82,3, 350,528f. Zelzer.

417 Hier heißt es schon in s.Arrian. 17: *Filius subditus est patri. Spiritus sanctus subditus est filio.* (CChr.SL 87A 166,92f. Hombert).

418 CChr.SL 87A 173,192-194 Hombert.

419 CChr.SL 87A 173,198-200 Hombert.

consummationem saeculi, nisi se natura et voluntate sciret subiectum et oboedientem,
utquid se humiliaret, ubi propter homines humilitas necessaria non est?[420] Dies alles
zeige also, daß der Sohn als Sohn Gottes der Natur und dem Willen nach
dem Vater jederzeit untergeordnet sei und entsprechende Aussagen nicht
auf die menschliche Natur des Inkarnierten zu reduzieren seien[421].

Augustinus entgegnet in c.s.Arrian. XXXVIIf., daß die Aussage in
1Kor 15,28 niemanden erstaunen solle, da doch die menschliche Gestalt
des Sohnes bestehen bleibe, die dem Vater immer untergeordnet sei (...
quid mirum, quandoquidem illa in filio forma humana mansura est, qua semper maior
est pater?[422]). Ferner könne es nicht der Fall sein, daß der Sohn mit der
Menschwerdung einem anderen Befehl Gottes gehorche, da er doch selbst
Gottes Wort und Befehl sei: *... inveniant, si possunt, pater unico verbo quo alio*
iusserit verbo, et utrum dignum fuerit, ut temporali iubentis verbo verbum subderetur
aeternum...[423].

---

420 CChr.SL 87A 174,214-216 Hombert.
421 Der Vers 1Kor 15,28 wird in diesem Zusammenhang häufig angeführt. Vgl.
    unten und Alterc.Heracl. (138 Caspari), wo Heraclius nach einem Hinweis auf
    1Kor 15,28 gefragt wird: *Cum autem dicat, quia subiecta ei omnia, manifestum praeter*
    eum, qui subiecit ei omnia. Cum autem subiecta ei fuerint omnia, tunc et ipse filius subiectus
    erit ei, qui sibi subiecit omnia, ut sit deus omnia in omnibus. Quomodo ergo tu dicis, quia talis
    est filius, qualis et pater? Zur Vorgeschichte: 1Kor 15,28 wurde von Markell als Be-
    leg für das Ende der menschlichen Herrschaft des Wortes herangezogen (fr. 101;
    104f. Seibt/Vinzent; vgl. *Sermo maior de fide*); vgl. dazu Ambr., fid. V 13,162. Ps.-
    Basilius, Eun. IV 84 argumentiert, daß die Unterwerfung in der Zukunft ge-
    schieht, die daher menschlich ist und nicht den Sohn Gottes als Gott betrifft –
    Eunomius hatte in apol. 27,14f. und 22,6f. 1Kor 15,28 als Beleg für die substanti-
    elle Unterordnung des Sohnes angeführt. Augustin gibt dem Vers später eine an-
    dere Aussageabsicht: „Das Wort des Apostels jedoch: ‚Wenn ihm aber einmal al-
    les unterworfen ist, dann wird auch der Sohn dem unterworfen sein, der ihm alles
    unterworfen hat', will verhüten, daß jemand glaube, das Äußere Christi, welches
    aus der menschlichen, geschaffenen Natur genommen ist, werde später in die
    Göttlichkeit selbst oder, um deutlicher zu reden, in die Gottheit umgewandelt,
    die kein Geschöpf ist, sondern die die Einheit der Dreieinigkeit begründende,
    körperlose und unwandelbare, in ihrem Wesen und ihrer Ewigkeit mit sich selbst
    zusammenfallende Natur." (trin. I 8 [CChr.SL 50, 1-5 Mountain/Glorie]: *illud*
    autem quod ait idem apostolus: cum autem ei omnia subiecta fuerint, tunc et ipse filius subiectus
    erit ei qui illi subiecit omnia, aut ideo dictum est ne quisquam putaret habitum christi, qui ex
    humana creatura susceptus est, conuersum iri postea in ipsam diuinitatem uel, ut certius
    expresserim, deitatem, quae non est creatura sed est unitas trinitatis incorporea et
    incommutabilis, et sibimet consubstantialis et coaeterna natura. Übersetzung nach BKV
    ²13, 21 Schmaus) Vgl. ferner Hanson, Search, 837f.; Schendel, Herrschaft und
    Unterwerfung Christi; Lienhard, The Exegesis of 1 Cor 15,24-28.
422 CChr.SL 87A 253,8f. Hombert.
423 CChr.SL 87A 255,5-8 Hombert.

Auch im Gespräch des Augustinus mit Maximinus wird natürlich die Unterordnung des Sohnes unter den Vater mit Schriftbelegen untermauert. In conl.Max. 15,18 führt Maximinus ebenfalls Lk 2,51 an und schlußfolgert, wenn der Sohn sogar seinen irdischen Eltern gehorsam war, um wieviel mehr dann Gott, dem Vater, wie es auch in 1Kor 15,28 ausgedrückt werde. Maximinus lehnt es anschließend explizit ab, diese Unterordnung allein auf die menschliche Natur des Sohnes zu beziehen.

Diese Auseinandersetzung setzt sich nach Augustinus fort, wie es der im Vandalenreich entstandene *Liber fidei catholicae* aus dem Jahr 484 bezeugt. Hier heißt es (Kap. 63f.): Da der Sohn Gottes zwei Naturen habe, seien die Hoheitsaussagen auf seine Gottheit, die Niedrigkeitsaussagen entsprechend auf die Menschheit zu beziehen[424]. Als Beispiele für die Gottheit werden Joh 10,30; 14,9; 5,19 genannt; für die Menschheit Joh 14,28; 6,38; Mt 26,39; 27,46; Ps 21,11 und Hebr 2,7 (=Ps 8,6). Die letzte dieser Stellen behandelt auch Avitus, wie die folgenden Fragmente zeigen:

Fragment 16: Florus ad Cor. I 15,28[425]

Cum autem subiecta fuerint illi omnia, tunc etiam ipse filius subiectus erit illi, qui sibi subiecit omnia, ut sit deus omnia in omnibus. (1Kor 15,28) Istud apostolus ab octavi psalmi 5 posuit exemplo. Sic namque scriptum est: *Minorasti eum paulo minus ab angelis, omnia subiecisti sub pedibus eius.* (Ps 8,6/Hebr 2,7) Ergo eius pedibus omnia subdi- 10 dit, quem paulo minus ab angelis minoravit. Nec mirum est, ut in ea creatura patre dicatur minor, in qua ei etiam beatitudo angelica extitit maior. 15	„Wenn aber alles ihm untertan sein wird, dann wird auch der Sohn selbst dem untertan sein, der ihm alles unterworfen hat, damit Gott alles in allem sei." Dies zitiert der Apostel als Beispiel aus dem achten Psalm. So steht nämlich geschrieben: „Du hast ihn ein wenig niedriger gemacht als die Engel, alles hast du unter seine Füße getan." Er hat also alles unter seine Füße getan, den er ein wenig niedriger als die Engel gemacht hat. Es ist auch kein Wunder, daß er in der Schöpfung geringer als der Vater genannt wird, in welcher sogar die gesegneten Engel größer als er sind.

---

424 *Verum quia duas in filio profitemur esse naturas, id est deum verum et hominem verum, corpus et animam habentem: quicquid ergo excellenti sublimitatis potentia de eo referunt scripturae, admirandae eius divinitati tribuendum sentimus; et quicquid infra honorem caelestis potentiae de eodem humilius enarratur, non verbo deo, sed homini reputamus adsumpto.* (CSEL 7, 50,11-17 Petschenig).

425 MGH AA 6,2 7,9-15 Peiper; CChr.CM 193B 368 Fransen (Frgm. 28).

Fragment 27: Florus ad Hebr 2,7[426]

Minorasti eum paulo minus ab ange-
lis. (Ps 8,6; Hebr 2,7) Quod apostolus de Christo exponit dictum,
cum in natura divinitatis suae
maior esse angelis a nemine du-   5
bitetur. De quo dicit apostolus
ad Titum scribens: *ut abnegantes*
impietatem et saecularia desideria
prudenter et iuste et pie vivamus in hoc
saeculo expectantes beatam spem et   10
adventum gloriae magni dei et salvato-
ris nostri Iesu Christi, qui dedit pro
nobis semet ipsum. (Tit 2,12-14) De
quo alio loco scriptura nostra
dicit: *Qui est, qui erat quique ventu-*   15
rus est omnipotens. (Apk 11,17) Si
omnipotens, unde minor? Nam
et illud omnipotens dicit iam
post resurrectionem suam secun-
dum Matthaeum: *Data est mihi*   20
omnis potestas in caelo et in terra. (Mt
28,18) Quod si quis minorem
putat accipientem eo, qui dat,
legat et de Christo per apostolum
dici: *Cum tradiderit regnum deo et*   25
patri, (1Kor 15,24) cum sic non
possit esse pater sine regno,
quod ei filius dicitur traditurus,
sicut nec filius sine omni potestate, quam sibi dicit datam in   30
caelo et in terra. De quo sanctus
Paulus ad Colossenses prohi-
bens, ne credamus *secundum tradi-*
tionem hominum, secundum elementa
huius *mundi et non secundum Chris-*   35
tum. Quoniam, inquit, *in ipso habi-*
tat omnis plenitudo divinitatis corpo-
raliter. (Kol 2,8f.)

„Du hast ihn ein wenig niedriger gemacht als die Engel." Der Apostel führt
über Christus diesen Ausspruch an, weil
von niemandem bezweifelt wird, daß
(Christus) in seiner göttlichen Natur
größer ist als die Engel. Darüber
schreibt der Apostel an Titus: „... damit
wir absagen der Gottlosigkeit und den
weltlichen Begierden und besonnen, gerecht und fromm in dieser Welt leben
und warten auf die selige Hoffnung und
Erscheinung der Herrlichkeit des großen Gottes und unseres Heilands Jesus
Christus, der sich selbst für uns gegeben
hat." Darüber sagt unsere Schrift an
einem anderen Ort: „... der, der ist, der
war, und der kommt, der Allmächtige."
Wenn allmächtig, warum niedriger? Er
redet nämlich gleich nach seiner Auferstehung von diesem „allmächtig", wie
Matthäus berichtet: „Mir ist gegeben alle
Macht im Himmel und auf Erden."
Wenn aber jemand meint, ein Empfänger ist niedriger als jener, der gibt, möge
er lesen, daß über Christus vom Apostel
auch gesagt wird: „wenn er übergeben
wird die Herrschaft dem Gott und Vater", weil der Vater so nicht ohne Herrschaft sein kann, die ihm, wie es heißt,
der Sohn übergibt, wie auch der Sohn
nicht ohne die ganze Macht sein kann,
welche ihm, wie er sagt, gegeben ist im
Himmel und auf Erden. Dieses verbietet der heilige Paulus (im Brief) an die
Kolosser, damit wir nicht „nach
menschlichen Berichten, nach Lehren
dieser Welt und nicht nach Christus
glauben", und sagt: „Denn in ihm selbst
wohnt die ganze Fülle der Gottheit
leibhaftig."

---

426 MGH AA 6,2 11,4-19 Peiper; CChr.CM 193B 392 Fransen (Frgm. 61).

Wieder geht es um die Frage, inwiefern der Sohn „niedrig" genannt wird: Natürlich nicht seiner Gottheit nach, denn als Gottessohn ist er selbstverständlich auch größer als die Engel (*in natura divinitatis suae maior esse angelis* Z. 4f.). Seiner Gottheit nach ist der Sohn allmächtig, kann also keinesfalls niedriger als die Engel sein. Wenn es aber in Mt 28,18 heißt, daß ihm alle Macht übergeben ist, dann ist das nicht dahingehend falsch zu interpretieren, als besäße er die Macht eigentlich nicht und sei doch in irgendeiner Form „geringer". In 1Kor 15,24 heißt es ja umgekehrt, der Sohn habe die Macht dem Vater übergeben, ohne daß anzunehmen ist, daß der Vater sie irgendwann einmal nicht besessen habe. An diesen Gedanken schließt das folgende Fragment an:

Fragment 15: Florus ad Cor. I 15,24[427]

Quia posueram de evangelio: *Data est mihi omnis potestas in caelo et in terra*, (Mt 28,18) ut potestatem illam, quam sibi dicebat datam, semper in natura divinitatis suae salvam fuisse monstrarem, commemoravi apostolicum illud, quod de filio dictum est: *Cum tradiderit regnum deo patri*, (1Kor 15,24) cum utique pater nullo tempore sine regno esse potuerit[428] – nec ideo patrem, qui potestatem filio dedit, esse maiorem, cum et ipse filius regnum patri traditurus esse dicatur. Ubi enim quis beneficio aliquid confert, iure censetur maior accipiente qui donat. In divinitate autem, ex qua, quod ineffabiliter filio[429] datur, non est gratia sed natura, restat dantis et accipientis aequalitas.

Weil ich aus dem Evangelium angegeben hatte: „Mir ist gegeben alle Macht im Himmel und auf Erden", um zu zeigen, daß jene Macht, welche, wie er sagt, ihm gegeben wurde, in seiner göttlichen Natur immer unversehrt ist, so erinnerte ich an jenes Apostelwort, das über den Sohn gesagt ist: „Wenn er die Herrschaft Gott, dem Vater, übergeben wird", obwohl gewiß der Vater zu keiner Zeit ohne Herrschaft sein kann – nicht etwa, als ob der Vater deswegen, weil er die Macht dem Sohn übergab, größer sei (als der Sohn), da auch vom Sohn selbst gesagt wird, die Herrschaft dem Vater zu übergeben. Wenn nämlich jemand einem anderen aus Gefälligkeit etwas zukommen läßt, so wird zu Recht geurteilt, daß der Geber größer ist als der Empfangende. In Bezug auf die Gottheit aber, bei welcher das, was dem Sohn unaussprechlich gegeben wird, keine Gnadengabe, sondern Natur ist, bleibt die Gleichheit von Geber und Empfänger bestehen.

---

427 MGH AA 6,2 7,1-8 Peiper; CChr.CM 193B 367 Fransen (Frgm. 27).
428 Fransen ohne Satzzeichen; Shanzer/Wood, Avitus, 173, setzen Punkt.
429 Fransen *filo* nach Hs A.

Avitus zieht den Schluß, daß dieses gegenseitige Geben und Nehmen nur bedeuten könne, daß Geber und Empfänger gleich seien: *restat dantis et accipientis aequalitas* (Z. 21f.). Er interpretiert also in der Tradition von Augustinus dies als Beschreibung der innergöttlichen Relation zwischen Vater und Sohn[430]. Auch diese Differenz zwischen Geber und Empfänger wurde schon länger von verschiedenen Autoren als Hinweis für die Unterschiede zwischen dem Vater und dem Sohn angesehen[431]. Zu beachten bleibt aber, daß in diesem Zusammenhang relativ selten der Vers Mt 28,18 zitiert wird, der hier gleich in zwei Fragmenten des Avitus vorkommt. Hilarius bietet in trin. XI 29 eine ähnliche Auslegung, nämlich daß Mt 28,18 nicht bedeuten könne, Gott, der Vater, habe seine Macht an den Sohn verloren, was auch Avitus hier betont. Augustinus bezieht sich einmal in seiner Widerlegung des Maximinus auf Mt 28,18 und deutet den Vers als Beschreibung der innergöttlichen Geburt des Sohnes: Als der Vater den Sohn zeugt, gab er ihm alle seine Macht (c. Max. II 16,2)[432].

Avitus bezeugt mit diesen Fragmenten also einerseits seine Verankerung in der Tradition des Ambrosius und Augustinus und andererseits die zu seiner Zeit immer noch aktuelle Kritik der Homöer an der biblischen Hermeneutik der Nizäner.

IV.6 De divinitate filii dei

Ein Brief von Avitus an Gundobad (ep. 30) ist überliefert, der sich ausschließlich mit einer theologischen Frage beschäftigt, die Gundobad an Avitus im Anschluß an eine Synode in Lyon gerichtet hatte[433]. Florus von Lyon zitiert Ausschnitte daraus mit dem Titel *ex libris de Christi divinitate*[434],

---

430 Aug., trin. I 12; XV 19,36. Zu *aequalitas* s.o. S. 214-220.

431 Asterius, Frgm. 74 (Vinzent); Athanasius, Ar. III 36: die Bezeichnung „Geber" werde in der Schrift gegen den Irrtum der Sabellianer gebraucht; Ar. III 28: „Geben" widerspricht nicht dem „wesenseins" (ὁμοούσιος). S.o. das Zitat aus frgm.theol.arr. 17 (s. S. 197f.). Quodvultdeus, hom. de symbolo I 4,14-16 referiert einen Einwand, daß der Geber größer als der Empfänger sei.

432 Mt 28,18 wird noch angeführt: Ps.-Basilius, Eun. IV 85 (auf Menschwerdung zu beziehen); 118 (Sohn ist Herr des Gerichts).

433 Vgl. zu dieser Synode und dem Problem der Religionsgespräche oben S. 74. Brief in MGH AA 6,2 60,1-62,5 Peiper.

434 Ausschnitte davon zitiert Florus: Z. 52-111: CChr.CM 193B, 354f. Fransen (Frgm. 8); Z. 116-141: CChr.CM 193B, 391 Fransen (Frgm. 60); Z. 142-158: CChr.CM 193B, 373 Fransen (Frgm. 38). S. auch MGH.AA 6,2, 60 Anm. Es handelt sich um einen Brief, auch wenn der Text bei Florus als Buch bezeichnet wird (s.o. S. 68-72).

was sich mit der Marginalie in der Handschrift L *de divinitate filii dei* deckt. Diese als knappe Inhaltsangabe zu verstehende Überschrift trifft auch ungefähr das Thema der Anfrage (Z. 10-15): *iubetis igitur ostendi vobis rationem vel potius auctoritatem, qua pateat dei filium habuisse in divinitate substantiam, priusquam sumeret de incarnatione naturam.*

Avitus, ep. 30

Avitus episcopus domno Gundobado regi
Rediens ab urbe Lugdunensi sanctus Cartenius episcopus, in qua nobis de concilio discedenti- 5 bus ad privata quaedam negotia expedienda resederat, quaestionem sibi, immo magis omnibus nobis proposuisse vos retulit.

Iubetis igitur ostendi vobis ra- 10 tionem vel potius auctoritatem, qua pateat dei filium habuisse in divinitate substantiam, priusquam sumeret de incarnatione naturam. Et per hoc perniciosis- 15 sima haeresis illa vincatur, quae dominum nostrum ex Maria coepisse contendens etiam deum patrem in filii exauctoratione blasphemat. 20

Necesse est enim, quantum ad illos, inperfectioni divinae aliquid adcrevisse, si tantis retro saeculis sine filio manens paene iam in termino mundi labentis cum 25 Maria prolem tum ille habere inciperet paternitatem. Ac semel

Avitus an den Herrn König Gundobad!
Als der heilige Bischof Cartenius[435] aus Lyon zurückkehrte, wo er noch geblieben war, um einige private Angelegenheiten zu regeln, nachdem wir schon nach der Synode auseinandergegangen waren, berichtete er, daß Ihr ihm, vielmehr uns allen, eine Frage vorgelegt habt
… [Avitus bedauert, daß Gundobad diese Frage nicht schon auf der Synode gestellt hat, will aber eine erste Antwort im Namen aller seiner Kollegen geben] …
Ihr befehlt also, daß Euch die Begründung oder besser die Autorität aufgewiesen werde[436], wodurch es deutlich werde, daß der Sohn Gottes (bereits) in der Gottheit Substanz gehabt habe, bevor er die Natur von der Inkarnation her angenommen habe. Und dadurch wird jene höchst gefährliche Häresie besiegt, welche in ihrer Behauptung, daß unser Herr mit Maria begonnen habe, mit dem Ausschluß des Sohnes auch Gott, dem Vater, lästert.
Denn bei ihrer Ansicht ist es notwendig, daß dem unvollkommenen Göttlichen etwas hinzugewachsen ist, wenn er zuvor so viele Jahrhunderte lang ohne Sohn blieb und fast schon am Ende der Welt, als diese zerfällt, dann mit der Vaterschaft begann, als Maria einen

---

435 Ein sonst unbekannter Bischof.

436 Avitus übernimmt diese „Aufgabe", indem er zunächst Vernunftgründe (vgl. *quae ratione colligimus* Z. 42f.) für die Gottheit des Sohnes darlegt (bis Z. 41), und dann fortfährt mit Belegen aus der Schrift. Er könnte auch diese Vernunftgründe schon auf der Synode in Lyon angesprochen haben.

ipsius adsertionis suae necessitate
constricti quem nominant filium,
denegant deum. Sentiunt enim   30
sanas aures ferre non posse, ut
ante non multos adhuc annos
deus coepisse credatur ex homine.

Sed nescio in quem effectum   35
redemptio nostra surrexit, si non
creaturae suae pretium deus extitit. Nec enim redimere homo
solus hominem poterat, qui in
supernis, si deus non est, eguit   40
redemptione.

Iubetis ergo, ut haec, quae ratione colligimus, auctoritate doceamus. Sufficiat ergo acrimo-
niae vestrae paucitas exemplo-   45
rum, quae sumpta de pluribus
abundant cognoscere desideran-
tibus. Ceterum renitentibus animis et in sua incredulitate duran-
tibus si aliqua non satisfecerint,   50
cuncta non proderunt.

Isaias ergo[438] conclamantissimus
prophetarum nativitatem Christi
spiritu revelante prospiciens: *Par-*
vulus, inquit*, natus est nobis, filius*   55
datus est nobis, et vocabitur nomen eius
admirabilis consiliarius, deus fortis,
pater futuri saeculi, princeps pacis.
(Jes 9,5f.) Intuemini quaeso verbi
vigorem: [439] *Parvulus natus est* [440],   60
filius datus: natus est nobis homi-

Sohn hatte. Und einmal gebunden an
die notwendige Folge ihrer eigenen Behauptung leugnen sie auch den als Gott,
den sie Sohn nennen. Sie spüren nämlich, daß es gesunde Ohren nicht ertragen können, daß man glaubt, daß ein
Gott vor noch nicht vielen Jahren seinen Anfang aus einem Menschen genommen hat.
Aber ich weiß nicht, zu welchem Zweck
unser Erlöser[437] dann auferstand, falls er
sich nicht als Gott als Preis für seine
Schöpfung erweist. Denn ein Mensch
allein kann überhaupt nicht einen Menschen erlösen, der in der Höhe, falls er
nicht Gott ist, (selbst) Erlösung benö-
tigt.
Ihr befehlt also, daß wir das, was wir
rational erschlossen haben, mit (biblischer) Autorität lehren. Es dürften nun
für Euer Interesse einige wenige Beispiele genügen, welche, herausgenom-
men aus vielen, in Fülle vorhanden sind
für die, die verstehen wollen. Außerdem,
wenn ein paar Beispiele für die Seelen,
die widerspenstig sind und in ihrem Unglauben verharren, nicht ausreichen,
können auch alle zusammen nichts aus-
richten.
Jesaja also, der wohl bekannteste unter
den Propheten, sah die Geburt Christi
durch die Offenbarung des Geistes
voraus und sagte: „Ein Kind ist uns
geboren, ein Sohn ist uns gegeben, und
sein Name heißt wunderbarer Ratgeber,
starker Gott, Vater des künftigen Zeital-
ters, Fürst des Friedens." Beachte bitte
die Kraft des Wortes: „Ein Kind ist
geboren, ein Sohn ist gegeben." Gebo-

---

437 Eigentlich „Erlösung".
438 *ergo* om. Florus.
439 Florus add. *parvulus natus est nobis, Filius datus est nobis* (aus Schriftstelle).
440 Florus add. *et.*

nis filius, datus est dei. [441]*Vocabitur deus fortis*: ac si diceret deus et
homo; *deus* qui creaverat vitam,
fortis qui vinceret mortem.

Cuius divinitatem sub verbis scri-
bae ac discipuli sui propheta
Iheremias ostendens sic ait: *Hic
est deus noster, non aestimabitur alius
ad eum; hic*[442] *invenit omnem viam
disciplinae et*[443] *dedit*[444] *Iacob puero
suo et Israel dilecto suo. Et post haec
in terra*[445] *visus est et inter homines
conversatus.* (Bar 3,36-38)

Quod si est forte, cui haec, quae
de antiquis ponimus, obscura
videantur, legat apostolum Paulum, qui cum corporeos parentes
domini commemoraret: *Quorum
patres,* inquit, *et ex quibus Christus
secundum carnem, qui est super omnia
deus benedictus in saecula.* (Röm 9,5)
Nam et Thomas apostolus, cum
in resuscitati mediatoris corpore
fixuras clavorum et hiulcum
transpuncti lateris signum digito
temptante palpasset, virtutis ex-
perimenta inter infirmitatis indi-
cia colligens sic clamavit: *Dominus
meus et deus meus.* (Joh 20,28)

Ecce quibus testimoniis velint
nolint[446] haeretici ipsi Iudaeorum
in perditione confines de filii
divinitate vincuntur, quorum ver-

ren ist uns ein Menschensohn, gegeben
ist uns der Gottes (-sohn). „Er wird
starker Gott genannt", wie wenn er
sagen würde „Gott und Mensch":
„Gott", der Leben geschaffen hatte, und
„starker", der den Tod besiegt.
Seine Gottheit zeigte der Prophet Jeremia durch die Worte seines Schreibers
und Schülers und sagte: „Dies ist unser
Gott, kein anderer soll neben ihm so
gewürdigt werden; dieser hat jeden Weg
des Wissens erfunden und gab ihn Ja-
kob, seinem Sohn, und Israel, seinem
Liebling. Und danach zeigte er sich auf
Erden und hielt sich unter den Menschen auf."
Wenn aber vielleicht einer da ist, für den
das, was wir aus den alten (Schriften)
anführen, rätselhaft erscheint, möge er
den Apostel Paulus lesen, der sagte, als
er an die leiblichen Eltern des Herrn erinnerte: „… denen die Väter gehören
und von denen Christus stammt dem
Fleisch nach, der über allem ist, Gott,
gesegnet in Ewigkeit." Auch der Apostel
Thomas nämlich, als er mit dem prü-
fenden Finger die Löcher der Nägel in
dem Leib des wiedererweckten Mittlers
streichelte und auch das klaffende Zeichen für den Schnitt an der Seite, fügte
die Erfahrungen der Kraft mit dem
Hinweis auf die Schwachheit zusammen
und rief entsprechend: „Mein Herr und
mein Gott!"
Siehe, mit diesen Belegen werden selbst
die Häretiker, Nachbarn der Juden in
der Verdammnis, ob sie wollen oder
nicht, hinsichtlich der Gottheit des Soh-

65

70

75

80

85

90

---

441 Florus add. *et.*
442 *hic* om. Florus.
443 *et* om. Florus.
444 *dedit* + *eam* Florus.
445 *terram* Florus.
446 *volunt nolunt* Florus.

bo credas Iudaeos in evangelio   95
Iohannis dominum discussisse
dicentes: *Quadraginta*[447] *annos nondum habes et Abraham vidisti?* At
ille inquit: *Amen dico vobis, ante
Abraham ego sum.* (Joh 8,57f.) Est   100
hic, rogo, quod obscurare vel volens queat? Quid nunc restat, nisi
ut, qui senior[448] Abraham cognoscitur, iunior vel mundo dicatur? Et istud, quamlibet conten-   105
tiosum sit, vinci potest ipso domino inter passionum contume-
lias proclamante: *Pater, clarifica me
ea claritate, quam habui apud te,
antequam*[449] *mundus fieret.* (Joh   110
17,5)

Sed forte et hoc putatur adden-
dum, ut dei filium nominatum
cuiuscumque exempli auctoritate
doceamus. In psalmo ait: *Domi-   115
nus dixit ad me: filius meus es tu, ego
hodie genui te.* (Ps 2,7) Hodie hic
aeternitas significatur, quae termino atque principio perinde
caret, cui non pariunt crastina   120
tempora futurum, non rapiunt
hesterna transactum. Penes nos
ergo per tenebrarum vices ista
mutantur; apud deum vero, cui
nox non est, semper hodie est.   125

Quod tamen si haeretici ipsi[451]
aliter volunt intellegere[452], nostra

nes besiegt, mit derem Wort, könnte
man glauben, die Juden im Johannesevangelium den Herrn angingen und
sagten: „Du bist noch nicht vierzig und
hast Abraham gesehen?" Aber er sagte:
„Amen, ich sage euch, vor Abraham bin
ich." Gibt es hier etwas, so frage ich,
was er verbergen könnte, auch wenn er
es wollte? Was bleibt noch übrig, außer
daß der, der als älter als Abraham erkannt wird, jünger als die Welt heißt?[450]
Und diese Aussage kann, so sehr sie
auch umstritten ist, vom Herrn selbst
widerlegt werden, der während der leid-
vollen Mißhandlungen ausrief: „Vater,
verherrliche mich mit jener Herrlichkeit,
die ich bei dir vor der Entstehung der
Welt hatte."
Aber vielleicht glaubt man, dies müsse
hinzugefügt werden, daß wir zeigen, daß
in jedem Beispiel aus der (biblischen)
Autorität der Gottessohn genannt wurde. Im Psalm sagt er: „Der Herr sagte zu
mir: Du bist mein Sohn, heute habe ich
dich gezeugt." Durch „heute" wird hier
die Ewigkeit angezeigt, die also ohne
Anfang und Ende ist, der künftige Zeiten nichts als zukünftig hinzufügen und
vergangene nichts als erledigt wegneh-
men. Bei uns also verändern sich jene
Zeiten durch den Wechsel zur Finsternis, bei Gott wahrlich, bei dem es keine
Nacht gibt, ist immer heute.

Gesetzt den Fall, daß die Häretiker
selbst dies dennoch anders verstehen

---

447 *quinquaginta* Florus.
448 *senior* + *ab* Florus, *aut senior* Abraham L.
449 *priusquam* Florus.
450 Gemeint ist der Gedanke, daß man nach diesen Belegen zwar zugestehen
    könne, der Sohn sei vor Abraham gewesen, aber es sich daraus noch nicht
    ergebe, daß er auch schon vor der Schöpfung der Welt sei.
451 *ipsi* om. Florus.
452 *intellegere* Florus.

IV.6 De divinitate filii dei

non refert. Nam[453] cum de solo nomine filii dei agamus, quale volunt hodie accipiant, concessuri sunt, ut ante genuerit filium pater, quam mater ediderit. Certe vel Salomon, cui maximam in scripturis veteribus auctoritatem singularis sapientia facit, planissime filium in proverbiis et lucidissime nominat dicens: *Quis colligavit aquas quasi in vestimento? quis suscitavit omnes terminos terrae? quod nomen eius et quod nomen filii eius, si nosti?* (Prov 30,4) De praeteritis ista sufficiant, apostolus autem[454] dicit: *Postquam vero venit plenitudo temporum, misit deus filium suum.* (Gal 4,4) Enimvero qui mittitur, erat antequam mitteretur. Qui si ante Mariam non fuisset, hunc similem ceteris adoptio fecerat dei filium, non natura. Nec in evangeliis ipse dixisset: *Tantum dilexit deus mundum, ut filium suum unicum daret.* (Joh 3,16) Non electum ergo ab ipsa ineffabili paternitate, sed genitum, cui tam deo quam homini vero, in utraque natura fideliter proprio, in divinitate mansisse de patre, in corpore coepisse de matre est.

Haec ergo, quia iussistis, quaedam nostrae responsionis indicula et ad dilucidandam veritatem pauca testimoniorum semina transmisi. Quae possit quidem acrimonia vestra vel eloquentia in frugem salutis Christo irrigante nutrire. Sed si sit quisquam de

wollen, macht das für unsere Sache keinen Unterschied. Denn wenn wir nur den Namen des Gottessohnes behandeln, müssen sie, wie auch immer sie „heute" verstehen wollen, doch zugeben, daß der Vater den Sohn zeugte, bevor die Mutter ihn zur Welt brachte. Ohne Zweifel aber benennt Salomo, dem seine einzigartige Weisheit ihn zu größtem Ansehen in den alten Schriften verhalf, in den Sprüchen höchst eindeutig und überaus klar den Sohn und sagt: „Wer sammelte die Wasser wie in einem Kleid? Wer hat alle Grenzen der Welt aufgerichtet? Was ist sein Name und der Name seines Sohnes, wenn du es weißt?" Dies möge aus der Vergangenheit genügen, der Apostel aber sagt: „Als aber die Zeit erfüllt war, sandte Gott seinen Sohn." Der Gesandte existierte freilich schon, bevor er gesandt wurde. Wenn er nicht vor Maria dagewesen wäre, dann hätte ihn die Adoption ähnlich den übrigen zum Sohn Gottes gemacht, nicht seine Natur. Auch hätte er in den Evangelien nicht gesagt: „So sehr liebte Gott die Welt, daß er seinen einzigen Sohn gab." Er wurde also gerade von dem unaussprechlichen Vater nicht ausgewählt, sondern gezeugt, dem, gleichermaßen wahrer Gott wie wahrer Mensch, mit beiden Naturen persönlich verbunden, in der Gottheit zu bleiben von dem Vater, im Leib zu beginnen von der Mutter zu eigen ist. Dies also, einige Hinweise auf unsere Antwort und einige wenige Samen aus den Zeugnissen, um die Wahrheit auszuleuchten, habe ich übersandt, weil Ihr mich dazu aufgefordert habt. Euer Interesse und Eure Eloquenz könnte sie freilich zur Frucht des Heils gedeihen lassen, wenn Christus sie bewässert.

---

453 *num* Florus.
454 *autem* om. Florus.

his, contra quos agimus, quem
his vestro iudicio ad totum[455]
respondisse credatis, licet sint
vigilantissimi in catholica et fide-   170
lissimi tractatores, dabit tamen
deus, ut ego quoque possim
vobis et numerosiorum exemplo-
rum numerum et rationem, quae
satisfaciat, praesumpta scribendi   175
vacatione suggerere.

Aber wenn es jemand von denen, gegen
die ich schreibe, geben sollte, von dem
ihr nach eurem Urteil glaubt, er habe
(mir) ausreichend geantwortet, auch
wenn sie wachsam im katholischen
Glauben und glaubwürdige Erklärer
sind, so wird Gott dennoch gewähren,
daß auch ich Euch noch zahlreiche
weitere Beispiele und eine Begründung,
die überzeugt, vorstellen kann, sofern
ich Zeit zum Schreiben finden werde.

Dieser Brief des Avitus ist insofern beachtenswert, als er ein außergewöhnliches theologisches Interesse des Königs Gundobad bezeugt: Er
möchte über den Präexistenten informiert werden, wobei die Formulierung der Frage, besonders *substantiam in divinitate*, ungewöhnlich ist und
keine Ausdrucksweise des Avitus aufzugreifen scheint, sondern von
Gundobad selbst oder von Klerikern in seinem Umfeld stammen dürfte.
Avitus geht gar nicht genauer darauf ein und definiert z.B. auch nicht die
Bedeutung von *substantia*; er scheint die Frage allgemein und grundsätzlich
nach der Existenz des Sohnes vor der Inkarnation verstanden zu haben.
So verbindet er die Frage bzw. das Thema mit einer anderen, nicht
„arianisch"-homöischen Häresie (*perniciosissima haeresis* Z. 15f.), nämlich
der des Adoptianismus (*hunc similem ceteris adoptio fecerat dei filium* Z. 148f.;
electum Z. 153)[456], um die Gefährlichkeit der Anfrage aufzudecken und die

---

455 Handschrift L überliefert ein unverständliches *ad thotum*, vielleicht mit S zu *ad*
    totum zu korrigieren.

456 Der Begriff „Adoptianismus" meint eine Christologie, die den Menschen Jesus
    Christus als von Gott adoptierten Sohn versteht, meist durch das Ereignis der
    Taufe, also eine Präexistenzvorstellung ablehnt. Sie war im zweiten und dritten
    Jahrhundert durchaus verbreitet und wird heute auch mit dem Begriff „Monar-
    chianismus" bezeichnet. Vertreter waren z.B. die beiden Theodot aus dem zwei-
    ten Jahrhundert, vgl. Hippolyt, *Refutatio omnium haersesium* VII 35: „Jesus sei ein
    Mensch, aus einer Jungfrau geboren nach dem Willen des Vaters, habe gelebt wie
    die übrigen Menschen und sei überaus gottesfürchtig gewesen, nach der Taufe
    am Jordan habe er den Christus aufgenommen, welcher auf ihn in Gestalt einer
    Taube von oben herabkam. Daher hätten auch die göttlichen Kräfte nicht eher in
    ihm gewirkt … dies Pneuma aber nennt er Christus"; vgl. auch Epiphanius, haer.
    54. Im dritten Jahrhundert zählte wohl Paul von Samosata dazu (vgl. Euseb, h.e.
    VII 27,2: Schon bald nachdem Paulus Bischof von Antiochien wurde, beruft man
    eine Synode gegen ihn ein, da dieser niedrige und unwürdige Anschauungen über
    Christus habe und im Gegensatz zur kirchlichen Tradition behaupte, er sei seiner
    Natur nach ein gewöhnlicher Mensch; auch h.e. VII 30,19). Im trinitarischen
    Streit wird verschiedentlich einander vorgeworfen, häretisch wie Paul von

Bedeutung seiner Antwort zu unterstreichen. Es war aber wohl gar nicht gemeint, daß Avitus eine Form des Adoptianismus widerlegen sollte, sondern es scheint sich um eine weitergehende Rückfrage von Gundobad oder der homöischen Kleriker zu handeln, die vielleicht an Formulierungen über die Einheit der Trinität in der Substanz und Begriffe wie *una substantia* anknüpfen, wie sie Avitus selbst verwendet hat (vgl. Frgm. 6; 22): Wie kann der Sohn[457] eine Substanz in der Gottheit oder eine Substanz Gottes haben (wenn Gott oder die göttliche Substanz nach Avitus doch eine und unteilbar ist)? Zu vergleichen ist damit der umgekehrte Vorwurf des Avitus an seine homöischen Gegner, daß sie die Substanz Gottes zerteilen würden (Frgm. 6: *tripartita est substantia maiestatis* hom. 12: *in substantiae ipsius divisione*).[458] Die Frage betrifft auch nur indirekt das Problem der Zwei-Naturenlehre und ist daher wohl nicht in den Kontext der beiden Briefe des Avitus zu diesem Thema zu stellen[459].

Zunächst entwickelt Avitus drei fatale Konsequenzen, die sich aus einer Ablehnung dieses Aspekts ergeben würden – entsprechend der Aufforderung von Gundobad, den Vernunftgrund (Z. 10f. *rationem*) zu zeigen: Erstens, falls Gott erst seit der Inkarnation einen Sohn habe, so müsse man sich denken, daß die Gottheit unvollkommen sei und mit der Vaterschaft ergänzt werden müsse. Zweitens, falls der Sohn Gottes erst seit der Geburt aus Maria existiere, könne er eigentlich nicht Gott sein – denn wie kann schon ein Mensch einen Gott zeugen (Z. 28-34). Drittens, falls er nun nicht Gott ist, dann könne er nicht unser Erlöser sein, da nur Gott in der Lage ist, die Menschen zu erlösen (Z. 35-41).

Mit Hilfe der biblischen Belege führt Avitus anschließend (ab Z. 42) die Existenz des Sohnes schrittweise über seine Geburt aus Maria, sein Ältersein als Abraham, sein Dasein vor der Schöpfung auf die ewige Präexistenz zurück. So beginnt Avitus, Schriftbelege vorzustellen, die von seiner Geburt aus Maria erzählen und bezeugen, daß damals nicht nur ein „Menschensohn" geboren wurde, sondern daß dieser „Menschensohn" zugleich Gottes Sohn ist: Jes 9,5f.; Bar 3,36-38; Röm 9,5 und Joh 20,28. Nachdem so die *divinitas* festgestellt wurde, geht Avitus weiter auf die

---

Samosata zu lehren: Alexander gegen Arius (Dok. 17,35 [AW III/3, 95]); „Eusebianer" gegen Markell und Photin (Dok. 40,4 [AW III/3, 135]; Dok. 41.3,5 [AW III/3, 144]; Dok. 44,8 [283]; Dok. 45 und 47 [AW III/4]); Athanasius gegen „Eusebianer" (Ar. I 38,4). Vgl. Löhr, Theodotus der Lederarbeiter und Theodotus der Bankier; Brennecke, Zum Prozeß gegen Paul von Samosata; Uthemann, Paul von Samosata; Lang, The Christological Controversy.

457 Der wohl eine eigene Substanz hat; s.o. S. 198f.

458 Dazu s.o. S. 129, 194 und 198f.

459 Ep. 2-3.

Frage der Präexistenz ein. Mit Joh 8,57f. wird die Existenz des Gottessohnes vor Abraham belegt, mit Joh 17,5 seine Existenz vor der Entstehung der Welt.

Anschließend wählt Avitus noch einige Stellen aus, die verdeutlichen,
daß dieser tatsächlich Gottes Sohn ist: Ps 2,7; Prov 30,4; Gal 4,4 und Joh
3,16. So ist Christus also Gottes Sohn, da er „heute", d.h. jenseits der Zeit,
von Gott gezeugt wurde, und nicht erst seit oder wegen seiner Geburt aus
Maria. Sonst wäre er nur Gottes Sohn durch Auswahl und Adoption.
Avitus beschreibt nicht näher, wie der Sohn nun bereits in der Gottheit
Substanz haben kann (so die Frage in Z. 12f.) und wie dies präziser trinitätstheologisch zu beschreiben ist. Er spielt zum Schluß des Briefes kurz
auf die Zwei-Naturen-Lehre an, wie sie seit der Synode von Chalcedon
451 formuliert wurde (*tam deo quam homini vero, in utraque natura fideliter
proprio*)[460] und schließt seinen Brief mit der Bemerkung, daß dies nur kurze
Hinweise gewesen seien, die noch vermehrt werden könnten, falls Bedarf
bestehe (Z. 172ff.). Avitus äußert sich sehr höflich und attestiert nicht nur
Gundobad neben Eloquenz gottesfürchtiges Interesse an seinem Heil (Z.
163-171), sondern auch seinen Gegnern Wachsamkeit im katholischen
Glauben und überzeugende Auslegungen (Z. 170f.). Eine ähnliche Höflichkeit und Rechtgläubigkeit bestätigt Avitus seinem Adressaten, wohl
ebenfalls Gundobad, in dem folgenden Fragment über die Gottheit Christi im Zusammenhang seiner Auferstehung:

Fragment 7: Florus ad Röm 14,23[461]

Libera responsione profiteor,
quod deo suorum animos inspir-
ante longe fulget claritas veritatis.
Illud namque apostolicum, quod
saepe repetitis, sufficit in re-   5
demptore cognosci: *quia si confi-
tearis dominum Iesum et quia deus
illum suscitavit a mortuis, salvus eris.*
(Röm 10,9) Sic tamen ut intelle-
gatur[462] divinitas sua cum patre   10
vitam crucifixo homini reddidis-

In freimütiger Antwort bekenne ich,
daß, wenn Gott die Seelen der Seinen
inspiriert, weithin der Glanz der Wahrheit strahlt. Denn es genügt, jenes Apostelwort, das ihr so oft wiederholt, in
dem Erlöser zu erkennen: „denn wenn
du Jesus als Herrn bekennst und, daß
Gott jenen von den Toten auferweckt
hat, wirst du erlöst sein." – aber so, daß
seine Gottheit mit dem Vater zusammen dem gekreuzigten Menschen das

---

460 Über die Diskussionen um die Naturenlehre im Osten berichtet Avitus später,
um 511, in zwei längeren Briefen, da Gundobad aufgrund seines Interesses an
den Verhältnissen in Byzanz darüber näher informiert werden wollte (ep. 2-3).

461 MGH AA 6,2 4,21-38 Peiper; CChr.CM 193B 358,1-359,24 Fransen (Fragment
11).

462 Fransen liest *intelligatur*.

se. Sicut ipse in Iohanne evangelista testatur: *Potestatem habeo po-
nendi animam meam et potestatem
habeo iterum sumendi eam.* (Joh
10,18) Porro nequaquam salvat
de homine Christo tantummodo
rectum credere, nisi iungas etiam
catholico intellectu de divinitate
sentire. Nam et Photiniani mor-
tuum ac resuscitatum adserunt
Christum. Et quoniam scelestis-
simas in hoc eorum blasphemias
perinde etiam vestrae ut nostrae
legis sententia detestatur, si tantummodo adsumptum hominem
interisse ac sola patris virtute resuscitatum esse dicitis, quaero,
quid in supradictae pestis profes-
sionibus arguatis, cum ipse dominus noster, ut legitur, suo nutu
suscitet templum ab adversariis
dissolutum? Quod certe de quo
templo dicatur, in promptu est,
cum reparatio templi inter bi-
duum in statum pristinum[463] re-
verentis resurrectionem dominicae carnis, quam divinitas sua
templi vice habitaverat, evidenter
exponat. Idem ergo filius dei
deus, qui mori non potuit, de-
functum hominem suscitavit et
templum inimicis manibus dissolutum in unitatem personae soli-
data rursus divinitati, quam ad-
sumpserat, carne restituit.

Leben zurückgegeben zu haben verstanden wird, so wie er selbst bei dem
Evangelisten Johannes bezeugt: „Ich
habe Gewalt, meine Seele abzulegen,
und ich habe Gewalt, sie wieder aufzunehmen". Ferner ist es keineswegs erlö-
send, lediglich über Christus als Mensch
richtig zu glauben, wenn du damit nicht
auch verbindest, in katholischem Sinn
von der Gottheit zu denken. Denn auch
die Photinianer behaupten Christus als
Gestorbenen und Wiederauferstande-
nen. Und da unser wie Euer Glaube ihre
unseligen Gotteslästerungen in dieser
Frage verabscheut, so frage ich, falls ihr
sagt, daß lediglich der angenommene
Mensch gestorben und nur durch die
Kraft des Vaters auferweckt worden sei,
was werdet ihr dann in Bezug auf die
Lehre der oben genannten Pest einwen-
den, da doch unser Herr selbst, wie man
lesen kann, durch seinen Willen den von
den Gegnern zerstörten Tempel wieder
auferwecken werde? Von welchem
Tempel das gesagt wird, ist gewiß deutlich, da die Wiederherstellung des Tempels innerhalb von zwei Tagen in seinen
früheren Zustand offenkundig die Auferstehung des Leibes des Herrn, den
seine Gottheit anstelle eines Tempels
bewohnt hat, bedeutet. Eben dieser
Sohn Gottes also, ein Gott, der nicht
sterben konnte, hat den gestorbenen
Menschen auferweckt und den durch
feindliche Hand zerstörten Tempel, in
der Einheit der Person gefestigt, durch
das Fleisch, welches er annahm, zur
Gottheit zurückgeführt.

Avitus legt in diesem Fragment Wert darauf, daß bei Christus seine Gottheit (*divinitas* Z. 10; *de divinitae* Z. 19; *divinitas sua* Z. 38) bewahrt wird, die
sich gerade in seiner Auferstehung zeige. Denn die Auferstehung Christi
meine, dem gekreuzigten, vom Sohn Gottes angenommenen Menschen

---

463 Vgl. Mt 26,61; Joh 2,19.

das Leben zurückzugeben, was durch Gott, den Vater, und durch den Sohn selbst geschehe. So schreibt Avitus, daß Christus als Gott unsterblich sei, also nicht sterben könne, aber den gestorbenen Menschen auferweckt habe. Worauf sich die zu Beginn des Fragments angesprochene häufige Wiederholung von Röm 10,9 durch den Gesprächspartner (Gundobad) bezieht, ist unklar; Gundobad könnte in vorausgegangenen Gesprächen[464] schon einige Male auf diese Schriftstelle hingewiesen haben. Mit den angesprochenen „Photinianern" dürfte Avitus dieselbe Häresie meinen wie in dem obigen Brief.[465] Avitus berührt mit diesem Fragment die christologische Frage nach den zwei Naturen in Christus, ohne aber entsprechende Begriffe wie *natura* oder *substantia* aufzugreifen.

Das sieht etwas anders aus in ein paar weiteren Fragmenten, die hier aber nur noch referierend vorgestellt werden sollen, da die intensiven Auseinandersetzungen um die Zwei-Naturenlehre einen anderen großen theologischen Themenbereich bilden, der zudem mit den komplizierten Beziehungen zwischen Ost und West verbunden ist.[466] In dem überlieferten Fragment 8 betont Avitus, daß unter dem Kreuzigungsgeschehen nur der angenommene Mensch des Erlösers leide, da die göttliche Erhabenheit vor aller Kreuzigungsschmach unberührt bleibe (*divina celsitudine ab omnibus crucis contumeliis sequestrata sola suscepti corporis humilitas senserit passionem*[467]). Das müsse beachtet werden, auch wenn die Schrift manchmal Aussagen über den Menschensohn dem Gottessohn zuweise und umgekehrt (*significatur plerumque homo per deum deusque per hominem*[468]).

Die Fragmente 20-21 und 26 behandeln die Auferstehung und Himmelfahrt Christi. Avitus betont in beiden Textstücken, daß die Himmelfahrt eine Rückkehr sei (Frgm. 20f.: *sed ascendente Christo filius hominis recurrit in caelum, qui erat prius in caelo*[469]). In Fragment 26 unterscheidet er daher zwischen der Himmelfahrt / Auffahrt Christi als *ascensio* und der Aufnahme der Menschen in den Himmel als *assumptio*[470]. Nur eine göttliche Kraft

---

464 Zu den Gesprächen s.o. S. 72-79.

465 S.o. S. 242f.

466 Um diese Fragmente und Briefe im Detail einordnen zu können, wäre auf der einen Seite eine Aufarbeitung der Rezeption der Debatten und synodalen Entscheidungen des Ostens zu diesem Thema wie der Synode von Chalcedon 451 im Westen erforderlich und auf der anderen Seite eine Analyse der Ostkontakte im Umfeld des Avitus und des Burgunderreichs selbst notwendig. Das ist gewiß ein interessantes, aber weiteres Feld für eine eigene Studie.

467 MGH AA 6,2 5,2f. Peiper.

468 MGH AA 6,2, 5,4f. Peiper.

469 MGH AA 6,2, 8,32f. Peiper.

470 MGH AA 6,2 10,32 Peiper: *non ascensuris sed adsumendis dabitur altitudo*.

vermöge es (*divinitatis potestas*[471]), dorthin aufzusteigen, woher sie gekommen sei. In Fragment 20f. argumentiert Avitus, daß unbedingt ein und dieselbe Person herabkam und wieder gen Himmel fuhr (Frgm. 20f.: *hic tamen ipsum dicit ascendere, qui descendit ... sic idem missus et idem regressus*[472]). Dieser eine Mittler ist Gott und Mensch, eine Person, aber aus zwei Naturen (Frgm. 20f.: ... *in Christo deus et homo, non alter, sed ipse, non duo ex diversis, sed idem ex utroque mediator; gemina quidem substantia, sed una persona est*[473]). Und nur, da der Mittler beides ist, Gott und Mensch, ist er der wahre Erlöser (*si solus deus mediator, non est alius, apud quem intercedat; si solus homo, non est, qui reconciliare praevaleat*[474]). Auch in Fragment 28f. beschreibt Avitus diese doppelte Natur (*duplicem naturam*[475]) des Erlösers: Er ist Sohn Davids nach dem Fleisch (nach Röm 1,1-3) und zugleich Gottes Sohn, was sich auch in Phil 2,6-8 zeige.

Es kann aufgrund der Kürze der Fragmente nicht mehr bestimmt werden, aus welchem Kontext sie stammen. Eventuell hat Avitus sich in einem Traktat auch zur Problematik der Auferstehung geäußert und in diesem Rahmen trinitätstheologische und christologische Fragen angesprochen. Die Auferstehung ist in etwa der gemeinsame Nenner der Fragmente 7; 8; 20f.; 26. Die Fragmente könnten genauso gut auch einem oder mehreren Schreiben zur christologischen Frage entstammen, die durch die Auseinandersetzungen mit den Entwicklungen im Osten aufgeworfen zu sein scheint. In allen seinen Äußerungen setzt Avitus selbstverständlich das vollkommen göttliche Sein des Sohnes voraus, der mit dem Vater und dem heiligen Geist die eine Gottheit in der einen Substanz bildet.

Hingewiesen sei noch auf Frgm. 4, das fast nur aus einer Aneinanderreihung von Schriftzitaten besteht (Joh 8,56; 5,46; Mt 13,17; Lk 24,44 und 1Kor 15,22), mit denen Avitus erläutert, daß alle Menschen, auch jene vor der Geburt Jesu wie Abraham, Mose und die Propheten, nur durch Christus erlöst werden. Ob der Kontext des Fragments auch eine Nachfrage nach der göttlichen Kraft Christi vor der Inkarnation war oder etwas anderes wie zum Beispiel das Problem, wie diejenigen erlöst werden, die von Christus bislang nichts gehört haben[476], läßt sich nicht mehr bestimmen.

---

471 MGH AA 6,2 10,11 Peiper.

472 MGH AA 6,2 8,37f. Peiper. In Fragment 26 belegt Avitus dies mit Joh 3,13.

473 MGH AA 6,2 8,38-9,1 Peiper. Ausführlicher geht Avitus noch in ep. 2 und 3 darauf ein.

474 MGH AA 6,2 9,5f. Peiper.

475 MGH AA 6,2 11,27f. Peiper.

476 Vergleichbar z.B. mit der Schrift des Prosper von Aquitanien, *De vocatione omnium gentium*.

IV.7 Zusammenfassung

Die Analyse der theologischen Fragmente des Avitus von Vienne ergibt trotz der Kürze der Texte einen interessanten Einblick in die Fortsetzung des Streits um die Trinitätstheologie im Reich der Burgunder. Einerseits bestätigt sich, daß der sogenannte „germanische Arianismus" eigentlich in der Tradition der homöischen Theologie steht, wie es schon von verschiedenen Seiten festgestellt wurde. Aus diesem Grund ist es angemessen, diesen Begriff auch nicht mehr zu verwenden, zumal sich nichts „Germanisches" darin finden läßt. So sollte man besser von den „burgundischen Homöern" sprechen oder allenfalls, in Anlehnung an die überlieferten Schriften wie „Sermo Arrianorum", von „homöisch-arianisch".

Andererseits zeigt sich bei Avitus ein Weiterwirken der trinitätstheologischen Arbeiten des Ambrosius und Augustinus. Insbesondere die Schriften des Ambrosius sollten in ihrer Bedeutung und Wirksamkeit nicht unterschätzt werden, da sich Avitus immer wieder an ihnen zu orientieren scheint. Die oben aufgezeigten Parallelen betreffen Schriftstellen oder sogar Schriftstellengruppen, die bevorzugt in einem bestimmten Argumentationszusammenhang herangezogen werden, sowie theologische Gedanken und Positionen wie z.B. den Vergleich der trinitarischen Einheit mit der Ehe oder der Gemeinschaft der Gläubigen (Apg 4,32). So steht Avitus mit seiner Beschreibung der trinitarischen Einheit der drei Personen zwar durchaus im theologischen „Mainstream" der westlichen lateinischen Theologie, aber er scheint sich darüber hinaus besonders mit den „anti-arianischen Kirchenvätern" des Westens näher beschäftigt zu haben.

Interessanterweise geben die Fragmente auch Hinweise auf neue Entwicklungen, Argumente und Streitfragen. Die Fragmente des Avitus bestätigen die wachsende Prominenz und Beliebtheit des Begriffs *aequalitas*, um die Einheit und Dreiheit der trinitarischen Personen zugleich aussagen zu können. In Abgrenzung zum unspezifischen, dann zunehmend homöisch besetzten *similes* gewinnt dieser Terminus seit Hilarius an Bedeutung, wird von Augustinus in seinen antiarianischen Schriften gezielt verwendet und hat bei Avitus schon den Status einer selbstverständlichen Vokabel. So verdichtet sich die Argumentation zunehmend auf dieses Schlagwort hin, so daß es später für Gregor von Tours *der* Ausdruck für die Rechtgläubigkeit in trinitätstheologischer Hinsicht wird.

Ferner scheint insbesondere die Göttlichkeit der dritten trinitarischen Person des heiligen Geistes intensiv diskutiert worden zu sein. Das geschah wohl auch deswegen, weil sich in dieser Frage Unterschiede in der Liturgie festgesetzt hatten: Ist der heilige Geist selbst und gleichermaßen wie der Sohn und der Vater zu verehren, so daß „Ehre sei dem Vater und dem Sohn und/mit dem heiligen Geist" zu formulieren ist? Oder muss man Gott im heiligen Geist verehren, so daß die Formulierung „Ehre sei dem Vater durch den Sohn im heiligen Geist" bevorzugt werden muß? Ist der heilige Geist selbst wahrer Gott und in Gott oder ist er eine Schöpfung des Sohnes und eine Gabe an die Menschen, damit diese Gott richtig verehren können? Die anti-„arianische" Neuerung in der Liturgie zur Zeit des Basilius von Cäsarea wurde von den homöischen West- und Ostgoten bis hin zu den Burgundern nicht übernommen; bei ihnen hat sich offenbar bis zur Zeit des Avitus die ältere liturgische Praxis bewahrt, so daß hierüber die Diskussion über den heiligen Geist wieder neu aufbrechen mußte. Avitus selbst greift dabei auf Argumente zurück, die schon Basilius von Cäsarea selbst entwickelt hatte und über Ambrosius dem Westen vermittelt wurden.

Die Diskussionen um die Trinitätstheologie im Reich der Burgunder sind auch ein Ringen um die überzeugendsten Schriftstellen. So fordert Gundobad Avitus auf, für seine Position Schriftstellensammlungen zu erstellen, und die Fragmente spiegeln dies auch wider. Die burgundischen Homöer suchten ebenfalls neue Belegstellen für ihre Position, wie sich an der Diskussion um den umstrittenen Vers Sap 15,11 erkennen läßt. Dieser Vers wurde herangezogen, um mit einer neuen, in diesem Kontext bislang nicht behandelten Schriftstelle die Geschöpflichkeit des heiligen Geistes zu belegen – der Geist als Gabe Gottes an die Menschen. Avitus kritisiert sogleich fehlerhaftes Zitieren, um diesem Beleg die Grundlage zu entziehen.

Für Avitus ist es selbstverständlich, den heiligen Geist als aus dem Vater und dem Sohn hervorgehend zu verstehen. In einigen seiner Fragmente verteidigt er dieses theologische, auf Augustinus zurückgehende Verständnis gegen die Subordination des heiligen Geistes in der homöischen Theologie. Wahrscheinlich griff er hierfür auch auf das Werk *De spiritu sancto* des Faustus von Riez zurück, in dem sich ähnliche Argumentationsmuster finden. Die Betonung liegt dabei weniger auf dem *filioque* an sich, sondern darauf, daß der heilige Geist kein Geschöpf des Sohnes ist; er geht selbst schon direkt aus dem Vater hervor, so daß zwischen der Zeugung des Sohnes und der Entstehung des heiligen Geistes kein zeitlicher oder räumlicher Abstand denkbar ist. In Folge der theologischen Denkarbeit eines Faustus und Avitus wird es für den Westen selbstverständlich, daß der heilige Geist aus dem Vater und dem Sohn hervorgeht. Auch die Dokumente im Rahmen der Konversion von Rekkared zum katholischen Bekenntnis am Ende des 6. Jh.s belegen dies, so daß es schließlich bei der lateinischen Rezeption des Bekenntnisses von Nizäa-Konstantinopel einfach mitgedacht wird. Daher bieten die Fragmente des Avitus zusammen mit der Schrift des Faustus einen Einblick in die Zeit zwischen der Synode von Konstantinopel 381 und der späteren westlichen Rezeption dieses Bekenntnisses mit dem Zusatz *filioque*. Dieser anti-homöische Zusatz hat seinen Ursprung in der im fünften Jahrhundert durchaus intensiv geführten Diskussion um den heiligen Geist im Reich der Westgoten (Faustus von Riez) und Burgunder (Avitus von Vienne), auch wenn aus dieser Zeit nur diese wenigen Texte überliefert sind.

Abgesehen von diesen „kontroverstheologischen" Themen und Texten bezeugen die Briefe und Fragmente des Avitus auch ein außergewöhnliches theologisches Interesse des burgundischen Königs Gundobad, das über die einzelnen Streitpunkte zwischen den Konfessionen hinausging. Gundobad fragt Avitus nach einer Auslegung von Stellen aus der Schrift (vgl. ep. 1: Mk 7,11f.) und stellt weiterführende theologische Fragen (vgl. ep. 30). Dies entsprach offenbar seinem allgemeinen Bildungsniveau und seinem Interesse, sich als kompetenter König und „Führer" auch der katholischen Kirche erweisen zu wollen – wie es bereits in dem vorhergehenden Kapitel schon sichtbar wurde. Er fand in Avitus einen geeigneten Gesprächspartner, der ihm als theologischer Ratgeber diente und den er gerne mit Fragen konfrontierte – über alle konfessionellen Grenzen hinweg. Dies bestätigt wiederum, daß die Situation der Kirchen in Burgund und das dortige Verhältnis zwischen den Konfessionen und zwischen den Burgundern und den Galloromanen im Reich der Burgunder harmonischer gewesen ist als bei den Vandalen und den Westgoten.

V. Kein Streit um *homoousios* wie in Nordafrika

Aus den Briefen und Fragmenten des Avitus ergibt sich ein gewisses Profil der trinitätstheologischen Auseinandersetzungen im Reich der Burgunder. Dieses Profil läßt sich noch deutlicher erkennen, wenn man diese Fragmente mit etwa zeitgleich entstanden Texten vergleicht. Besonders die im Jahr 484 im Reich der Vandalen in Karthago veranstaltete Synode und die in diesem Zusammenhang entstandenen Texte bieten einiges Vergleichsmaterial zu den Fragmenten des Avitus. Es zeigen sich interessante Parallelen, aber auch Unterschiede, die darauf hinweisen, daß es in der theologischen Diskussion durchaus auch regionale Sonderentwicklungen gab.

Besonders das schon oben zitierte[1] „Buch des katholischen Glaubens" (*Liber fidei catholicae*) ist von Bedeutung und soll hier zunächst vorgestellt werden. Es ist überliefert in Buch II Kapitel 56-101 der drei Bücher „Geschichte der Verfolgung in der Provinz Afrika zur Zeit der Vandalenkönige Geiserich und Hunerich", die *Historia persecutionis Africanae provinciae temporum Geiserici et Hunerici regis Vandalorum* des Victor von Vita[2], welche die Hauptquelle für die Geschichte der Vandalen in Afrika unter den beiden genannten Herrschern und für die damaligen theologischen Auseinandersetzungen ist.

Der *Liber fidei catholicae* wurde im Jahr 484 verfaßt anläßlich eines Religionsgesprächs in Karthago, auf dem über den theologischen Dissens zwischen den Vandalen und der „katholischen" *Romanitas* verhandelt werden sollte.[3] Das Religionsgespräch wurde schon am 20.5.483 zum 1.2.484

---

1 S.o. S. 125 und 168f.
2 Ältere Edition in CSEL 7, hg.v. M. Petschenig, Wien 1881 und MGH AA III/1, (1878) Nachdruck München 1992; jetzt steht eine neue Edition von Serge Lancel zur Verfügung in der Reihe Collection Budé, Paris 2002. Zur Verbreitung des Werks vgl. Schwarcz, Bedeutung und Textüberlieferung. Zur anti-vandalischen Tendenz dieser *Historia* vgl. Diesner, Sklaven und Verbannte. Zur Darstellung der Verfolgung vgl. Howe, Vandalen (in dieser Monographie findet sich keine Analyse des theologischen Werkes *Liber fidei catholicae*).
3 Vgl. Diesner, Das Vandalenreich. Aufstieg und Untergang, 79-81. Vgl. zur Religionspolitik der vandalischen König Howe, Vandalen, 263-282; und den

einberufen, so daß die Teilnehmer ein dreiviertel Jahr Zeit hatten, sich
darauf vorzubereiten. Als Anlaß wird angegeben, die Katholiken hätten
gegen das Kultverbot im vandalischen Gebiet verstoßen.[4] Es ist nicht
einfach, die Verhandlungen zu rekonstruieren, da es nur zwei kurze, sich
widersprechende und sehr tendenzielle Berichte darüber gibt, nämlich die
kurze Erzählung bei Victor von Vita in den Kapiteln, die den *Liber fidei
catholicae* umrahmen, und der Rückblick innerhalb des Ediktes von Hunerich, welches jener nach den gescheiterten Verhandlungen erließ (*Historia*
III 3-14). Aus der *Notitia provinciarum et civitatum Africae sive nomina
episcoporum vel seditum illius regionis*[5] ist bekannt, daß 466 Bischöfe der „katholischen" Seite daran teilnahmen, von denen gewiß Eugenius, der Bischof von Karthago, eine herausragende Rolle gespielt haben dürfte[6]. Von
der Gegenseite ist keine Liste überliefert, es dürften aber wesentlich weniger gewesen sein. Victor berichtet, daß zehn Delegierte oder Sprecher
ausgewählt wurden (*Historia* II 53), um, wie er sagt, die Vandalen durch
die große Überzahl der Katholiken nicht zu überrumpeln. Hunerich berichtet, daß er der Gegenseite durch eine Verschiebung um ein paar Tage
entgegengekommen sei (*Historia* III 5), und daß dann am ersten Verhand-
lungstag, vielleicht dem 5. Februar, seine Bischöfe die Gegenseite dazu
aufgefordert hätten, den Begriff *homoousios* angemessen aus der heiligen
Schrift zu belegen, um den Beschlüssen der großen Synode von Rimini[7]
etwas entgegensetzen zu können. Dem hätten sich die Homousianer aber
verweigert. Aus dem Bericht bei Victor von Vita wird deutlich, daß die
katholische Seite erstens an der Position des vandalischen Bischofs von
Karthago Cyrila[8] Anstoß genommen hat, der sich auf einem Thron erhöht

---

guten Überblick zur historischen Situation von Vössing, Barbaren und Katholiken.

4 Victor von Vita, *Historia* II 39. Vgl. Howe, Vandalen, 272.
5 Dies ist eine Auflistung der „katholischen" Bischöfe, die auf Befehl des
   Vandalenkönigs Hunerich für das Religionsgespräch von Karthago 484 zusammengestellt wurde, mit insgesamt 471 Bischofssitzen. PL 58, 269-276;
   MGH AA 3/1, 63-71 (C. Halm); CSEL 7, 117-134 (M. Petschenig). Vgl. jetzt
   auch Howe, Vandalen, 82-91 mit einem Exkurs zu diesem Text.
6 Vgl. Mandouze, Prosopographie chrétienne I, 362-365 (Eugenius 2). Er war
   Bischof 480-505 und wurde ernannt, als Karthago schon lange Jahre (seit
   dem Tod von Deogratias 465) vakant war, 485 unter Aufsicht nach Turris
   Tamalleni verbannt, 487 zurückberufen von Gunthamund und um 497 von
   Thrasamund nach Albi exiliert. Vgl. auch Cain, Miracles, zu den Wunder-
   geschichten über Eugenius, die Victor von Vita und Gregor von Tours berichten.
7 Vgl. zu dieser Synode und ihre Bedeutung für die Homöer oben S. 118-122.
8 Zu Cyrila vgl. Howe, Vandalen, 268f.

präsentiert habe und zu Unrecht Patriarch heiße, und daß sie zweitens ein ungerechtes Urteil und parteiische Richter befürchtete. Laut Victor habe vor allem jener Cyrila für Tumulte gesorgt, da er sich dem Gespräch verweigert habe mit dem Hinweis, er verstehe kein Latein. An dieser Darstellung ist aber insofern etwas zu korrigieren, als Victor damit zwar herausstreichen will, wie clever und vorausschauend die „katholische" Seite gehandelt habe, da sie wenigstens mit dem zuvor verfaßten *Liber fidei catholicae* etwas Schriftliches vorbringen konnte. Aus dem *Liber fidei catholicae* wird aber deutlich, daß der Befehl zur Abfassung dieses Textes vom vandalischen König selbst kam. Für Zündstoff sorgte offenbar schon der Titel dieses Werkes, da die vandalische Seite kritisierte, daß ihre Gegner sich als „katholisch" bezeichneten, wie Victor berichtet (*Historia* III 1). Die „katholische" Seite legte offenbar nur diesen Text vor und verweigerte ein weiteres Gespräch, auch an dem zweiten Tag. Hunerich wollte sie schließlich zu einem Gespräch zwingen und ließ am 7. Februar alle Kirchen schließen, damit endlich Verhandlungen zustande kämen. Dies blieb jedoch ohne Erfolg, und so erließ er am 24. Februar jenes berühmte Edikt, in welchem die übliche Ketzergesetzgebung nun gegen die „katholische" Kirche angewandt wurde (*Historia* III 8-14). Vor diesem Hintergrund erscheint es doch etwas überzogen, wenn Ludwig Schmidt in seiner Monographie[9] urteilt: „Es war von vornherein klar, daß hinter dieser anscheinend harmlosen Einladung ein böser Plan sich versteckte." Und: Es „machte die arianische Geistlichkeit ... durch ihr Auftreten das Zustandekommen des Gesprächs unmöglich." Es war wohl eher keine der beiden Seiten zu einem offenen Gespräch bereit, und gegenseitiges Mißtrauen bestimmte das Klima.

Der *Liber fidei catholicae* ist folgendermaßen aufgebaut: Dieser Traktat besteht aus zwei etwa gleich großen Teilen, nämlich aus einem ersten Teil (Kap. 56-74), der die Trinität unter Bewahrung der Substanzeinheit erläutert, und aus einem zweiten Teil (Kap. 75-101), in dem eigens noch einmal die vollkommen gleichwertige Göttlichkeit des heiligen Geistes dargelegt wird. Dieser zweite Teil wurde schon oben in den Ausführungen zum heiligen Geist vorgestellt[10].

56 *De unitate substantiae patris et filii, quod Graeci homousion dicunt ... una est deitas, tres uero personarum proprietates.*

57 Eine neue Häresie („der Sohn entstand aus nichts") erforderte die Einführung des Begriffs *homoousios.*

58–62 Schriftbelege a): Hebr 1,3; Jer 9,10; 23,22; 23,18; Johannesevangelium

---

9   Die Geschichte der Wandalen, 103.
10 S.o. S. 168f.

63–65 Schriftbelege b): Die Niedrigkeitsaussagen sind auf die menschliche Natur zu beziehen.

66–67 Hintergund ist die Zeugung des Sohnes aus dem Vater (*ex deo natum esse*).

68–69 Einwand: Wer kann die Zeugung des Sohnes beschreiben?

70–72 Einwand: *ingenitus // genitus*

73–74 Einwand: Zeugung bedeutet Leid (*divisam, diminutionem*).

74 Zusammenfassung

75f. *Superest ut de spiritu sancto, quem patri ac filio consubstantiuum credimus, coaequalem et coaeternum dicamus et testimoniis adprobemus.*

77–80 Schriftbelege AT

81–82 Schriftbelege NT

83–94 Die Einheit des heiligen Geistes mit dem Vater und dem Sohn bei Schöpfung; er ist vorherwissend; Bestrafung einklagend („Sünde gegen den heiligen Geist“), allgegenwärtig, gegenwärtig in den Heiligen, gütig, den Apostel Paulus berufend und Paraklet.

95–98 Zusammenfassung, Folgerung: *Adorabo ergo patrem, adorabo et filium, adorabo et spiritum sanctum una eademque veneratione.*

99–101 Schluß: Kanonformel, *fides integra trinitatis*

Der erste Teil beginnt sogleich – nach einer kurzen Einführung, daß die vorliegende Erklärung des Glaubens auf Anordnung des Königs hin zusammengestellt wurde – mit Ausführungen zum Begriff ὁμοούσιος / *homoousios* und der *unitas substantiae* der drei göttlichen Personen, die zwar als Personen zu unterscheiden seien, aber *eine* göttliche Natur besäßen (56). Es folgt ein kurzer historischer Rückblick (57) darauf, wie die Häresie der „Arianer" die Einführung dieses Begriffs nötig machte – gemeint ist natürlich auf die Synode von Nizäa 325 –, um die Schlußfolgerung zu ziehen, daß, wer den Begriff *homoousios* ablehne, sogleich auch befürworte, den Sohn als aus Nichts entstanden zu denken. Daran (58-62) schließen sich mehrere Schriftbelege für die Substanzeinheit an, und zwar zunächst Hebr 1,3, ferner drei Stellen aus dem Jeremiabuch (Jer 9,10; 23,18.22) und schließlich mehrere Zitate vornehmlich aus dem Johannesevangelium. Anschließend wird kurz (63-65) auf jene Schriftstellen eingegangen, die für eine Unterordnung des Sohnes unter den Vater sprechen könnten – diese Stellen seien aber auf die menschliche Natur des Sohnes zu beziehen[11].

---

11 Vgl. zu dieser Hermeneutik oben S. 229-236.

Der Gedankengang wird weitergeführt mit dem Hinweis, daß sich die Substanzeinheit auf die Zeugung des Sohnes aus dem Vater gründe (66-67), auch wenn niemand die genauen Umstände dieser Zeugung beschreiben könne (68-69). Aufgrund der Zeugung des Sohnes sei der Sohn natürlich geworden bzw. gezeugt (*genitus / generavit*), im Unterschied zum ungewordenen Vater. Dieser Unterschied begründe jedoch keine Verschiedenheit in der Substanz (70), da Vater und Sohn wie Licht aus Licht seien (71). Den ersten Teil schließen Hinweise ab, daß die Zeugung des Sohnes aus der Substanz des Vaters weder als Zerschneidung von dessen Substanz anzusehen sei noch daß dem Vater dabei etwas genommen werde oder er etwas erleide (73). Dies sei aus dem Vergleich mit dem Licht zu erkennen (74).

Der Beginn des *Liber fidei catholicae* weist darauf hin, daß es in jener Zeit offenbar eine Neuauflage des schon alten Streits um den Begriff *homoousios* gegeben hat. Gleich der zweite Satz lautet nämlich: „Wir erkennen, daß wir zu allererst eine Erklärung für *de unitate substantiae patris et filii*, was die Griechen *homoousios* nennen, geben müssen." Die „katholische" Kirche stand wieder unter massivem Druck, den Sinn und die Schriftgemäßheit dieses Begriffs zu erweisen so wie schon in der zweiten Hälfte des vierten Jahrhunderts nach der Synode von Rimini 359[12].

Der *Liber fidei catholicae* steht damit in einer besonderen afrikanischen Entwicklung, wie sich an folgenden Texten zeigen läßt. Auch die Diskussion zwischen Augustinus und Pascentius[13] dreht sich zunächst hauptsächlich um den Begriff *homoousios*. Denn nach Ausweis des Briefes des Augustinus an Pascentius, im Anschluß an diese Diskussion geschrieben, hatte Pascentius wiederholt von Augustinus verlangt, sich von diesem schriftfremden Wort zu distanzieren. Augustinus dagegen verwies darauf, daß es ein griechisches Wort sei, für das man erst eine adäquate lateinische Übersetzung finden müsse. Erst dann könne man einen Schriftbezug aufweisen (ep. 238,4). Auch das von Pascentius gebrauchte Wort „ungeworden" lasse sich ja nicht in der Schrift finden. Dies ist der erste Hinweis auf eine erneute Diskussion um den Begriff *homoousios* aus dem Nizänum in Nordafrika. In einem späteren Brief an Pascentius erläutert Augustinus dann sein Verständnis von der Einheit der drei göttlichen Personen – quasi eine knappe Zusammenfassung seiner Trinitätstheologie –, um dann darauf zurückzukommen, daß diese Einheit nur unter Zugrundelegung von *einer*

---

12 Zu Rimini s.o. S. 118f. Eine bedeutende Schrift ist in diesem Zusammenhang *De decretis Nicaena synodi* von Athanasius von Alexandrien; vgl. Heil, Athanasius von Alexandria.

13 Vgl. dazu Sieben, Augustins Auseinandersetzung, 207-212. Zu dem Briefwechsel s.o. S. 125, 167 und 212.

Substanz zu verstehen sei[14]. Solange Pascentius keinen biblischen Beleg dafür vorfinden könne, daß den trinitarischen Personen verschiedene Substanzen bzw. verschiedene Naturen zugrundelägen[15], müsse er eben auch den Begriff *homoousios* akzeptieren.

Konsequenterweise steht diese Diskussion um den Begriff *homoousios* dann ganz im Zentrum der *Altercatio cum Pascentio*, also jenes Dialogs, der Vigil von Thapsus zugeschrieben wurde und in dem jenes Gespräch zwischen „Augustinus" und „Pascentius" – z.T. nach den Informationen darüber aus dem Brief des Augustinus selbst – mehr oder weniger phantasievoll nachträglich gestaltet wird[16]. In diesem Dialog geht es nur um den Begriff *homoousios*, besonders auch darüber, ob dieser schriftgemäß sei oder nicht. „Pascentius" kommt bei dem unbekannten Autor nur kurz zu Wort, während er „Augustinus" z.B. darlegen läßt, daß ja auch Adam genauso Mensch sei wie sein Nachfahre Abel, mit derselben Substanz (*eiusdem substantiae, eiusdem essentiae*), auch wenn er selbst ungezeugt, sein Nachfahre Abel aber gezeugt sei[17]. Etwas überraschend klingen die Ausführungen zu den im Christentum verwendeten Sprachen. Der Autor möchte darauf hinweisen, daß niemand sich an dem Begriff *homoousios* stoßen solle, nur weil er griechischen Ursprungs sei. Er weist darauf hin, daß es ja Syrisches, Hebräisches, Griechisches und Lateinisches gebe, sogar auch Barbarisches. Nach diesem Dialog hat man also den Eindruck, als ob es sich beim Streit um *homoousios* um ein reines Übersetzungsproblem handeln würde: „… warum hätte man dann nicht auf den Konzilien der Väter im Land der Griechen selbst … in deren eigener Sprache das *homoousion* bekennen dürfen, das heißt, die eine Substanz des Vaters, des Sohnes und des Heiligen Geistes?"[18] Ferner: „Es sei ferne, daß wir, die wir auf der ganzen Welt Katholiken sind, uns schämen, wegen des wahren

---

14 Ep. 238,28 (CSEL 57, 555,11 A. Goldbacher): *unius eiusdemque substantiae.*

15 Ep. 238,29 (CSEL 57, 555,22 Goldbacher).

16 Vgl. zu dieser *Altercatio* die Beiträge in dem Editionsband SÖAW.PH 779 und Heil, Augustin-Rezeption im Reich der Vandalen. Datiert wird die Schrift meistens im Umfeld des Jahres 484 oder jetzt von Vössing, Barbaren und Katholiken, 195-203 in eine spätere Zeit unter König Thrasamund 515.

17 Kap. 15 (SÖAW.PH 779 90,7-9 Müller/Weber/Weidmann): *Non enim quia Adam ingenitus approbatur, idcirco est homo, et Abel, quia de ipso est genitus non est homo; hominem genuit quod est ingenitus homo.* Dieses Beispiel bieten z.B. auch Ambr., inc. 9, 105; Aug., conl.Max. 14 und die ps-aug. Schrift *Solutiones diversarum quaestionum ab haereticis obiectarum* 15 (CPL 363, CChr.SL 90, 162 B. Schwank).

18 *Cur non liceret in conciliis patrum in ipsa terra Graecorum, … lingua propria homoousion confiteri, quod est patris et filii et spiritus sancti una substantia?* (SÖAW.PH 779 114,203-206 Müller/ Weber/Weidmann). Übersetzung ebd., 115.

Glaubens an ein und dieselbe Substanz von manchen, die das griechische Wort nicht verstehen, Homousianer genannt werden - wir, die wir uns freuen, nach dem griechischen Namen Christus Christen genannt zu werden."[19]

In dieser *Altercatio* ist also die Diskussion um den Begriff *homoousios* ganz und gar in den Mittelpunkt gerückt. Auch der Dialog zwischen Augustinus und Felicianus, die sog. Schrift *Contra Felicianum*, ebenfalls Vigil von Thapsus zugeschrieben[20], beginnt mit der Frage des „Augustinus", ob es wahr sei, daß Felicianus es ablehne, den Sohn als dem Vater *homoousios* zu bezeichnen[21]. Felicianus entgegnet, daß der Ungewordene nicht zugleich geworden sein könne, worauf „Augustinus" ausführt, daß die Einheit in der Substanz liege, die Verschiedenheit jedoch an den Personen festzumachen sei.

Hinzuweisen ist auch auf den längeren, ebenfalls Vigil von Thapsus zugewiesenen[22] fiktiven Dialog *Dialogus contra Arianos, Sabellianos, Photinianos*[23], in dem der Autor die Protagonisten der jeweils entgegengesetzten Häresien und auch den „Vater der nizänischen Orthodoxie" Athanasius

---

19 *Absit ut erubescamus catholici in universo manentes, nos appellari propter fidem veram unius eiusdemque substantiae, a nonullis verbum graecum non intelligentibus homousioanos, qui nos appellari gaudemus de Graeco Christi nomine Christianos* (SÖAW.PH 779 108,152-156 Müller/Weber/Weidmann). Übersetzung ebd., 109.

20 Die Zuschreibung dieser Werke an Vigil von Thapsus ist ziemlich unklar. Eine Schrift *Adversus Eutychem* (CPL 806) wird in Hss einem Vigilius Tridentinus zugewiesen; darin (in Kapitel V 2) wird eine Schrift gegen Arianer erwähnt, was der *Dialogus contra Arianos, Sabellianos, Photinianos* sein könnte (dazu s.u.). Aus dem 9. Jh. stammt die Idee, den Autor dieser beiden Werke mit Vigil von Thapsus gleichzusetzen, der in Notitia (s.o. Anm. 5) in der Liste der Bischöfe aus Byzacena als letzter (Nr. 109) aufgeführt wird (Vigilius Tapsitanus; CSEL 7, 127 Petschenig). Der Jesuit Petrus Franciscus Chiffletus schrieb 1664 diesem Vigilius auch das Werk c.Felic. zu, ebenso die Altercatio s. Augustini cum Pascentio (vgl. PL 62, 93-96 und PL 33, 1153-1156). Der Autor des Werkes dial. c.Arian. hat auf jeden Fall eine Schrift *Contra Marivadum* (in dial. c.Arian. II 45 erwähnt) und eine Schrift *Contra Palladium* (in dial. c.Arian. II 50 erwähnt) geschrieben, die aber beide nicht überliefert sind. Dem Inhalt nach waren es gewiß „anti-arianische" Texte. Das damit in Verbindung gebrachte Werk *Contra Varimadum* (CPL 364) ist vom Herausgeber B. Schwank (CChr.SL 90, 1961, 1-134) nur als pseudo-Vigil von Thapsus bezeichnet worden. Es gibt eigentlich nur eine monogaphische Behandlung von Vigil: G. Ficker, Studien zu Vigilius von Thapsus, Leipzig 1897. Vgl. auch Heil, Augustin-Rezeption im Reich der Vandalen, 24-26.

21 PL 42, 1158C.

22 S.o. Anm. 20.

23 Dazu s. auch oben S. 169f.

gegeneinander antreten läßt. Im zentralen Teil des Dialogs konzentriert sich der Autor ganz auf die Frage, ob es eine oder drei *substantiae* gebe[24]. „Arius" wirft „Athanasius" hier vor, neue schriftfremde Begriffe zu verwenden, verweist auf das Nizänum, welches dann zitiert wird, und kritisiert die Vokabel *homoousios*. Der ganze weitere, relativ lange Dialog kreist um diese Terminologie. „Athanasius" versucht zu beweisen, daß auch schriftfremde Begriffe rechtgläubige Theologie ausdrücken können; auch *ingenitus* und *impassibilis* der sirmischen Formel seien ja ebenfalls schriftfremd[25]. Es geht dann um die Vorstellung der Zeugung, die unkörperlich, ohne Teilung oder Leiden, außerdem aus dem Wesen, nicht durch den Willen des Vaters geschehe. Ferner werden biblische Belege für *substantia* behandelt, schließlich auch die Göttlichkeit des Heiligen Geistes, bis der *iudex* feststellt, damit sei *unius substantiae, id est homousii rationes* hinreichend ausgeführt[26].

Der kurze Blick auf die genannten Texte belegt hinreichend, daß im fünften Jahrhundert in Nordafrika erneut eine Diskussion um den Begriff *homoousios* ausgebrochen war. Wie läßt sich das erklären? Bei den theologischen Auseinandersetzungen in den afrikanischen Provinzen stand die trinitarische Frage viele Jahre im Hintergrund. Insbesondere aufgrund des umfangreichen Schrifttums des Augustinus ist bekannt, wie sehr Donatismus, Manichäismus und Pelagianismus die Diskussionen beherrschten, weniger der Arianismus. Überliefert ist nur, daß auf der Synode von Nizäa 325 Caecilian, der Bischof von Karthago, anwesend war, der offenbar ohne Bedenken der Verurteilung des Arius zugestimmt hat[27]. Dies dürfte weniger theologisch als kirchenpolitisch motiviert gewesen sein, da Caecilian seine Stellung als Bischof wesentlich auch Kaiser Konstantin verdankte, der stets Caecilian als Amtsträger gegen Donatus unterstützte[28]. Sowohl für die Jahre vor Nizäa als auch danach ist nichts von

---

24 PL 62, 191f.

25 PL 62, 194. Vgl. dazu oben S. 170.

26 PL 62, 230. Man vergleiche auch noch die siebte der *Obiectiones regis Thrasamundi* (CChr.SL 91 68,43-69,2 Fraipont).

27 Vgl. Patrum Nicaenorum Nomina (1898), Nachdruck Stuttgart 1995, 52: Bischof Nr. 206 als einziger aus Afrika. In Nizäa waren kaum Vertreter aus dem Westen anwesend (nur Ossius von Cordoba, ein Bischof aus Kalabrien, der Bischof von Die, zwei römische Presbyter und Caecilian von Karthago); vgl. den Beitrag von Schwartz, Über die Bischofslisten der Synoden von Chalcedon, Nicaea und Konstantinopel, 1937; Brennecke, Art. Nicäa I, TRE 24, 431 und die Literaturangaben von Chr. Markschies in dem erwähnten Nachdruck der Patrum Nicaenorum Nomina von 1995.

28 Zu den Hintergründen und dem sog. donatistischen Streit vgl. Kriegbaum, Art. Donatismus, RGG⁴ 2, 1999, 939-942.

einer afrikanischen Beteiligung am trinitätstheologischen Streit bekannt. Knapp zwanzig Jahre später, auf der Synode von Serdica 343, haben offenbar zwei afrikanische Bischöfe das Rundschreiben der westlichen Teilsynode mit unterzeichnet, und zwar wieder der Bischof von Karthago, diesmal Gratus, und noch ein Bischof Vitalis, von dem nicht eindeutig überliefert ist, aus welchem Ort er stammt[29]. Gratus hat offenbar auf der Synode das Problem staatlicher Gerichtsverhandlungen über kirchliche Angelegenheiten eingebracht, wie es sich aus den Canones ergibt. Ein Votum von ihm zu theologischen Streitfragen ist nicht bekannt. Der Bischof der Gegenkirche, Donatus, scheint dagegen im Präskript des Schreibens der östlichen Teilsynode aufzutauchen. Aber dieses Präskript ist erstens in der Überlieferung verdorben[30], zweitens ist daraus nicht der Schluß zu ziehen, Donatus oder die afrikanischen Donatisten stünden inhaltlich der östlichen Dreihypostasenlehre oder gar dem Arianismus nahe. In der eigentlichen Unterschriftenliste der östlichen Teilsynode von Serdica selbst taucht kein Bischof aus Nordafrika auf. Die Mehrheit scheint wie Gratus die Position der westlichen Teilsynode unterstützt zu haben, da sich in der Liste der nachträglich gesammelten Unterschriften unter dem westlichen Rundschreiben weitere 35 afrikanische Bischöfe finden[31].

Eine Beteiligung von afrikanischen Bischöfen am arianischen Streit ist dann erst wieder 15 Jahre später erkennbar. Interessanterweise tauchen auf der sog. dritten sirmischen Synode von 358, also der homöusianischen Synode in Sirmium unter der Leitung von Basilius von Ankyra, vier afrikanische Bischöfe auf[32]. Sie unterzeichneten das Synodalschreiben, das aus der zweiten antiochenischen Formel von 341, der ersten sirmischen Formel gegen Photin aus dem Jahre 351 und wohl auch den homöusianischen Dokumenten von Ankyra samt einer Erklärung zu den Begriffen *homoousios* und *homoiousios* bestanden hat. Die theologischen Dokumente sollten eine Einigung gegen die Anhomöer[33] Aetius und Eunomius vorantreiben. Leider liegen über die Hintergründe und Herkunft der afrikani-

---

29 Bartanensis? Vgl. zu den beiden Personen die Namensliste in der Einleitung zu den Dokumenten der Synode von Serdica (Nr. 43 und 89 in AW III/3, S. 182f.).

30 Vgl. AW III, Dok. 43.11,1; auch Aug., ep. 44 – daraus ergibt sich auch die Möglichkeit, daß im Präskript zunächst allein die Bischofsnamen standen ohne Ortsangabe, die dann erst in einem zweiten Schritt hinzugefügt wurden, um zweifelsfrei jenen Donatus als Bischof von Karthago zu erweisen.

31 Ath., apol.sec. 49,2 (AW II 127,23-128,15 Opitz) und AW III Dok. 43.3, Nr. 113-148 (S. 285f.).

32 AW III Dok. 56.2 (Soz., h.e. IV 15,2).

33 Vgl. zu den Anhomöern oben S. 152-154. Vgl. AW III Dok. 56.5.

schen Bischöfe – Athanasius, Alexander, Severianus und Crescens – keine Informationen vor; vielleicht handelt es sich um eine afrikanische Delegation, die aus welchen Gründen auch immer zufällig beim Kaiserhof anwesend gewesen ist. So bleibt es auch schwierig zu beurteilen, inwiefern homöusianische Positionen von Bischöfen in Afrika auch tatsächlich vertreten wurden.

Etwas klarer wird die Situation auf der ersten Sitzung der Synode von Rimini[34], da dort offenbar Restitutus von Karthago durch die Mehrheitspartei der Teilnehmer, die die homöische sirmische Formel ablehnten und die vier illyrischen Bischöfe Valens, Ursacius, Gaius und Germinius verurteilten[35], als einer der zehn Mitglieder der Delegation bestimmt worden ist, die zum Kaiser in den Osten reisen sollte. Dies wird aus der Erklärung bzw. dem Brief deutlich, den die Delegation später in Nike verabschiedete und aus dem hervorgeht, daß man nun doch den Konsens mit den zuvor in Rimini verurteilten illyrischen homöischen Bischöfen gesucht und gefunden hat.[36] Inwiefern Restitutus an diesem „Umfallen" der Nizäner beteiligt gewesen ist, läßt sich nicht mehr ermitteln. Jedenfalls erscheint er als Sprecher und Anführer dieser Delegation in diesem Brief; die übrigen Bischöfe schlossen sich seinem Votum an. Vielleicht ist es ihm, der als Afrikaner bislang kaum am trinitätstheologischen Streit beteiligt gewesen ist, um so leichter gefallen, diesen homöischen Konsens mitzutragen, der dann schließlich auf der Synode von Konstantinopel 360 als offizielle kirchliche Lehre festgeschrieben wurde[37]. Neben Restitutus scheint bei diesen Ereignissen noch ein weiterer afrikanischer Bischof, Muzonius aus der Byzacena, bedeutsam gewesen zu sein, denn er leitete als Alterspräsident die sog. zweite Sessio von Rimini, auf der die Formel von Nike bestätigt und um Anathematismen ergänzt verabschiedet wurde[38]. Ob und wie die afrikanischen Bischöfe an weiteren Verhandlungen beteiligt gewesen sind, ist aber nicht überliefert[39]. Wahrscheinlich sind sie, wie andere auch, nach dieser zweiten Sessio wieder nach Afrika abgereist.

---

34 Zur Synode s.o. S. 118f. und AW III Dok. 60. Zum Ablauf dieser Synode vgl. ferner Brennecke, Studien zur Geschichte der Homöer, 23-40.

35 AW III Dok. 60.3 (Hil., coll. Antiar. A IX 3).

36 AW III Dok. 60.9 (Hil., coll. Antiar. A V 3). Hier werden 14 Namen genannt, von denen nur Restitutus mit Bischofssitz aufgeführt wird. Es scheinen die zehn Teilnehmer der ersten Delegation zusammen mit vier weiteren zu sein, die einen zweiten Brief an Constantius überbrachten. Zu den Umständen vgl. die Einleitung zu dem Dokument in AW.

37 Zum homöischen Bekenntnis s.o. S. 119.

38 AW III Dok. 60.12 (= Hier., c.Lucif. 17f.).

39 Auf der Liste der Teilnehmer der Synode von Konstantinopel 360 taucht offenbar kein Afrikaner auf (vgl. AW III Dok. 62).

Trotz der zwei bei diesen Verhandlungen an exponierter Stelle stehenden afrikanischen Bischöfe sollte man zwar vorsichtig sein, intensive theologische Debatten auch in Afrika vorauszusetzen bzw. diese beiden Bischöfe als vehemente Vertreter homöischer Theologie anzusehen. Aber eine gewisse Verbreitung homöischer Thesen auch in Afrika ist seit den 360er Jahren dennoch anzunehmen. Dies bestätigt nämlich indirekt das wohl aus dem Jahr 366/67 stammende Schreiben des Athanasius *Ad Afros*, welches homöische Missions-Aktivitäten in Afrika voraussetzt[40]. Athanasius fordert seine Adressaten mit diesem Brief auf, sich von den Beschlüssen der Synode von Rimini/Seleukia zu distanzieren, etwaige Missionsversuche aus dieser Richtung abzuweisen (Afr. 10,3) und, wie schon in anderen Gegenden des Westens – Gallien und Italien –, gegen das homöische Bekenntnis auf das Nizänum von 325 zurückzugreifen (Afr. 10,4). Nizäa als ökumenische Synode mit 318 Teilnehmern sei völlig ausreichend zur Glaubensdefinition, die Erklärung von Rimini dagegen den Synodalen nur mit Gewalt abgepreßt worden. Athanasius geht ferner auf die Usia-Terminologie des Nizänums[41] ein, um diese gegen das homöische Verbot, Usia oder Hypostasis zu gebrauchen, als schriftgemäß zu verteidigen. Das Schreiben des Athanasius scheint nachhaltig gewirkt zu haben, wie sich im *Liber fidei catholicae* zeigen wird.

Nach *Ad Afros* folgt wieder eine größere zeitliche Lücke; es gibt kaum Indizien für eine weitere Beteiligung von Afrikanern an dieser theologischen Debatte, auch nicht an der Ausbildung der sog. neunizänischen Theologie. Natürlich wird man auch in Afrika die neue Rechtslage seit 381 übernommen haben, nach der die Homöer, generell „Arianer" genannt, nun als Häretiker verurteilt wurden, so daß auf sie die immer wieder erneuerten Häretikergesetze anzuwenden waren (CTh XVI 5). Eine Delegation afrikanischer Bischöfe, angeführt von Felix von Karthago, ist z.B. auch auf dem Konzil von Aquileia 381 anwesend und votiert im Sinne des Ambrosius gegen den Homöer Palladius: „Wenn jemand verneint, daß der Sohn Gottes gleichewig ist (*sempiternum et coaeternum*), dann verdamme nicht nur ich, Legat der ganzen afrikanischen Provinz, ihn, sondern der gesamte Chor der Priester, der mich Ehrwürdigsten zu dieser Versammlung entsandt hatte."[42]

---

40 Ath., Afr. (AW II 322-339 Brennecke/Heil/von Stockhausen); vgl. zu diesem Brief den ausführlichen Kommentar von v. Stockhausen, Athanasius von Alexandrien. Epistula ad Afros.

41 Gemeint sind die Aussagen, der Sohn sei aus dem Wesen Gottes (ἐκ τῆς οὐσίας τοῦ πατρός) und mit Gott wesenseins (ὁμοούσιος), s.o. S. 119f.

42 Gesta 16: *Si qui filium dei negaverit sempiternum et coaeternum negaverit, non solus ego legatus totius provinciae Africanae damno, sed et cunctus chorus sacerdotalis, qui ad hunc*

Dennoch hört man von Diskussionen zu diesem Thema erst wieder am Beginn des fünften Jahrhunderts zu Lebzeiten des Augustinus durch das oben dargestellte Gespräch zwischen Augustinus und Pascentius. Diese kurze Übersicht verdeutlicht, daß der trinitätstheologische Streit im Grunde genommen nur phasenweise nach Afrika „exportiert" worden ist und hier erst wieder durch die Invasion der Vandalen intensivere Auseinandersetzungen darüber entstanden. Dies setzt sich auch in den nächsten Jahren so fort, da wiederum aus der Zeit nach dem Tod des Augustinus und der Eroberung von Nordafrika durch die Vandalen bis zum Religionsgespräch in Karthago im Jahr 484 kaum weitere theologische Details, Diskussionen oder Werke überliefert sind. Vielmehr muß das Religionsgespräch in Karthago selbst als Katalysator für mehrere andere trinitätstheologische Werke verstanden werden wie der *Liber fidei catholicae* und die oben erwähnten Dialoge.

Die genannten Schriften vom Ende des 5. Jahrhundets lassen auf jeden Fall ein Ringen um Schriftgemäßheit und Tradition erkennen, da die großen Autoritäten – Athanasius als Vater der nizänischen Theologie und Augustinus als großer Kirchenlehrer Afrikas – bemüht werden. Auch im *Liber fidei catholicae* selbst ist das hohe Ansehen des Athanasius unmittelbar erkennbar. Der Autor des Textes hatte offenbar zuvor sogar die Schrift *Ad Afros* des Athanasius gelesen. Nachdem nämlich kurz auf die Häresie hingewiesen wurde, die den Sohn als aus nichts entstanden dachte und so die Einführung des Begriffs *homoousios* notwendig machte, werden im *Liber fidei catholicae* genau jene Schriftstellen aus Jeremia als Belege für die Usia-Terminologie zitiert wie in *Ad Afros* 4,3: nach Hebr 1,3 nämlich Jer 9,9; 23,18; 23,22. Dies ist unbedingt zu beachten, da die Schriftstellen aus Jeremia einzigartig sind in diesem Zusammenhang; nur Athanasius – und zwar allein in seiner Schrift *Ad Afros* – zitierte damals genau diese Auswahl der Texte als Belege dafür, daß man entgegen der homöischen Kritik doch einen biblischen Gebrauch der Usia-Terminologie finden könne[43]. Man könnte vielleicht noch auf Ambrosius verweisen, der in seinem dreibändigen Werk *De fide* aus dem Jahr 380 einen längeren Abschnitt über die *unitas substantiae* bietet (III 14). Auch Ambrosius nennt natürlich an erster Stelle Hebr 1,3 („der Sohn ist das Abbild der väterlichen Substanz"), dann aber Ps 138,15; Nahum 2,7f.; Jer 9,9; Ps 89,48, dann Jer 23,18.22 und

---

coitum me sanctissimum misit etiam ipse ante damnavit (CSEL 82,3, 335 Zelzer). Vgl. auch Gesta 58: *Felix et Numidius legati Afrorum dixerunt* ... (CSEL 82,3, 361).

43 Augustinus übrigens bietet die relevanten Jeremia-Stellen nicht. Athanasius entwickelt in Afr. seine biblische Argumentation für die nizänische Terminologie weiter im Vergleich zu seiner früheren Schrift *De decretis Nicaenae synodi* 22,3 (Athanasius zitiert dort Ex 3,14; 20,2 als Belege für Gottes „Wesen").

noch Ps 89,48. Er diskutiert anhand dieser Stellen, was genau die *substantia* Christi ist und ob nur der Inkarnierte eine Substanz habe, wie die Gegner behaupten. Ferner fragt er, ob *substantia* eher „Vermögen" bedeute, ebenfalls ein Argument seiner Gegner, um schließlich mit Phil 2,6f. zu erklären, daß der Sohn auch als Inkarnierter in der Substanz Gottes bleibe. Diese anders akzentuierten und im Vergleich komplizierten Ausführungen fehlen jedoch in dem Abschnitt des *Liber fidei catholicae*, ebenfalls die übrigen Schriftstellen, so daß es nahe liegt, den Brief des Athanasius *Ad Afros* als Hintergrund vorauszusetzen, da es auch hier allein darum geht, biblische Belege für *substantia* zu bieten[44]. Man muß wohl den Schluß ziehen, daß der Autor zur Abfassung des *Liber fidei catholicae* den Brief des Athanasius an die Bischöfe von Afrika zu Rate zog und daraus neben den üblichen Stellen aus dem Johannesevangelium und Hebräerbrief auch die Jeremia-Verse übernahm. So gibt der von Victor von Vita zitierte *Liber fidei catholicae* einen Hinweis darauf, daß Athanasius mit *Ad Afros* wirklich seine Adressaten erreicht und etwas bewirkt hat.

Beide Seiten versuchten offenbar, sich als Vertreter der altehrwürdigen, unverfälschten und wahren Glaubenstradition darzustellen. Ohne Zweifel rief die homöische Seite wieder die Größe der Synode von Rimini in Erinnerung, wie es Hunerich selbst in seinem Dekret nach dem Gespräch von Karthago 484 berichtet: „Am ersten Tag wurde von unseren ehrwürdigen Bischöfen vorgeschlagen, daß sie wie vereinbart das *homoousios* angemessen aus den göttlichen Schriften darlegen, oder sie sollen das, was von tausend und mehr Bischöfen der ganzen Welt auf dem Konzil von Rimini und Seleukia gestrichen worden ist, auch selbst verurteilen."[45] So wurde offenbar im Zuge einer Vergewisserung der eigenen Tradition in der Vandalenzeit den „Homoousianern" erneut vorgeworfen, sie hätten neue Begriffe erfunden und die biblische Tradition verfälscht.

Abgesehen von dieser reinen Begriffsdiskussion ist es aber schwierig, konkrete Elemente homöischer Theologie jener Zeit genauer zu bestimmen. So ist es z.B. seit Markell von Ankyra traditionelle nizänische Theologie, die Niedrigkeitsaussagen über den Sohn auf dessen menschliche

---

44 In jener Zeit scheinen die Jeremia-Stellen prominent geworden zu sein, wie die Aufnahme auch in den Schriften *Testimonia de Patre et filio et Spiritu sancto* IV 1-4: *De substantia Dei* (CChr.SL 90, 230,135-231,144 D. De Bruyne) und in *Contra Varimadum* I 44 (CChr.SL 90, 56,1-17 B. Schwank) zeigt. Die Jeremia-Verse werden ferner auch wieder in dem Dialog gegen die Arianer und Sabellianer und Photinianer zitiert (PL 62, 209C).

45 ... *primo die a uenerabilibus episcopis nostris eis uidetur esse propositum, ut omousion, sicut ammoniti fuerant, ex diuinis scripturis proprie adprobarent, aut certe quod a mille et quod excurrit pontificibus de toto orbe in Ariminensi concilio vel apud Seleuciam amputatum est, praedamnarent* (III 5 [176 Lancel; CSEL 7, 73,20-74,2 Petschenig]).

Natur zu beziehen, wie es auch Athanasius immer wieder vertreten hat, u.a. in seiner Schrift *Ad Afros*. Daher sind die Argumente in *Liber fidei catholicae* I 63-65 nichts Neues und begegnen auch bei Avitus[46]. Etwas interessanter sind nur die beiden referierten Einwände in *Liber* 68 und 70. Der erste lautet, man könne aus der Zeugungsvorstellung nicht die Substanzeinheit folgern, da niemand die Zeugung des Sohnes aus dem Vater beschreiben könne. Dies ist ein sehr alter Gedanke aus dem arianischen Streit. Schon Alexander von Alexandrien hatte darauf verwiesen[47], aber besonders prominent wird er in der homöischen Theologie, wie man an der zweiten sirmischen Formel von 357 erkennen kann: „Da aber doch etliche über die lateinisch sogenannte *substantia*, griechisch über die sogenannte Usia beunruhigt sind, das heißt, damit man es genauer verstehen kann, „wesenseins" oder das sogenannte „wesensgleich", darf keiner dieser Begriffe überhaupt erwähnt werden und es dürfen in der Kirche auch keine Auslegungen darüber gemacht werden aus diesem Grunde und wegen dieser Überlegung, daß in den göttlichen Schriften nichts darüber geschrieben steht und daß dies über die menschliche Erkenntnis und den menschlichen Verstand hinausgeht und daß keiner die Geburt des Sohnes beschreiben kann, wie geschrieben steht: „Wer kann seine Geburt erklären?" Denn es ist offenkundig, daß nur der Vater weiß, wie er den Sohn gezeugt hat, und wiederum nur der Sohn, wie er selbst vom Vater gezeugt worden ist."[48] In Kurzfassung wird dieser Gedanke auch in Rimini/Seleukia übernommen. Dieses homöische Argument scheint sich bis zum Ende des fünften Jahrhunderts durchgehalten zu haben oder wieder neu betont worden zu sein, auch von katholischer Seite, da es jetzt wie schon zu Beginn des vierten Jahrhunderts stets im Zusammenhang mit der Kritik an den Begriffen des Nizänums steht.

Der nächste Einwand (Kap. 70) lautet: „Aber vielleicht wirft einer ein: Wenn der Vater ungezeugt, der Sohn gezeugt ist, dann kann es nicht sein, daß der Gezeugte und der Ungezeugte zusammen ein und dieselbe Sub-

---

46 Vgl. dazu oben S. 229-236.
47 Vgl. den Brief des Alexander von Alexandrien an seinen Namensvetter, Dok. 17 = Urk. 14,19-21 (AW III 22,19-23,11 Opitz).
48 *Quod vero quosdam aut multos movebat de substantia, quae graece usia appellatur, id est (ut expressius intelligatur), „homousion", aut quod dicitur „homoeusion", nullam omnino fieri oportere mentionem; nec quemquam praedicare ea de causa et ratione quod nec in divinis scripturis contineatur, et quod super hominis scientiam sit, nec quisquam possit nativitatem filii ennarare, de quo scriptum est, „generationem eius quis ennarabit?" scire autem manifestum est solum patrem quomodo genuerit filium suum, et filium quomodo genitus sit patre.* Text und Übersetzung aus AW III Dok. 51. Vgl. auch die zweite der *Obiectiones regis Thrasamundi* (CChr.SL 91, 67,8-12 Fraipont).

stanz haben."[49] In der darauf folgenden Entgegnung heißt es, daß umgekehrt Vater und Sohn dann, wenn sie beide ungezeugt wären, nicht dieselbe Substanz hätten, da man in diesem Fall von zwei voneinander unabhängig Ungezeugten ausgehen müsse. Erst die Zeugung des Sohnes aus dem selbst ungezeugten Vater begründe die Substanzeinheit, wie Licht aus Licht. Einen ähnlichen, schon oben angeführten Gedanken findet man auch in der *Altercatio cum Pascentio*, und zwar zu Beginn des längeren Plädoyers des Pseudo-Augustinus am Schluß des Dialogs. Hier heißt es: „Es ist nämlich nicht so, daß Adam, weil er als ungezeugt verstanden wird, ein Mensch, Abel aber, weil er von ihm gezeugt wurde, kein Mensch ist; er, der ein ungezeugter Mensch ist, hat einen Menschen gezeugt."[50] So hätte der ungezeugte Vater und der gezeugte Sohn ebenfalls dieselbe Substanz, wie das Feuer und sein Glanz, auch wenn der eine ungezeugt und der andere gezeugt sei. Und diesen Sachverhalt der einen Substanz der Trinität fassen die Griechen kurz mit dem Wort *homoousios* zusammen. Im anderen Dialog mit Pseudo-Augustinus – in der Schrift *Contra Felicianum* – steht dieses Problem ganz und gar im Zentrum der ersten Hälfte des Textes. Während „Augustinus" hier zu belegen versucht, daß die Einheit der Trinität in der Substanz, die Verschiedenheit in den Personen zum Ausdruck kommt, vertritt Felicianus die Position, daß die Unterschiede der trinitarischen Personen auch eine Substanzverschiedenheit voraussetzen. Felicianus sagt, niemand könne ihn davon überzeugen zu glauben, daß der Ungezeugte derselbe sei wie der Gezeugte und daß vom Sohn dasselbe zu predigen sei wie vom Vater[51]. Unter Voraussetzung der Substanzeinheit müsse man sogar von zwei Ungezeugten ausgehen. Vater und Sohn seien ja auch nicht beide gleichewig[52], denn wenn der Gezeugte dem Vater gleichewig wäre, dann müßten entweder beide Gezeugte oder beide Väter sein[53]. Man kann zusammenfassen, daß im Rahmen der neuen Diskussion um den Begriff *homoousios* Vertreter der homöischen Dreistufentheologie die Substanzeinheit auch vom Agennesiebegriff her infrage gestellt haben.

Dies ist allerdings nicht zu verwechseln mit der sog. anhomöischen Theologie, gegen die sich sowohl Pascentius in der *Altercatio* als auch alle

---

49 *Sed forsitan obicitur: Cum ingenitus pater sit, genitus filius, non fieri posse unam eandemque esse substantiam geniti atque ingeniti* (155 Lancel; CSEL 7, 53,13-15 Petschenig).

50 *Altercatio* 15; vgl. oben Anm. 16.

51 PL 42, 1158C: *Verum est, nec persuaderi mihi potest id ingenitum esse quod genitum, ne eundem Patrem videar praedicare praedicare quem Filium.*

52 PL 42, 1159BC.

53 PL 42, 1160C.

Diskussionsteilnehmer des Dialogs *Contra Arianos* abgrenzen[54]. Gelegentlich wird angenommen, die Vandalen würden einen „extremen" Arianismus vertreten. Analog zu den sehr radikalen anti-„katholischen" Maßnahmen im Reich der Vandalen müsse man auch eine radikale Theologie voraussetzen. So spricht z.B. van der Loft schon im Titel seines kleinen Aufsatzes vom „fanatischen Arianismus der Wandalen"[55]. Er beruft sich hierin u.a. auf Courtois, der bei den Vandalen ebenfalls einen extremen Arianismus erkennt[56]. Auch Ludwig Schmidt schreibt von einem religiösen Fanatismus[57], obwohl er in seiner Monographie nicht auf theologische Details eingeht. In seinem ausführlichen RAC-Artikel „Germanenmission"[58] charakterisiert Knut Schäferdiek dagegen die Haltung der Vandalen nur als „beispiellose(n) Intensität und Entschiedenheit", und er kritisiert hier zu Recht die Ansicht von Kurt Dietrich Schmidt, daß es im Vandalenreich eine theologische Weiterentwicklung im Sinne eines Rückgriffs auf den genuinen Arianismus gegeben habe[59]. Eine neuere Veröffentlichung zu Theologie und Kirche im Reich der Vandalen ist der Beitrag von Yves Modéran, „Une Guerre de Religion: Les deux églises d'Afrique à l'époque Vandale"[60]. Er versucht hier ausführlich zu belegen, daß im Reich der Vandalen – im Unterschied zu dem Streit nur um Begriffe (wie *homoousios*) auf der homöischen Synode von Rimini – ein wahrer, tatsächlicher Subordinatianismus entwickelt worden sei, konsequent durchdacht für alle drei trinitarischen Personen. Besonders über die Göttlichkeit des heiligen Geistes sei im Reich der Vandalen diskutiert und gestritten worden. Als Beleg verweist er auf die zweite Hälfte des *Liber fidei catholicae*, die oben schon vorgestellt wurde, und auf die Schriftstellensammlung des Cerealis, also *Contra Maximinum*, von der sich ein Viertel mit der dritten trinitarischen Person befasst. Er folgert: „Le débat sur l'Esprit Saint était réellement porté à ce niveau par l'Église arienne vandale."[61] Man könne bei den Vandalen nicht mehr von einer homöischen

---

54 *Altercatio* 4 (SÖAW.PH 779 78,7-11 Müller/Weber/Weidmann); *dial. c.Arian.* I 22 (PL 62, 195B).

55 ZNW 64, 1973, 146-151. So auch Görres, Kirche und Staat, 23.48f.

56 Victor de Vita et son œuvre, 1954, 87. Vgl. ders., Les Vandales et l'Afrique, 1955.

57 L. Schmidt, Die Geschichte der Wandalen, 106. Vgl. Howe, Vandalen, 276: aggressiver vandalischer Arianismus.

58 Schäferdiek, Germanenmission, 508.

59 Schäferdiek, Germanenmission, 524f.; K.D. Schmidt, Die Bekehrung der Germanen zum Christentum I, 371f.

60 In: L'Afrique vandale et Byzantine, 2e partie, Antiquité Tardive 11, 2003, 21-44.

61 Modéran, 34.

Theologie im Sinne eines einfachen Streits um Worte sprechen. Es liege vielmehr „un vrai subordinatianisme"[62] vor. – An dieser Einschätzung ist meines Erachtens ein Aspekt richtig, anderes aber verzerrt. Grundsätzlich ist es korrekt davon auszugehen, daß theologische Themen, Diskussionen und Schwerpunkte sich im Verlauf von hundert Jahren und durch die Vermittlung in verschiedene Kulturkreise verschieben und verändern. Dennoch erscheint Modérans Darstellung der vandalischen Theologie als Radikalisierung bzw. als Entwicklung hin zu einer kompletten Dreistufentheologie nicht überzeugend. Sie gelingt nur mittels einer Reduzierung der frühen homöischen Theologie der sechziger bis achtziger Jahre des vierten Jahrhunderts auf die Formel von Rimini mit ihrem Verbot der Usia-Terminologie. Gerade die dreifache Stufenordnung als Aspekt der Lehre von den drei Hypostasen ist von Beginn an konstitutiv für die Homöer, wie ausführlich beschrieben wurde. Auch die Diskussionen um den heiligen Geist sind nicht erst im Vandalenreich aufgekommen[63].

Andererseits gibt es eine Forschungsmeinung, nach der die Entwicklung der westlichen Homöer allgemein, und nicht nur allein die der Vandalen, nach der Verurteilung im Jahr 381 auf der Synode von Aquileia als zunehmende Radikalisierung bzw. Arianisierung eingeschätzt wird. So schrieb Michel Meslin[64] 1967 von „un certain subordinatianisme hérité de la théologie conservatrice de la Via Media, on est passé à un anoméisme de fait". Diese Position vertreten auch Yves-Marie Duval[65], Manlio Simonetti[66] und Roger Gryson. Gelegentlich wird sogar ein Einfluß der Neuarianer, genauer des Eunomius angenommen[67]. Demnach seien es also nicht die Vandalen allein, sondern allgemein die westlichen Homöer gewesen, denen eine Radikalisierung zuzuschreiben sei.

Diese Einschätzung einer Radikalisierung widerspricht in gewissem Maße der sonst durchaus auch üblichen Beschreibung, daß mit der Annahme des homöischen Bekenntnisses durch die Westgoten und dann auch durch die Ostgoten, Vandalen und Burgunder eine Erstarrung, ein erstarrter Biblizismus oder ein erstarrter Formalismus einhergehe. Da eine Auseinandersetzung mit den trinitätstheologisch-philosophischen Hintergründen der östlichen, griechischen Theologie fehle, werde hier im Wes-

---

62 Modéran, 35.
63 S.o. Kap. IV.
64 Meslin, Les Arien d'Occident 335–430, 324.
65 Duval, Sur l'arianisme des Ariens d'Occident, Mélanges de Science religieuse 26, 1969, 145-153; ders., L'extirpation de l'Arianisme en Italie du Nord et en Occident, Collected Studies 611, Ashgate 1988.
66 Simonetti, L'arianesimo di Ulfila.
67 Gryson, Scolies ariennes sur le concile d'Aquilée, SC 267, Paris 1980, 175.

268 V. Kein Streit um homoousios wie in Nordafrika

ten nur übernommenes Material simplifizierend weitergegeben ohne nennenswerte Weiterentwicklung oder theologische Durchdringung. So faßt Schäferdiek in seinem RAC-Artikel „Germanenmission" zusammen, daß aufgrund des begrenzten Austauschs mit der altkirchlichen Theologie das „germanische homöische Christentum zu einem formalistischen Biblizismus erstarrt ist"[68]. Dieser Vorwurf ließe sich jedoch meines Erachtens genausogut umkehren und auch auf die „katholische" Seite anwenden. Der Aufbau und Inhalt des *Liber fidei catholicae* ist ebenso absolut traditionell, bringt kaum neuen Ideen oder Argumente, zeichnet sich ebenfalls durch eine lange Aneinanderreihung biblischer Zitate aus und wiederholt Thesen, die schon seit dem vierten Jahrhundert hinreichend bekannt sind. Die Einschätzung Schäferdieks hat insofern ihr Recht, als man sie auf beide Seiten anwendet.

Wie oben in der kurzen theologischen Analyse einiger Teilfragen des *Liber fidei catholicae* aufgezeigt, scheint die Auseinandersetzung im Vandalenreich des Jahres 484 ganz in den traditionellen Bahnen einerseits der homöischen und andererseits der „katholischen", von Augustinus und Athanasius geprägten Theologie zu liegen. Aber so erstarrt, wie gelegentlich beschrieben, war die Diskussion nicht. Das zeigt etwa die Wiederbelebung der Diskussion um den Begriff *homoousios* und damit einhergehend um die Substanzfrage, auch wenn eine gewisse Redundanz der Argumente und Anhäufung von langen Reihen mit Schriftzitaten auf beiden Seiten erkennbar ist. Dabei bewegt sich die „katholische" Theologie in dem Rahmen, der auch durch das westliche Bekenntnis von Serdika abgesteckt wird. Zu Beginn des *Liber fidei catholicae* (II 56) meint man fast eine Anspielung auf das Serdicense entdecken zu können: „Wir erkennen also, daß wir in erster Linie die Einheit der Substanz des Vaters und des Sohnes, was die Griechen *homoousios* nennen, erklären müssen." Im Serdicense liest man: „Wir haben … folgendes Bekenntnis: Es ist eine Hypostase, die die Griechen Usie nennen, des Vaters und des Sohnes und des heiligen Geistes."[69] Diese *unitas substantiae* ist der Dreh- und Angelpunkt, um den der Streit auch im Reich der Vandalen geht. In der homöischen Theologie ist diese *unitas substantiae* nie akzeptiert worden, auch nicht in neunizänischer Betonung der drei Personen in dieser *unitas substantiae*. Der altbekannte Vorwurf des Sabellianismus wird auch noch im *Liber fidei catholicae* berücksichtigt, da nach dem Bekenntnis zur einen Substanz sofort die Absicherung folgt, daß der Vater *in sua proprietatis persona subsistere*[70] wie auch der Sohn und der heilige Geist.

---

68 Schäferdiek, Germanenmission, 524.
69 AW III, Dok. 43,1, 1 hg.v. Brennecke/Heil/von Stockhausen/Wintjes.
70 *Historia* II 56 (148 Lancel; CSEL 7, 46,16 Petschenig). Vgl. auch oben S. 169.

Vergleicht man diese Texte mit den Fragmenten und Briefen des Avitus von Vienne, so ergibt sich ein signifikanter Unterschied. Bei Avitus ist kein Streit um den Begriff *homoousios* erkennbar. Natürlich begegnet bei ihm auch die Terminologie *una substantia*, aber es ist in Gallien offenbar keine erneute Diskussion um den griechischen Begriff ausgebrochen. Das ist wohl nicht nur mit der fragmentarischen Überlieferung zu erklären, da zum Beispiel auch Faustus von Riez eine vergleichbare Diskussion vermissen läßt wie auch z.B. der Caesarius von Arles zugeschriebene Traktat *De mysterio sanctae Trinitatis*.[71]

Parallel ist die Zentralität der Frage nach dem heiligen Geist. Aber auch hier zeigt sich ein Unterschied: Wird im *Liber fidei catholicae* die *consubstantialitas* (= *homoousios*) des heiligen Geistes mit dem Vater und Sohn verteidigt, so steht bei Avitus eher die gleiche Ehre der trinitarischen Personen, angestoßen durch die liturgischen Unterschiede, im Vordergrund. Die Hintergründe und Ursachen sind schwer zu bestimmen. Kann man für Afrika eine größere Nähe zum griechischen Osten annehmen als für Gallien? Hat man eine größere Verbundenheit mit Ägypten, besonders Alexandrien und dem athanasianischem Erbe (*Ad Afros*) gepflegt? Haben daher die Vandalen stärker Anstoß genommen an einem bewußten nizänischen Erbe? Oder ging die Stoßrichtung umgekehrt von Theologen auf vandalischer Seite aus, die ganz konkret die Erklärung von Rimini wieder hervorgeholt und sich auf die darin formulierte Verurteilung der philosophischen Usia-Terminologie berufen haben? Es ist ja bemerkenswert, daß überhaupt erneut eine Diskussion um *homoousios* ausgebrochen ist, nachdem im lateinischen Westen zunehmend *aequalitas* zum Hauptstichwort der nizänisch-katholischen Seite geworden war. Der Befund ist jedenfalls eindeutig und zeigt ein eigenes Profil der hier vorgestellten Texte aus dem nordafrikanischen Umfeld im Unterschied zu Texten im Umkreis des Avitus von Vienne.

---

71 Morin, S. Caesarii opera omnia II 165-180 = PLS 4, 532-545 (hier steht vielmehr die *aequalitas* im Vordergrund). Auch die aus dem italienischen Raum aus der Zeit Theoderichs stammenden fünf kleineren theologischen Traktate des Boethius sind hier unergiebig, obwohl Boethius durchaus griechische Begriffe analysiert, sowie auch der Brief des Agnellus von Ravenna *De ratione fidei ad Arminium*.

VI. Eine vergleichende Zusammenfassung

Vergleicht man die theologischen Diskussionen im Reich der Vandalen in Nordafrika mit denen im Reich der Burgunder, so werden einige Unterschiede deutlich, die sowohl formale als auch inhaltliche Aspekte betreffen. Es fällt auf, daß sich die Diskussion um die Trinitätstheologie regional unterschiedlich weiterentwickelt hat. Dies ist einerseits zwar nicht überraschend angesichts der unterschiedlichen politischen Entwicklungen, die auch eine Regionalisierung der Kirche parallel zu den Reichen der Ostgoten, Burgunder, Westgoten und Vandalen nach sich zog. Andererseits hat man in der Forschung diese Spätphase bislang sehr nachlässig behandelt, da hier angeblich nur altbekannte Argumentationen in erstarrter Form ohne großen Tiefgang wiederholt werden und nichts Neues zu erwarten sei. Diese Meinung ist natürlich sowohl bei Avitus als auch im *Liber fidei catholicae* bis zu einem gewissen Grad berechtigt, aber beim genauen Hinsehen nicht ganz zutreffend. An folgende wichtige Ergebnisse ist zu erinnern:

Es begegnet in den Texten aus dem Vandalenreich eine wiederbelebte Debatte um den nizänischen Begriff ὁμοούσιος, die anscheinend mit einem neuen Rückgriff auf theologische Traditionen einherging. Das homöische Bekenntnis von Rimini wurde wieder thematisiert und bekam mit seiner Kritik an der nizänischen Terminologie neue Bedeutung. Das provozierte auf katholisch-nizänischer Seite mehrere Texte, in denen das griechische Wort ὁμοούσιος verteidigt wurde. In diesem Zusammenhang wurde offenbar Athanasius, besonders sein Brief *Ad Afros*, wiederentdeckt und rezipiert. Diese Diskussion fehlt völlig im Reich der Burgunder ebenso wie auch eine Rezeption dieses Briefes des Athanasius. Das mag einerseits an der fragmentarischen Überlieferung liegen, scheint aber doch eine zutreffende Beobachtung zu sein. Der zentrale, dominante Begriff für die Trinitätstheologie wurde im lateinischen Westen *aequalitas*. Dies kann man an vielen Texten sowohl des Avitus als auch aus dem vandalischen Raum erkennen. Eine explizite Diskussion des griechischen Begriffs ὁμοούσιος aus dem Nizänum von 325 in Nordafrika ist daher überraschend.

Diese Regionalisierung ist auch bei der Weiterführung des Streits um den heiligen Geist erkennbar. Zwar wird dieses Thema sowohl in nordafrikanischen als auch gallischen Texten thematisiert, aber in Gallien zeigt sich in den Texten des Faustus von Riez und Avitus von Vienne eine spezielle Diskussion, die zur Verteidigung des doppelten Ausgangs des heiligen Geistes aus dem Vater und dem Sohn führte. Mehrmals taucht der Begriff *filioque* auf, und man kann erkennen, wie es mit der Zeit dazu kam, daß bei der lateinischen Rezeption des *Nizänokonstantinopolitanums* von 381 das Wort *filioque* selbstverständlich mit hinzugenommen wurde. Interessanterweise liegt in den Texten des Faustus und des Avitus die Betonung eher auf „und auch aus dem Vater", um den heiligen Geist entgegen der homöischen Ansicht, ihn als Geschöpf des Sohnes zu bezeichnen, an den Vater zurückzubinden, und zwar durch den Gedanken des Hervorgehens des Geistes aus dem Vater und dem Sohn. Dies wurde so im *Liber fidei catholicae* nicht ausgesprochen, so daß sich in dieser Hinsicht am Ende des fünften Jahrhunderts eine deutlichere Augustinusrezeption in Gallien erkennen läßt als in Nordafrika selbst.

In diesem Zusammenhang ist zu betonen, daß Avitus nicht nur Augustinus, sondern ohne Zweifel auch Ambrosius von Mailand gelesen und rezipiert hat, was die Bedeutung dieses italienischen Theologen für die lateinische Theologie des Westens unterstreicht.

Eine Weiterentwicklung der Diskussion um den heiligen Geist erkennt man an dem Hinweis auf Sap 15,11, einen Schriftvers, der zuvor im trinitarischen Streit noch keine Rolle gespielt hatte. Offenbar wurde auf homöischer Seite weiterhin nach Schriftbelegen gesucht, die die Geschöpflichkeit des heiligen Geistes „beweisen", wie es vom Beginn dieses Streits an üblich war. Entsprechend reagierte Avitus in einem Brief und war darin bestrebt, diesen Schriftbeleg als falsches Zitat zu entkräften.

Die Diskussion um den heiligen Geist bildete überhaupt einen Schwerpunkt in jener Zeit. Dies war vielleicht bedingt durch die Unterschiede in der Liturgie beim *Gloria patri*, die während der siebziger Jahre des vierten Jahrhunderts entstanden (Basilius von Cäsarea) und danach bestehen blieben, weil die homöischen Kreise die alte präpositionale Doxologie bewahrten. So blieben die dahinterstehenden theologischen Differenzen im gottesdienstlichen Alltag immer sichtbar und stießen offenbar sogar auf neues Interesse im Reich der Burgunder bei König Gundobad, der theologischen Fragen nachging und sowohl Avitus wie auch „seine" homöischen Kleriker um Erläuterungen bat. Wie es den Anschein hat, gab es gerade zu diesem Thema auch ein Religionsgespräch, besser gesagt ein Konfessionsgespräch zwischen den beiden Kirchen, in dem Avitus eine bedeutende Rolle gespielt hat.

Überhaupt standen die theologischen Gespräche im Reich der Burgunder unter einem ganz anderen Vorzeichen als im Reich der Vandalen. Die von Avitus erwähnten Verfolgungen stehen in keinem Vergleich zu den Vertreibungen und Verfolgungen bei den Vandalen und beziehen sich wohl nur auf die Konfiszierung einiger Kirchengebäude. Das liegt natürlich daran, daß auch innerhalb des burgundischen Herrscherhauses die katholische Konfession vertreten war, besonders bei den Frauen. Gundobad selbst verstand sich ohne Zweifel als Herrscher für beide Kirchen zuständig. So war bei den Burgundern die homöische Konfession nicht so identitätsstiftend wie bei den Westgoten oder Vandalen. Es ist historisch wahrscheinlich, daß erst nach der Ansiedlung in der Sapaudia durch Kontakte zu den Ost- und Westgoten die homöisch-„arianische" Konfession relevant oder sogar erst aus politischen Gründen favorisiert wurde. So stand die Hinwendung zur homöischen Konfession wohl nicht zu Beginn der Ansiedlung der Burgunder in der Sapaudia im Blickpunkt des Interesses. Erst als das Römische Reich politisch instabil wurde und engere Bündnisse mit den westgotischen und ostgotischen Nachbarn geschlossen wurden, bekannten sich vor allem die männlichen Glieder des burgundischen Königshauses zur homöischen Konfession. Dieser Konfessionswechsel ist aller Wahrscheinlichkeit nach also ein Teil der politischen Neuorientierung der Burgunder Ende des fünften Jahrhunderts. Andererseits ist es bemerkenswert, daß Sigismund auch nach seinem Wechsel zur katholischen Konfession Anfang des sechsten Jahrhunderts zweiter König neben Gundobad blieb und nach Gundobads Tod sein Nachfolger wurde. Im Reich der Vandalen wäre das nicht möglich gewesen.

Außergewöhnlich sind die theologischen Fragmente des Avitus, da sie ein großes Interesse des Königs Gundobad an theologischen Fragen dokumentieren. Avitus fungierte regelrecht als theologischer Ratgeber für Gundobad, der aber ohne Zweifel auch von anderer Seite Auskünfte einholte. Belegt sind Fragen exegetischer, aber auch dogmatischer Natur, die die Differenzen zwischen der katholischen und der homöisch-„arianischen" Kirche betreffen. Darüber hinaus wollte Gundobad zum Beispiel auch Auskünfte über die im Osten diskutierten Probleme der Christologie erhalten. Dieses persönliche Interesse Gundobads an theologischen Fragen begünstigte ein Klima des Dialogs, auch wenn man aus den Fragmenten ablesen kann, daß es hier neben guten auch schlechtere Phasen beziehungsweise Ruhephasen gab. Avitus hat dies gewiß zu schätzen gelernt, wie man an seinen vielen Briefen und Fragmenten ablesen kann. Er hat sich dem Gespräch nicht verweigert, im Gegenteil: In mehreren Stellungnahmen hat er seine bzw. die Ansichten der „katholischen" Kirche dargelegt und erläutert. Ein gewisser missionarischer Eifer gegenüber Gundobad ist ihm nicht abzusprechen.

Die Schriften des Avitus zeigen daher eine gewandelte Wahrnehmung der neuen, eingewanderten Bevölkerungsgruppen im Unterschied zu Autoren früherer Generationen. So sah noch Ambrosius von Mailand zum Beispiel in den Westgoten nur Häretiker und „Barbaren" als Feinde des

Römischen Reichs und forderte in seinem Werk *De fide ad Gratianum* (II 16,136) Kaiser Gratian auf, im Namen des rechten, nizänischen Glaubens gegen die barbarischen Westgoten in den Krieg zu ziehen. In dieser Hinsicht unterscheidet sich Avitus von Ambrosius, da er nicht nur in einem Fragment die theologische Deutung des Kriegsgeschehens hinterfragt, sondern auch die neuen Nachbarn der Burgunder als Gesprächspartner und Missionsziele entdeckt hat. Entsprechend ergriff er sogleich, als der fränkische König Chlodwig den katholischen Glauben annahm, die Gelegenheit beim Schopfe und forderte ihn auf, unter noch entlegeneren heidnischen Völkern missionarisch tätig zu werden. Konsequenterweise deutete Avitus die Umbrüche der Völkerwanderungzeit nicht mehr eschatologisch als Vorboten der Endzeit wie noch der Nordafrikaner Quodvultdeus (*De promissionibus et praedicationibus*) oder die gallischen Autoren wie Orientus von Auch (*Commonitorium* II 163-184) oder Eucherius von Lyon (*De contemptu mundi*) in den Generationen vor ihm. Für Avitus stand die Kirche vielmehr vor der neuen Herausforderung, die eingewanderten „Barbaren" für die katholische Kirche zu gewinnen, wie es Prosper von Aquitanien fünfzig Jahre vor ihm in seiner Schrift *De vocatione omnium gentium* als einer der ersten Autoren angesprochen hatte. Überdies hat Avitus offenbar die durch die Ausdehnung des Reichs der Burgunder veränderten politischen Gegebenheiten dazu genutzt, die Machtansprüche des Bischofs von Vienne entsprechend auszuweiten.

Das Nebeneinander einer homöischen und katholischen Kirche in Burgund brachte aber auch praktische Probleme mit sich. Das betraf nicht nur den Umgang mit Konvertiten, sondern auch Fragen des kirchlichen Alltagslebens. Dürfen zum Beispiel Kleriker beider Seiten miteinander feiern? Das wurde auf der Synode von Epao 517, als schon der burgundische König Sigismund herrschte, verboten und mit einem Jahr Exkommunikation für Kleriker höheren Ranges bestraft (Epao, can. 15). Die Praxis sah jedoch offenbar anders aus. Und wie soll man mit auf Privatbesitz errichteten „arianischen" Kirchen und entsprechenden Kultgegenständen verfahren, wenn der Gutsherr katholisch wurde? Avitus lehnte es strikt ab, daß die katholische Kirche ehemalige homöisch-„arianische" Gebäude oder Gegenstände einfach übernahm, auch wenn die Lage der katholischen Kirche unter Sigismund im Moment günstig zu sein schien. Politische und kultische Überlegungen ließen Avitus davor zurückschrecken; er stellte damit allerdings die Gutsherren kompromißlos vor die Aufgabe, Neubauten zu errichten. Andere Bischöfe distanzierten sich jedoch davon, so daß Avitus auf der Synode von Epao 517 zugestehen mußte, Kirchengebäude, die vormals katholisch gewesen und von der homöisch-burgundischen Kirche konfisziert worden waren, wieder zu verwenden.

Diese Auseinandersetzungen zeigen indirekt, daß es keinen spezifisch „arianischen" Kirchenbau gab, da die Gebäude an sich im Prinzip von der anderen Konfession genutzt werden konnten.

Der politische Realismus hielt Avitus aber nicht davon ab, bei anderen Gelegenheiten durchaus auch polemisch seine Position zu vertreten, wie man an der zitierten Predigt erkennen kann. Hier konnte Avitus Gundobad sogar ganz undiplomatisch als „blinden Fürsten" ohne Einsicht bezeichnen.

Von der homöisch-„arianischen" Kirche der Burgunder ist kaum etwas bekannt. Die wenigen Hinweise bei Avitus lassen aber erkennen, daß eine relativ gut ausgebaute Struktur vorhanden war mit eigenem Klerus, eigenen Kirchengebäuden und regelmäßigen, jährlichen Synoden. Es ist anzunehmen, daß auch nicht-burgundische Anhänger der im Römischen Reich inzwischen verbotenen homöisch-„arianischen" Kirche hier Anschluß suchten. Deutlich ist auf jeden Fall, daß diese theologische Position nichts „Germanisches" aufweist, so daß der Begriff „germanischer Arianismus" nicht mehr verwendet werden sollte.

Die Gespräche zwischen den Konfessionen wurden gewiß noch intensiver geführt, als es bei Avitus erkennbar ist. So gab es auch andere Personen, die sich hier engagiert haben, wovon aber außer den spärlichen Hinweisen bei Avitus nichts überliefert ist. Ferner ist Avitus selbst an dem Konfessionswechsel von Sigismund nicht beteiligt gewesen, auch wenn er diesen Schritt sehr begrüßte und mit Wohlwollen begleitete. Aber nähere Informationen über die Aktivitäten des Bischofs von Genf, wo Sigismund residierte, sind nicht überliefert.

Die katholische Kirche strahlte offenbar eine große Anziehungskraft aus, was besonders an dem Konfessionswechsel Sigismunds deutlich wurde. Der Reichtum an Heiligen und Reliquien, die zunehmende Petrusverehrung und die lebendige monastische Bewegung in Gallien boten reiches Anschauungsmaterial und hatten hohen Erlebniswert, was einen Wechsel zum katholischen Bekenntnis durchaus attraktiv machte. Da sich die Burgunder ehedem als Teil des Römischen Reichs verstanden, war die Hemmschwelle, diesen Schritt zu vollziehen, bei vielen offenbar nicht sehr hoch. Die vielen Kirchen- und Klostergründungen der Burgunder spiegeln dieses Bild wider.

Um 500 trafen mit der Person des Bischofs Avitus und des Königs Gundobad zwei außergewöhnliche Persönlichkeiten aufeinander. So entwickelte sich eine Phase des theologischen Gesprächs und Dialogs, die von einer gewissen gegenseitigen Wertschätzung getragen war. Die Briefe und theologischen Fragmente des Avitus können einen Einblick darein geben, auch wenn von der Gegenseite nichts überliefert ist. Diese Phase war für manche theologische Fragen von Bedeutung und bildete eine kleine Blütezeit in der Theologiegeschichte.

VII. Quellenverzeichnis

Die Abkürzungen richten sich nach S.M. Schwertner, Internationales Abkürzungsverzeichnis für Theologie und Grenzgebiete (IATG²): Zeitschriften, Serien, Lexika, Quellenwerke mit bibliographischen Angaben, 2. überarbeitete und erweiterte Auflage, Berlin/New York 1992

Außerdem werden verwendet:
AW = Athanasius Werke
LACL = Lexikon der antiken christlichen Literatur
ZAC = Zeitschrift für antikes Christentum

Agnellus von Ravenna, De ratione fidei ad Arminium
  ed. J. Kuhn, Der Agnellus-Brief De ratione fidei nach einer Handschrift im Codex Bonifatius II hg. und erklärt, in: C. Raabe (Hg.), Sankt Bonifatius. Gedenkgabe zum zwölfhundertsten Todestag, Fulda ²1954, 102-154
Agobard von Lyon
  ed. L. van Acker, Opera omnia, CChr.CM 52,1/2, Turnhout 1981
Altercatio/Collatio sancti Augustini cum Pascentio Ariano
  PL 33, 1156-1162
  ed. H. Müller/D. Weber/C. Weidmann, SÖAW.PH 779, Wien 2008
Altercatio Heracliani laici cum Germinio episcopo Sirmiensi de fide synodi Nicaenae et Ariminensis Arianorum
  ed. C.P. Caspari, Kirchenhistorische anecdota: nebst neuen Ausgaben patristischer und kirchlich-mittelalterlicher Schriften, Band 1: Lateinische Schriften. Die Texte und die Anmerkungen, Oslo 1883, 133-147
Ambrosius von Mailand, De fide ad Gratianum
  ed. O. Faller, CSEL 78, Wien 1962
  ed. C. Markschies, Ambrosius von Mailand, De fide ad Gratianum, übersetzt und eingeleitet, FChr 47/1, Turnhout 2005
Ambrosius von Mailand, De spiritu sancto ad Gratianum
  ed. O. Faller, De spiritu sancto, CSEL 79, Wien 1964, 1-222
Ambrosius von Mailand, De sacramentis
  ed. O. Faller, CSEL 73, Wien 1955, 18-85

ed. J. Schmitz, Über die Sakramente, übersetzt und eingeleitet, FChr 3, Freiburg u.a. 1990, 75-203

Apostolische Konstitutionen
ed. M. Metzger, Les Constitutions Apostoliques III: Livres VIII et VIII, Texte critique, traduction et notes, SChr 336, Paris 1987

Ep. Arelatenses Genuinae/Collectio Arelatensis
ed. W. Gundlach/E. Dümmer u.a., Epistolae Merowingici et Karolini aevi I, MGH Ep. 3, Berlin (1892) 1984, 5-83

Asterius, Fragmenta
ed. M. Vinzent, Die theologischen Fragmente. Einleitung, kritischer Text, Übersetzung und Kommentar, SVigChr 20, Leiden 1993

Athanasianum
ed. C.H. Turner, A Critical Text of the *Quicumque vult*, JThS 11, 1910, 401-411
J.N.D. Kelly, The Athanasian Creed, London 1964, 17-20

Athanasius von Alexandrien, Orationes tres contra Arianos
ed. M. Tetz, AW I, Berlin/New York 1998/2000, 192-281

Athanasius von Alexandrien, De decretis Nicaenae synodi
ed. H.-G. Opitz, AW II 1, Berlin/New York 1935, 1-45
ed. U. Heil, Athanasius von Alexandria, Gegen die Heiden, Über die Menschwerdung des Wortes Gottes, Über die Beschlüsse der Synode von Nizäa, aus dem Griechischen übersetzt, Frankfurt/M. 2008

Athanasius von Alexandrien, Ep. ad Serapionem
ed. D. Wyrwa, bearb. von K. Savvidis, AW I 4, Berlin/New York 2010, 385-600 [mit neuer Kapitel- und Briefzählung!]

Athanasius von Alexandrien, Apologia secunda
ed. H.-G. Opitz, AW II 7, Berlin 1941, 87-168

Athanasius von Alexandrien, De synodis
ed. H.-G. Opitz, AW II 7, Berlin 1941, 231-278

Athanasius von Alexandrien, Tomus ad Antiochenos
ed. H.C. Brennecke/U. Heil/A. von Stockhausen, AW II 8, Berlin/New York 2006, 340-351

Athanasius von Alexandrien, Epistula ad Afros
ed. H.C. Brennecke/U. Heil/A. von Stockhausen, AW II 8, Berlin/New York 2006, 322-339

Athanasius von Alexandrien, Epistula ad Jovianum
ed. H.C. Brennecke/U. Heil/A. von Stockhausen, AW II 8, Berlin/New York 2006, 352-356

(Athanasius) Historia acephala
ed. A. Martin/M. Albert, Athanase d'Alexandrie: Histoire acéphale et Index syriaque des Lettres festales d'Athanase d'Alexandrie. Introduction, texte critique, traduction et notes, SChr 317, Paris 1985

Athanasius Werke III/1-2: Urkunden zur Geschichte des arianischen Streits 318-328, Erste und Zweite Lieferung
  ed. H.-G. Opitz, Berlin/Leipzig 1934-1941
Athanasius Werke III/3: Dokumente zur Geschichte des arianischen Streits bis zur Ekthesis makrostischos (344), Dritte Lieferung
  ed. H.C. Brennecke/U. Heil/A. von Stockhausen/A. Wintjes, Berlin/New York 2007
Athanasius Werke III/4: Dokumente zur Geschichte des arianischen Streits bis zum Tomus Antiochenos (362), Vierte Lieferung
  ed. H.C. Brennecke/U. Heil/A. von Stockhausen/A. Wintjes, Berlin/New York (vorr. 2011)
Ps.-Athanasius, Contra Macedonianos dialogi
  ed. E. Cavalcanti, Ps.-Athanasius, Dialoghi contro i Macedoniani, Introduzione, testo critico, traduzione, commentaria e indici, CPS.G 10, Turin 1983
Augustinus, Sermo Arrianorum; Contra sermonem Arrianorum
  ed. M.J. Suda, CSEL 92, Wien 2000, 1-126
  ed. P.-M. Hombert, CChr.SL 87A, Turnhout 2008, 159-255
  ed. H.-J. Sieben, Augustinus. Antiarianische Schriften, eingeleitet und übersetzt, Augustinus Werke H, Paderborn u.a. 2008, 46-153
Augustinus, Conlatio cum Maximino Arianorum episcopo
  ed. P.-M. Hombert, CChr.SL 87A, Turnhout 2008, 383-470
  ed. H.-J. Sieben, Augustinus. Antiarianische Schriften, eingeleitet und übersetzt, Augustinus Werke H, Paderborn u.a. 2008, 154-245
Augustinus, Contra Maximinum
  ed. P.-M. Hombert, CChr.SL 87, Turnhout 2008, 491-692
  ed. H.-J. Sieben, Augustinus. Antiarianische Schriften, eingeleitet und übersetzt, Augustinus Werke H, Paderborn u.a. 2008, 246-437
Augustinus, ep. 238-241
  ed. A. Goldbacher, CSEL 57, Wien 1911, 533-562
Augustinus, De haeresibus ad Quodvultdeum
  ed. R. Vander Plaetse/C. Beukers, CChr.SL 46, Turnhout 1969, 286-345
Augustinus, De trinitate
  ed. W.J. Mountain, CChr.SL 50/50A, Turnhout 1968
Ps.-Augustinus, Solutiones diversarum quaestionum ab haereticis obiectatum
  ed. B. Schwank, Florilegia biblica Africana saec. V, CChr.SL 90, Turnhout 1961
Auxentius von Durostorum, De vita et obitu Ulfilae
  ed. R. Gryson, SChr 267, Paris 1980, 236-251

Avitus von Vienne, Epistulae
ed. R. Peiper, Alcimi Ecdicii Aviti Opera quae supersunt, MGH AA 6,2, Berlin 1883, Nachdruck München 1985, 1-103
ed. D. Shanzer/I. Wood, Avitus of Vienne. Letters and Selected Prose, translated with an introduction and notes, TTH 38, Liverpool 2002

Avitus von Vienne, Homiliae
ed. R. Peiper, Alcimi Ecdicii Aviti Opera quae supersunt, MGH AA 6,2, Berlin 1883, Nachdruck München 1985, 103-157

Avitus von Vienne, Poemata: De initio mundi, De originali peccato, De sententia Dei, De diluvio mundi, De transitu maris rubri, De virginitate
ed. R. Peiper, Alcimi Ecdicii Aviti Opera quae supersunt, MGH AA 6,2, Berlin 1883, Nachdruck München 1985, 200-294
ed. D.J. Nodes, Avitus. The Fall of Man. De spiritalis historiae gestis libri I–III. Edited from Laos, Bibliothèque Municipale, MS. 273, Toronto Medieval Latin Texts 16, Leiden 1985
ed. L. Morisi, Alcimi Aviti, De mundi initio. Introd., testo, trad. e commento, Testi e manuali per l'insegnamento universitario del latino 44, Bologna 1996
ed. G.W. Shea, The poems of Alcimus Ecdicius Avitus. Translated and introduced, Medieval & Renaissance Texts & Studies 172, Tempe, Arizona 1997
ed. N. Hecquet-Noti, Avit de Vienne, Histoire spirituelle tom. I (Chants I-III), Introduction, texte critique, traduction et notes, SChr 444, Paris 1999

Basilius von Cäsarea, De spiritu sancto
ed. H.J. Sieben, De Spiritu Sancto/Über den Heiligen Geist, übersetzt und eingeleitet, FChr 12, Freiburg 1993

Basilius von Cäsarea, Adversus Eunomium
ed. G.-M. de Durand/L. Doutreleau, Basile de Césarée. Contre Eunome suivi de Eunome, Apologie. Introduction, traduction et notes de B. Sesboué, tom. 1-2, SChr 299/305, Paris 1982/1983

Basilius von Cäsarea, Briefe
ed. Y. Courtonne, Lettres. Texte établie et traduit, tom. I-III, CUFr, Paris 1957/1961/1966
ed. W.-D. Hauschild, Eingeleitet, übersetzt und erläutert, Dritter Teil, BGL 37, Stuttgart 1993

Ps.-Basilius, Adversus Eunomium IV-V
PG 29, 671-774
ed. F.X. Risch, Einleitung, Übersetzung und Kommentar, SVigChr 16, Leiden u.a. 1992

Boethius, Opuscula sacra V (Trinitas unus deus ac non tres dii; Utrum pater et filius et spiritus sanctus de divinitate substantialiter praedicentur; Quomodo substantiae in eo quod sint bonae sint cum non sint substantialiter bona; De fide catholica; Contra Eutychen et Nestorium)

ed. H.F. Stewart/E.K. Rand, Boethius, The Theological Tractates with an English Translation, LCL 74, London 1918 (Nachdrucke)

ed. C. Moreschini, De consolatione Philosophiae, Opuscula theologica, BSGRT, München/Leipzig ²2005

Caeasarius von Arles, De mysterio sanctae Trinitatis

ed. G. Morin, S. Caesarii opera omnia II, Maredsous 1942, 165-180 = PLS 4, 532-545

Canones

ed. F. Lauchert, Die Kanones der wichtigsten Altkirchlichen Concilien nebst den Apostolischen Kanones, Sammlung ausgewählter kirchen- und dogmengeschichtlicher Quellenschriften 12, Frankfurt 1961

Cassiodor, Variae/Variarum

ed. T. Mommsen, Cassiodori Senatoris Variae, MGH AA 12, München (1894) 1981

ed. A.J. Fridh/J.W. Halporn, CChr.SL 96, Turnhout 1973

ed. S.J.B. Barnish, The Variae of Magnus Aurelius Cassiodorus Senator, TTH 12, Liverpool 1992

Cassiodor, Chronica

ed. T. Mommsen, Chronica Minora II, MGH AA 11, Berlin 1892, Nachdruck 1981, 111-161

Cerealis von Castellum Ripense, Libellus contra Maximinum arrianum

PL 58, 757-768

Chronica Minora I/II

ed. T. Mommsen, Chronica Minora saec. IV, V, VI, VII, MGH AA 9/11, Berlin 1892/1894, Nachdruck 1981

Chronica Gallica a. 452

ed. T. Mommsen, Chronica Minora I, MGH AA 9, Berlin 1892, Nachdruck 1981, 646-662

ed. R. Burgess, The Gallic Chronicle of 452: A New Critical Edition with a Brief Introduction, in: R.W. Mathisen/D. Shanzer, Culture and Society in Late Antique Gaul. Revisiting the Sources, Ashgate 2001, 52-84

Chronica Gallica a. 511

ed. T. Mommsen, Chronica Minora I, MGH AA 9, Berlin 1892, Nachdruck 1981, 663-666 ed. R. Burgess, The Gallic Chronicle of 511: A New Critical Edition with a Brief Introduction, in: R.W. Mathisen/D. Shanzer, Culture and Society in Late Antique Gaul. Revisiting the Sources, Ashgate 2001, 85-100

Claudianus Mamertus, De statu animae
ed. A. Engelbrecht, Claudiani Mamerti Opera, CSEL 11, Wien 1885, 18-190

Clemens von Alexandrien, Quis dives salvetur,
ed. O. Stählin, GCS Clemens Alexandrinus 3, Berlin ²1970, 159-191

Codex Theodosianus
ed. T. Mommsen, Theodosianis libri XVI cum constitutionibus Sirmondianis, Bd. 1-2, Berlin ³1962

Commentarius in Symbolum anonymus (CPL 1746)
ed. C.H. Turner, EOMIA I 2,1, 354-364

Concilia: Acta concilii Epaonensis (517)
ed. R. Peiper, Alcimi Ecdicii Aviti Opera quae supersunt, MGH AA 6,2, Berlin 1883, Nachdruck München 1985, 165-175

Concilia: Acta concilii Lugdunensis (519?)
ed. R. Peiper, Alcimi Ecdicii Aviti Opera quae supersunt, MGH AA 6,2, Berlin 1883, Nachdruck München 1985, 175-177

Concilia aevi Merovingici (511-695)
ed. F. Maasen, MGH Concilia I, Berlin 1893, Nachdruck 1989

Concilia: Gesta der Synode von Aquileia (318)
ed. M. Zelzer, Gesta concilii Aquileiensis, CSEL 82/3, Wien 1982, 315-368
ed. R. Gryson, Gesta episcoporum Aquileia adversum haereticos Arrianos, SChr 267, Paris 1980, 330-383

Concilia Galliae a. 314-506
ed. C. Munier, CChr.SL 148, Turnhout (1963) 2001

Concilia Galliae a. 511-695
ed. C. de Clercq, CChr.SL 148A, Turnhout 1963

Conciliorum Oecumenicorum Generaliumque Decreta I
ed. A. Alberigo u.a., The oecumenical Councils From Nicaea I to Nicaea II (324-787), Turnhout 2006

Concilium Quinisextum
ed. H. Ohme, Das Konzil Quinisextum, übersetzt und eingeleitet, FChr 82, Turnhout 2006

Concilium Toletanum 589
ed. G. Martínez Díez/F. Rodríguez, La Colección canónica Hispana Bd. 5: Concilios Hispanos secunda parte, Monumenta Hispaniae Sacra. Serie Canonica 5, Madrid/Barcelona 1992, 49-159

ed. J. Orlandis/D. Ramos-Lisson, Die Synoden auf der Iberischen Halbinsel bis zum Einbruch des Islam (711), Paderborn u.a. 1981, 105-111

Contra hereticos (Cod.Veron. 51, fol. 133r-136r)

ed. R. Gryson, Scripta Arriana latina, CChr.SL 87, Turnhout 1982, 142-145

Damasus von Rom, Epistulae

ed. E. Schwartz, Über die Sammlung des Codex Veronensis LX, ZNW 35, 1936, 19-23 (ep. 1 [*Confidimus quidem*]; ep. 2 [Fragment 1: *Ea gratia*; Fragment 2: *Illud sane miramus*; Fragment 3: *Non nobis*])

ed. C.H. Turner, EOMIA I 2,1, 295; 283-294 (ep. 3 [*Per filium meum*]; ep. 4 [*Tomus Damasi*])

Didymus der Blinde, De spiritu sancto

ed. L. Doutreleau, Introduction, texte critique, traduction, notes et index, SChr 386, Paris 1992

ed. H.J. Sieben, FChr 78, Freiburg u.a. 2004

Dynamius von Marseille (?)

Vita Marii, PL 80, 25-32

Ennodius, Vita Epiphanii

ed. G. Hartel, CSEL 6, Wien 1882

ed. F. Vogel, MGH AA 7, Berlin 1885, 84-109

ed. M. Cesa, Ennodio, Vita del beatissimo Epifanio vescovo della chiesa pavese, Bibliotheca di Athenaeum 6, Como 1988

Ennodius, Panegyricus

ed. F. Vogel, Panegyricus dictus clementissimo regi Theodorico, MGH AA 7, Berlin 1885, 203-214

Epiphanius von Salamis, Panarion haeresium

ed. K. Holl /J. Dummer, haer. 65-80. De fide, GCS Epiphanius 3, Berlin 1985

Epistolae Arelatenses genuinae

ed. W. Grundlach, Epistolae Merowingici et Karolini aevi 1, MGH Ep. 3, Berlin 1892, Nachdruck 1994, 5-83

Epistolae Austrasiacae

ed. W. Grundlach, Epistolae Merowingici et Karolini aevi 1, MGH Ep. 3, Berlin 1892, Nachdruck 1994, 110-153

Eucherius von Lyon, Passio Acaunensium martyrum

ed. B. Krusch, Passiones vitaeque sanctorum aevi Merovingici et antiquorum aliquot I, MGH SRM 3, Berlin 1896, Nachdruck 1995, 32-41

Eunomius von Cyzicus, Apologie; Expositio fidei
 ed. P. Vaggione, The Extant Works. Text and Translation, OECT, Oxford 1987
Eusebius von Cäsarea, Historia ecclesiastica
 ed. E. Schwartz, GCS Euseb 2, 3 Bände, Leipzig 1903/1908/1909

Faustus von Riez, De spiritu sancto
 ed. A. Engelbrecht, CSEL 21, Wien 1891, 102-157
Filastrius von Brescia, Diversarum hereseon liber
 ed. F. Heylen, CChr.SL 9, Turnhout 1957, 207-324
Florus von Lyon, Collectio ex dictis XII patrum
 PL 119, 11-422
 ed. P.I. Fransen, CChr.CM 193/193A/193B, Turnhout 2002/2006/2007
Fragmenta theologica Arriana
 ed. R. Gryson, Scripta Arriana Latina I, CChr.SL 87, Turnhout 1982, 229-265
Ps.-Fredegar, Chronik (CPL 1314)
 ed. B. Krusch, Fredegarii et aliorum Chronica. Vitae sanctorum, MGH SRM 2, Hannover 1889, 18-193 (Fredegar), 215-328: Liber historiae Francorum
Fulgentius von Ruspe, Dicta regis Trasamundi et contra ea responsiones; Ad Trasamundum regem
 ed J. Fraipont, CChr.SL 91, Turnhout 1968

Gennadius von Marseille, De viris illustribus
 ed. E. Richardson, TU 14, Leipzig 1896
Gregor von Nazianz, Orationes 27-31 (Theologische Reden)
 ed. P. Gallay/M. Jourjon, Grégoire de Nazianze, Discours 27-31 (Discours théologiques). Introduction, texte critique, traduction et notes, SChr 250, Paris 1978
 ed. H.J. Sieben, FChr 22, Freiburg u.a. 1996
Gregor von Nyssa, Ad Eustathium. De sancta trinitate; Adversus Macedonianos. De spiritu sancto
 ed. F. Müller, Opera Dogmatica Minora Pars I, GNO III/1, Leiden 1958
Gregor von Tours, Libri historiarum X
 ed. B. Krusch/W. Levison, Decem Libri Historiarum, MGH SRM 1,1, Hannover 1951
 Historiarum Libri Decem, vol. I: libri I-V, überarbeitet von R. Buchner, Ausgewählte Quellen zur deutschen Geschichte des Mittelalters. Freiherr vom Stein-Gedächtnisausgabe Bd. 1, Darmstadt 1955

Gregor von Tours, Liber vitae patrum
    ed. B. Krusch, Miracula et opera minora, MGH SRM 1,2, Berlin 1885, Nachdruck 1969, 211-194
    ed. E. James, Gregory of Tours: Life of the Fathers, translated with an introduction, TTH 1, Liverpool ²1991

Ps.-Hegemonius, Adversus haereses
    ed. A. Hoste, CChr.SL 9, Turnhout 1957, 325-329
Hilarius von Poitiers, De trinitate
    ed. P. Smulders, CChr.SL 62; 62A, Turnhout 1979/1980
Hilarius von Poitiers, Epistula de synodiis
    PL 10, 479-546
Hilarius von Poitiers, Contra Auxentium
    PL 10, 609-618
Hilarius von Poitiers, Collectanea Antiariana Parisina
    ed. A. Feder, CSEL 65, Wien 1916
Hippolyt von Rom, Refutatio omnium haeresium/Philosophoumena
    ed. M. Marcovich, PTS 25, Berlin/New York 1986
Hydatius, Chronik
    ed. T. Mommsen, Chronica Minora II, MGH AA 11, Berlin 1894, Nachdruck 1981, 14-36
    ed. R.W. Burgess, The Chronicle of Hydatius and the Consularia Constantinopolitana. Two contemporary accounts of the final years of the Roman empire, ed. with an English Translation, Oxford Classical Monographs, Oxford 1993

Isidor von Sevilla, Historia Gothorum, Wandalorum, Sueborum ad a. 629
    ed. T. Mommsen, Chronica Minora II, MGH AA 11, Berlin 1894, Nachdruck 1981, 267-303
    ed. A. Heine, Geschichte der Goten, Vandalen und Sueven, nebst Auszügen aus der Kirchengeschichte des Beda venerabilis, übers. v. D. Coste, Historiker des deutschen Altertums, Essen 1986

Johannes von Antiochien
    ed. C. Müller, Fragmenta Historicorum Graecorum, collegit, disposuit, notis et prolegomenis illustravit C.M., Bd. 4, Paris 1851, Nachdruck Frankfurt a.M. 1975, 635-622
    ed. U. Roberto, Ioannis Antiocheni Fragmenta ex Historia chronica, Introduzione, edizione critica e traduzione, TU 154, Berlin/New York 2005

ed. R.C. Blockley, The fragmentary classicising historians of the Later Romen Empire, vol. 2: Text, Translation and Historical Notes, Liverpool 1983

Johannes Malalas, Chronographia
PG 97, 65-717
ed. L. Dindorf, Corpus scriptorum historiae Byzantinae 9, Bonn 1831, Nachdruck Bonn 1926
ed. E. Jeffrey, The Chronicle of John Malalas, Byzantina Australiensia 4, Melbourne 1986

Jordanes, Getica
ed. T. Mommsen, MGH AA 5,1, Hannover 1882, 53-138
ed. Fr. Giunta/A. Grillone, Iordanis, De origine actibusque Getarum, Fonti per la storia d'Italia 117, Rom 1991

Justin, Apologiae pro Christianis
ed. M. Marcovich, PTS 38, Berlin/New York 1994

Kosmograph von Ravenna
ed. J. Schnetz, Ravennatis anonymi cosmographia, Itineraria Romana II, Stuttgart 1940, ²1991, 1-110

Liber Constitutionum = Lex Gundobada
ed. L. Rudolf von Salis, Leges Burgundionum, MGH Legum Sectio I: Leges Nationum Germanicarum. Tomi II. Pars I, Hannover 1892 (Nachdruck 1973), 29-116; S. 117-122: Constitutiones extravagantes; S. 123-163: Lex Romana
ed. F. Beyerle, Gesetze der Burgunden, Germanenrechte.Texte und Übersetzungen 10, Weimar 1936

Liber historiae Francorum
ed. B. Krusch, Fredegarii et aliorum Chronica. Vitae sanctorum, MGH SRM 2, Berlin 1889, Nachdruck 1984, 238-328

Marius Avenches
ed. T. Mommsen, Chronica Minora II, MGH AA 11, Berlin 1894, Nachdruck 1981, 232-239
ed. J. Favrod, La Chronique de Marius d'Avenches (455-581). Texte, traduction et commentaire, Cahiers Lausannois d'Histoire Médiéval 4, Lausanne 1991

Markell von Ankyra, Fragmente
ed. E. Klostermann/G.C. Hansen, Eusebius Werke 4: Gegen Markell, Über die kirchliche Theologie, Die Fragmente Marells, GCS.NF, Berlin ³1991

ed. M. Vinzent, Die Fragmente. Der Brief an Julius von Rom, SVigChr 39, Leiden u.a. 1997

Maximinus, Dissertatio contra Ambrosium
> ed. R. Gryson, SChr 267, Paris 1980, 204-239 und CChr.SL 87, Turnhout 1982, 149-196

Notitia Dignitatum
> ed. O. Seeck, Berlin 1876, Nachdruck Frankfurt 1962

Notitia Galliarum
> ed. T. Mommsen, Chronica Minora I, MGH AA 9, Berlin 1892/1894, Nachdruck 1981, 552ff.

Notitia provinciarum et civitatum Africae sive nomina episcoporum vel seditum illius regionis
> PL 58, 269-276
> ed. C. Halm, MHG AA 3,1, 1878, Nachdruck München 1992, 63-71
> ed. M Petschenig, CSEL 7, Wien 1881, 117-117

Origenes, Commentarii in epistulam ad Romanos/Römerbriefkommentar
> ed. Th. Heither, FChr 2,1-6, Freiburg u.a. 1990-1999

Origenes, De oratione/Über das Gebet
> ed. B. Koetschau, GCS Origenes 2, Leipzig 1899, 297-403

Orosius, Historiae adversum paganos
> ed. C. Zangemeister, CSEL 5, Wien 1882
> ed. M.P. Arnaud-Lindet, Histoires contra les païens, 3 Bde., Paris 1990/1991

Palladius von Rathiaria, Apologia
> ed. R. Gryson, Scripta Arriana latina, CChr.SL 87, Turnhout 1982, 149-196 und SChr 267, Paris 1980, 264-327

Passio sancti Sigismunde regis
> ed. B. Krusch, Fredegarii et aliorum Chronica. Vitae sanctorum, MGH SRM 2, Hannover 1889, 329-340

Passio Victoris et Ursi
> ed. A. Lütolf, Die Glaubensboten der Schweiz vor St. Gallus, Luzern 1871, 172-176

Patrum Nicaenorum Nomina latine, graece, coptice, syriace, arabice, armeniace
> ed. H. Gelzer, BSGRT Stuttgart 1898, Nachdruck mit einem Nachwort von C. Markschies, Stuttgart/Leipzig 1995

Paulus Diaconus, Historia Romana
> ed. H. Droysen, Pauli Historia Romana, MGH SRG 49 (1879), München 1978

ed. A. Crivellucci, Pauli Diaconi Historia Romana, Fonti per la Storia d'Italia, Rom 1914

Phoebadius, Contra Arianos

ed. R. Demeulenaere, CChr.SL 64, Turnhout 1985, 3-52

ed. J. Ulrich, Streitschrift gegen die Arianer, übersetzt und eingeleitet, FChr 38, Freiburg u.a. 1999

Prokop, De bello Gothico

ed. H.B. Dewing, Procopius, History of the Wars Books V and VI (= The Gothic War), Procopius in Seven Volumes vol. III, LCL 107, London (1919) 1968

Quodvultdeus, Homilia de symbolo

ed. R. Braun, CChr.SL 60, Turnhout 1976, 305-363

Quodvultdeus, Contra Iudaeos, Paganos et Arrianos

ed. R. Braun, CChr.SL 60, Turnhout 1976, 225-258

Ruricius von Limoges, Epistulae

ed. B. Krusch, MGH AA 8 Anhang: Fausti aliorumque ad Ruricum aliosque. Ruricii epistulae, Berlin 1887, Nachdruck 1985, 265-350

ed. R.W. Mathisen, Ruricius of Limoges and Friends. A Collection of Letters from Wisigothic Gaul, transl. with intr., commentary and notes, TTH 30, Liverpool 1999

Sapientia Salomonis – Vetus latina

ed. W. Thiele, Vetus latina 11/1, Freiburg i.Br. 1985

Sidonius Apollinaris, carm., ep.

ed. A. Loyen, poèmes (Bd. 1) et lettres (Bd. 2 [Livres I-V], Bd. 3), Collection des Universités de France, Paris 1960/1970

Socrates Scholasticus, Historia ecclesiastica

ed. G.C. Hansen/M. Sirinjan, GCS.NF 1, Berlin 1995

Sozomenus, Historia ecclesiastica

ed. J. Bidez/G.C. Hansen, GCS.NF 4, Berlin 1995

Statuta Ecclesiae Antiqua

ed. C. Munier, Concilia Galliae (314-506), CChr.SL 148, Turnhout 1963, 164-188

Testimonia de Patre et Filio et Spiritu sancto

ed. B. Schwank, Florilegia biblica Africana saec. V, CChr.SL 90, Turnhout 1961

Theodoret, Historia ecclesiastica

ed. L. Parmentier/G.C. Hansen, GCS.NF 5, Berlin 1998

Traditio apostolica
> ed. B. Botte, Hippolyte de Rome, La tradition apostolique, SChr 11 bis, Paris 1984
> ed. G. Schöllgen/W. Geerlings, Apostolische Überlieferung, übersetzt und eingeleitet, FChr 1, Freiburg 1991, 143-358

Anonymus Valesianus/Excerpta Valesiana
> ed. J. de Moreau/V. Velkov, Leipzig ²1968
> ed. T. Mommsen, Chronica Minora I, MGH AA 9, Berlin 1892/1894, Nachdruck 1981
> ed. I. König, Aus der Zeit Theoderichs des Großen. Einleitung, Text, Übersetzung und Kommentar einer anonymen Quelle, Darmstadt 1997

Victor von Vita, Historia persecutionis Africanae provinciae temporum Geiserici et Hunerici regis Vandalorum
> ed. C. Halm, MGH AA 3,1, 1878, Nachdruck München 1992
> ed. M. Petschenig, CSEL 7, Wien 1881
> ed. S. Lancel, Histoire de la Persécution Vandale en Afrique suivie de la Passion des Sept Martyrs, Registre des Provinces et des Cités d'Afrique. Texte établis, traduits et commentés par S. L., Collection Budé, Paris 2002
> ed. J. Moorhead, translated with notes and introduction, TTH 10, Liverpool (1992) 2006

Vigil von Thapsus, Contra Arrianos, Sabellianos et Photinianos
> PG 62, 179-23

Vigil von Thapsus, Contra Felicianum
> PL 42, 1157-1172; PL 62, 333-352

Ps.-Vigil von Thapsus, Contra Varimadum
> ed. B. Schwank, Florilegia biblica Africana saec. V, CChr.SL 90, Turnhout 1961

Vita Abbatum Acaunensium
> ed. B. Krusch, Vita Abbatum Acaunensium, MGH SRM 3, Hannover 1896, 171-183

Vita Apollinaris Valentiniensis
> ed. B. Krusch, Passiones Vitaeque Sanctorum aevi Merowingici, MGH SRM 3, Hannover 1896, 197-203

Vita Aviti
> ed. R. Peiper, MGH AA 6,2, 177-181

Vita Caesarii (CPL 1018)
> ed. Germain Morin, S. Caesarii opera omnia II, Maretioli 1942, 296-345

ed. B. Krusch, Passiones Vitaeque Sanctorum aevi Merowingici, MGH SRM 3, Hannover 1896, 433-501

Vita sanctae Chrodichildis

ed. B. Krusch, Fredegarii et aliorum Chronica. Vitae sanctorum, MGH SRM 2, Hannover 1889, 341-349

Vita sancti Marcelli Diensis episcopi

ed. F. Dolbeau, La vie en prose de Saint Marcel, évêque de Die. Histoire du texte et édition critique, Francia 11, 1983, 97-130

ed. G. Kirner, Due vite inedite di S. Marcello vescovo di Die, Studi Storici 9, 1900, 289-327

Vita patrum Iurensium

ed. F. Martine, Vie des Pères du Jura, Introduction, texte critique, lexique, traduction et notes, SChr 142, Paris 1968

K.S. Frank, Frühes Mönchtum im Abendland Bd. 2: Lebensgeschichten, Zürich/München 1975

Vitricius von Rouen, De laude sanctorum

PL 20, 443-458

ed. R. Herval, Origines chrétiennes. De la IIe Lyonnaise gallo-romaine à la Normandie ducale (IVe-XIe siècles). Avec le texte complet et la traduction intégrale du De laude sanctorum de saint Victrice (396), Rouen - Paris 1966, 108-153

VIII. Sekundärliteratur

L. Abramowski, Art. Eunomius, RAC 6, 1966, 936-947
–, Der Geist als „Band" zwischen Vater und Sohn – ein Theologoumenon der Eusebianer?, ZNW 87, 1996, 126-132
H.H. Anton, Art. Burgunden II. Historisches, RGA 4, 1981, 235-248
–, Art. Chlodwig, RGA 4, 1981, 478-485
–, Art. Godomar II., RGA 12, 1998, 267f.
–, Art. Gundobad, RGA 13, 1999, 213-216
A. Arweiler, Die Imitation antiker und spätantiker Literatur in der Dichtung 'De spiritalis historiae gestis' des Alcimus Avitus. Mit einem Kommentar zu Avit., carm. 4,429-540 und 5,526-703, Untersuchungen zur antiken Literatur und Geschichte 52, Berlin/New York 1999

S. Baluzius, Miscellaneorum Liber primus, hoc est collectio veterum monumentorum quae hactenus latuerant in variis codicibus et bibliothecis, Paris 1678
P.S. Barnwell, Emperor, Prefects and Kings. The Roman West 395-565, London 1992
R. Bartlett, Aristocracy and Asceticism. The Letters of Ennodius and the Gallic and Italian Churches, in: R.W. Mathisen/D. Shanzer, Society and Culture in Late Antique Gaul. Revisiting the Sources, Ashgate 2001, 201-216
B. Beaujard, Le cult des saints en Gaule. Les premièrs temps: d'Hilaire de Poitiers à la fin du VIe siècle, Histoire religieuse de la France 15, Paris 2000
H. Beck/G. Neumann/H. Rosenfeld/H.H. Anton/P. Berghaus/H. Martin, Art. Burgunden, RGA 4, 1981, 224-271
H. Bellen, Babylon und Rom – Orosius und Augustinus, in: Imperium Romanum. Studien zu Geschichte und Rezeption, FS K. Christ, hg.v. P. Kneissl/V. Losemann, Stuttgart 1998, 51-60
W. Bienert, Sabellius und Sabellianismus als historisches Problem, in: Logos, FS L. Abramowski, hg.v. H.C. Brennecke u.a., BZNW 67, Berlin/New York 1993, 124-139
V. Bierbrauer, Arianische Kirchen in Noricum mediterraneum und Raetia II?, Bayerische Vorgeschichtsblätter 63, 1998, 205-226

C. Bizer, Studien zu pseudathanasianischen Dialogen. Der Orthodoxos und Aetios, Diss. Bonn 1970

B. Bleckmann, Arelate metropolis. Überlegungen zur Datierung des Konzils von Turin und zur Geschichte Galliens im 5. Jahrhundert, RQ 98, 2003, 162-173

L. Boehm, Geschichte Burgunds. Politik – Staatsbildungen – Kultur (UB 134), Stuttgart u.a. 1971, ²1979. Nachdruck VMA Vertriebsgesellschaft 1998

T. Böhm, Basil of Caesarea, Adversus Eunomium I-III and Ps.Basil, Adversus Eunomium IV-V, StPatr 38, Leuven 2001, 20-26

E. Boshof, Erzbischof Agobard von Lyon. Leben und Werk, Kölner historische Abhandlungen 17, Köln 1967

B. Bourrit, Martyrs et reliques en Occident, RHR 225, 2008, 443-470

S. Boyson, Romano-Burgundian Society in the Age of Gundobad: some legal, archaeological and historical evidence, Nottingham Medieval Studies 32, 1988, 91-118

J. Brachtendorf, De trinitate (Über die Trinität), in: Augustin Handbuch, hg.v. V.H. Drecoll, Tübingen 2007, 363-377

H.C. Brennecke, Hilarius von Poitiers und die Bischofsopposition gegen Konstantius II. Untersuchungen zur dritten Phase des arianischen Streites (337-361), PTS 26, Berlin/New York 1984

–, Zum Prozeß gegen Paul von Samosata: Die Frage nach der Verurteilung des Homoousios, ZNW 75, 1984, 270-290

–, Art. Hilarius von Poitiers, TRE 15, 1986, 315-322

–, Studien zur Geschichte der Homöer – Der Osten bis zum Ende der homöischen Reichskirche, BHTh 73, Tübingen 1988

–, Art. Maximinus, homöischer („arianischer") Bischof, BBKL 5, 1993, 1082-1084

–, Art. Homéens, DHGE 24, 1993, 932-960

–, Art. Nicäa I, TRE 24, 1994, 429-441

–, Art. Maximinus, Homöer, RGG⁴ 5, 2002, 933f.

–, Der sog. germanische Arianismus als „arteigenes" Christentum. Die völkische Deutung der Christianisierung der Germanen im Natinalsozialismus, in: Th. Kaufmann/H. Oelke (Hg.), Evangelische Kirchenhistoriker im „Dritten Reich", VWGTh 21, Gütersloh 2002, 310-329

–, Art. Victor von Vita, RGG⁴ 8, 2005, 1104

–, Christianisierung der Germanen oder »Germanisierung des Christentums«. Über Ideologisierung und Tabuisierung in der Geschichtsschreibung, in: K. Manger (Hg.), Akademie gemeinnütziger Wissenschaften zu Erfurt, Geisteswissenschaftliche Klasse, Sitzungsberichte 5, Klassensitzungsvorträge 2000-2004, Erfurt 2006, 153–172

–, Der trinitarische Streit im Westen bis Ambrosius, in: Augustin Handbuch, hg.v. V.H. Drecoll, Tübingen 2007, 119-127

–, Auseinandersetzung mit den sogenannten „Arianern", in: Augustin Handbuch, hg.v. V.H. Drecoll, Tübingen 2007, 208-212

–, Christianisierung und Identität – Das Beispiel der germanischen Völker (1996), in: Ecclesia est in re publica. Studien zur Kirchen- und Theologiegeschichte im Kontext des Imperium Romanum, hg.v. U.Heil/A. von Stockhausen/J. Ulrich, AKG 100, Berlin/New York 2007, 145-156

–, Augustin und der „Arianismus", in: Die christlich-philosophischen Diskurse der Spätantike: Texte, Personen, Institutionen, Akten der Tagung vom 22.-25. Februar 2006 am Zentrum für Antike und Moderne der Albert-Ludwigs-Universität Freiburg, hg.v. T. Fuhrer, Stuttgart 2008, 175-187

–, Lateinischer oder germanischer „Arianismus"? Zur Frage einer Definition am Beispiel der religiösen Konflikte im nordafrikanischen Vandalenreich, in: H. Müller/D. Weber/C. Weidmann (Hg.), Collatio Augustini cum Pascentio. Einleitung, Text, Übersetzung, SÖAW.PH 24, Wien 2008, 125-144

–, Die letzten Jahre des Arius, in: Von Arius zum Athanasianum. Studien zur Edition der „Athanasius Werke", hg.v. A. von Stockhausen/–, TU 164, Berlin/New York 2010, 63-83

M. Burckhardt, Die Briefsammlung des Bischofs Avitus von Vienne (†518), Abhandlungen zur mittleren und neueren Geschichte 81, Berlin 1938

E.A. Burn, The Athanasian Creed and Its Commentaries, TaS 4, Cambridge 1896

A. Cain, Miracles, Martyrs, and Arians: Gregory of Tour's Sources for His Account of the Vandal Persecution, VigChr 59, 2005, 412-437

H. Castritius, Art. Katalaunische Felder, RGA 16, 2008, 328-331

J. Cavaclini, The Structure and Intention of Augustine's De trinitate, Augustinian Studies 8, 1977, 33-54

D. Claude, Zur Begründung familiärer Beziehungen zwischen dem Kaiser und barbarischen Herrschern, in: E.K. Chrysos/A. Schwarcz (Hg.), Das Reich und die Barbaren, VIÖG 29, Wien/Köln 1989, 25-56

–, Art. Eurich, RGA 8, 1994, 17-19

E.K. Chrysos, Legal Concepts and Patterns for the Barbarians' Settlement on Roman Soil, in: E.K. Chrysos/A. Schwarcz (Hg.), Das Reich und die Barbaren, VIÖG 29, Wien/Köln 1989, 13-23

G. Clark, Victricius of Rouen: Praising the Saints, JECS 7, 1999, 365-399

S. Costanza, Avitiana 1. I modelli epici del 'De spiritalis historiae gestis', Messina 1968

—, Vittore di Vita e la Historia persecutionis Africanae provinciae, Vetera Christianorum 17, 1980, 229-268

C. Courtois, Victor de Vita et son œuvre. Étude critique, Algiers 1954

—, Les Vandales et l'Afrique, Paris 1955, Nachdruck Aalen 1964

A. Coville, Recherches sur l'histoire de Lyon du Ve siècle au IXe siécle (450-800), Paris 1928

H. Crouzel, Art. Geist (Heiliger Geist), RAC 9, 1976, 490-545

G. Cuscito, La crisi ariana tra Aquileia e Ravenna, in: Aquileia e Ravenna, Antichità Altoadriatiche 13, Udine 1978, 311-354

W. Dahlmein, Art. Aetius, RGA 1, 1973, 91f.

M. DelCogliano, Porcarius of Lérins and his *Counsels*: A Monastic Study I, ABR 53, 2002, 400-425

A. Demandt, Art. magister militum, RE Suppl. 12, 1970, 553-790

—, Die Spätantike. Römische Geschichte von Diocletian bis Justinian 284-565 n.Chr., HAW, München 1989, ²2007

—, The Osmosis of Late Roman and German Aristocracies, in: E.K. Chrysos/A. Schwarcz (Hg.), Das Reich und die Barbaren, VIÖG 29, Wien/Köln 1989, 75-86

—, Geschichte der Spätantike. Das Römische Reich von Diocletian bis Justinian 284–565 n.Chr., München 1998, ²2008

H.-J. Diesner, Sklaven und Verbannte, Märtyrer und Confessoren bei Victor von Vita, Philologus 106, 1962, 101-120

—, Art. Vandalen, RE Suppl. 10, 1965, 957-992

—, Das Vandalenreich. Aufstieg und Untergang, UB 53, Stuttgart 1966

—, Fulgentius von Ruspe als Theologe und Kirchenpolitiker, AZTh 1/26, Stuttgart 1966

—, Religionen, Konfessionen und Häresien im vandalenzeitlichen Nordafrika, Forschungen und Fortschritte 41, 1967, 88-90

—, Die Auswirkungen der Religionspolitik Thrasamunds und Hilderichs auf Ostgoten und Byzantiner, SSAW.PH 113, Berlin 1967

J. Doignon, Art. Hilarius von Poitiers, RAC 15, 1991, 139-167

S. Döpp, Eva und die Schlange. Die Sündenfallschilderung des Epikers Avitus im Rahmen der bibelexegetischen Tradition, Speyer 2009

H. Dörries, De spiritu sancto. Der Beitrag des Basilius zum Abschluß des trinitarischen Dogmas, AAWG.PH 3. Ser. 39, Göttingen 1956

V.H. Drecoll, Die Entwicklung der Trinitätslehre des Basilius von Cäsarea: Sein Weg vom Homöusianer zum Neonizäner, FKDG 66, Göttingen 1996

—, Art. Symbolum Quicumque, RGG⁴ 7, 2004, 1940

–, Trinitätslehre, in: Augustin Handbuch, hg.v. –, Tübingen 2007, 447-461

–, Das *Symbolum Quicumque* als Kompilation augustinischer Tradition, ZAC 11, 2007, 30-56

F. Dünzel, Art. Victor von Vita, LThK³ 10, 2001, 770f.

J. Durliat, Le salaire de la paix sociale dans les royaumes barbares (Vᵉ-VIᵉ siécles), in: Anerkennung und Integration. Zu den wirtschaftlichen Grundlagen der Völkerwanderungszeit 400-600, hg.v. H. Wolfram/A. Schwarcz, Wien 1988, 21-72

M. Durst, Das Glaubensbekenntnis des Auxentius von Mailand, JAC 41, 1998, 118-168

–, Die *Epistula de synodis* des Hilarius von Poitiers. Probleme der Textkonstitution, in: Textsorten und Textkritik. Tagungsbeiträge, hg.v. A. Primmer u.a., ÖAW.PH Sitzungsberichte 693, Veröffentlichungen der Kommission zur Herausgabe des Corpus des lateinischen Kirchenväter 21, Wien 2002, 59-87

Y.-M. Duval, Sur l'arianisme des Ariens d'Occident, Mélanges de Science religieuse 26, 1969, 145-153

–, L'extirpation de l'Arianisme en Italie du Nord et en Occident, Collected Studies 611, Ashgate 1988

K. Düwel, Art. Aegidius, RGA 1, 1973, 86f.

J.W. Ermatinger, Three Later Roman Notitiae, Manuscripta 39, 1995, 110-119

E. Ewig, Der Petrus- und Apostelkult im spätrömischen und fränkischen Gallien, ZKG 71, 1960, 215-251

–, Art. Chlodwig I., LMA 2, 1983, 1863-1868

J. Favrod, Histoire politique du royaume burgonde (443-534), Lausanne 1997

G. Ficker, Studien zu Vigilius von Thapsus, Leipzig 1897

J. Fischer, Die Völkerwanderung im Urteil der zeitgenössischen kirchlichen Schriftsteller Galliens unter Einbeziehung des heiligen Augustinus, Diss. Heidelberg 1948

J.A. Fischer, Art. Victor von Vita, LThK² 10, 1965, 773f.

K. Fitschen, Serapion von Thmuis. Echte und unechte Schriften sowie die Zeugnisse des Athanasius und anderer, PTS 37, Berlin/New York 1992

R. Folz, Zur Frage der Heiligen Könige: Heiligkeit und Nachleben in der Geschichte des burgundischen Königtums, Deutsches Archiv für Erfoschung des Mittelalters 14, 1958, 317-344

–, Les saints rois du moyen âge en occident (VIe-XIIe siècles), Brüssel 1984

K.S. Frank (Hg.), Das Leben der Juraväter, Frühes Mönchtum im Abendland Bd. 2: Lebensgeschichten, Zürich/München 1975

P.N. Frantz, Avitus von Vienne (ca. 490-518) als Hierarch und Kirchenpolitiker, Diss. Greifswald 1908

W.H.C. Frend, Augustine's Reactions to the Barbarian Invasion of the West 407-417. Some Comparisons with his Western Contemporaries, Augustinus 39, 1994, 241-255

F.X. Funk, Die zwei letzten Bücher der Schrift Basilius des Großen gegen Eunomius, in: –, Kirchengeschichtliche Abhandlungen und Untersuchungen II, Paderborn 1899, 291-329 (Nachdrucke)

H. Gaillard de Sémainville (Hg.), Les Burgondes. Apports de l'archéologie, Acts du colloque international de Dijon 1992, Dijon 1995

–, Zur Ansiedlung der Burgunden in den Grenzen ihres zweiten Königreiches, in: V. Gallé (Hg.), Die Burgunder. Ethnogenese und Assimilation eines Volkes, Schriftenreihe der Nibelungengesellschaft Worms 5, Worms ²2009, 237-284

T. Gärtner, Zur Bibeldichtung 'De spiritalis historiae gestis' des Alcimus Avitus, JAC 43, 2000, 126-186

–, Untersuchungen zum Text und zu den literarischen Vorbildern der Dichtungen des Alcimus Avitus, JAC 44, 2001, 75-109

J. Gaudemet, Art. Epaone (concile de), DHGE 15, 1963, 524-545

W. Geerlings, Art. Victor von Vita, LACL³, 2002, 717f.

P. Gemeinhardt, Lateinischer Neunizänismus bei Augustin, ZKG 110, 1999, 149-169

–, „Geboren aus dem Wesen des Vaters …". Das Glaubensbekenntnis von Nizäa und Augustins neunizänische Theologie, StPatr 38, 2001, 153-168

–, Die Filioque-Kontroverse zwischen Ost- und Westkirche im Frühmittelalter, AKG 82, Berlin/New York 2002

–, Der Tomus ad Antiochenos (362) und die Vielfalt orthodoxer Theologien im 4. Jahrhundert, ZKG 117, 2006, 169-196

W. Giese, Die Goten, Kohlhammer Urban-Taschenbuch 597, Stuttgart 2004

H.-E. Giesecke, Die Ostgermanen und der Arianismus, Leipzig 1939

F. Glaser, Das frühchristliche Pilgerheiligtum auf dem Hemmaberg, aus Forschung und Kunst 26, Klagenfurt 1991

–, (Hg.), Kelten – Römer – Karantanen, Klagenfurt 1998

–, Art. Hemmaberg, RGA 14, 1999, 374-377

W. Goffart, Barbarians and Romans A.D. 418-585. The Techniques of Accomodation, Princeton 1980

–, The Barbarians in late antiquity and how they were accomodated in the West, in: Noble, From Roman Provinces, 235-261

C.D. Gordon, The Age of Attila, Ann Arbor/Michigan 1960

F. Görres, Kirche und Staat im Vandalenreich 419-534, Deutsche Zeitschrift für Geschichtswissenschaft 10, 1893, 14-70

G. Halsall, Barbarian Migrations and the Roman West, 376-568, Cambridge Medieval Textbooks, Cambridge 2007

R.P.C. Hanson, The Church in the Fifth-Century Gaul, Evidence from Sidonius Apollinaris, JEH 21, 1980, 1-10

–, The Filioque Clause, in: –, Studies in Christian Antiquity, Edinburgh 1985, 279-297

–, The Search for the Christian Doctrine of God. The Arian Controversy 318-381, Edinburgh 1988

A. von Harnack, Die Mission und Ausbreitung des Christentums in den ersten drei Jahrhunderten, 4. verb. und vermehrte Auflage, Leipzig 1924

J.D. Harries, Church and State in the Notitae Galliarum, JRS 68, 1978, 226-243

–, Sidonius Apollinaris and the Fall of Rome, Oxford 1994

–, Sidonius Apollinaris and the Frontiers of Romanitas, in: Shifting Frontiers in Late Antiquity, hg.v. R.W. Mathisen/H.S. Sivan, Aldershot 1996, 31-44

W.-D. Hauschild, Die Pneumatomachen. Eine Untersuchung zur Dogmengeschichte des vierten Jahrhunderts, Diss. Hamburg 1967

–, Gottes Geist und der Mensch. Studien zur frühchristlichen Pneumatologie, BEvTh 63, München 1972

L. Hedeager, Migration Period Europe: The Formation of a Political Mentalita, in: F.Theuws/J.L. Nelson (Hg.), Rituals of Power, The Transformation of the Roman World 8, Leiden u.a. 2000, 15-57

U. Heil, Art. Athanasius von Alexandrien, LACL³, 2002, 69-76

–, Die Korrespondenz des Avitus von Vienne, StPatr 38, 2001, 405-409

–, Augustin-Rezeption im Reich der Vandalen. Die *Altercatio sancti Augustini cum pascentio Arriano*, ZAC 11, 2007, 6-29

–, Die Auseinandersetzungen um Augustin im Gallien des 5. Jahrhunderts (bis 529), in: Augustin-Handbuch, hg.v. V.H. Drecoll, Tübingen 2007, 558-564

–, Markell von Ancyra und das Romanum, in: Von Arius zum Athanasianum. Studien zur Edition der „Athanasius Werke", hg.v. A. von Stockhausen/H.C. Brennecke, TU 164, Berlin/New York 2010, 85-103

M. Heinzelmann, Bischofsherrschaft in Gallien. Zur Kontinuität römischer Führungsschichten vom 4. bis zum 7. Jahrhundert. Soziale, prosopographische und bildungsgeschichtliche Aspekte, Beihefte der Francia 5, Zürich/München 1976

–, Prosopographica IV: Gallische Prosopographie 260-527, Francia 10, 1982, 531-718

Y. Hen, Culture and Religion in Merovingian Gaul, Cultures, Beliefs and Traditions 1, Leiden 1995

A.I.C. Heron, Studies in the Trinitarian Writings of Didymus the Blind: His Authorship of the Adversus Eunomium IV-V and the De Trinitate, Diss. Tübingen 1972

J. Herrmann, Ein Streitgespräch mit verfahrensrechtlichen Argumenten zwischen Kaiser Konstantius und Bischof Liberius, in: FS Hans Liermann, hg. v. V.K. Obermayer und H.R. Hagemann, Erlanger Forschungen: Reihe A, Geisteswissenschaften 16, Erlangen 1964, 77-86

E. Herrmann-Otto, Der spätantike Bischof zwischen Politik und Kirche. Das exemplarische Wirken des Epiphanius von Pavia, in: Römische Quartalschrift für christliche Altertumskunde und Kirchengeschichte 90, 1995, 198-214

H. Hess, The Early Development of Canon Law and the Council of Serdica, Oxford Early Christian Studies, Oxford 2002

M. Hoffmann, Der Dialog bei den christlichen Schriftstellern der ersten vier Jahrhunderte, TU 96, Berlin 1966

M. Hoffmann, Alcimus Ecdicius Avitus, De spiritalis historiae gestis Buch 3. Einleitung, Übersetzung, Kommentar, München 2005

T. Howe, Vandalen, Barbaren und Arianer bei Victor von Vita, Studien zur Alten Geschichte 7, Frankfurt a.M. 2007

D.G. Hunter, Vigilantius of Calagurris and Victricius of Rouen: ascetis, Relics, and Clerics in Late Roman Gaul, JECS 7, 1999, 401-430

W. Jaeger, Gregor von Nyssa's Lehre vom Heiligen Geist, Leiden 1966

K.P. Johne, Art. Anthemius 2., Der Neue Pauly 1, 1996, 730

–, Art. Avitus 1. Flavius Eparchus, Der Neue Pauly 2, 1997, 372

–, Art. Notita dignitatum, Der Neue Pauly 8, 2000, 1011-1013

A.H.M. Jones, The Later Roman Empire 284-602. A Social Economic and Administrative Survey, Oxford 1964

–, / J.R. Martindale/J.Morris, The Prosopography of the Later Roman Empire (PLRE), 3 Bände, Cambridge 1971-1992

J.A. Jungmann, Die Stellung Christi im liturgischen Gebet (1925), Münster ²1962

–, Beiträge zur Geschichte der Gebetsliturgie V. In unitate spiritus sancti, ZKTh 72, 1950, 481-486

R. Kaiser, Der Burgunderkönig Sigismund (523/24): erster heiliger König des Mittelalters und erster königlicher Romfahrer, Bußpilger und Mönch, in: C. Rendtel/M. Wittmer-Butsch/A. Meyer (Hg.), Päpste, Pilger und Pönitantiarie, FS L. Schmugge, Tübingen 2004, 199-210

–, Die Burgunder, Kohlhammer Urban-Taschenbuch 586, Stuttgart 2004

–, Zur Problematik einer Quellensammlung zur Geschichte der Burgunder, in: V. Gallé (Hg.), Die Burgunder. Ethnogenese und Assimilation eines Volkes, Schriftenreihe der Nibelungengesellschaft Worms 5, Worms ²2009, 49-81

G. Kampers, Caretena – Königin und Asketin. Mosaiksteine zum Bild einer burgundischen Herrscherin, Francia 27, 2000, 1-32

–, Art. Lex Burgundionum, RGA 18, 2001, 315-317

C.M. Kasper, Theologie und Askese. Spiritualität der Inselmönche von Lérins im 5. Jh., Beiträge zur Geschichte des Alten Mönchtums und des Benediktinertums 40, Münster 1991

J.N.D. Kelly, The Athanasian Creed, London 1964

–, Altchristliche Glaubensbekenntnisse. Geschichte und Theologie, Göttingen ³1979

R. Klein, Hinc barbaries, illinc romania ... Zum Wandel des Romdenkens im spätantiken und frühmittelalterlichen Gallien, in: –, Roma versa per aevum, Hildesheim u.a. 1999, 518-566

W. Klingshirn, Charity and Power: Caesarius of Arles and the Ransoming of Captives in Sub-Urban Gaul, JRS 75, 1985, 183-203

–, Caesarius of Arles. The Making of a Christian Community in Late Antique Gaul, Cambridge 1994

M. Knaut (Hg.), Die Völkerwanderung. Europa zwischen Antike und Mittelalter, Stuttgart 2005

S. Krautschick, Die Familie der Könige in Spätantike und Frühmittelalter, in: E.K. Chrysos/A. Schwarcz (Hg.), Das Reich und die Barbaren, VIÖG 29, Wien/Köln 1989, 109–142

B. Kriegbaum, Art. Donatismus, RGG⁴ 2, 1999, 939-942

R. Krieger, Untersuchungen und Hypothesen zur Ansiedlung der Westgoten, Burgunder und Ostgoten, Bern u.a. 1992

B. Krüger u.a., Die Germanen. Geschichte und Kultur der germanischen Stämme in Mitteleuropa 2, Berlin 1986

U. Kühneweg, Alcimus Acdicius Avitus von Vienne, Kirchenpolitiker und Bibeldichter, in: Patristica et Oecumenica, FS W.A. Bienert, hg.v. P. Gemeinhardt/U. Kühneweg, MThSt 85, Marburg 2004

M. Kulikowski, The Visigothic Settlement in Aquitania. The Impeial Perspective, in: R.W. Mathisen/D. Shanzer, Society and Culture in Late Antique Gaul. Revisiting the Sources, Ashgate 2001, 26-38

A. Laminski, Der heilige Geist als Geist Christi und der Gläubigen. Der Beitrag des Athanasios von Alexandrien zur Formulierung des trinitarischen Dogmas im vierten Jahrhundert, ErThSt 33, Leipzig 1969

S.H. Lancaster, Divine Relations of the Trinity. Augustine's Answer to Arianism, Calvin Theological Journal 34, 1999, 327-346

U.M. Lang, The Christological Controversy at the Synod of Antioch in 268/9, JThS 51, 2000, 54-80

W. Liebeschütz, Cities, Taxes, and the Accomodation of the Barbarians. The theories of Durliat and Goffart, in: Noble (Hg.), From Roman Provinces, 309-323

H. Leppin, Art. Aetius, Der Neue Pauly 1, 1996, 210f.

–, Art. Nepos 3. Iulius, Der Neue Pauly 8, 2000, 840

–, Art. Romulus Augustus, Der Neue Pauly 10, 2001, 1133

D. Liebs, Art. Lex Romana Burgundionum, RGA 18, 2001, 322f.

J.T. Lienhard, The Exegesis of 1 Cor 15,24-28 from Marcellus of Ancyra to Theodoret of Cyrus, VigChr 37, 1983, 340-359

–, Augustine against Maximinus: Towards a Critical Edition, StPatr 36, 2001, 23-27

J. Limmer, Konzilien und Synoden im spätantiken Gallien von 314 bis 696 nach Christi Geburt Teil 1: Chronologische Darstellung, Wissenschaft und Theologie 10, Frankfurt u.a. 2004

W.A. Löhr, Die Entstehung der homöischen und homöusianischen Kirchenparteien: Studien zur Synodalgeschichte des vierten Jahrhunderts, BBKT 2, Bonn 1986

–, Theodotus der Lederarbeiter und Theodotus der Bankier – ein Beitrag zur römischen Theologiegeschichte des zweiten und dritten Jahrhunderts, ZNW 87, 1996, 101-125

–, Arius reconsidered, ZAC 9, 2005, 524-560; 10, 2006, 121-157

F. Loofs, Art. Bonosus und Bonosianer, RE[3] 3, 1897, 314-317

–, Art. Macedonius und die Macedonianer, RE[3] 12, 1903, 41-48

–, Die Christologie der Macedonianer, in: Geschichtliche Studien, FS Albert Hauck, Leipzig 1916, 64-76

P. Luislampe, Spiritus vivificans. Grundzüge einer Theologie des heiligen Geistes nach Basilius von Caesarea, MBTh 48, Münster 1981

W. Lütkenhaus, Art. Odoacer, Der Neue Pauly 8, 2000, 1108f.

–, Art. Ricimer, Der Neue Pauly 10, 2001, 1011f.

–, Art. Theoderich, Der Neue Pauly 12, 2002, 312-316

K. Madigan, *Christus Nesciens?* Was Christ ignorant of the Day of Judgement? Arian and Orthodox Interpretations of Mark 13:32 in the Ancient Latin West, HThR 96, 2003, 255-278

B. Maier/T. Podella/R. Goldenberg/C. Dietzfelbinger/G. Hartmann, Art. Reinheit I-V, TRE 28, 1997, 473-497

J.-L. Maier, L'Épiscopat de l'Afrique romaine, vandale et byzantine, Bibliotheca Helvetica Romana 11, Rom 1973

A. Mandouze, Prosopographie de l'Afrique chétienne (303-533). Prosopographie chrétienne du Bas-Empire 1, Paris 1982

F. Marazzi, I Patrimonia Sanctae Romanae Ecclesia nel Lazio (s. IV-X). Struttura amministrativa e prassi gestiornali, Novi studi storici 37, Rom 1998

G. Marchesan-Chinese, La basilica di Piazza Vittoria a Grado, in: Grado nella storia e nell'art, Band 2, Antichità Altoadriatiche 17, Udine 1980, 309-323

C. Markschies, Ambrosius von Mailand und die Trinitätstheologie. Kirchen- und theologiegeschichtliche Studien zu Antiarianismus und Neunizänismus bei Ambrosius und im lateinischen Westen (364-381 n.Chr.), BHT 90, Tübingen 1995

–, Art. Ambrosius von Mailand, LACL³, 2002, 19-28

–, Wer schrieb die sogenannte „Traditio Apostolica"? Neue Beobachtungen und Hypothesen zu einer kaum lösbaren Frage aus der altkirchlichen Literaturgeschichte, in: W. Kinzig/C. Markschies/M. Vinzent, Tauffragen und Bekenntnis. Studien zur sogenannten Traditio Apostolica, zu den Interrogationes fidei und zum Römischen Glaubensbekenntnis, AKG 74, Berlin/New York 1999

–, The Religion of the Late Antiquity Vandals: Arianism or Catholicism?, in: The True Story of the Vandals, P. Hultén/M.-L. von Plessen (Hg.), Museum Vandalorum 1, Värnamo 2001, 87-97

R. Marti, Die Burgunder. Von der multikulturellen Gesellschaft zum staatstragenden Volk, in: M. Knaut/D. Quast (Hg.), Die Völkerwanderung. Europa zwischen Antike und Mittelalter, Darmstadt und Stuttgart 2005, 60-65

R.W. Mathisen, Resistance and Reconciliation. Majoran and the Gallic Aristocracy after the Fall of Avitus, Francia 7, 1979, 597-627

–, Avitus, Italy and the East in A.D. 455-456, Byzantion 51, 1981, 232-247

–, Ecclesiastical Factionalism and Religious Controversy in Fifth-Century Gaul, Washington D.C. 1989

–, Barbarian Bishops and the Churches 'in barbaricic gentibus' during Late Antiquity, Speculum 72, 1997, 664-697

–, The „Second Council of Arles" and the Spirit of Compilation and Codification in Late Roman Gaul, JECS 5, 1997, 511-554

D. Mauskopf Deliyannis, Ravenna in Late Antiquity, Cambridge 2010

G. May, Die Datierung der Rede „In suam Ordinationem" des Gregors von Nyssa und die Verhandlungen mit den Pneumatomachen auf dem Konzil von Konstantinopel 381, VigChr 23, 1969, 38-57

C. Mayer/B. Studer, Art. Aequalitas, Augustinus Lexikon 1, 1980-1994, 141-150

–, Art. Abraham, Augustinus Lexikon 1, 1980-1994, 10-33.

N. McLynn, The Apology of Palladius: Nature and Purpose, JThS 42, 1991, 52-76

–, Ambrose of Milan. Church and Court in a Christian Capital, The Transformation of the Classical Heritage 22, Berkeley 1994

P. Meinhold, Art. Pneumatomachoi, PRE 21,1, 1951, 1066-1101

M. Meslin, Les Ariens d'Occident, Patristica Sorbonensia 8, Paris 1967

P.C. Miller, Visceral Seeing. The Holy Body in Late Ancient Christianity, JECS 12, 2004, 391-411

–, The Corporeal Imagination: Signifying the Holy in Late Ancient Christianity, Divinations. Rereading Late Ancient Religion, Philadelphia 2009

Y. Modéran, Une Guerre de Religion: Les deux églises d'Afrique à l'époque Vandale, in: L'Afrique vandale et Byzantine, 2e partie, Antiquité Tardive 11, 2003, 21-44

P. Möller, Art. Ennodius, RGA 7, 1989, 703-707

J. Moorhead, Clovis' Motives for Becoming a Catholic Christian, Journal of Religious History 13, 1985, 329-339

–, Theoderic in Italy, Oxford 1992

X. Morales, La préhistoire de la controverse filioquiste, ZAC 8, 2005, 317-331

A.C. Murray, From Roman to Merowingian Gaul. A Reader, Readings in medieval civilizations and culture 5, Peterborough 2000

T.F.X. Noble (Hg.), From Roman Provinces to Medieval Kingdoms, Rewriting Histories, London/New York 2006

D.J. Nodes, Avitus of Vienne's Spiritual History and the semipelagian controversy. The doctrinal implications of Books I–III, VigChr 38, 1984, 185-195

–, De Subitanea Paenitentia in the Letters of Faustus of Riez and Avitus of Vienne, RThAM 55, 1988, 30-40

U. Nonn, Art. Vouillé, RGA 32, 2006, 645f.

B. Oberdorfer, Filioque. Geschichte und Theologie eines ökumenischen Problems, Forschungen zur systematischen und ökumenischen Theologie 96, Göttingen 2001

J. Orlandis, Die Synoden im katholischen Westgotenreich, in: Konzilien-geschichte Reihe A: Darstellungen. Die Synoden auf der iberischen Halbinsel bis zum Einbruch des Islam (711), hg.v. J. O./D. Ramos-Lisson, Paderborn u.a. 1981, 95-345

F.S. Paxton, Power and the power to heal: The cult of St Sigismund of Burgundy, Early Medieval Europe 2, 1993, 95-110

C. und L Piétri (Hg.), Das Entstehen der einen Christenheit (250-430), Die Geschichte des Christentums 2, Freiburg u.a. 1996

C. Piétri, Le sénat, le peuple chrétien, et les partis du cirque à Rome sous le pape Symmaque, MEFR 78, 1966, 123-139

L. Piétri (Hg.), Der Lateinische Westen und der Byzantinische Osten (431-642), Die Geschichte des Christentums 3, Freiburg u.a. 2001

F. Prinz, Frühes Mönchtum im Frankenreich: Kultur und Gesellschaft in Gallien, den Rheinlanden und Bayern am Beispiel der monastischen Entwicklung (4. bis 8. Jahrhundert), München ²1988

D. Ramos-Lissón, Die synodalen Ursprünge des „Filioque" im römisch-westgotischen Hispanien, AHC 16, 1984, 286-299

A.M. Ritter, Art. Doxologie, LMA 3, 1986, 1336f.

C. Rizzardi, L'arte dei Goti a Ravenna: motivi ideologici, aspetti iconogra-phici e formali nella decorazione musiva, CARB 36, 1989, 365-388

B.H. Rosenwein, Perennial Prayer at Agaune, in: S. Farmer/B. Rosenwein (Hg.), Monks and Nuns, Saints and Outcasts, Ithaka/New York 2000, 37-56

–, One site, many meanings: Saint-Maurice d'Agaune as a place of Power in the Early Middle Ages, in: Topography of Power in the Early Mid-del Ages, hg.v. M. de Jong/F. Theuws, The Transformation of the Roman World 6, Leiden u.a. 2001, 271-290

M. Rouche, Clovis. Suivi de vingt et un document traduits et commentés, Librarie Arthème Fayard, Paris 1996

I. Runde, Art. Thebäische Legion, RGA 30, 2005, 400-405

K. Schäferdiek, Die Kirche in den Reichen der Westgoten und Suewen bis zur Errichtung der westgotischen katholischen Staatskirche, AKG 39, Berlin/New York 1967

–, Art. Germanenmission, RAC 10, 1978, 492-548

–, Wulfila. Vom Bischof von Gotien zum Gotenbischof (1979), in: Schwellenzeit. Beiträge zur Geschichte des Christentums in Spätantike und Frühmittelalter, hg.v. W.A. Löhr/H.C. Brennecke, AKG 64, Ber-lin/New York 1996, 1-40

–,   Zeit und Umstände des westgotischen Übergangs zum Christentum (1979), in: Schwellenzeit. Beiträge zur Geschichte des Christentums in Spätantike und Frühmittelalter, hg.v. W.A. Löhr/H.C. Brennecke, AKG 64, Berlin/New York 1996, 89-96

–,   Das Heilige in Laienhand. Zur Entstehungsgeschichte der fränkischen Eigenkirche (1982), in: Schwellenzeit. Beiträge zur Geschichte des Christentums in Spätantike und Frühmittelalter, hg.v. W.A. Löhr/H.C. Brennecke, AKG 64, Berlin/New York 1996, 247-265

–,   Bonosus von Naissus, Bonosus von Serdica und die Bonosianer (1985), in: Schwellenzeit. Beiträge zur Geschichte des Christentums in Spätantike und Frühmittelalter, hg.v. W.A. Löhr/H.C. Brennecke, AKG 64, Berlin/New York 1996, 287-304

–,   Das sog. zweite Konzil von Arles und die älteste Kanonessammlung der arelatenser Kirche (1985), in: Schwellenzeit. Beiträge zur Geschichte des Christentums in Spätantike und Frühmittelalter, hg.v. W.A. Löhr/H.C. Brennecke, AKG 64, Berlin/New York 1996, 267-285

–,   Gotien. Eine Kirche im Vorfeld des frühbyzantinischen Reiches (1990), in: Schwellenzeit. Beiträge zur Geschichte des Christentums in Spätantike und Frühmittelalter, hg.v. W.A. Löhr/H.C. Brennecke, AKG 64, Berlin/New York 1996, 97-113

–,   Das gotische Christentum im vierten Jahrhundert (1992), in: Schwellenzeit. Beiträge zur Geschichte des Christentums in Spätantike und Frühmittelalter, hg.v. W.A. Löhr/H.C. Brennecke, AKG 64, Berlin/New York 1996, 115-146

–,   Die Anfänge des Christentums bei den Goten und der sog. gotische Arianismus, ZKG 112, 2001, 295-310

–,   Der vermeintliche Arianismus der Ulfila-Bibel, ZAC 6, 2002, 320-329

–,   Chlodwigs Religionswechsel – Ablauf, Bedingungen und Bewegkräfte, in: Patristica et Oecumenica. FS Wolfgang A. Bienert, hg.v. P. Gemeinhardt/U. Kühneweg, MThSt 85, Marburg 2004, 105-121

–,   Der gotische Arianismus, ThLZ 129, 2004, 587-594

–,   Die Ravennater Papyrusurkunde Tjäder 34, der *Codex argenteus* und die ostgotische arianische Kirche, ZKG 120, 2009, 215-231

E. Schendel, Herrschaft und Unterwerfung Christi. 1. Korinther 15,24-28 in Exegese und Theologie der Väter bis zum Ausgang des vierten Jahrhunderts, BGBE 12, Tübingen 1971

T. Schermann, Die Gottheit des heiligen Geistes nach den griechischen Vätern des vierten Jahrhunderts. Eine dogmengeschichtliche Studie, StrThS 4,4-5, Freiburg i.Br. 1901

A. Schindler, Wort und Analogie in Augustins Trinitätslehre, Tübingen 1965

–, Art. Augustin/Augustinismus, TRE 4, 1979, 645-698

K.D. Schmidt, Die Bekehrung der Germanen zum Christentum I. Die Bekehrung der Ostgermanen zum Christentum (Der ostgermanische Arianismus), Göttingen 1939

L. Schmidt, Geschichte der deutschen Stämme bis zum Ausgang der Völkerwanderung. Die Ostgermanen, München ²1933

–, Geschichte der Wandalen, 2. Aufl., München 1942

P.L. Schmidt, Zur Typologie und Literarisierung des frühchristlichen lateinischen Dialogs, in: Christianisme et formes littéraires de l'antiquité tardive en occident. 8 exposés suivis de discussions Vandoeuvres-Geneve 23-28 août 1976, Genf 1977, 101-190

B.-J. Schröder, Bildung und Briefe im 6. Jahrhundert. Studien zum Mailänder Diakon Magnus Felix Ennodius, Millenium Studien 15, Berlin/New York 2007

H. von Schubert, Das älteste Germanische Christentum oder der sogenannte „Arianismus" der Germanen, Tübingen 1909

A. Schwarcz, Bedeutung und Textüberlieferung der Historia persecutionis Africanae provinciae des Victor von Vita, in: A. Scharer/G. Scheibelreiter (Hg.), Historiographie im frühen Mittelalter, Wien 1994, 115-140

–, The Visigothic Settlement in Aquitania. Chronology and Archaeology, in: R.W. Mathisen/D. Shanzer, Society and culture in late Antique Gaul. Revisiting the Sources, Ashgate 2001, 15-25

E. Schwartz, Über die Bischofslisten der Synoden von Chalcedon, Nicaea und Konstantinopel, ABAW.PH 13, München 1937

K. Seibt, Die Theologie des Markell von Ankyra, AKG 59, Berlin/New York 1994

T. Seidl, Art. Rein und unrein II. Altes Testamen, RGG⁴ 7, 2004, 240-242

D.R. Shanzer, Dating the Baptism of Clovis: The Bishop of Vienne vs. the Bishop of Tours, EME 7, 1998, 29-57

–, Two Clocks and a Wedding: Theoderic's Diplomatic Relations with the Burgundians, Romanobarbarica 14, 1998, 225-258

–, Bishops, Letters, Fast, Food and Feast in Later Roman Gaul, in: Culture and Society in Late Antique Gaul. Revisiting the Sources, hg.v. R.W. Mathisen/D.R. Shanzer, Asgate 2001, 217-236

H.J. Sieben, Die Konzilsidee der Alten Kirche, Konziliengeschichte B 1, Paderborn u.a. 1979

–, Augustins Auseinandersetzung mit dem Arianismus außerhalb seiner explizit antiarianischen Schriften, ThPh 81, 2006, 181-212

M. Simonetti, Osservazioni sull' „Altercatio Heracliani cum Germinio", VigChr 21, 1967, 29-58

–, Arianesimo Latino, StMed (ser. 8), 3, 1967, 663-744

–, S. Agostino e gli Ariani, Revue des études augustiniennes 13, 1967, 55-84

–, L'arianesimo di Ulfila, Romanobarbarica 1, 1976, 297-323

–, Fausto di Riez e i Macedoniani, Aug. 17, 1977, 333-354

M. Skeb, Art. Claudianus Mamertus, LACL³, 2002, 151

T.A. Smith, De gratia. Faustus of Riez's Treatise on Grace and Its Place in the History of Theology, Christianity and Judaism in Antiquity 4, Notre Dame 1990

H.R. Smythe, The Interpretation of Amos 4.13 in St. Athanasius and Didymus, JThS 1, 1950, 158-168

R. Sörries, Die Bilder der Orthodoxen im Kampf gegen den Arianismus. Eine Apologie der orthodoxen Christologie und Trinitätslehre gegenüber der arianischen Häresie, dargestellt an den ravennatischen Mosaiken und Bildern des 6. Jh., zugleich ein Beitrag zum Verständnis des germanischen Homöertums, Frankfurt am Main 1983

–, Auxentius und Ambrosius. Ein Beitrag zur frühchristlichen Kunst Mailands zwischen Häresie und Rechtgläubigkeit, Dettelbach 1996

M. Springer, Art. Notita dignitatum, RGA 21, 2002, 430-432

F. Staab, Art. Geograph von Ravenna, RGA 11, 1998, 102-109

R. Staats, Das Glaubensbekenntnis von Nizäa-Konstantinopel. Historische und theologische Grundlagen, Darmstadt 1996

M. Stausberg, Art. Rein und unrein I. Religionswissenschaftlich, RGG⁴ 7, 2004, 239f.

L. Steiner, Grabfunde des 5. Jh. in der Region Basel-Kaiseraugust, in: Die Schweiz vom Paläolithikum bis zum frühen Mittelalter. Vom Neandertaler bis zu Karl dem Großen Bd. 6: Frühmittelalter, Basel 2005, 317-320

A. v.Stockhausen, Athanasius von Alexandrien. Epistula ad Afros. Einleitung, Kommentar und Übersetzung, PTS 56, Berlin/New York 2002

P. Stockmeier, Bemerkungen zur Christianisierung der Goten im 4. Jahrhundert, ZKG 92, 1981, 315-324

B. Studer, Das nizänische *consubstantialis* bei Augustinus von Hippo, in: Logos. FS L. Abramowski, hg.v. H.C. Brennecke/E.L. Grasmück/C. Markschies, BZNW 67, Berlin/New York 1993, 402-410

A. Stuiber, Art. Doxologie, RAC 4, 1959, 210-226

G. Tessier, La conversion de Clovis et la christianisation des Francs, in: La Conversione al christianesimo nell' Europa dell' alto medioevo, Settimane di studio del centro italiano di studi sull' alto medioevo 14, Spoleto 1967, 149-189

M. Tetz, Art. Athanasius von Alexandrien, TRE 4, 1979, 333-349, Nachdruck in: –, Athanasiana. Zu Leben und Lehre des Athanasius, BZNW 78, hg.v. W. Geerlings/D. Wyrwa, Berlin/New York 1995, 1-22

J.M. Theurillat, L'abbaye de Saint Maurice d'Agaune des origines à la réforme canoniale, Vallesia 1954

E.A Thompson, The Conversion of the Visigoths to Catholicism, Nottingham Medieval Studies 4, 1960, 4-35

K. Thraede, Art. Gleichheit, RAC 11, 1981, 122-164

L. Thunberg, Early Christian Interpretation of the Three Angels in Gen 18, StPatr 7/1, 1966, 560-570

W. Topic-Mersmann, Alcimus Ecditius Avitus, Studije Muzeja Mimara 4, Karlsruhe 1990

Topographie chrétienne des cites de la Gaule des origines au milieu du VIIIe siècle, Band 3: Provinces ecclésiastiques de Vienne et d'Arles, Viennensis et Alps Graiae et Poeniae, hg.v. J. Biarne u.a., Paris 1986

J. Torchia, The Significance of the communicatio idiomatum in St. Augustine's Christology, with special reference to his rebutal of later Arnanism, StPatr 38, 2001, 306-323

A. Urbano, Donation, Dedication, and *Damnatio Memoriae*: The Catholic Reconciliation of Ravenna and the Church of Sant'Apollinare Nuovo, JECS 13, 2005, 71-110

K.-H. Uthemann, Art. Paul von Samosata, BBKL 7, 1994, 66-89

D. Van Berchem, Le martyre de la légion Thébaine. Essai sur la formation d'une Légende, Basel 1956

L.J. van der Loft, Der fanatische Arianismus der Wandalen, ZNW 64, 1973, 146-151

D. Van Slyke, Is the End of the Empire the End of the World? Exegetical Traditions, in: Theology and Sacred Scripture. The Annual Publication of the College Theology Society 2001, Vol. 47, hg.v. C.J. Dempsey/W.P. Loewe, Maryknoll/New York 2002, 85-102

W. von den Steinen, Chlodwigs Übergang zum Christentum. Eine quellenkritische Studie, Libelli 103, 1932, 3. Aufl. Darmstadt 1969

M. Vinzent, Die Entstehung des römischen Glaubensbekenntnisses, in: W. Kinzig/C. Markschies/ders., Tauffragen und Bekenntnis. Studien zur sogenannten *Traditio Apostolica*, zu den *Interrogationes de fide* und zum *Römischen Glaubensbekenntnis*, AKG 74, Berlin/New York 1999, 185-401

–, Der Ursprung des Apostolikums im Urteil der kritischen Forschung, FKDG 89, Göttingen 2006

A. Vogüé, Règles des saints pères I, SChr 297, Paris 1982

B. Voss, Der Dialog in der frühchristlichen Literatur, Studia et Testimonia Antiqua 9, München 1970

K. Vössing, Art. Rikimer, RGA 24, 2003, 634-636

–, Art. Syagrius, RGA 30, 2005, 213f.

–, Art. Thrasamund, RGA 30, 2005, 508-510

–, Art. Valentinian III., RGA 32, 2006, 47-49

–, Barbaren und Katholiken. Die Fiktion der Collatio sancti Augustini cum Pascentio Arriano und die Parteien des vandalischen Kirchenkampfes, in: Collatio Augustini cum Pascentio. Einleitung, Text, Übersetzung, hg.v. H. Müller u.a., SÖAW.PH 779, Wien 2008, 173-206

R. Weiss, Chlodwigs Taufe: Reims 508. Versuch einer neuen Chronologie für die Regierungszeit des ersten christlichen Frankenkönigs unter Berücksichtigung der politischen und kirchlich-dogmatischen Probleme seiner Zeit, Geist und Werk der Zeiten 29, Bern u.a. 1971

D. Wendebourgh, Art. Ketzertaufstreit, RGG⁴ 4, 2001, 943f.

R. Wenskus/H. Beck, Art. Attila, RGA 1, 1973, 467-473

O. Wermelinger u.a. (Hg.), Mauritius und die thebäische Legion. Akten des int. Kolloquiums 2003, Paradosis 49, Fribourg 2005

L.H. Westra, The Apostles' Creed. Origin, History, and some early Commentaries, Instrumenta Patristica et Medievalis 43, Turnhout 2002

D.H. Williams, Ambrose, Emperors and the Homoian in Milan: The First Conflict over a Basilica, in: Arianism after Arius. Essays on the Development of the Fourth Century Trinitarian Conflicts, hg.v. M.R. Barnes/D.H. Williams, Edinburgh 1993, 127-146

–, Another Exception to Later Fourth Century „Arian" Typologies. The Case of Germinius, JECS 4, 1996, 335-357

R. William, Arius. Heresy and Tradition, London (1987) ²2001

E. Wirbelauer, Zwei Päpste in Rom. Der Konflikt zwischen Laurentius und Symmachus (498-514), Studien und Texte, München 1993

G. Wirth, Art. Aetius, LMA 1, 1999, 193

–, Art. Attila, LMA 1, 1999, 1179f.

H. Wolfram, Zur Ansiedlung reichsangehöriger Föderaten, MIÖG 91, 1983, 5-35

–, Die Goten. Von den Anfängen bis zur Mitte des sechsten Jahrhunderts. Entwurf einer historischen Ethnographie (Frühe Völker), München 3., neubearb. Aufl. 1990, Nachdruck 2001

–, Das Reich und die Germanen. Zwischen Antike und Mittelalter, Siedler Deutsche Geschichte 1 (Siedler Taschenbuch; btb bei Goldmann 75518), München 1998

–, Art, Theoderich der Große, RGA 30, 2005, 415-419

I. Wood, Ethnicity and the Ethnogenesis of the Burgundians, in: H. Wolfram/W. Pohl (Hg.), Typen der Ethnogenese unter besonderer Berücksichtigung der Bayern, Teil 1: Berichte des Symposiums der Kommission für Frühmittelalterforschung, 27. bis 30. Oktober, Stift Zwettl, Niederösterreich, Veröffentlichungen der Kommission für Frühmittelalterforschung 12, ÖAW.Philosophisch-historische Klasse, Denkschriften 201, Wien 1990, 53-64

–, The Merovingian Kingdoms 450-571, London/New York 1994

–, Art. Origio gentis §5: Burgunden, RGA 22, Berlin/New York 2003, 195-199

–, The Latin Culture of Gundobad and Sigismund, in: Akkulturation, hg.v. D Hägermann u.a., RGA.E 41, Berlin/New York 2004, 367-386

–, Assimilation von Romanen und Burgundern im Rhône-Raum, in: V. Gallé (Hg.), Die Burgunder. Ethnogenese und Assimilation eines Volkes, Schriftenreihe der Nibelungengesellschaft Worms 5, Worms ²2009, 215-236

D. Woods, The origin of the Legend of Maurice and the Theban Legion, JEH 45, 1994, 385-395

J. Wortly, The Origins of Christian Veneration of Body-Parts, RHR 223, 2006, 5-28

E.J. Yarnold, Art. Taufe III. Alte Kirche, TRE 32, 2001, 674-696

R. Zanotto, La chiesa di Sant'Apollinare Nuovo a Ravenna, in: Venezia e Bisanzio. Aspetti della cultura artistica bizantina da Ravenna a Venezia (V-XIV secolo), hg.v. C. Rizzardi, Venedig 2005, 351-357

K. Zechiel-Eckes, Florus von Lyon als Kirchenpolitiker und Publizist. Studien zur Persönlichkeit eines karolingischen „Intellektuellen" am Beispiel der Auseinandersetzung mit Amalarius (835-838) und des Prädestinationsstreits (851-855), Quellen und Forschungen zum Recht im Mittelalter 8, Stuttgart 1999

J. Zeiller, L'arianisme en Afrique avant l'invasion vandale, Revue historique 173, 1934, 535-540

IX. Register

Bibelstellen

Andere Autoren und Texte